BIBLIOTHÈQUE

LATINE-FRANÇAISE

COLLECTION

DES CLASSIQUES LATINS

AVEC LA TRADUCTION EN REGARD

PUBLIÉE

PAR C. L. F. PANCKOUCKE.

PARIS
C. L. F. PANCKOUCKE
MEMBRE DE L'ORDRE ROYAL DE LA LÉGION D'HONNEUR
ÉDITEUR, RUE DES POITEVINS, N° 14

M DCCC XXX.

SUÉTONE

TRADUCTION NOUVELLE

PAR M. DE GOLBERY

CONSEILLER A LA COUR ROYALE DE COLMAR,
CORRESPONDANT DE L'INSTITUT (ACADÉMIE ROYALE DES INSCRIPTIONS
ET BELLES-LETTRES).

TOME PREMIER.

PARIS
C. L. F. PANCKOUCKE
MEMBRE DE L'ORDRE ROYAL DE LA LÉGION D'HONNEUR
ÉDITEUR, RUE DES POITEVINS, N° 14

M DCCC XXX.

PRÉFACE.

Voici une nouvelle traduction de Suétone. Pierre Lerouge, imprimeur du roi, fut le premier qui mit cet auteur en français; il se vendait, en 1490, *sur le pont Notre Dame, à lymage sainct Jehan levangeliste.*

Pierre Lerouge eut pour successeurs Guillaume Michel dict de Tours, Georges de la Boutière, J. Baudouin, B. du Teil, et un autre encore qui ne se fit connaître que par les initiales D. B. On peut dire de ces traductions qu'elles étaient tombées en désuétude, lorsque, dans le cours du xviiie siècle, il en parut deux; l'une indiquait comme son auteur Ophelot de la Pause, et fut attribuée à Delisle de Sales : la seconde a fait oublier toutes les autres; il n'est pas besoin de dire qu'il s'agit de celle de M. de Laharpe, qui depuis est restée en possession exclusive de faire lire Suétone aux Français.

Mais, dans cette traduction, l'exactitude ne répond pas toujours à l'élégance : souvent, très-souvent même, on s'aperçoit que la connaissance de l'antiquité et la critique philologique ne distinguaient pas aussi éminemment M. de Laharpe que la critique de goût. Aussi l'apparition de son livre fut-elle saluée d'une multitude d'épigrammes, parmi lesquelles il en est d'ineffaçables, parce qu'elles sont échappées à la verve de Piron. Il y avait de l'inconvenance sans doute à traiter aussi cavalièrement le Quintilien français; toutefois on ne peut se dissimuler que Béroalde, Sabellicus, Egnace, Érasme, Casaubon, Torrentius, qu'il cite comme ses guides, n'ont pas toujours assuré sa marche, et qu'il eût été mieux avisé de s'en faire accompagner dans le corps du livre, que de les laisser dans le discours préliminaire.

Quant à nous, nous avons été favorisés par les circonstances : au moment où nous avons commencé notre travail, la France savante venait d'être enrichie de l'excellente édition que M. Hase a publiée de Suétone, dans la Collection de M. Lemaire; nous lui devons des vues neuves et ingénieuses jointes à un résumé substantiel des anciens commentaires. Il était naturel que cette édition devînt la base de notre version, et qu'on en réimprimât le texte*; cepen-

---

* Il est né de là deux divergences entre le texte et la traduction: dans la Vie de César, au chapitre LXXVI, on a laissé subsister la

dant nous ne nous sommes pas bornés là : nous avons eu recours aussi à deux traductions allemandes, l'une d'Oftertag, imprimée en 1788, et l'autre de M. Eichoff, qui a paru en 1821.

On sait que le style de Suétone n'est pas celui de l'historien, j'ajouterais volontiers qu'il n'est pas même celui du biographe; la principale affaire de cet écrivain est de réunir et de classer des anecdotes, de les diviser par genres et par espèces. Il n'est point peintre de mœurs, il n'éprouve pas d'enthousiasme pour la vertu, il ne ressent point d'indignation contre le vice. Rien ne l'émeut; il raconte, et voilà tout. Grâces à lui, la postérité connaît jusqu'aux bruits de ville, jusqu'aux contes de bonne femme dont on amusait la populace de Rome. Tacite n'aurait pu descendre à cette manière indifférente et négligée qui caractérise Suétone. Persuadés qu'il importait de lui conserver la couleur de son style, et que l'élégance ou l'énergie dans l'expression eussent empêché de le bien connaître, nous lui avons laissé ses formes triviales et ses tournures d'anecdotier. Mais nous

---

leçon *præsente se*, tandis que, sur la foi de Dion, j'ai préféré la leçon de Torrentius, *absente se*, et dans la Vie d'Auguste, chapitre LXXVIII, on a laissé la leçon de M. Lemaire, *retectis pedibus*, tandis que je me suis décidé pour *rectis pedibus* (en étendant les jambes).

protestons contre l'assertion téméraire de Linguet, qui ne craint pas de dire qu'*il suffit qu'un fait soit rapporté par Suétone, pour qu'on soit dispensé d'y ajouter foi.* Dans une notice littéraire, que l'étendue de ce volume nous force à renvoyer à la fin de l'ouvrage, nous ferons voir, au contraire, avec quel soin cet auteur a compulsé les mémoires du temps et les titres de famille, et quelle confiance est due à son témoignage, toutes les fois que lui-même ne prend pas le soin de mettre son lecteur en garde contre le récit qu'il va lui faire. L'existence de son livre est une compensation aux lacunes dont les siècles ont affligé le chef-d'œuvre de Tacite ; il faut donc recevoir avec reconnaissance tous les détails que nous a conservés Suétone.

SUÉTONE.

C. JULIUS CÆSAR.

I. Julius Cæsar .... annum agens sextum decimum, patrem amisit: sequentibusque consulibus, flamen Dialis destinatus, dimissa Cossutia, quæ, familia equestri, sed admodum dives, prætextato desponsata fuerat, Corneliam, Cinnæ quater consulis filiam, duxit uxorem, ex qua illi mox Julia nata est; neque ut repudiaret compelli a dictatore Sulla ullo modo potuit. Quare et sacerdotio, et uxoris dote, et gentilitiis hæreditatibus multatus, diversarum partium habebatur: ut etiam discedere e medio, et, quamquam morbo quartanæ aggravante, prope per singulas noctes commutare latebras cogeretur, seque ab inquisitoribus pecunia redimeret; donec per virgines vestales, perque Mamercum Æmilium, et Aurelium Cottam, propinquos et affines suos, veniam impetravit. Satis constat, Sullam, quum deprecantibus amicissimis et ornatissimis viris aliquamdiu denegasset, atque illi pertinaciter contenderent, expugnatum tandem proclamasse, sive divinitus, sive aliqua conjectura: *Vincerent, ac sibi haberent; dummodo scirent, eum, quem incolumem tanto opere cupe-*

JULES CÉSAR.

I. Caïus Julius César.....[1] était dans sa seizième année quand il perdit son père[2]. Désigné déjà pour être prêtre de Jupiter, et sous les consuls de l'année suivante[3], il répudia Cossutia, née d'une famille de simples chevaliers, mais qui était fort riche, et lui avait été fiancée pendant qu'il portait encore la robe prétexte. Tout aussitôt, il épousa Cornélie, fille de César, qui avait été quatre fois consul, et de laquelle bientôt il eut une fille nommée Julie. Quelque moyen qu'employât le dictateur Sylla, il ne put le contraindre à la répudier : aussi César fut-il regardé comme appartenant à la faction opposée, et privé de son sacerdoce, de la dot de sa femme et des successions de sa maison[4]. Il fut même obligé de se dérober à tous les regards ; et, quoiqu'il fût alors atteint de la fièvre quarte, il lui fallut changer de retraite presqu'à chaque nuit, et se racheter à prix d'argent des mains des espions, jusqu'à ce qu'enfin il obtint sa grâce par l'intercession des vestales, de Mamercus Émilius et d'Aurelius Cotta, ses proches et ses alliés. On sait que Sylla, après s'être quelque temps refusé aux prières des hommes les plus éminens et de ses meilleurs amis, s'écria, vaincu par leur persévérance : *Eh bien! vous l'emportez, il est à vous ; mais sachez que celui dont vous désirez si vivement le salut, causera quelque*

rent, quandoque optimatium partibus, quas secum simul defendissent, exitio futurum; nam Cæsari multos Marios inesse.

II. Stipendia prima in Asia fecit, M. Thermi prætoris contubernio; a quo ad arcessendam classem in Bithyniam missus, desedit apud Nicomedem, non sine rumore prostratæ regi pudicitiæ : quem rumorem auxit, intra paucos rursus dies repetita Bithynia, per causam exigendæ pecuniæ, quæ deberetur cuidam libertino clienti suo. Reliqua militia, secundiore fama fuit, et a Thermo in expugnatione Mitylenarum corona civica donatus est.

III. Meruit et sub Servilio Isaurico in Cilicia, sed brevi tempore. Nam Sullæ morte comperta, simul spe novæ dissensionis, quæ per M. Lepidum movebatur, Romam propere rediit. Et Lepidi quidem societate, quamquam magnis conditionibus invitaretur, abstinuit : cum ingenio ejus diffisus, tum occasioni, quam minorem opinione offenderat.

IV. Ceterum, composita seditione civili, Cornelium Dolabellam, consularem et triumphalem virum, repetundarum postulavit : absolutoque, Rhodum secedere statuit, et ad declinandam invidiam, et ut per otium ac requiem Apollonio Moloni, clarissimo tunc dicendi magistro, operam daret. Huc dum hibernis jam mensibus trajicit, circa Pharmacusam insulam a prædonibus cap-

jour la perte de l'aristocratie que vous avez défendue avec moi, et que dans César il y a beaucoup de Marius.

II. Il fit ses premières armes en Asie, où il accompagna le préteur M. Thermus[5]. Celui-ci l'ayant envoyé en Bithynie, pour chercher une flotte, il s'arrêta chez Nicomède, non sans être accusé de s'être prostitué à ce roi. Ce qui fortifia ces bruits, c'est que, peu de jours après son retour, César retourna encore en Bithynie, sous prétexte de faire rentrer de l'argent pour un affranchi, son client. Le reste de la campagne fut plus favorable à sa réputation : à la prise de Mitylène, il reçut de Thermus une couronne civique.

III. Il servit aussi sous Servilius Isauricus en Cilicie, mais pendant un temps fort court : ayant appris la mort de Sylla, et comptant sur les troubles nouveaux que fomentait M. Lepidus, il se hâta de revenir à Rome. Toutefois, il s'abstint de prendre part aux affaires de Lepidus, quoiqu'il y fût invité à des conditions très-avantageuses, car il ne se fiait pas à son caractère ; et, d'un autre côté, l'occasion ne lui semblait pas aussi belle qu'il l'avait espérée.

IV. Les désordres civils apaisés, César accusa de concussion Cornelius Dolabella, qui avait été honoré et du consulat et du triomphe ; mais l'accusé ayant été absous, il résolut de se retirer à Rhodes, tant pour échapper au ressentiment, que pour se reposer et consacrer ses loisirs à suivre les leçons d'Apollonius Molon, le plus illustre alors de tous les maîtres d'éloquence. On était déjà dans les mois d'hiver quand César exécuta

tus est : mansitque apud eos, non sine summa dignatione, prope quadraginta dies, cum uno medico et cubiculariis duobus. Nam comites servosque ceteros initio statim ad expediendas pecunias, quibus redimeretur, dimiserat. Numeratis deinde quinquaginta talentis, expositus in litore, non distulit, quin e vestigio classe deducta persequeretur abeuntes; ac redactos in potestatem, supplicio, quod illis sæpe minatus inter jocum fuerat, afficeret. Vastante regiones proximas Mithridate, ne desidere in discrimine sociorum videretur, ab Rhodo, quo pertenderat, transiit in Asiam; auxiliisque contractis, et præfecto regis provincia expulso, nutantes ac dubias civitates retinuit in fide.

V. Tribunatu militum, qui primus Romam reverso per suffragia populi honor obtigit, auctores restituendæ tribunitiæ potestatis, cujus vim Sulla deminuerat, enixissime juvit. L. etiam Cinnæ, uxoris fratri, et qui cum eo civili discordia Lepidum secuti, post necem consulis ad Sertorium confugerant, reditum in civitatem rogatione Plotia confecit, habuitque et ipse super ea re concionem.

VI. Quæstor Juliam amitam, uxoremque Corneliam,

ce trajet; il fut pris par les pirates, à la hauteur de l'île Pharmacuse. Sans jamais rien perdre de sa dignité[6], il demeura entre leurs mains l'espace d'environ quarante jours, avec un seul médecin et deux esclaves du service de sa chambre. Quant à ses compagnons et à ses autres esclaves, il les avait renvoyés dès le premier moment, afin qu'ils lui fissent parvenir l'argent avec lequel il voulait se racheter. Après avoir payé cinquante talens, il fut débarqué sur le rivage; mais il n'eut point de repos qu'il ne poursuivît avec une flotte, et pour ainsi dire sur la trace de leur vaisseau[7], les pirates qui s'en retournaient, et, les ayant réduits en son pouvoir, il les punit du supplice dont il les avait souvent menacés par forme de plaisanterie. Mithridate dévastait les contrées voisines; César ne voulut pas paraître oisif dans ce danger des alliés. De Rhodes où il s'était rendu, il passa donc en Asie, rassembla des troupes, et, chassant de la province le gouverneur du roi, il retint dans le devoir les cités dont la foi était ébranlée ou douteuse.

V. Après son retour à Rome, la première dignité qu'il dut aux suffrages du peuple, fut celle de tribun des soldats. Tandis qu'il en était revêtu, il seconda de tout son pouvoir ceux qui voulaient rétablir la puissance tribunitienne, dont Sylla avait diminué la force. Il opéra, au moyen de la proposition de Plotius[8], le rappel de L. Cinna, frère de sa femme, et de tous ceux qui, comme lui, s'étaient attachés à Lepidus dans les troubles civils, et s'étaient enfuis auprès de Sertorius après la mort du consul : César lui-même prononça un discours sur cette affaire.

VI. Pendant sa questure, il fit à la tribune aux ha-

defunctas laudavit e more pro rostris. Et in amitæ quidem laudatione, de ejus ac patris sui utraque origine sic refert : *Amitæ meæ Juliæ maternum genus ab regibus ortum, paternum cum diis immortalibus conjunctum est. Nam ab Anco Marcio sunt Marcii reges, quo nomine fuit mater : a Venere Julii, cujus gentis familia est nostra. Est ergo in genere et sanctitas regum, qui plurimum inter homines pollent, et cærimonia deorum, quorum ipsi in potestate sunt reges.* In Corneliæ autem locum Pompeiam duxit, Q. Pompeii filiam, L. Sullæ neptem; cum qua deinde divortium fecit, adulteratam opinatus a P. Clodio; quem inter publicas cærimonias penetrasse ad eam muliebri veste tam constans fama erat, ut senatus quæstionem de pollutis sacris decreverit.

VII. Quæstori ulterior Hispania obvenit : ubi quum mandatu prætoris, jure dicundo conventus circumiret, Gadesque venisset, animadversa apud Herculis templum Magni Alexandri imagine, ingemuit : et quasi pertæsus ignaviam suam, quod nihil dum a se memorabile actum esset in ætate, qua jam Alexander orbem terrarum subegisset, missionem continuo efflagitavit, ad captandas quam primum majorum rerum occasiones in urbe. Etiam confusum cum somnio proximæ noctis (nam visus

rangues, et selon l'usage établi, l'éloge funèbre de sa tante Julie, et de sa femme Cornélie, qui venaient de mourir. Voici comment il s'exprima dans l'éloge de sa tante sur ce qui concerne sa double origine et celle de son père : « La famille maternelle de ma tante Julie est issue des rois; sa famille maternelle se lie aux dieux immortels. C'est d'Ancus Marcius que sont descendus les rois Marcius, et tel fut le nom de sa mère; c'est de Vénus que sont issus les Jules, et notre famille fait partie de leur race. Ainsi, notre maison réunit à la sainteté des rois, qui sont les plus puissans parmi les hommes, la majesté révérée des dieux, qui tiennent les rois eux-mêmes en leur pouvoir. » César, pour remplacer Cornélie, épousa Pompeia, fille de Q. Pompée, nièce de L. Sylla, avec laquelle il fit ensuite divorce, dans l'opinion que P. Clodius avait commis sur elle un adultère. Le bruit que, dans les cérémonies du culte, il était arrivé jusqu'à elle à la faveur d'un vêtement de femme, avait pris dans Rome une telle consistance, que le sénat ordonna une information sur l'atteinte qu'en avait soufferte la religion [9].

VII. Dans sa questure, l'Espagne ultérieure lui était échue en partage. Pendant qu'il parcourait les assemblées de cette province, pour y rendre la justice par délégation du préteur, il vint à Cadix; là, voyant auprès du temple d'Hercule la statue du grand Alexandre, il soupira, comme pour déplorer son inaction; il se reprochait de n'avoir rien fait encore à l'âge où Alexandre avait déjà soumis toute la terre. Aussitôt il demanda son congé, afin de venir à Rome, saisir le plus tôt possible les occasions de faire quelque chose de grand. On dit

erat per quietem matri stuprum intulisse) conjectores ad amplissimam spem incitaverunt, arbitrium orbis terrarum portendi interpretantes : *quando mater, quam subjectam sibi vidisset, non alia esset, quam terra, quæ omnium parens haberetur.*

VIII. Decedens ergo ante tempus, colonias latinas, de petenda civitate agitantes, adiit : et ad audendum aliquid concitasset, nisi consules conscriptas in Ciliciam legiones paulisper ob id ipsum retinuissent : nec eo secius majora mox in urbe molitus est.

IX. Siquidem ante paucos dies, quam ædilitatem iniret, venit in suspicionem conspirasse cum M. Crasso consulari, item P. Sulla, et Autronio, post designationem consulatus, ambitus condemnatis, ut principio anni senatum adorirentur, et trucidatis, quos placitum esset, dictaturam Crassus invaderet, ipse ab eo magister equitum diceretur, constitutaque ad arbitrium republica, Sullæ et Autronio consulatus restitueretur. Meminerunt hujus conjurationis Tanusius Geminus in Historia, M. Bibulus in Edictis, C. Curio pater in Orationibus. De hac significare videtur et Cicero in quadam ad Axium epistola, referens, *Cæsarem in consulatu confirmasse regnum, de quo ædilis cogitarat.* Tanusius adjicit, Crassum, pœnitentia vel metu, diem cædi destinatum non obiisse, et idcirco ne Cæsarem quidem signum, quod ab eo dari convenerat, dedisse. Convenisse

que son esprit ayant été troublé par un songe dans la nuit précédente, les devins élevèrent ses espérances au plus haut degré. Il lui avait paru qu'il violait sa mère : ils dirent que ce songe lui annonçait la souveraineté du monde, cette mère qu'il avait vue sous lui, n'étant autre que la terre, qui est la mère commune de tous.

VIII. Il partit donc avant le temps, et visita les colonies latines, qui se disposaient à demander le droit de cité. César les aurait infailliblement excitées à entreprendre quelque chose, si, pour cela même, les consuls n'eussent retenu quelque temps les légions levées pour la Cilicie. Il n'en médita pas moins de plus grands projets, qui bientôt devaient s'accomplir dans Rome.

IX. Et en effet, peu de jours avant de prendre possession de l'édilité, il fut soupçonné d'avoir conspiré avec M. Crassus [10], homme consulaire, et avec P. Sylla et Antonius, qui venaient d'être condamnés pour brigue, après avoir été désignés consuls. On devait, dit-on, attaquer le sénat au commencement de l'année, et quand on aurait tué ceux dont on aurait résolu de se défaire, Crassus envahirait la dictature, César serait nommé par lui général de la cavalerie; puis, la république une fois constituée selon le gré des conjurés, on rendrait le consulat à Sylla et à Autronius. Les auteurs qui ont fait mention de cette conjuration sont Tanusius Geminus [11] dans son Histoire, M. Bibulus dans ses Édits, C. Curion le père [12] dans ses Discours. Cicéron paraît aussi l'indiquer dans une de ses Lettres à Axius. Il dit que César, dans son consulat, a effectué le projet de domination qu'il avait conçu étant édile. Tanusius ajoute que, soit repentir, soit crainte, Crassus ne se trouva point au rendez-vous le jour marqué pour le meurtre, et que, par

autem Curio ait, ut togam de humero dejiceret. Idem Curio, sed et M. Actorius Naso, auctores sunt, conspirasse eum etiam cum Cn. Pisone adolescente : cui, ob suspicionem urbanæ conjurationis, provincia Hispania ultro extra ordinem data sit; pactumque, ut simul foris ille, ipse Romæ, ad res novas consurgerent, per Ambronas et Transpadanos : destitutum utriusque consilium morte Pisonis.

X. Ædilis, præter comitium ac forum, basilicasque, etiam Capitolium ornavit, porticibus ad tempus exstructis, in quibus, abundante rerum copia, pars apparatus exponeretur. Venationes autem ludosque et cum collega, et separatim, edidit : quo factum est, ut communium quoque impensarum solus gratiam caperet; nec dissimularet collega ejus M. Bibulus, evenisse sibi, quod Polluci. Ut enim geminis fratribus ædes in foro constituta, tantum Castoris vocaretur, ita suam Cæsarisque munificentiam, unius Cæsaris dici. Adjecit insuper Cæsar etiam gladiatorium munus, sed aliquanto paucioribus, quam destinaverat, paribus. Nam quum multiplici undique familia comparata inimicos exterruisset, cautum est de numero gladiatorum; quo ne majorem cuiquam habere Romæ liceret.

cette raison, César ne donna pas même le signal convenu. Curion dit que ce signal consistait en ce que César laisserait tomber sa robe de son épaule. Le même Curion et M. Actorius Nason [13] soutiennent qu'il conspira aussi avec Cn. Pison, encore adolescent, et que, sur le soupçon des menées de ce Pison dans Rome, on lui donna, par commission extraordinaire, le département de l'Espagne ; enfin, qu'ils convinrent d'opérer des soulèvemens, l'un au dehors, l'autre à Rome, et d'agir au moyen des Ambrones et des peuples qui sont au delà du Pô. Les projets de l'un et de l'autre furent déjoués par la mort de Pison.

X. Édile, il ne se borna pas à faire décorer le comitium [14], le forum et les basiliques; il étendit ce soin jusqu'au Capitole, et y fit, pour le temps de l'exposition, élever des portiques, dans lesquels il montra aux regards du peuple une partie des nombreux objets qu'il avait en son pouvoir. Il donna aussi, tant avec son collègue que pour son propre compte, des combats de bêtes et des jeux, d'où il arriva qu'il recueillit seul la reconnaissance de dépenses faites en commun. Son collègue, M. Bibulus, ne se dissimulait pas qu'il lui était arrivé la même chose qu'à Pollux ; il disait que, comme on avait coutume d'appeler du seul nom de Castor le temple érigé dans le forum aux deux frères, sa magnificence et celle de César passaient pour n'être que la magnificence du seul César. César y ajouta encore un spectacle de gladiateurs, mais il en fit combattre quelques couples de moins qu'il ne le voulait d'abord ; car il avait effrayé ses ennemis par la multitude de ceux qu'il avait rassemblés de toutes parts, et l'on fixa un nombre de gladiateurs qu'à Rome il ne serait permis à personne de dépasser.

XI. Conciliato populi favore, tentavit per partem tribunorum, ut sibi Ægyptus provincia plebiscito daretur, nactus extraordinarii imperii occasionem, quod Alexandrini regem suum, socium atque amicum a senatu appellatum, expulerant, resque vulgo improbabatur. Nec obtinuit, adversante optimatium factione : quorum auctoritatem ut quibus posset modis invicem deminueret, tropæa C. Marii de Jugurtha, deque Cimbris atque Teutonis, olim a Sulla disjecta, restituit; atque in exercenda de sicariis quæstione, eos quoque sicariorum numero habuit, qui proscriptione, ob relata civium romanorum capita, pecunias ex ærario acceperant, quamquam exceptos Corneliis legibus.

XII. Subornavit etiam qui C. Rabirio perduellionis diem diceret : quo præcipuo adjutore, aliquot ante annos L. Saturnini seditiosum tribunatum senatus coërcuerat : ac sorte judex in reum ductus, tam cupide condemnavit, ut ad populum provocanti nihil æque ac judicis acerbitas profuerit.

XIII. Deposita provinciæ spe, pontificatum maximum petiit, non sine profusissima largitione. In qua reputans magnitudinem æris alieni, quum mane ad comitia descenderet, prædixisse matri osculanti fertur, domum se nisi pontificem non reversurum. Atque ita potentissimos duos

XI. S'étant concilié la faveur du peuple, il essaya de l'intermédiaire de quelques tribuns, afin de se faire décerner l'Égypte pour province [15], au moyen d'un plébiscite. Il espérait saisir l'occasion de s'emparer d'un commandement extraordinaire [16], parce qu'on blâmait généralement à Rome la conduite des habitans d'Alexandrie, qui avaient chassé leur roi, l'allié et l'ami du peuple romain. César ne réussit point, la faction aristocratique s'étant opposée à son projet. Il voulut à son tour et par tous les moyens possibles, affaiblir l'autorité de cette faction. Il releva les trophées de Marius sur Jugurtha, sur les Cimbres et sur les Teutons, monumens que Sylla avait autrefois renversés; puis, dans l'instruction dirigée contre les sicaires, et malgré les exceptions prononcées par la loi Cornelia, il rangea parmi ces meurtriers ceux qui, durant la proscription, avaient reçu de l'argent pour avoir porté des citoyens romains sur les listes [17].

XII. Il suscita aussi un accusateur à C. Rabirius, afin de le faire déclarer ennemi public. C'était par son secours surtout que le sénat, quelques années auparavant, avait comprimé les séditieuses entreprises qui signalèrent le tribunat de L. Saturninus. Le sort ayant désigné César pour juge à l'accusé, il le condamna avec tant d'ardeur, que, devant le peuple, rien ne fut plus utile à l'appelant que la partialité de son juge.

XIII. Déçu de l'espoir d'obtenir un commandement, César demanda le souverain pontificat, non sans répandre d'immenses largesses. Le matin, se disposant à se rendre aux comices, et songeant à l'énormité des dettes qu'il avait contractées, il dit à sa mère, qui l'embrassait, que, s'il n'était souverain pontife, il ne revien-

competitores, multumque et ætate et dignitate antecedentes, superavit, ut plura ipse in eorum tribubus suffragia, quam uterque in omnibus, tulerit.

XIV. Prætor creatus, detecta conjuratione Catilinæ, senatuque universo in socios facinoris ultimam statuente pœnam, solus municipatim dividendos, custodiendosque publicatis bonis, censuit. Quin et tantum metum injecit asperiora suadentibus, identidem ostentans, quanta eos in posterum a plebe romana maneret invidia, ut D. Silanum, consulem designatum, non piguerit sententiam suam, quia mutare turpe erat, interpretatione lenire, velut gravius atque ipse sensisset exceptam : obtinuissetque adeo, transductis ad se jam pluribus, et in his Ciceronis consulis fratre, nisi labantem ordinem confirmasset M. Catonis oratio. Ac ne sic quidem impedire rem destitit, quoad usque manus equitum romanorum, quæ armata præsidii causa circumstabat, immoderatius perseveranti necem comminata est : etiam strictos gladios usque eo intentans, ut sedentem una proximi deseruerint, vix pauci complexu togaque objecta protexerint. Tunc plane deterritus, non modo cessit, sed etiam in reliquum anni tempus curia abstinuit.

drait pas chez lui. Il obtint sur deux compétiteurs[18] des plus puissans, sur des hommes qui, par leur âge et par leur dignité, lui étaient de beaucoup supérieurs, un tel avantage, qu'il réunit plus de suffrages dans leurs propres tribus, qu'ils n'en eurent ensemble dans toutes les autres.

XIV. César étant créé préteur, on découvrit la conjuration de Catilina : le sénat prononçait unanimement la peine capitale contre les complices; lui seul pensa qu'il fallait les répartir entre les diverses villes municipales, les y renfermer, et vendre leurs biens à l'enchère. Il jeta même une telle terreur dans l'âme de ceux qui conseillaient un parti plus sévère, en insistant fréquemment sur le ressentiment que le peuple en garderait contre eux, que Decimus Silanus, consul désigné, ne craignit pas d'adoucir, par une interprétation, l'avis qu'il eût été honteux de changer; il prétendit qu'on l'avait compris dans un sens plus rigoureux qu'il ne l'avait voulu. César allait l'emporter; déjà un grand nombre de sénateurs passaient de son côté, et parmi eux Cicéron, le frère du consul : c'en était fait, si le discours de Caton n'eût raffermi le sénat chancelant. Mais César ne renonça pas encore à entraver cette décision, jusqu'à ce qu'enfin une troupe de chevaliers romains, qui s'était mise sous les armes pour garder le lieu de l'assemblée, menaça de lui donner la mort pour prix d'une persévérance qui passait toutes les bornes de la modération. Ces chevaliers dirigèrent même contre lui leurs glaives nus, en sorte que ses voisins s'en écartèrent, et que quelques-uns eurent peine à le sauver en le prenant dans leurs bras et en le couvrant de leur toge. Alors, saisi

XV. Primo præturæ die Q. Catulum de refectione Capitolii ad disquisitionem populi vocavit, rogatione promulgata, qua curationem eam in alium transferebat. Verum impar optimatium conspirationi, quos, relicto statim novorum consulum officio, frequentes obstinatosque ad resistendum concurrisse cernebat, hanc quidem actionem deposuit.

XVI. Ceterum Cæcilio Metello, tribuno plebis, turbulentissimas leges adversus collegarum intercessionem ferenti, auctorem propugnatoremque se pertinacissime præstitit; donec ambo administratione reipublicæ decreto patrum submoverentur. Ac nihilo minus permanere in magistratu, et jus dicere ausus, ut comperit paratos, qui vi ac per arma prohiberent, dimissis lictoribus, abjectaque prætexta, domum clam refugit, pro conditione temporum quieturus. Multitudinem quoque biduo post sponte et ultro confluentem, operamque sibi in asserenda dignitate tumultuosius pollicentem, compescuit. Quod quum præter opinionem evenisset, senatus, ob eundem cœtum festinato coactus, gratias ei per primores viros egit : accitumque in curiam, et amplissimis verbis collaudatum, in integrum restituit, inducto priore decreto.

XVII. Recidit rursus in discrimen aliud, inter socios Catilinæ nominatus, et apud Novium Nigrum quæsto-

d'effroi, il ne se borna point à l'abandon de sa proposition, il ne parut plus au sénat de tout le reste de l'année.

XV. Le premier jour de sa préture [19], il cita au jugement du peuple Q. Catulus, au sujet de la reconstruction du Capitole [20], et il publia une proposition à l'effet de départir ce soin à un autre. Mais il ne se crut pas de force à lutter avec les membres de la faction aristocratique, qui, négligeant de rendre leurs devoirs aux nouveaux consuls [21], accouraient en foule pour lui résister avec opiniâtreté : en conséquence, il se désista de cette action.

XVI. Du reste, il se montra le soutien et l'infatigable champion de Cécilius Metellus [22], tribun du peuple, qui portait les lois les plus violentes contre le droit d'opposition de ses collègues, jusqu'à ce qu'enfin un décret du sénat les éloigna tous deux du gouvernement de la république. César n'en eut pas moins l'audace de demeurer en possession de sa charge, et de rendre la justice; mais quand il apprit qu'on allait employer pour l'en arracher la force et les armes, il renvoya ses licteurs, se défit de sa robe prétexte, et se retira chez lui, résolu à se tenir tranquille et à s'accommoder au temps. Deux jours après, la foule s'étant assemblée d'elle-même, et lui promettant à grands cris de le seconder pour ressaisir sa dignité, il la contint dans le devoir. Le sénat, convoqué à la hâte, à cause de ce rassemblement, était loin de s'y attendre; il lui en fit rendre grâces par ses principaux membres, et César fut rappelé au sein de la compagnie, qui lui prodigua les plus grands éloges; enfin, on le réintégra dans sa dignité, en rapportant le premier décret.

XVII. Mais il fut bientôt impliqué dans une autre affaire; il fut nommé parmi les complices de Catilina,

rem a L. Vettio judice, et in senatu a Q. Curio : cui, quod primus consilia conjuratorum detexerat, constituta erant publice præmia. Curius e Catilina se cognovisse dicebat : Vettius etiam chirographum ejus, Catilinæ datum, pollicebatur. Id vero Cæsar nullo modo tolerandum existimans, quum, implorato Ciceronis testimonio, quædam se de conjuratione ultro ad eum detulisse docuisset, ne Curio præmia darentur, effecit : Vettium, pignoribus captis, et direpta supellectile male mulcatum, ac pro rostris in concione pæne discerptum, conjecit in carcerem : eodem Novium quæstorem, quod compellari apud se majorem potestatem passus esset.

XVIII. Ex prætura ulteriorem sortitus Hispaniam, retinentes creditores interventu sponsorum removit : ac neque more, neque jure, antequam provinciæ ornarentur, profectus est : incertum, metune judicii, quod privato parabatur, an quo maturius sociis implorantibus subveniret. Pacataque provincia, pari festinatione, non exspectato successore, ad triumphum simul consulatumque decessit. Sed quum, edictis jam comitiis, ratio ejus haberi non posset, nisi privatus introisset urbem, et ambienti ut legibus solveretur, multi contradicerent, coactus est triumphum, ne consulatu excluderetur, dimitere.

d'abord devant le questeur Novius Niger[23], par L. Vettius judex[24], puis dans le sénat, par Q. Curius, auquel des récompenses publiques avaient été décernées, parce que, le premier, il avait révélé les projets des conjurés. Curius se prétendait instruit par Catilina lui-même; Vettius promettait de produire un billet de la main de César à Catilina. César ne crut pas devoir souffrir ces attaques; il implora le témoignage de Cicéron, et, après avoir montré que, de son propre mouvement, il lui avait dénoncé plusieurs faits relatifs à la conjuration, il fit si bien, que l'on ne donna point de récompenses à Curius. Pour Vettius, après qu'on eut fait enlever de chez lui des gages de sa comparution[25], après qu'il eut été maltraité et ses meubles pillés, il fut presque déchiré devant la tribune, en pleine assemblée, et César le fit jeter en prison. Il y fit mettre aussi le questeur Novius, pour avoir souffert qu'on dénonçât à son tribunal une autorité supérieure.

XVIII. A l'issue de sa préture, le sort lui départit l'Espagne ultérieure. Il se défit, par l'intervention de cautions, des créanciers qui le retenaient; puis, contre l'usage et contre la loi, il partit avant que l'on eût rien réglé sur les provinces[26]. On ne sait pas bien si ce fut dans la crainte d'une action qu'on se disposait à intenter contre lui, dès qu'il ne serait plus qu'un simple particulier[27], ou bien s'il voulut secourir plus promptement les alliés qui l'imploraient. Quand il eut pacifié la province[28], il revint avec la même précipitation, et sans attendre son successeur, pour demander à la fois le triomphe et le consulat. Mais, les comices étaient déjà indiqués[29], l'on ne pouvait tenir compte de sa candidature qu'autant qu'il entrerait dans Rome en simple particulier; et, lors-

XIX. E duobus [consulatus] competitoribus, L. Lucceio, Marcoque Bibulo, Lucceium sibi adjunxit : pactus, ut is, quoniam inferior gratia esset, pecuniaque polleret, nummos de suo, communi nomine, per centurias pronuntiaret. Qua cognita re, optimates, quos metus ceperat, nihil non ausurum eum in summo magistratu, concordi et consentiente collega, auctores Bibulo fuerunt tantundem pollicendi : ac plerique pecunias contulerunt, ne Catone quidem abnuente eam largitionem e republica fieri. Igitur cum Bibulo consul creatur. Eandem ob causam opera optimatibus data est, ut provinciæ futuris consulibus minimi negotii, id est, silvæ callesque decernerentur. Qua maxime injuria instinctus, omnibus officiis Cn. Pompeium assectatus est, offensum patribus, quod, Mithridate rege victo, cunctantius confirmarentur acta sua : Pompeioque M. Crassum reconciliavit, veterem inimicum ex consulatu, quem summa discordia simul gesserant : ac societatem cum utroque iniit, ne quid ageretur in republica, quod displicuisset ulli e tribus.

qu'il demanda à être affranchi des dispositions de la loi, il trouva beaucoup d'opposans[30]. Il se vit donc forcé de différer le triomphe, pour n'être point exclu du consulat.

XIX. Parmi ses deux compétiteurs, L. Lucceius et M. Bibulus, il s'adjoignit Lucceius[31], sous la condition que ce dernier, qui jouissait d'une moindre faveur, mais qui était plus puissant par son argent, promettrait dans toutes les centuries, et au nom de tous deux, les largesses qu'il puiserait dans ses propres ressources. La faction aristocratique l'ayant appris, fut saisie de crainte; elle pensait qu'il n'était rien que César ne tentât dans l'exercice de la magistrature souveraine, s'il avait un collègue qui s'accordât avec lui, et qui consentît à tous ses projets. On conseilla donc à Bibulus de faire les mêmes promesses, et la plupart des patriciens se cotisèrent. Caton lui-même ne niait pas que, pour cette fois, une distribution d'argent ne fût salutaire à la république. César fut donc fait consul avec Bibulus. Ce fut pour le même motif que les aristocrates[32] eurent soin qu'on n'assignât aux futurs consuls que des commandemens de peu d'importance, c'est-à-dire la surveillance des forêts et des chemins[33]. Excité surtout par cette injure, César s'attacha à Cn. Pompée, en lui témoignant tous les égards imaginables; car Pompée était irrité contre les sénateurs, à cause des retards que l'on mettait à confirmer les actes de son administration, après la victoire qu'il avait remportée sur Mithridate[34]. César ramena aussi vers Pompée M. Crassus, qui était son ennemi depuis le consulat qu'ils avaient géré ensemble au milieu de continuelles discordes. Il conclut avec l'un et avec l'autre une al-

XX. Inito honore primus omnium instituit, ut tam senatus quam populi diurna acta confierent, et publicarentur. Antiquum etiam retulit morem, ut quo mense fasces non haberet, accensus ante eum iret, lictores pone sequerentur. Lege autem Agraria promulgata, obnuntiantem collegam armis foro expulit. Ac postero die in senatu conquestum, nec quoquam reperto, qui super tali consternatione referre, aut censere aliquid auderet, qualia multa sæpe in levioribus turbis decreta erant, in eam coëgit desperationem, ut quoad potestate abiret, domo abditus nihil aliud quam per edicta obnuntiaret. Unus ex eo tempore omnia in republica, et ad arbitrium administravit: ut nonnulli urbanorum, quum quid per jocum testandi gratia signarent, non *Cæsare et Bibulo*, sed *Julio et Cæsare consulibus* actum scriberent, bis eundem præponentes, nomine atque cognomine: utque vulgo mox ferrentur hi versus:

Non Bibulo quidquam nuper, sed Cæsare factum est:
Nam Bibulo fieri consule nil memini.

Campum Stellatem, majoribus consecratum, agrumque

liance, en vertu de laquelle désormais, rien de ce qui déplairait à l'un des trois ne se ferait dans la république [35].

XX. Après avoir pris possession de sa dignité, César, le premier de tous, institua l'usage de rédiger jour par jour et de publier les actes du sénat et ceux du peuple [36]. Il rétablit aussi l'ancienne coutume de se faire précéder par un appariteur et suivre par les licteurs, durant le mois pendant lequel il n'avait point les faisceaux [37]. Ayant promulgué un projet de loi agraire, il chassa du forum les armes à la main, son collègue qui y mettait des entraves. Celui-ci s'en plaignit le lendemain dans le sénat; mais on ne trouva personne qui voulût se charger de faire un rapport sur cette violence, ou d'ouvrir un avis qui tendît à prendre des mesures auxquelles on avait recours souvent dans de moindres séditions. Aussi, César lui inspira une telle terreur, qu'en attendant le moment de quitter sa charge, il se tint caché dans sa maison, n'agissant plus dans son opposition que par voie d'édits [38]. Depuis lors, César disposa seul, et selon son bon plaisir, de toutes les affaires de l'état, si bien que quelques railleurs, quand ils signaient un acte par forme de plaisanterie [39], au lieu d'écrire que cela s'était fait sous le consulat de César et de Bibulus, dataient du consulat de Julius et de César, faisant deux fois mention du même consul, qu'ils désignaient ainsi par son nom et par son surnom. L'on colporta aussi les vers suivans :

« Cela ne s'est pas fait sous Bibulus, mais sous César; car je ne
« me souviens pas qu'il ait rien été fait sous le consulat de Bi-
« bulus. »

Le territoire de Stella, consacré par nos ancêtres [40], et

Campanum, ad subsidia reipublicæ vectigalem relictum, divisit extra sortem ad viginti millibus civium, quibus terni pluresve liberi essent. Publicanos, remissionem petentes, tertia mercedum parte relevavit, ac, ne in locatione novorum vectigalium immoderatius licerentur, propalam monuit. Cetera item, quæ cuique libuissent, dilargitus est, contradicente nullo, ac, si conaretur quis, absterrito. M. Catonem interpellantem extrahi curia per lictorem, ducique in carcerem jussit. L. Lucullo liberius resistenti, tantum calumniarum metum injecit, ut ad genua ultro sibi accideret. Cicerone in judicio quodam deplorante temporum statum, P. Clodium inimicum ejus, frustra jam pridem a patribus ad plebem transire nitentem, eodem die, horaque nona, transduxit. Postremo in universos diversæ factionis induxit. Vettium præmiis, ut se de inferenda Pompeio nece sollicitatum a quibusdam profiteretur, productusque pro rostris auctores ex compacto nominaret : sed uno atque altero frustra, nec sine suspicione fraudis nominatis, desperans tam præcipitis consilii eventum, intercepisse veneno indicem creditur.

XXI. Sub idem tempus Calpurniam, L. Pisonis filiam, successuri sibi in consulatu, duxit uxorem : suamque, Juliam, Cn. Pompeio collocavit, repudiato priore sponso Servilio Cæpione, cujus vel præcipua opera

celui de Campanie, affermé pour les besoins de l'état, furent divisés entre vingt mille citoyens pères de trois enfans ou d'un plus grand nombre. Les fermiers de l'état demandaient une réduction; César leur remit le tiers de leur fermage, et les engagea publiquement à ne point enchérir d'une manière inconsidérée lors de l'adjudication de nouveaux revenus. Du reste, il donnait à chacun ce qu'il demandait, car personne ne s'y opposait, et si quelqu'un l'essayait, il savait bien l'intimider. Il ordonna d'enlever du sénat et de conduire en prison Caton, qui l'apostrophait. Il inspira à Lucullus, qui lui résistait avec liberté [41], une telle crainte d'une action calomnieuse, que celui-ci tomba à ses genoux. Cicéron, dans une affaire judiciaire, ayant déploré l'état de la chose publique, César, le jour même, à la neuvième heure, fit passer P. Clodius, l'ennemi de Cicéron, dans les rangs des plébéiens; ce que, depuis long-temps, il tâchait en vain d'obtenir. Enfin, il suborna Vettius, à prix d'argent, contre les membres du parti contraire, afin qu'il confessât que quelques-uns l'avaient engagé à tuer Pompée, et qu'amené devant les tribunaux, il désignât ceux qu'on était convenu de nommer. Ce Vettius ayant effectivement, mais en vain, dénoncé tantôt l'un, tantôt l'autre, et la fraude ayant été soupçonnée, César désespéra du succès d'une démarche aussi imprudente. On croit qu'il fit périr le dénonciateur par le poison [42].

XXI. Vers le même temps, il épousa Calpurnie, fille de L. Pison [43], qui allait lui succéder dans le consulat, et il donna à Cn. Pompée sa fille Julie, en répudiant Servilius Cæpion, auquel il l'avait d'abord fiancée, et dont peu de temps auparavant il avait tiré grand secours pour

paulo ante Bibulum impugnaverat. Ac post novam affinitatem Pompeium primum rogare sententiam cœpit, quum Crassum soleret, essetque consuetudo, ut quem ordinem interrogandi sententias consul kalendis januariis instituisset, eum toto anno conservaret.

XXII. Socero igitur generoque suffragantibus, ex omni provinciarum copia Galliam potissimum elegit, cujus emolumento et opportunitate, idonea sit materia triumphorum. Et initio quidem Galliam cisalpinam, Illyrico adjecto, lege Vatinia accepit : mox per senatum, Comatam quoque; veritis patribus, ne, si ipsi negassent, populus et hanc daret. Quo gaudio elatus, non temperavit, quin paucos post dies frequenti curia jactaret, invitis et gementibus adversariis adeptum se, quæ concupisset; proinde ex eo insultaturum omnium capitibus : ac negante quodam per contumeliam, *Facile hoc ulli feminæ fore*, respondit, quasi alludens, *In Assyria quoque regnasse Semiramin, magnamque Asiæ partem Amazonas tenuisse quondam.*

XXIII. Functus consulatu, C. Memmio Lucioque Domitio prætoribus de superioris anni actis referentibus, cognitionem senatui detulit : nec illo suscipiente, triduoque per irritas altercationes absumpto, in provinciam abiit; et statim quæstor ejus in præjudicium aliquot criminibus arreptus est. Mox et ipse a L. Antistio, tribuno plebis, postulatus, appellato demum collegio, obtinuit,

combattre Bibulus. Après cette nouvelle alliance, il commença, dans le sénat, à prendre d'abord l'avis de Pompée, tandis qu'il avait coutume d'interroger Crassus le premier [44], et que l'usage voulait que le consul conservât pendant toute l'année l'ordre qu'il avait suivi aux kalendes de janvier pour recueillir les votes.

XXII. Fort du suffrage de son beau-père et de son gendre, il choisit les Gaules parmi toutes les autres provinces, pensant qu'elles lui fourniraient une occasion suffisante de richesses et de triomphes. D'abord il reçut de la loi Vatinia la Gaule cisalpine et l'Illyrie; bientôt le sénat y ajouta la Gaule chevelue, car les pères [45] craignirent que, s'ils la refusaient, le peuple ne vînt à la lui donner aussi. Transporté de joie, César ne put s'empêcher, quelques jours après, de se vanter en plein sénat que, malgré ses ennemis, et à leur grand chagrin, il avait obtenu ce qu'il désirait; que désormais il marcherait sur leurs têtes. Quelqu'un ayant répondu, pour l'outrager, que cela serait difficile à une femme [46], il répliqua, sur le ton de la plaisanterie, que Sémiramis avait régné en Assyrie, et qu'autrefois la plus grande partie de l'Asie avait été gouvernée par les Amazones.

XXIII. Après son consulat, C. Memmius, ainsi que L. Domitius, demandèrent que l'on examinât les actes de l'année précédente; il en déféra la connaissance au sénat, qui ne voulut point accepter cette affaire. Trois jours s'étant passés en vaines altercations, il partit pour sa province, et sur-le-champ son questeur fut traîné en justice, à raison de quelques crimes; car on voulait constituer à son égard un précédent fâcheux. Bientôt il fut cité lui-même par le tribun du peuple L. Antistius; mais

quum reipublicæ causa abesset, reus ne fieret. Ad securitatem ergo posteri temporis, in magno negotio habuit obligare semper annuos magistratus, et e petitoribus non alios adjuvare, aut ad honorem pati pervenire, quam qui sibi recepissent propugnaturos absentiam suam; cujus pacti non dubitavit a quibusdam jusjurandum atque etiam syngrapham exigere.

XXIV. Sed quum L. Domitius, consulatus candidatus, palam minaretur, consulem se effecturum, quod prætor nequisset, adempturumque ei exercitus; Crassum Pompeiumque, in urbem provinciæ suæ Lucam extractos, compulit, ut detrudendi Domitii causa consulatum alterum peterent, et ut in quinquennium sibi imperium prorogaretur. Qua fiducia ad legiones, quas a republica acceperat, alias privato sumptu addidit : unam etiam ex Transalpinis conscriptam, vocabulo quoque gallico; *Alauda* enim appellabatur : quam disciplina cultuque romano institutam et ornatam, postea universam civitate donavit. Nec deinde ulla belli occasione, ne injusti quidem ac periculosi, abstinuit, tam fœderatis, quam infestis ac feris gentibus ultro lacessitis : adeo ut senatus quondam legatos ad explorandum statum Galliarum mittendos decreverit, ac nonnulli dedendum eum hostibus censuerint. Sed prospere decedentibus rebus, et sæpius et plurium, quam quisquam unquam, dierum supplicationes impetravit.

il en appela au collège des tribuns, et il obtint de ne point être accusé pendant qu'il était absent pour le service de la république. Afin de s'assurer à l'avenir, il regarda toujours comme très-important d'obliger les magistrats de chaque année, et de ne seconder parmi les candidats, de ne laisser parvenir aux honneurs, que ceux qui auraient accepté la condition de le défendre en son absence; il n'hésita pas même à prendre le serment ou même l'engagement écrit de quelques-uns d'entre eux.

XXIV. Cependant L. Domitius, candidat pour le consulat, se vantait publiquement que, consul, il saurait achever ce qu'il n'avait pu accomplir étant préteur; il menaçait d'enlever à César son armée. Mais celui-ci fit venir à Lucques[48], ville de sa province, Crassus et Pompée, les força à demander l'autre consulat, afin d'en repousser Domitius, et de proroger son commandement pour cinq ans. Alors, plein de confiance, il ajouta aux légions qu'il avait reçues de la république, d'autres légions qu'il créa à ses frais; il en leva une aussi dans la Gaule transalpine, qu'il forma sous le nom gaulois d'*Alauda* (l'alouette); il l'institua et l'organisa selon la discipline et la tenue des Romains, et dans la suite, la gratifia tout entière du droit de cité. César ne laissa désormais échapper aucune occasion de faire la guerre, lors même qu'elle était injuste ou périlleuse : il s'attaqua indistinctement aux peuples confédérés et à ceux qui étaient ennemis ou sauvages. Les choses allèrent si loin, que le sénat résolut un jour d'envoyer des députés pour informer sur l'état de la Gaule. Quelques-uns furent d'avis qu'on livrât César aux ennemis; mais le succès ayant couronné ses entreprises, il obtint des actions de grâces aux

XXV. Gessit autem novem annis, quibus in imperio fuit, hæc fere. Omnem Galliam, quæ saltu Pyrenæo Alpibusque et monte Gebenna, fluminibusque Rheno et Rhodano continetur, patetque circuitu ad bis et tricies centum millia passuum, præter socias ac bene meritas civitates, in provinciæ formam redegit, eique quadringenties in singulos annos stipendii nomine imposuit. Germanos, qui trans Rhenum incolunt, primus Romanorum ponte fabricato aggressus, maximis affecit cladibus. Aggressus est et Britannos, ignotos antea; superatisque pecunias et obsides imperavit : per tot successus ter, nec amplius, adversum casum expertus : in Britannia, classe vi tempestatis prope absumpta; et in Gallia, ad Gergoviam legione fusa; et in Germanorum finibus, Titurio et Aurunculeio legatis per insidias cæsis.

XXVI. Eodem temporis spatio matrem primo, deinde filiam, nec multo post nepotem amisit. Inter quæ consternata P. Clodii cæde republica, quum senatus unum consulem, nominatimque Cn. Pompeium, fieri censuisset, egit cum tribunis plebis, collegam se Pompeio destinantibus, id potius ad populum ferrent, ut absenti sibi, quandocunque imperii tempus expleri cœpisset, petitio secundi consulatus daretur : ne ea causa matu-

dieux plus fréquentes et d'un plus grand nombre de jours qu'on ne les avait accordées à qui que ce fût avant lui.

XXV. Voici à peu près ce qu'il fit pendant les neuf années qu'il demeura revêtu du commandement. Il réduisit en province, en lui imposant quarante millions de sesterces*, à titre de tribut annuel, toute la Gaule renfermée entre les Pyrénées, les Alpes, les Cévennes, le Rhin et le Rhône, à l'exception des villes alliées ou de celles qui avaient bien mérité de Rome. Cette contrée s'étend l'espace de deux ou trois cent mille pas de pourtour. Le premier des Romains, il construisit un pont sur le Rhin, attaqua les Germains qui habitent au delà de ce fleuve, et leur fit essuyer de grandes défaites. Il attaqua aussi les Bretons, inconnus jusqu'alors, et, quand il les eut vaincus, il leur imposa un tribut et des otages. Au milieu de tant de succès, il n'éprouva pas plus de trois revers; l'un en Bretagne, où sa flotte fut presque anéantie par la violence d'une tempête; le second dans la Gaule, devant Gergovia, où une légion fut mise en déroute; enfin le troisième sur le territoire des Germains[50], ses lieutenans, Titurius et Aurunculeius, ayant été tués dans une embuscade.

XXVI. C'est dans ce même temps qu'il perdit d'abord sa mère, puis sa fille[51], enfin son petit-fils. Cependant le meurtre de P. Clodius[52] avait jeté la discorde dans la république. Le sénat ayant jugé convenable de ne créer qu'un seul consul, et désignant nommément Pompée, César négocia avec les tribuns, qui le destinaient pour collègue à Pompée, afin qu'ils proposassent au peuple de lui accorder, pendant son absence, la permission de

---

* 7,370,000 francs. Dans toutes les évaluations, je prends pour base le travail de M. Letronne, inséré dans le Tite-Live de M. Lemaire, t. XII, p. 115.

rius, et imperfecto adhuc bello, decederet. Quod ut adeptus est, altiora jam meditans, et spei plenus, nullum largitionis, aut officiorum in quemquam genus, publice privatimque omisit. Forum de manubiis inchoavit; cujus area super sestertium millies constitit. Munus populo epulumque pronuntiavit in filiæ memoriam, quod ante eum nemo. Quorum ut quam maxima exspectatio esset, ea, quæ ad epulum pertinerent, quamvis macellariis oblocata, etiam domesticatim apparabat. Gladiatores notos, sicubi infestis spectatoribus dimicarent, vi rapiendos reservandosque mandabat. Tirones neque in ludo, neque per lanistas, sed in domibus per equites romanos, atque etiam per senatores armorum peritos erudiebat; precibus enitens, quod epistolis ejus ostenditur, ut disciplinam singulorum susciperent, ipsique dictata exercentibus darent. Legionibus stipendium in perpetuum duplicavit. Frumentum, quoties copia esset, etiam sine modo mensuraque præbuit; ac singula interdum mancipia ex præda viritim dedit.

se mettre sur les rangs pour son second consulat, quand le temps de son commandement serait près d'expirer. Son dessein était de ne point abandonner, pour la candidature, une province où la guerre n'était pas encore achevée. Il parvint à ce but; dès-lors, plein d'espérance, et méditant déjà de plus grands projets, il n'épargna plus aucune occasion de faire des libéralités ou de rendre des services à tous sans exception, et cela tant au nom de l'état qu'en son nom particulier. Il commença la construction d'un forum du butin fait sur l'ennemi, et le sol fut payé par lui cent mille sesterces*. Il promit au peuple, en mémoire de sa fille, des présens et un festin, ce que personne n'avait fait avant lui. L'attente générale étant fort grande à ce sujet, il fit aussi préparer chez lui ce qui était nécessaire au festin, quoiqu'il eût adjugé ce soin à des traiteurs. Il avait ordonné d'enlever de force et de sauver les gladiateurs[53] connus, s'il arrivait qu'ils combattissent sous les yeux de spectateurs malveillans. Quant aux élèves, ce n'était point aux jeux publics, ni par des maîtres d'escrime qu'il les faisait instruire, mais dans les maisons particulières et par des chevaliers romains, ou même par des sénateurs habiles à manier les armes. Il les engageait, par ses présens, ses lettres en font foi, à se charger d'instruire chacun de ces gladiateurs, et à leur donner eux-mêmes des préceptes pour leurs exercices. César doubla pour toujours la solde des légions[54]. Quand il y avait abondance de grains[55], il leur en distribuait sans suivre ni règle ni mesure; quelquefois on le vit donner à chaque homme un esclave pris sur le butin[56].

* 20,450 francs.

XXVII. Ad retinendam autem Pompeii necessitudinem ac voluntatem, Octaviam, sororis suæ neptem, quæ C. Marcello nupta erat, conditionem ei detulit, sibique filiam ejus in matrimonium petiit, Fausto Sullæ destinatam. Omnibus vero circa eum, atque etiam parte magna senatus, gratuito, aut levi fœnore, obstrictis, ex reliquo quoque ordinum genere, vel invitatos, vel sponte ad se commeantes, uberrimo congiario persequebatur : libertos insuper servulosque cujusque, prout domino patronove gratus quis esset. Tum reorum, aut obæratorum, aut prodigæ juventutis, subsidium unicum ac promptissimum erat : nisi quos gravior criminum, vel inopiæ luxuriæve vis urgeret, quam ut subveniri posset a se : his plane palam *bello civili opus esse* dicebat.

XXVIII. Nec minore studio reges atque provincias per terrarum orbem alliciebat : aliis captivorum millia dono offerens; aliis citra senatus populique auctoritatem, quo vellent, et quoties vellent, auxilia submittens : superque Italiæ, Galliarumque et Hispaniarum, Asiæ quoque et Græciæ potentissimas urbes præcipuis operibus exornans : donec, attonitis jam omnibus, et quorsum illa tenderent reputantibus, M. Claudius Marcellus consul edicto præfatus, de summa se republica acturum, retulit ad senatum, ut ei succederetur ante tempus; quoniam bello confecto pax esset, ac dimitti

XXVII. Pour conserver la bienveillance de Pompée et les relations qui l'unissaient à lui, il lui offrit, comme condition de leur alliance [57], Octavie, la nièce de sa sœur, qui était mariée à C. Marcellus, et à son tour il lui demanda en mariage sa fille, destinée à Faustus Sylla. Tous ceux qui l'entouraient, et même beaucoup de sénateurs, étaient ses débiteurs, ou sans intérêt ou pour un léger revenu. Il faisait aussi de beaux cadeaux [58] aux citoyens des autres classes qui le venaient visiter, ou sur son invitation, ou de leur propre mouvement; et même il étendait ses libéralités aux affranchis et aux esclaves, selon qu'ils étaient plus ou moins agréables à leur maître ou à leur patron. Il était l'unique et le prompt soutien de quiconque était ou poursuivi ou obéré, ainsi que de la jeunesse prodigue; et si quelqu'un était accablé sous le poids de crimes trop graves, par une misère ou par des désordres tels qu'il lui fût impossible d'y remédier, il leur disait ouvertement qu'il fallait une guerre civile.

XXVIII. César ne mit pas moins d'ardeur à gagner tous les rois et toutes les provinces de la terre, offrant aux uns des milliers de captifs, envoyant aux autres des troupes auxiliaires, où ils le voulaient et quand ils le voulaient, sans l'ordre du sénat ni du peuple. De plus, il fit exécuter de grands travaux pour embellir les villes les plus puissantes de l'Italie, des Gaules, de l'Espagne, ainsi que celles de l'Asie et de la Grèce, jusqu'à ce qu'enfin, tous les citoyens en étant frappés de terreur, et comprenant le but de ces entreprises, le consul Claudius Marcellus [59] annonça par un édit qu'il allait traiter du salut de la république [60] : il proposa au sénat de donner, avant le temps, un successeur à César, et de licencier l'armée victorieuse, vu qu'il fallait se mettre désormais

deberet victor exercitus : et ne absentis ratio comitiis haberetur, quando nec plebiscito Pompeius postea obrogasset. Acciderat autem, ut is legem de jure magistratuum ferens, eo capite, quo a petitione honorum absentes submovebat, ne Cæsarem quidem exciperet, per oblivionem; ac mox, lege jam in æs incisa, et in ærarium condita, corrigeret errorem. Nec contentus Marcellus provincias Cæsari et privilegium eripere, retulit etiam, ut colonis, quos rogatione Vatinia Novumcomum deduxisset, civitas adimeretur, quod per ambitionem et ultra præscriptum data esset.

XXIX. Commotus his Cæsar, ac judicans, quod sæpe ex eo auditum ferunt, difficilius se principem civitatis a primo ordine in secundum, quam ex secundo in novissimum detrudi, summa ope restitit, partim per intercessores tribunos, partim per Servium Sulpicium alterum consulem. Insequenti quoque anno, C. Marcello, qui fratri patrueli suo Marco in consulatu successerat, eadem tentante, collegam ejus Æmilium Paulum, Caiumque Curionem, violentissimum tribunorum, ingenti mercede defensores paravit. Sed quum obstinatius omnia agi videret, et designatos etiam consules e parte diversa, senatum litteris deprecatus est, ne sibi beneficium populi adimeretur; aut ut ceteri quoque imperatores ab exercitibus discederent : confisus, ut putant,

sur le pied de paix. Il s'opposa aussi à ce qu'on tînt compte de César absent dans les comices, alléguant que Pompée n'avait pas dérogé à la loi par un plébiscite[61]. Il était arrivé en effet que, proposant une loi sur l'organisation des magistrats, Pompée n'avait pas même excepté César du chapitre où il excluait les absens de la demande des honneurs; mais bientôt, la loi étant déjà gravée sur l'airain et déposée dans le fisc, il avait corrigé cette erreur, fruit de l'oubli. Non content d'enlever à César ses provinces et le privilège qui lui était accordé, Marcellus fit aussi un rapport tendant à priver du droit de cité les colons que César, d'après la motion de Vatinius, avait conduits à Côme[62]; il soutenait que ce droit leur avait été conféré par suite de brigues et contrairement à la règle.

XXIX. Ébranlé par ces attaques, et jugeant, ainsi qu'on le lui entendit répéter souvent, qu'il serait plus difficile, tant qu'il était à la tête de l'état, de le repousser du premier rang au second que de le précipiter du second au dernier, César résista de tout son pouvoir; il employait tantôt l'intervention des tribuns, et tantôt s'appuyait de Servilius Sulpicius, l'autre consul. L'année suivante, C. Marcellus, qui, dans le consulat, avait succédé à son cousin germain, Marcus, poursuivit les mêmes projets. César acheta à grand prix son collègue Emilius Paulus[62], et C. Curion, le plus violent des tribuns du peuple. Mais, s'étant aperçu qu'il y avait de l'obstination dans tout ce qui se faisait contre lui, et les consuls désignés[63] étant aussi du parti contraire, il adressa au sénat des lettres suppliantes, pour qu'on ne lui enlevât pas le bienfait du peuple, ou du moins pour que les autres généraux quittassent aussi leurs armées : on

facilius se, simul atque libuisset, veteranos convocaturum, quam Pompeium novos milites. Cum adversariis autem pepigit, ut, dimissis octo legionibus, transalpinaque Gallia, duæ sibi legiones, et Cisalpina provincia, vel etiam una legio cum Illyrico concederetur, quoad consul fieret.

XXX. Verum neque senatu interveniente, et adversariis negantibus, ullam se de republica facturos pactionem, transiit in citeriorem Galliam; conventibusque peractis, Ravennæ substitit, bello vindicaturus, si quid de tribunis plebis intercedentibus pro se gravius a senatu constitutum esset. Et prætextum quidem illi civilium armorum hoc fuit : causas autem alias fuisse opinantur. Cn. Pompeius ita dictitabat, quod neque opera consummare, quæ instituerat, neque populi exspectationem, quam de adventu suo fecerat, privatis opibus explere posset, turbare omnia ac permiscere voluisse. Alii timuisse dicunt, ne eorum, quæ primo consulatu adversus auspicia legesque et intercessiones gessisset, rationem reddere cogeretur : quum M. Cato identidem, nec sine jurejurando, denuntiaret delaturum se nomen ejus, simul ac primum exercitum dimisisset; quumque vulgo fore prædicarent, ut si privatus redisset, Milonis exemplo circumpositis armatis causam apud judices diceret. Quod probabilius facit Asinius Pollio, Pharsalica acie cæsos profligatosque adversarios prospicientem, hæc cum

croit qu'il faisait cette proposition dans la confiance qu'il rassemblerait plus facilement ses vétérans, dès qu'il le voudrait, que Pompée ne réunirait de nouveaux soldats. Il offrit néanmoins à ses adversaires de renvoyer huit légions, et de quitter la Gaule transalpine, pourvu qu'en attendant qu'il fût nommé consul, on lui concédât deux légions et la Gaule cisalpine, ou même une seule légion et l'Illyrie.

XXX. Mais, le sénat n'intervenant point, et les ennemis de César se refusant à toute espèce de traité sur les affaires de l'état, il passa dans la Gaule citérieure, et s'arrêta à Ravennes, après avoir présidé aux assemblées provinciales. Il était résolu, si le sénat prenait un parti sévère envers les tribuns qui s'interposaient pour lui, à les venger les armes à la main. A la vérité, ce fut là le prétexte de la guerre civile; mais on pense généralement que les causes en furent autres. Pompée répétait souvent que, ne pouvant achever les travaux qu'il avait commencés, ni répondre, par les seules ressources de sa fortune, à l'attente que, d'après ses promesses, le peuple se faisait de son retour, César avait voulu tout troubler, tout renverser. D'autres prétendent qu'il craignit d'être obligé de rendre compte de ce qu'il avait fait dans son premier consulat contre les auspices, les lois et les oppositions légales. M. Caton déclarait, non sans y ajouter les sermens, qu'il dénoncerait son nom aux magistrats tout aussitôt qu'il aurait licencié son armée, et l'on disait généralement que si César revenait en simple particulier, il serait, comme Milon, obligé de se défendre devant des juges entourés d'hommes armés. Asinius Pollion[65] rend cette version fort vraisemblable; il rapporte qu'à la bataille de Pharsale, César, jetant les yeux

ad verbum dixisse referens : *Hoc voluerunt : tantis rebus gestis C. Cæsar condemnatus essem, nisi ab exercitu auxilium petiissem.* Quidam putant captum imperii consuetudine, pensitatisque suis et inimicorum viribus, usum occasione rapiendæ dominationis, quam ætate prima concupisset. Quod existimasse videbatur et Cicero, scribens *de Officiis* tertio libro, semper Cæsarem in ore habuisse Euripidis versus, quos sic ipse convertit :

Nam si violandum est jus, regnandi gratia
Violandum est : aliis rebus pietatem colas.

XXXI. Quum ergo sublatam tribunorum intercessionem, ipsosque urbe cessisse nuntiatum est, præmissis confestim clam cohortibus, ne qua suspicio moveretur, et spectaculo publico per dissimulationem interfuit, et formam, qua ludum gladiatorium erat ædificaturus, consideravit, et ex consuetudine convivio se frequenti dedit. Dein post solis occasum, mulis e proximo pistrino ad vehiculum junctis, occultissimum iter modico comitatu ingressus est : et quum luminibus exstinctis decessisset via, diu errabundus, tandem ad lucem duce reperto, per angustissimos tramites pedibus evasit; consecutusque cohortes ad Rubiconem flumen, qui provinciæ ejus finis erat, paulum constitit, ac reputans quantum moliretur, conversus ad proximos, *Etiam nunc*, inquit, *regredi*

sur ses adversaires vaincus ou fugitifs, dit en propres termes : *Voilà ce qu'ils ont voulu. Moi, C. César, malgré mes grandes actions, j'étais condamné, si je n'eusse demandé du secours à mon armée.* Quelques-uns croient qu'il était dominé par l'habitude du commandement, et qu'ayant pesé ses forces et celles de ses ennemis, il profita de l'occasion de s'emparer d'un pouvoir qu'il avait souhaité dès sa première jeunesse. Il paraît que telle était l'opinion de Cicéron, qui, dans le troisième livre du *Traité des Devoirs*, nous apprend que César avait sans cesse à la bouche ces vers d'Euripide dont il nous a donné la traduction :

« S'il faut violer le bon droit, que ce soit pour régner : dans tout le reste, observons la justice. »

XXXI. Lorsqu'on lui annonça que l'opposition des tribuns avait été méconnue, et qu'eux-mêmes étaient sortis de Rome, il fit secrètement partir ses cohortes[66]. Quant à lui, pour ne point exciter de soupçons, il se montra en public, au spectacle; il s'occupa d'un plan de construction pour un cirque de gladiateurs, et, selon son habitude, il assista à un repas où les convives étaient nombreux. Puis, après le coucher du soleil, il fit atteler à un chariot les mulets d'une boulangerie voisine, et, suivi de fort peu de monde, il prit les chemins les plus détournés ; mais les flambeaux s'éteignirent, il s'égara, et, vers la pointe du jour, ayant enfin trouvé un guide, il marcha, par les sentiers les plus étroits, jusqu'au Rubicon, limite de sa province, où l'attendaient ses cohortes. Là, il s'arrêta quelque peu, et réfléchissant à la grandeur de son entreprise, il s'adressa à ceux qui l'entouraient: *Nous pouvons encore*, dit-il, *retourner sur nos pas ; une*

possumus : quod si ponticulum transierimus, omnia armis agenda erunt.

XXXII. Cunctanti ostentum tale factum est. Quidam eximia magnitudine et forma in proximo sedens, repente apparuit, arundine canens : ad quem audiendum quum præter pastores, plurimi etiam ex stationibus milites concurrissent, interque eos et æneatores, rapta ab uno tuba prosiluit ad flumen, et ingenti spiritu classicum exorsus, pertendit ad alteram ripam. Tunc Cæsar, *Eatur,* inquit, *quo deorum ostenta et inimicorum iniquitas vocat. Jacta alea esto.*

XXXIII. Atque ita trajecto exercitu, adhibitis tribunis plebis, qui pulsi supervenerant, pro concione fidem militum, flens, ac veste a pectore discissa, invocavit. Existimatur etiam equestres census pollicitus singulis : quod accidit opinione falsa. Nam quum in alloquendo exhortandoque sæpius digitum lævæ manus ostentans affirmaret, se ad satisfaciendum omnibus, per quos dignitatem suam defensurus esset, annulum quoque æquo animo detracturum sibi; extrema concio, cui facilius erat videre concionantem, quam audire, pro dicto accepit, quod visu suspicabatur : promissumque jus annulorum cum millibus quadringenis, fama distulit.

XXXIV. Ordo et summa rerum, quas deinceps ges-

fois que nous aurons franchi ce faible pont, il nous faudra tout décider par les armes.

XXXII. Tandis qu'il hésitait, une apparition se mafesta. Un homme de taille grande et belle se montra subitement assez près du rivage; il chantait en s'accompagnant du chalumeau. Outre les bergers, plusieurs soldats des postes voisins se rassemblèrent pour l'entendre; il y avait parmi eux des trompettes. Cet homme s'empara de l'instrument de l'un d'eux, se leva, et faisant retentir des sons mâles et guerriers, marcha vers l'autre rive. César alors s'écria : *Eh bien! allons où nous appellent les prodiges des dieux et l'iniquité de mes ennemis. Que le sort en soit jeté!*

XXXIII. L'armée ayant passé, César prit avec lui les tribuns du peuple, qui l'avaient rejoint après avoir été chassés de Rome; et, devant les troupes assemblées, il invoqua la fidélité du soldat, en pleurant et en déchirant ses vêtemens sur sa poitrine[67]. On croit aussi, mais par suite d'une méprise, qu'il promit à tous de leur donner le cens de chevaliers. Comme il arriva, dans ses allocutions et dans ses exhortations, qu'il se servit souvent du doigt annulaire de la main gauche, comme il répéta fréquemment, en le montrant aux soldats, qu'il ferait tout pour ceux qui défendraient sa dignité, qu'il irait même jusqu'à s'ôter en leur faveur l'anneau qu'il portait, les derniers rangs, qui le voyaient mieux qu'ils ne l'entendaient, prirent pour dit ce que la vue leur avait fait soupçonner, et la renommée répandit que César avait promis à ses soldats le droit de porter l'anneau, et quatre cent mille sesterces.

XXXIV. Voici la série et comme le sommaire des

sit, sic se habent. Picenum, Umbriam, Etruriam occupavit : et L. Domitio, qui per tumultum successor ei nominatus Corfinium præsidio tenebat, in deditionem redacto, atque dimisso, secundum Superum mare Brundisium tetendit, quo consules Pompeiusque confugerant, quamprimum transfretaturi. Hos frustra per omnes moras exitu prohibere conatus, Romam iter convertit : appellatisque de republica patribus, validissimas Pompeii copias, quæ sub tribus legatis, M. Petreio, et L. Afranio, et M. Varrone in Hispania erant, invasit; professus ante inter suos, *ire se ad exercitum sine duce, et inde reversurum ad ducem sine exercitu.* Et quanquam obsidione Massiliæ, quæ sibi in itinere portas clauserat, summaque frumentariæ rei penuria retardante, brevi tamen omnia subegit.

XXXV. Hinc urbe repetita, in Macedoniam transgressus, Pompeium, per quatuor pæne menses maximis obsessum operibus, ad extremum Pharsalico prœlio fudit : et fugientem Alexandriam persecutus, ut occisum deprehendit, cum Ptolemæo rege, a quo sibi quoque insidias tendi videbat, bellum sane difficillimum gessit; neque loco, neque tempore æquo, sed hieme anni, et intra mœnia copiosissimi ac sollertissimi hostis, inops ipse rerum omnium, atque imparatus. Regnum Ægypti victor Cleopatræ fratrique ejus minori permisit :

choses que César fit ensuite : Il occupa le Picenum, l'Ombrie, l'Étrurie; puis, Domitius, qui tenait Corfinium, et que, dans ces troubles, on lui avait donné pour successeur, fut contraint de se rendre à lui, à discrétion; il le renvoya, et marcha, le long de la mer Supérieure, sur Brindes, où s'étaient enfuis les consuls et Pompée, qui voulaient passer le plus tôt possible de l'autre côté de la mer. Ayant vainement essayé, par toutes sortes d'obstacles, d'empêcher leur sortie, César se dirigea sur Rome, où il assembla les sénateurs, pour délibérer sur la république. Il courut, immédiatement après, s'emparer des meilleures troupes de Pompée, qui étaient en Espagne, sous les ordres de trois lieutenans, M. Petreius, L. Afranius et M. Varron. Avant de partir, il avait dit à ses amis qu'il allait vers une armée sans chef, et que de là il reviendrait vers un chef sans armée. Quoiqu'il fût retardé par le siège de Marseille [68], qui lui ferma ses portes, et par le dénûment absolu de vivres, il ne lui fallut que peu de temps pour tout soumettre.

XXXV. Revenu d'Espagne à Rome, César passa en Macédoine; pendant près de quatre mois, il tint Pompée assiégé, et l'entoura d'ouvrages immenses; enfin il le vainquit en bataille rangée à Pharsale, le poursuivit dans sa fuite jusqu'à Alexandrie, où il le trouva mort; puis, voyant que le roi Ptolémée lui dressait aussi des embûches, il lui fit une guerre des plus difficiles, n'ayant pour lui ni l'avantage du lieu ni celui du temps, et luttant, en hiver, sans y être préparé, sans aucune provision, contre l'ennemi le plus actif et le plus nombreux, et cela dans les murs mêmes de cet ennemi. Vainqueur, il abandonna le royaume d'Égypte à Cléopâtre et à son plus jeune frère; car il craignait, s'il le réduisait en province, que

veritus provinciam facere, ne quandoque violentiorem præsidem nacta, novarum rerum materia esset. Ab Alexandria in Syriam, et inde Pontum transiit, urgentibus de Pharnace nuntiis : quem, Mithridatis Magni filium, ac tunc occasione temporum bellantem, jamque multiplici successu præferocem, intra quintum, quam adfuerat, diem, quatuor, quibus in conspectum venit, horis, una profligavit acie; crebro commemorans Pompeii felicitatem, cui præcipua militiæ laus de tam imbelli genere hostium contigisset. Dehinc Scipionem ac Jubam, reliquias partium in Africa refoventes, devicit : Pompeii liberos in Hispania.

XXXVI. Omnibus civilibus bellis nullam cladem, nisi per legatos suos, passus est : quorum C. Curio in Africa periit; C. Antonius in Illyrico in adversariorum devenit potestatem; P. Dolabella classem in eodem Illyrico, Cn. Domitius Calvinus in Ponto exercitum, amiserunt. Ipse prosperrime semper, ac ne ancipiti quidem unquam fortuna, præterquam bis, dimicavit : semel ad Dyrrachium; ubi pulsus, non instante Pompeio, negavit eum vincere scire : iterum in Hispania ultimo prœlio, quum, desperatis rebus, etiam de consciscenda nece cogitavit.

XXXVII. Confectis bellis, quinquies triumphavit, post devictum Scipionem quater eodem mense, sed interjectis diebus : et rursus semel, post superatos Pom-

ce pays ne fournît un jour à un gouverneur turbulent l'occasion d'exciter des séditions [69]. D'Alexandrie César alla en Syrie, et de là dans le Pont, où l'appelaient de fréquens messages au sujet de Pharnace. Ce fils du grand Mithridate profitait de ces temps de troubles pour faire la guerre; il s'enorgueillissait déjà de nombreux succès. Le cinquième jour de son arrivée, après quatre heures de combat, César le défit en une seule bataille. Souvent il vantait le bonheur de Pompée, qui avait acquis la plus grande partie de sa gloire aux dépens d'ennemis si peu redoutables. Il vainquit ensuite en Afrique Scipion et Juba, qui ranimaient les restes du parti contraire. Enfin il soumit en Espagne les fils de Pompée.

XXXVI. Durant toutes les guerres civiles, il n'éprouva de défaites que par ses lieutenans. L'un d'eux, C. Curion [70], périt en Afrique; un autre, C. Antoine [71], tomba, en Illyrie, au pouvoir de ses adversaires. P. Dolabella [72] perdit aussi sa flotte en Illyrie, et Cn. Domitius [73] Calvinus perdit son armée dans le Pont. Quant à César, il se battit toujours avec un rare bonheur, et même la fortune ne fut que deux fois balancée; d'abord à Dyrrachium [74], où, après avoir été repoussé, il dit de Pompée, qui ne le poursuivait pas, qu'il ne savait pas vaincre; en second lieu, en Espagne, dans la dernière action [75], et là les choses parurent tellement désespérées, qu'il songea même à se donner la mort.

XXXVII. Ses guerres terminées, il triompha cinq fois, dont quatre dans le même mois, après sa victoire sur Scipion, mais avec un intervalle de quelques jours; puis il triompha encore après la défaite des fils de Pompée. Le

peii liberos. Primum et excellentissimum triumphum egit Gallicum, sequentem Alexandrinum, deinde Ponticum, huic proximum Africanum, novissimum Hispaniensem, diverso quemque apparatu et instrumento. Gallici triumphi die Velabrum prætervehens, pæne curru excussus est, axe diffracto : ascenditque Capitolium ad lumina, quadraginta elephantis dextra atque sinistra lychnuchos gestantibus. Pontico triumpho inter pompæ fercula trium verborum prætulit titulum, VENI, VIDI, VICI : non acta belli significantem, sicut ceteri, sed celeriter confecti notam.

XXXVIII. Veteranis legionibus prædæ nomine in pedites singulos super bina sestertia, quæ initio civilis tumultus numeraverat, vicena millia nummum dedit. Assignavit et agros, sed non continuos, ne quis possessorum expelleretur. Populo præter frumenti denos modios, ac totidem olei libras, trecenos quoque nummos, quos pollicitus olim erat, viritim divisit; et hoc amplius, centenos pro mora. Annuam etiam habitationem Romæ usque ad bina millia nummum, in Italia non ultra quingenos sestertios remisit. Adjecit epulum ac viscerationem, et post Hispaniensem victoriam duo prandia. Nam quum prius parce, neque pro liberalitate sua præbitum judicaret, quinto post die aliud largissimum præbuit.

premier et le plus beau de ses triomphes fut celui de la Gaule; celui d'Alexandrie vint après, puis celui de Pont, qui fut suivi de celui d'Afrique; enfin celui d'Espagne vint le dernier. Chacun fut célébré avec une pompe et un appareil différent. Le jour de son triomphe sur la Gaule, en passant devant le Velabrum[76], il fut presque jeté hors de son char, dont l'axe se rompit; il monta au Capitole à la lueur des flambeaux : à sa droite et à sa gauche marchaient quarante éléphans, sur lesquels étaient des hommes qui portaient des torches. Dans son triomphe sur le Pont, parmi les choses que l'on promenait aux regards du peuple, il y avait une inscription en trois mots : « Je suis venu, j'ai vu, j'ai vaincu. » Elle n'indiquait pas, comme dans les autres triomphes, les exploits de la guerre; elle n'en marquait que la rapidité.

XXXVIII. Outre les deux grands sesterces* qu'au commencement de la guerre civile il avait fait compter à chaque fantassin des légions de vétérans, il leur donna vingt mille sesterces monnayés**. Il leur assigna aussi des terres; mais elles n'étaient pas contiguës, car il ne voulut expulser aucun de leurs possesseurs. Il fit distribuer au peuple dix boisseaux de blé, et tout autant de livres d'huile par tête, puis trois cents sesterces***, ainsi qu'il l'avait promis autrefois, et il en ajouta encore cent pour compenser le retard. Il remit les loyers d'un an[77] dans Rome à tous ceux qui les payaient deux mille sesterces. Dans le reste de l'Italie, cette libéralité ne s'étendit qu'à ceux dont les loyers n'en dépassaient pas cinq cents. Il y eut de plus un repas public et des distributions de viandes; enfin on donna encore deux repas après sa victoire d'Espagne; car le premier lui ayant paru peu digne de sa

---

* 409 fr. — ** 4090 fr. — *** 61 fr. 35 cent.

XXXIX. Edidit spectacula varii generis : munus gladiatorium : ludos etiam regionatim urbe tota, et quidem per omnium linguarum histriones : item Circenses, athletas, naumachiam. Munere in foro depugnavit Furius Leptinus, stirpe prætoria, et Q. Calpenus, senator quondam, actorque causarum. Pyrrhicham saltaverunt Asiæ Bithyniæque principum liberi. Ludis Decimus Laberius, eques romanus, mimum suum egit : donatusque quingentis sestertiis et annulo aureo, sessum in quatuordecim e scena per orchestram transiit. Circensibus, spatio circi ab utraque parte producto, et in gyrum euripo addito, quadrigas bigasque et equos desultorios agitaverunt nobilissimi juvenes. Trojam lusit turma duplex, majorum minorumque puerorum. Venationes editæ per dies quinque, ac novissime pugna divisa in duas acies; quingenis peditibus, elephantis vicenis, tricenis equitibus hinc et inde commissis. Nam quo laxius dimicaretur, sublatæ metæ, inque earum locum bina castra ex adverso constituta erant. Athletæ, stadio ad tempus exstructo, in regione Martii campi certaverunt per triduum. Navali prœlio, in minore Codeta defosso lacu, biremes ac triremes quadriremesque Tyriæ et Ægyptiæ classis, magno pugnatorum numero conflixerunt. Ad quæ omnia spectacula tantum undique confluxit homi-

générosité, il y en ajouta un des plus sompteux cinq jours après.

XXXIX. Il offrit au peuple divers genres de spectacles, des combats de gladiateurs, et dans tous les quartiers de la ville des acteurs donnèrent des représentations dans toutes les langues. Il y eut aussi des jeux au cirque, des athlètes, une bataille navale. Dans la troupe de gladiateurs du forum, on vit combattre Furius Leptinus, de famille prétorienne, et Q. Calpenus, qui avait été sénateur, et qui avait plaidé des causes. Les fils des princes d'Asie et de Bythinie dansèrent la pyrrhique aux jeux Scéniques. Decimus Laberius, chevalier romain, joua ses mimes [78], reçut cinq cents sesterces et un anneau d'or, et, quittant la scène, traversa l'orchestre pour aller s'asseoir parmi les chevaliers. Au cirque, l'arène fut agrandie de l'un et de l'autre côté, et l'euripe, ou fossé circulaire, y ayant été ajouté [79], les plus nobles jeunes gens firent courir des chars attelés de quatre ou de deux chevaux, et des chevaux dressés à cette manœuvre recevaient alternativement le cavalier qui sautait rapidement de l'un sur l'autre. Deux troupes de jeunes gens, les uns plus grands, les autres plus petits, célébrèrent les jeux équestres appelés Troyens. Pendant cinq jours, les combats de bêtes se succédèrent, et l'on finit par une bataille entre deux armées, composée chacune de cinq cents fantassins, vingt éléphans et trois cents cavaliers. Afin d'ouvrir un plus vaste champ à leurs manœuvres, on avait enlevé les barrières du cirque, et l'on avait mis à leur place deux camps opposés. Des athlètes luttèrent trois jours de suite dans un stade fait pour la circonstance dans le quartier du Champ-de-Mars. On creusa un lac dans la petite Codète [80], et des vaisseaux tyriens et égyptiens à deux, à trois et à quatre

num, ut plerique advenæ aut inter vicos, aut inter vias tabernaculis positis manerent; ac sæpe præ turba elisi exanimatique sint plurimi, et in his duo senatores.

XL. Conversus hinc ad ordinandum reipublicæ statum, fastos correxit, jam pridem vitio pontificum per intercalandi licentiam adeo turbatos, ut neque messium feriæ æstate, neque vindemiarum autumno, competerent. Annumque ad cursum solis accommodavit, ut trecentorum sexaginta quinque dierum esset, et intercalario mense sublato, unus dies quarto quoque anno intercalaretur. Quo autem magis in posterum ex kalendis januariis novis temporum ratio congrueret, inter novembrem ac decembrem mensem interjecit duos alios : fuitque is annus, quo hæc constituebantur, quindecim mensium cum intercalario, qui ex consuetudine in eum annum inciderat.

XLI. Senatum supplevit : patricios allegit : prætorum, ædilium, quæstorum, minorum etiam magistratuum numerum ampliavit : nudatos opere censorio, aut sententia judicum de ambitu condemnatos, restituit. Comitia cum populo partitus est : ut, exceptis consulatus competitoribus, de cetero numero candidatorum, pro parte dimidia, quos populus vellet, pronuntiarentur; pro parte altera, quos ipse edidisset. Et edebat per libellos circum tribus missos scriptura brevi : « Cæ-

rangs de rames, et montés par un grand nombre de combattans, s'y livrèrent une bataille navale. Il arriva une telle foule d'hommes pour voir tous ces spectacles, que la plupart des étrangers furent obligés de se loger dans les carrefours[81], ou même de dresser des tentes dans les rues. Beaucoup de personnes furent écrasées ou étouffées dans la presse, entre autres deux sénateurs.

XL. Fixant ensuite ses pensées sur l'organisation de la république, César corrigea les fastes[82], qui étaient tellement dérangés par l'abus que les pontifes faisaient des incercallations, que les fêtes de la moisson n'arrivaient plus en été, ni celles des vendanges en automne. Il accommoda la marche de l'année au cours du soleil[83], et lui donna trois cent soixante-cinq jours, en supprimant le mois intercalaire et en ajoutant un jour à chaque quatrième année. Mais afin qu'à l'avenir la disposition des temps coïncidât avec les nouvelles kalendes de janvier, il mit pour cette fois deux autres mois entre novembre et décembre[84], en sorte que l'année où il fit toutes ces dispositions fut de quinze mois, y compris l'intercallation qui, selon l'usage, se présentait à la fin de cette même année.

XLI. Il compléta le sénat[85] et créa de nouveaux patriciens[86]; il augmenta le nombre des préteurs, des édiles, des questeurs et des magistrats inférieurs[87]. Il rétablit à leur rang ceux qui en avaient été dépouillés par les censeurs[88], ou que la sentence des juges avait condamnés pour brigue. Il partagea les comices avec le peuple, de telle sorte qu'à l'exception des compétiteurs au consulat[89], on choisit parmi les autres candidats, et pour moitié, ceux que voudrait le peuple, tandis que l'autre moitié des places appartiendrait à ceux qu'il aurait désignés; or, il les désignait, en faisant circuler dans

sar Dictator illi tribui. Commendo vobis illum et illum, ut vestro suffragio suam dignitatem teneant.» Admisit ad honores et proscriptorum liberos. Judicia ad duo genera judicum redegit, equestris ordinis ac senatorii : tribunos ærarios, quod erat tertium, sustulit. Recensum populi, nec more, nec loco solito, sed vicatim per dominos insularum egit : atque ex viginti trecentisque millibus accipientium frumentum e publico, ad centum quinquaginta retraxit. Ac ne qui novi cœtus recensionis causa moveri quandoque possent, instituit, quotannis in demortuorum locum ex his, qui recensiti non essent, subsortitio a prætore fieret.

XLII. Octoginta autem civium millibus in transmarinas colonias distributis, ut exhaustæ quoque urbis frequentia suppeteret, sanxit, ne quis civis major annis viginti, minorve quadraginta, qui sacramento non teneretur, plus triennio continuo Italia abesset : neu quis senatoris filius, nisi contubernalis aut comes magistratus, peregre proficisceretur : neve hi, qui pecuariam facerent, minus tertia parte puberum ingenuorum inter pastores haberent. Omnesque medicinam Romæ professos, et liberalium artium doctores, quo libentius et ipsi urbem incolerent, et ceteri appeterent, civitate

les diverses tribus des tablettes où étaient écrits ce peu de mots : « Le dictateur César à telle tribu : je vous recommande un tel et un tel, afin qu'ils tiennent leur dignité de votre suffrage. » Il admit aux honneurs les fils des proscrits [90]. Il restreignit le pouvoir judiciaire à deux espèces de juges [91], ceux de l'ordre des chevaliers et les sénateurs, et supprima les tribuns du fisc, qui constituaient la troisième juridiction. Il procéda au recensement du peuple [92], non dans le lieu où l'on avait coutume de le faire, ni selon la méthode reçue, mais il le fit opérer par quartiers et par les propriétaires des maisons. Au lieu de trois cent vingt mille citoyens qui recevaient des grains des greniers publics, il n'en admit aux distributions que cent cinquante mille; et pour qu'à l'avenir le recensement ne pût pas faire naître de nouveaux troubles, il ordonna que chaque année le préteur tirât au sort entre ceux qui n'avaient point de rations [93] pour remplacer ceux qui seraient morts dans l'intervalle.

XLII. Quatre-vingt mille citoyens furent répartis dans les colonies d'outre-mer [94]. César voulut pourvoir à ce que la population de la capitale n'en fût pas épuisée; il défendit à tout citoyen âgé de plus de vingt ans et de moins de quarante de rester plus de trois ans absent de l'Italie. Il interdit aux fils de sénateurs les voyages lointains, à moins qu'ils ne partissent en qualité de volontaires ou pour accompagner un magistrat; enfin il ordonna à ceux qui se vouaient à l'éducation des bestiaux d'avoir, parmi leurs bergers, au moins un tiers d'hommes libres en âge de puberté. Il conféra le droit de cité à tous ceux qui pratiquaient la médecine à Rome, ou qui y enseignaient les arts libéraux, afin qu'ils prissent d'autant plus de plaisir à l'habiter, et que d'autres encore

donavit. De pecuniis mutuis, disjecta novarum tabularum exspectatione, quæ crebro movebatur, decrevit tandem, ut debitores creditoribus satisfacerent, per æstimationem possessionum, quanti quasque ante civile bellum comparassent, deducto summæ æris alieni, si quid usuræ nomine numeratum, aut perscriptum fuisset : qua conditione quarta pars fere crediti deperibat. Cuncta collegia, præter antiquitus constituta, distraxit. Pœnas facinorum auxit : et quum locupletes eo facilius scelere se obligarent, quod integris patrimoniis exsulabant, parricidas, ut Cicero scribit, bonis omnibus, reliquos dimidia parte multavit.

XLIII. Jus laboriosissime ac severissime dixit. Repetundarum convictos etiam ordine senatorio movit. Diremit nuptias prætorii viri, qui digressam a marito post biduum statim duxerat, quamvis sine probri suspicione. Peregrinarum mercium portoria instituit. Lecticarum usum, item conchyliatæ vestis, et margaritarum, nisi certis personis et ætatibus, perque certos dies, ademit. Legem præcipue sumptuariam exercuit : dispositis circa macellum custodibus, qui opsonia contra vetitum retinerent, deportarentque ad se; summissis nonnunquam lictoribus atque militibus, qui, si qua custodes fefellissent, jam apposita e triclinio auferrent.

y fussent attirés par cette faveur. Quant aux dettes, au lieu de répondre à l'espérance où l'on était d'une abolition sur laquelle on revenait fréquemment, il finit par décréter que les débiteurs satisferaient leurs créanciers selon l'estimation des biens, d'après le prix qu'ils en avaient payé avant la guerre civile[95], et que l'on déduirait du capital ce qui aurait été soldé à titre d'intérêts, soit en argent, soit en valeurs écrites. Cette disposition réduisait les créances d'environ un quart. César licencia toutes les associations religieuses[96], excepté celles qui existaient de toute antiquité. Il augmenta les peines établies contre les crimes, et comme les riches en commettaient d'autant plus facilement qu'ils en étaient quittes pour s'exiler[97] sans rien perdre de leur fortune, il appliqua aux auteurs de meurtre prémédité[98] la confiscation totale, et aux autres criminels, celle de la moitié de leurs biens.

XLIII. Il se montra fort laborieux et fort sévère dans la distribution de la justice. Il retrancha du nombre des sénateurs ceux qui étaient convaincus de concussion. Il rompit le mariage d'un homme qui avait été préteur, parce qu'il avait épousé une femme deux jours après qu'elle eut quitté son mari, et cependant il n'y avait nul soupçon d'adultère. Il frappa d'impôts les marchandises étrangères, et défendit l'usage des litières, des vêtemens de pourpre, et des perles, excepté à certaines personnes, à certain âge et pour certains jours. Il fit surtout observer la loi somptuaire, plaçant des gardes autour des boutiques des traiteurs, afin de saisir et de porter chez lui les mets contraires aux règlemens. Quelquefois aussi il envoyait des licteurs et des soldats qui allaient prendre jusque sur les tables ce qui avait pu échapper à la surveillance de ses gardes.

XLIV. Jam de ornanda instruendaque urbe, item de tuendo ampliandoque imperio, plura ac majora in dies destinabat : in primis Martis templum, quantum nusquam esset, exstruere, repleto et complanato lacu, in quo naumachiæ spectaculum ediderat, theatrumque summæ magnitudinis Tarpeio monti accubans : jus civile ad certum modum redigere, atque ex immensa diffusaque legum copia, optima quæque et necessaria in paucissimos conferre libros : bibliothecas græcas et latinas, quas maximas posset, publicare, data M. Varroni cura comparandarum ac digerendarum : siccare Pomptinas paludes : emittere Fucinum lacum : viam munire a mari supero per Apennini dorsum ad Tiberim usque : perfodere Isthmum : Dacos, qui se in Pontum per Thraciam effuderant, coercere : mox Parthis inferre bellum per Armeniam minorem, nec, nisi ante expertos, aggredi prœlio. Talia agentem atque meditantem mors prævenit : de qua priusquam dicam, ea, quæ ad formam, et habitum, et cultum, et mores, nec minus, quæ ad civilia et bellica ejus studia pertineant, non alienum erit summatim exponere.

XLV. Fuisse traditur excelsa statura, colore candido, teretibus membris, ore paulo pleniore, nigris vegetisque oculis, valetudine prospera; nisi quod tem-

XLIV. Il avait conçu sur la disposition et l'embellissement de la ville, sur la sûreté et l'accroissement de l'empire, des projets de jour en jour plus nombreux et plus grands. Avant tout, il voulait en comblant et en nivelant le lac dans lequel il avait donné un combat naval, construire un temple de Mars tel qu'il n'y en avait encore nulle part ailleurs, puis élever contre le mont Tarpéien un théâtre d'une hauteur extraordinaire. Il voulait réduire le droit civil à une certaine mesure, et rédiger en très-peu de livres ce qu'il y avait de bon et de nécessaire dans l'immense et diffuse quantité des lois existantes. Il voulait ouvrir au public la bibliothèque la plus considérable possible, en livres grecs et latins, et M. Varron aurait eu le soin d'acquérir et de classer ces livres. Il voulait dessécher les marais Pomptins, faire écouler les eaux du lac Fucin [99], établir une route de la mer Supérieure au Tibre par la crête de l'Apennin, percer l'Isthme [100], contenir les Daces, qui s'étaient répandus dans la Thrace et dans le Pont, porter la guerre chez les Parthes en passant par l'Arménie Mineure, et ne les attaquer en bataille rangée qu'après les avoir éprouvés. C'est pendant qu'il faisait de telles choses, pendant qu'il méditait de tels projets que la mort le prévint; mais avant d'en parler, il ne sera pas inutile de rapporter succinctement ce qui est relatif à sa figure, à son extérieur, à sa tenue et à ses mœurs. Les détails sur ses occupations civiles et militaires ne présenteront pas moins d'intérêt.

XLV. On dit qu'il était d'une haute stature, qu'il avait le teint blanc, les membres bien faits, le visage plein, l'œil noir et vif, le tempérament robuste; néanmoins, dans les derniers temps de sa vie, il était sujet

pore extremo repente animo linqui, atque etiam per somnum exterreri solebat. Comitiali quoque morbo bis inter res agendas correptus est. Circa corporis curam morosior, ut non solum tonderetur diligenter ac raderetur, sed velleretur etiam, ut quidam exprobraverunt; calvitii vero deformitatem iniquissime ferret, sæpe obtrectatorum jocis obnoxiam expertus. Ideoque et deficientem capillum revocare a vertice assueverat, et ex omnibus decretis sibi a senatu populoque honoribus, non aliud aut recepit aut usurpavit libentius, quam jus laureæ coronæ perpetuo gestandæ. Etiam cultu notabilem ferunt. Usum enim lato clavo ad manus fimbriato, nec ut unquam aliter quam super eum cingeretur, et quidem fluxiore cinctura. Unde emanasse Sullæ dictum, optimates sæpius admonentis, «ut male præcinctum puerum caverent.»

XLVI. Habitavit primo in Subura modicis ædibus : post autem pontificatum maximum in sacra via domo publica. Munditiarum lautitiarumque studiosissimum multi prodiderunt : villam in Nemorensi a fundamentis inchoatam, magnoque sumptu absolutam, quia non tota ad animum ei responderat, totam diruisse, quanquam tenuem adhuc et obæratum : in expeditionibus tessellata et sectilia pavimenta circumtulisse.

à s'évanouir, et des terreurs nocturnes le saisissaient ordinairement au milieu du sommeil. Deux fois aussi il fut atteint d'épilepsie[101] dans l'exercice de ses fonctions. Il mettait trop d'importance au soin de son corps; non-seulement il se faisait tondre et raser la barbe, mais quelques personnes lui ont reproché de s'être fait arracher le poil. Il souffrait très-impatiemment le désagrément d'être chauve, et souvent il essuya les plaisanteries de ses ennemis à cet égard. Aussi ramenait-il habituellement ses rares cheveux de derrière en avant, et de tous les honneurs que le sénat et le peuple lui décernèrent, il n'y en eut aucun qui lui fît plus de plaisir, ou dont il usât plus volontiers, que le droit de porter perpétuellement une couronne de laurier. On rapporte qu'il était aussi remarquable par sa mise. Il avait un laticlave garni de franges jusqu'aux mains[102] : c'était toujours par-dessus ce vêtement qu'il se ceignait, et même d'une manière fort relâchée; ce qui donna lieu à ce trait de Sylla, qui avait coutume d'avertir les grands de prendre garde à ce jeune homme dont la ceinture était si mal attachée.

XLVI. Il habita d'abord une maison fort modeste dans le quartier appelé Subura; mais, quand il eut été nommé souverain pontife, il fut logé dans un bâtiment public, sur la voie Sacrée. Beaucoup d'auteurs rapportent que César aimait fort le luxe et l'élégance. Une maison de campagne dont il avait fait jeter les fondemens sur le territoire d'Aricie[103], et qu'il avait fait achever à grands frais, fut, dit-on, entièrement rasée parce qu'elle ne répondait pas à son idée; cependant il était encore sans fortune et obéré de dettes. Il emportait avec lui, dans ses expéditions, des parquets en pièces de rapport et en mosaïque[104].

XLVII. Britanniam petisse spe margaritarum, quarum amplitudinem conferentem, interdum sua manu exegisse pondus : gemmas, toreumata, signa, tabulas operis antiqui semper animosissime comparasse : servitia rectiora politioraque immenso pretio, et cujus ipsum etiam puderet, sic ut rationibus vetaret inferri.

XLVIII. Convivatum assidue per provincias duobus tricliniis, uno, quo sagati palliative, altero, quo togati cum illustrioribus provinciarum discumberent. Domesticam disciplinam in parvis ac majoribus rebus diligenter adeo severeque rexit, ut pistorem, alium quam sibi panem convivis subjicientem, compedibus vinxerit; libertum gratissimum, ob adulteratam equitis romani uxorem, quamvis nullo querente, capitali poena affecerit.

XLIX. Pudicitiæ ejus famam nihil quidem præter Nicomedis contubernium læsit, gravi tamen et perenni opprobrio, et ad omnium convicia exposito. Omitto Calvi Licinii notissimos versus :

.... Bithynia quidquid
Et pædicator Cæsaris unquam habuit.

Prætereo actiones Dolabellæ et Curionis patris, in quibus eum Dolabella *pellicem reginæ, spondam interio-*

XLVII. On dit qu'il ne fit son expédition de Bretagne que dans l'espoir d'y trouver des perles, et qu'il avait coutume de les comparer entre elles et de les peser de la main. On ajoute qu'il se montra toujours très-empressé d'acquérir des pierres précieuses, des sculptures, des statues et des tableaux antiques; qu'enfin il payait un prix immense les esclaves ou bien faits ou bien élevés, et qu'il défendait d'insérer cette dépense dans ses comptes, parce qu'il en avait honte lui-même.

XLVIII. Dans les provinces, il donnait fréquemment des repas divisés en deux tables : à l'une étaient assis les militaires revêtus de quelque grade, et les personnes de sa suite [105]; à l'autre les magistrats et les plus illustres habitans du pays [106]. Dans les grandes comme dans les petites choses, il maintint exactement et sévèrement la discipline établie dans sa maison, à tel point qu'il fit jeter dans les fers un esclave boulanger qui servait aux convives un autre pain qu'à lui. Un jour, quoique personne n'en rendît plainte, il frappa de la peine capitale un affranchi qu'il aimait beaucoup, par le motif qu'il avait commis un adultère sur la femme d'un chevalier romain.

XLIX. Rien ne porta préjudice à sa réputation sous le rapport de la pudicité [107], excepté son séjour chez Nicomède; mais l'opprobre qui en rejaillit sur lui fut grave et durable, il l'exposa aux railleries de tous. Je ne dirai rien de ces vers si connus de Calvus Licinius [108]:

« Tout ce que la Bythinie, tout ce qu'eut jamais le pédéraste de César. »

Je tairai les discours de Dolabella [109] et de Curion le père, dans lesquels Dolabella l'appelle la *rivale de la reine*, la

rem regiæ lecticæ, ac Curio *stabulum Nicomedis*, et *Bithynicum fornicem* dicunt. Missa etiam facio edicta Bibuli, quibus proscripsit collegam suum, *Bithynicam reginam* : « eique regem antea fuisse cordi, nunc esse regnum. » Quo tempore, ut M. Brutus refert, Octavius etiam quidam, valetudine mentis liberius dicax, conventu maximo quum Pompeium regem appellasset, ipsum reginam salutavit. Sed C. Memmius etiam ad cyathum et vinum Nicomedi stetisse objecit, cum reliquis exoletis, pleno convivio, accubantibus nonnullis urbicis negotiatoribus, quorum refert nomina. Cicero vero, non contentus in quibusdam epistolis scripsisse, a satellitibus eum in cubiculum regium eductum, in aureo lecto, veste purpurea decubuisse, floremque ætatis a Venere orti in Bithynia contaminatum : quondam etiam in senatu defendenti Nysæ causam, filiæ Nicomedis, beneficiaque regis in se commemoranti, « Remove, inquit, istæc, oro te; quando notum est, et quid ille tibi, et quid illi tute dederis. » Gallico denique triumpho milites ejus inter cetera carmina, qualia currum prosequentes joculariter canunt, etiam vulgatissimum illud pronuntiaverunt :

> Gallias Cæsar subegit, Nicomedes Cæsarem.
> Ecce Cæsar nunc triumphat, qui subegit Gallias :
> Nicomedes non triumphat, qui subegit Cæsarem.

L. Pronum et sumptuosum in libidines fuisse, con-

planche intérieure de la litière royale; et Curion, *l'écurie de Nicomède, le mauvais lieu de Bithynie.* Je ne m'arrêterai pas non plus aux édits par lesquels Bibulus affichait publiquement son collègue, en le taxant de *reine de Bithynie*, en ajoutant qu'autrefois il s'était senti du goût pour un roi, qu'aujourd'hui c'était pour un royaume. M. Brutus nous apprend qu'un certain Octavius, que le dérangement de sa tête autorisait à tout dire, se trouvant un jour dans une assemblée nombreuse, appela Pompée roi, puis salua César du nom de reine. C. Memmius aussi, lui reproche de s'être mêlé avec d'autres débauchés pour présenter à Nicomède les vases et le vin de la table; et il cite les noms de plusieurs négocians romains qui étaient au nombre des convives. Non content d'avoir consigné dans ses lettres que César avait été conduit vers la couche royale par des satellites, qu'on l'avait placé dans un lit d'or, puis revêtu d'un vêtement de pourpre, et qu'il avait souillé en Bithynie la fleur de l'âge qu'il devait à Vénus, Cicéron l'apostropha un jour en plein sénat; César y défendait la cause de Nysa, fille de Nicomède; il rappelait les obligations qu'il avait à ce roi, «Passons sur tout cela, je te prie, s'écria Cicéron, on ne sait que trop ce qu'il t'a donné et ce qu'il a reçu de toi.» A son triomphe sur les Gaules, les soldats, parmi les vers qu'ils ont coutume de chanter en suivant gaîment le char du général, répétèrent ceux-ci, qui sont fort connus:

« César a soumis les Gaules, Nicomède a soumis César. Eh bien!
« César triomphe en ce jour, lui qui a soumis les Gaules; Nico-
« mède ne triomphe pas, lui qui a soumis César. »

L. Une opinion bien établie, c'est que César était

stans opinio est, plurimasque et illustres feminas corrupisse : in quibus Posthumiam Servii Sulpicii, Lolliam Auli Gabinii, Tertullam M. Crassi, etiam Cn. Pompeii Muciam. Nam certe Pompeio, et a Curionibus patre et filio, et a multis exprobratum est, quod « cujus causa post tres liberos exegisset uxorem, et quem gemens Ægisthum appellare consuesset, ejus postea filiam potentiæ cupiditate in matrimonium recepisset. » Sed ante alias dilexit M. Bruti matrem Serviliam : cui et proximo suo consulatu sexagies sestertio margaritam mercatus est, et bello civili super alias donationes, amplissima prædia ex auctionibus hastæ nummo addixit : quum quidem, plerisque vilitatem mirantibus, facetissime Cicero, « Quo melius, inquit, emptum sciatis, Tertia deducta est : » existimabatur enim Servilia, etiam filiam suam Tertiam Cæsari conciliare.

LI. Ne provincialibus quidem matrimoniis abstinuisse, vel hoc disticho apparet, jactato æque a militibus per Gallicum triumphum :

Urbani, servate uxores, mœchum calvum adducimus.
Aurum in Gallia effutuisti : hic sumpsisti mutuum.

fort porté aux plaisirs des sens, et n'épargnait en ce genre aucune dépense ; il passe pour avoir corrompu un grand nombre de femmes, et même de celles du premier rang : on cite Posthumie, femme de Servius Sulpicius, Lollia, femme d'Aulus Gabinius, et Tertulla, femme de M. Crassus, ainsi que Mucia, femme de Pompée. Ce qu'il y a de certain, c'est que les Curions, père et fils, et beaucoup d'autres, reprochèrent à Pompée son amour pour la puissance, qui lui faisait recevoir dans son lit la fille de celui pour lequel il avait répudié une femme qui déjà lui avait donné trois enfans, de celui qu'il avait coutume d'appeler un autre Égisthe en pleurant sur le mal qu'il en avait souffert. Mais parmi toutes les autres femmes, celle que César aima le plus, fut Servilie[110], la mère de Brutus ; il lui acheta, pendant son premier consulat, une perle qui lui coûta six millions de sesterces*, et, pendant la guerre civile, outre de riches cadeaux qu'il lui fit, il lui adjugea les plus vastes domaines à vil prix, aux enchères publiques. Aussi, quelques personnes s'étonnant de la modicité de ce prix, Cicéron répondit spirituellement par un jeu de mots : « Afin que vous sachiez jusqu'à quel point le marché est bon, apprenez qu'on a fait déduction de Tertia[111] (du tiers). » On pensait généralement que Servilie favorisait un commerce d'amour entre sa fille Tertia et César.

LI. Ce distique que les soldats répétaient à la cérémonie du triomphe sur la Gaule, montre que César ne respecta pas davantage la couche nuptiale dans les provinces :

« Citadins, gardez vos femmes, nous amenons le chauve adultère. Dans la Gaule, tu prodiguais l'or pour les femmes ; ici tu l'avais emprunté[112]. »

* 1,228,000 francs.

LII. Dilexit et reginas, inter quas Eunoën Mauram Bogudis uxorem : cui maritoque ejus plurima et immensa tribuit, ut Naso scripsit : sed maxime Cleopatram, cum qua et convivia in primam lucem sæpe protraxit, et eadem nave thalamego pæne Æthiopia tenus Ægyptum penetravit, nisi exercitus sequi recusasset : quam denique accitam in urbem, non nisi maximis honoribus præmiisque auctam remisit, filiumque natum appellare nomine suo passus est : quem quidem nonnulli Græcorum similem quoque Cæsaris et forma et incessu tradiderunt. M. Antonius agnitum etiam ab eo, senatui affirmavit : quæ scire C. Matium, et C. Oppium, reliquosque Cæsaris amicos : quorum C. Oppius, quasi plane defensione ac patrocinio res egeret, librum edidit, « Non esse Cæsaris filium, quem Cleopatra dicat. » Helvius Cinna, tribunus plebis, plerisque confessus est habuisse se scriptam paratamque legem, quam Cæsar ferre jussisset, quum ipse abesset, uti uxores liberorum quærendorum causa, quas et quot vellet, ducere liceret. Ac ne cui dubium omnino sit, et impudicitiæ eum, et adulteriorum flagrasse infamia, Curio pater quadam eum oratione « omnium mulierum virum, et omnium virorum mulierem » appellat.

LIII. Vini parcissimum ne inimici quidem negaverunt. Verbum M. Catonis est : « Unum ex omnibus Cæsarem ad evertendam rempublicam sobrium acces-

LII. Il aima aussi des reines, entre autres Eunoé, femme de Bogud, roi de Mauritanie [113]. Selon ce que rapporte Nason, il lui fit, ainsi qu'à son mari, d'immenses présens. On cite surtout Cléopâtre; souvent il prolongeait ses repas avec elle jusqu'au jour. Naviguant sur un vaisseau dans lequel se trouvaient ses appartemens, ils auraient pénétré en Égypte jusque vers l'Éthiopie, si l'armée n'eût refusé de les suivre. Enfin il la fit venir à Rome, et ne la renvoya que comblée de biens et d'honneurs; il souffrit même qu'un fils auquel elle avait donné le jour fût appelé de son nom. Quelques auteurs grecs nous disent qu'il ressemblait à César pour la figure et pour la démarche. M. Antoine affirma dans le sénat qu'il l'avait reconnu, et cita comme le sachant C. Mattius, C. Oppius, et les autres amis de César. C. Oppius, comme si la chose avait besoin d'être plaidée et défendue, publia un livre pour prouver que celui que Cléopâtre disait fils de César ne l'était pas. Le tribun du peuple Helvius Cinna a avoué à beaucoup de monde qu'il avait écrit et tenu prête une loi que, selon l'ordre de César, il devait proposer en son absence: elle lui permettait d'épouser les femmes qu'il voudrait et tout autant qu'il en voudrait, pour en avoir des enfans. Enfin, pour que personne ne doute qu'il était tourmenté de désirs impudiques et adultères, j'ajouterai que dans un de ses discours, Curion le père l'appelle «le mari de toutes les femmes, et la femme de tous les maris.»

LIII. Ses ennemis mêmes n'ont pas nié qu'il ne fût très-modéré quant à l'usage du vin. Il y a un mot assez remarquable de Caton à ce sujet. «César, disait-il, était le premier qui eût entrepris à jeun de renverser la ré-

sisse. » Nam circa victum C. Oppius adeo indifferentem docet, ut quondam ab hospite conditum oleum, pro viridi appositum, aspernantibus ceteris, solum etiam largius dicat appetisse, ne hospitem aut negligentiæ, aut rusticitatis videretur arguere.

LIV. Abstinentiam neque in imperiis, neque in magistratibus præstitit. Ut enim quidam monumentis suis testati sunt, in Hispania proconsule et a sociis pecunias accepit, emendicatas in auxilium æris alieni, et Lusitanorum quædam oppida, quanquam nec imperata detrectarent, et advenienti portas patefacerent, diripuit hostiliter. In Gallia fana templaque deum donis referta expilavit, urbes diruit, sæpius ob prædam, quam ob delictum : unde factum, ut auro abundaret, ternisque millibus nummum in libras promercale per Italiam provinciasque divenderet. In primo consulatu tria millia pondo auri furatus e Capitolio, tantumdem inaurati æris reposuit. Societates ac regna pretio dedit, ut qui uni Ptolemæo prope sex millia talentorum suo Pompeiique nomine abstulerit. Postea vero evidentissimis rapinis ac sacrilegiis, et onera bellorum civilium, et triumphorum ac munerum sustinuit impendia.

LV. Eloquentia militarique re aut æquavit præstantissimorum gloriam, aut excessit. Post accusationem

publique. « C. Oppius nous apprend qu'il était tellement indifférent à la qualité des mets, qu'un jour un de ses hôtes lui servant de l'huile ancienne au lieu d'huile fraîche, et tous les autres la dédaignant, il fut le seul qui dit qu'elle lui plaisait davantage, de peur de faire à son hôte le reproche de négligence ou de défaut d'usage.

LIV. Il ne montra de désintéressement ni dans l'exercice du commandement, ni dans celui de la magistrature. Il est prouvé, par les mémoires de beaucoup de contemporains, qu'étant proconsul en Espagne, il reçut de l'argent des alliés, après l'avoir en quelque sorte mendié pour payer ses dettes. Il pilla quelques villes de Lusitanie, quoiqu'elles n'eussent point refusé de lui obéir, et qu'elles lui ouvrissent leurs portes. Dans la Gaule, il dépouilla les chapelles et les temples des dieux, qui étaient remplis de riches offrandes. On le vit plus souvent détruire les villes pour y faire du butin, qu'en punition de quelque faute. Aussi avait-il de l'or en abondance ; il le vendit, tant en Italie que dans les provinces, sur le pied de trois cents sesterces à la livre [114]*. Pendant son premier consulat, il vola trois mille livres pesant d'or au Capitole, et y substitua tout autant de cuivre doré. Il vendit les alliances et les souverainetés, et il enleva au seul Ptolémée [115] à peu près six mille talens**, tant en son nom qu'en celui de Pompée. Dans la suite, ce ne fut qu'au moyen des rapines les plus manifestes, et par des sacrilèges, qu'il subvint aux dépenses occasionées par les guerres civiles, par ses triomphes et par ses libéralités.

LV. Il égala, ou même il surpassa la gloire des plus grands maîtres de l'éloquence et de l'art de la guerre.

---

* 614 fr. — ** 33,000,000 fr.

Dolabellæ haud dubie principibus patronis annumeratus est. Certe Cicero ad Brutum, oratores enumerans, negat « se videre cui Cæsar debeat cedere » : aitque, « eum elegantem, splendidam quoque, atque etiam magnificam, ac generosam quodammodo, rationem dicendi tenere : » et ad Cornelium Nepotem de eodem ita scripsit : « Quid ? oratorum quem huic antepones eorum qui nihil aliud egerunt ? Quis sententiis aut acutior, aut crebrior ? Quis verbis aut ornatior, aut elegantior ? » Genus eloquentiæ duntaxat adolescens adhuc Strabonis Cæsaris secutus videtur ; cujus etiam ex oratione, quæ inscribitur *Pro Sardis*, ad verbum nonnulla transtulit in Divinationem suam. Pronuntiasse autem dicitur voce acuta, ardenti motu gestuque, non sine venustate. Orationes aliquas reliquit, inter quas temere quædam feruntur : ut *Pro Q. Metello*, quam non immerito Augustus existimat magis ab actuariis exceptam, male subsequentibus verba dicentis, quam ab ipso editam. Nam in quibusdam exemplaribus invenio, ne inscriptam quidem *Pro Metello*, sed, *quam scripsit Metello*, quum ex persona Cæsaris sermo sit, Metellum seque adversus communium obtrectatorum criminationes purgantis. *Apud milites* quoque *in Hispania*, idem Augustus orationem esse vix ipsius putat : quæ tamen duplex fertur : una, quasi priore habita prœlio ; altera, posteriore ; quo Asinius Pollio ne tempus quidem concionandi habuisse eum dicit, subita hostium incursione.

Après l'accusation qu'il porta contre Dolabella, il fut, sans contestation, rangé parmi les premiers soutiens des causes judiciaires. Cicéron énumère les orateurs dans le traité adressé à Brutus, et il nie qu'il y en ait aucun auquel César doive céder le pas; il ajoute qu'il y a dans sa manière de l'élégance, de l'éclat, et même de la grandeur et de la dignité. En écrivant à Cornelius Nepos, Cicéron s'exprime ainsi au sujet de César : « Quel est, parmi ceux qui n'ont jamais fait autre chose, l'orateur que vous lui préférerez? qui pourrait l'emporter sur lui par la vigueur ou l'abondance des pensées, par la beauté ou l'élégance de l'expression? » Fort jeune encore, il paraît s'être attaché au genre d'éloquence adopté par Strabon César[116], et même il a fait entrer mot à mot, dans sa Divination, plusieurs passages du discours de cet orateur pour les Sardiens. On dit qu'il prononçait ses harangues d'une voix sonore, que ses mouvemens et ses gestes étaient animés, sans être dépourvus de grâce. Il laissa plusieurs discours; cependant il y en a qui lui sont mal à propos attribués. C'est avec raison qu'Auguste regardait celui pour Metellus comme ayant plutôt été recueilli par les sténographes[117] que publié par lui; car les périodes de l'orateur sont assez incohérentes. Je trouve même que quelques exemplaires ne sont pas intitulés *Discours pour Metellus*, mais *Discours rédigé pour Metellus*; et néanmoins c'est César qui parle, et qui défend et Metellus[118] et lui-même contre quelques accusations de leurs ennemis communs. Auguste a peine à croire aussi que les discours adressés aux soldats en Espagne soient de César : cependant on en a deux; l'un qu'on prétend avoir été prononcé à la première affaire[119], l'autre à la dernière; mais Asinius Pollion dit qu'à cette bataille la brusque attaque de

LVI. Reliquit et rerum suarum Commentarios, Gallici, Civilisque belli Pompeiani. Nam Alexandrini, Africique et Hispaniensis, incertus auctor est. Alii enim Oppium putant, alii Hirtium : qui etiam Gallici belli novissimum imperfectumque librum suppleverit. De Commentariis Cæsaris Cicero in eodem Bruto sic refert : « Commentarios scripsit, valde quidem probandos : nudi sunt, recti, et venusti, omni ornatu orationis, tanquam veste detracta : sed dum voluit alios habere parata unde sumerent, qui vellent scribere historiam, ineptis gratum fortasse fecit, qui illa volent calamistris inurere, sanos quidem homines a scribendo deterruit. » De iisdem Commentariis Hirtius ita prædicat : « Adeo probantur omnium judicio, ut prærepta, non præbita, facultas scriptoribus videatur. Cujus tamen rei major nostra, quam reliquorum est admiratio. Ceteri enim, quam bene atque emendate, nos etiam, quam facile atque celeriter eos perscripserit, scimus. » Pollio Asinius parum diligenter, parumque integra veritate compositos putat, quum Cæsar pleraque et quæ per alios erant gesta, temere crediderit, et quæ per se, vel consulto, vel etiam memoria lapsus, perperam ediderit : existimatque rescripturum et correcturum fuisse. Reliquit et *De Analogia* libros duos, et *Anticatones* totidem, ac præterea poema, quod inscribitur *Iter*. Quorum librorum primos in trans-

l'ennemi ne lui laissa pas le temps de haranguer ses troupes.

LVI. César a laissé des Mémoires sur tout ce qu'il a fait dans la guerre des Gaules, et dans la guerre civile contre Pompée; mais pour ce qui regarde celles d'Alexandrie, d'Afrique et d'Espagne, on ne sait quel en est l'auteur. Les uns supposent qu'ils sont d'Oppius, les autres les attribuent à Hirtius, qui aurait aussi complété le dernier livre de la guerre des Gaules, encore imparfait. Voici comment Cicéron parle des Commentaires de César dans son traité adressé à Brutus : « Il a écrit des Mémoires dignes d'éloges ; privé de tout art oratoire, son style, semblable à un beau corps dépouillé de vêtemens, se montre nu, droit et gracieux. César voulait que ceux qui entreprendraient d'écrire l'histoire trouvassent une source pour y puiser, et il a fait peut-être une chose agréable à ceux dont l'ineptie cherche à habiller ces faits d'un style recherché; mais quant aux hommes de sens, il les a entièrement empêchés d'écrire après lui sur le même sujet. » Hirtius s'énonce en ces termes : « Ces Mémoires jouissent d'une approbation tellement générale, que César a bien plutôt enlevé que donné la faculté d'écrire. Nous avons plus de raison encore de l'admirer que tous les autres ; car les autres savent seulement combien ce livre est correct et exact; nous connaissons la facilité et la promptitude avec laquelle il a été écrit. » Asinius Pollion croit que ces Commentaires ont été rédigés avec peu de soin, et que souvent ils blessent la vérité, César ayant cru légèrement la plupart des récits, pour les choses que ses lieutenans avaient faites, et ne racontant pas exactement ce qu'il avait fait par lui-même; soit qu'il le voulût ainsi, soit que la mémoire lui man-

itu Alpium, quum ex citeriore Gallia, conventibus peractis, ad exercitum rediret; sequentes sub tempus Mundensis prœlii fecit; novissimum, dum ab urbe in Hispaniam ulteriorem quarto et vicesimo die pervenit. Epistolæ quoque ejus ad senatum exstant, quas primus videtur ad paginas et formam memorialis libelli convertisse, quum antea consules et duces nonnisi transversa charta scriptas mitterent. Exstant et ad Ciceronem, item ad familiares domesticis de rebus : in quibus si qua occultius perferenda erant, per notas scripsit, id est, sic structo litterarum ordine, ut nullum verbum effici posset : quæ si quis investigare et persequi velit, quartam elementorum litteram, id est, *d* pro *a*, et perinde reliquas commutet. Feruntur et a puero et ab adolescentulo quædam scripta : ut *Laudes Herculis*, tragœdia *OEdipus*, item *Dicta collectanea*. Quos omnes libellos vetuit Augustus publicari, in epistola, quam brevem admodum ac simplicem ad Pompeium Macrum, cui ordinandas bibliothecas delegaverat, misit.

LVII. Armorum et equitandi peritissimus, laboris ultra fidem patiens erat : in agmine nonnunquam equo, sæpius pedibus anteibat, capite detecto, seu sol, seu

quât. Asinius Pollion pense qu'il les aurait corrigés et rédigés de nouveau. César a laissé encore un Traité en deux livres sur l'*Analogie*[120], deux autres intitulés *Anticatons*[121], et un poëme dont le titre est *le Voyage*[122]. Il a écrit le premier de ces ouvrages en passant les Alpes, lorsqu'après avoir présidé les assemblées de la Gaule citérieure, il retournait à son armée; il a composé le second vers le temps de la bataille de Munda, et le dernier pendant le voyage qu'il fit en vingt-quatre jours de Rome à l'Espagne citérieure. On a encore de lui des Lettres au sénat, et, le premier, il paraît les avoir distribuées par pages en suivant la forme d'un livre-journal, tandis qu'auparavant les consuls et les généraux écrivaient leurs rapports du haut en bas[123]. Enfin l'on possède des Lettres à Cicéron, et d'autres adressées à ses amis sur des affaires domestiques. Quand il voulait leur faire savoir quelque chose secrètement, il le mettait en chiffres, c'est-à-dire que les lettres étaient disposées de manière à ne pouvoir jamais former un mot. Si quelqu'un veut en rechercher le sens, ou les déchiffrer, il conviendra de changer le rang des lettres, en prenant la quatrième pour la première, le *d* pour l'*a*, et ainsi de suite. On cite encore quelques écrits de l'adolescence de César; par exemple, ses *louanges d'Hercule*[124], sa tragédie d'*OEdipe*, sa *Collection de mots remarquables*. Mais Auguste défendit de les communiquer au public, par une lettre très-courte et très-simple écrite à Pompeius Macer[125], qu'il avait préposé à l'organisation de sa bibliothèque.

LVII. César était fort habile à manier les armes et le cheval, et il supportait la fatigue au delà de tout ce qu'on peut imaginer. Dans la marche, on le voyait quel-

imber esset. Longissimas vias incredibili celeritate confecit, expeditus, meritoria rheda, centena passuum millia in singulos dies : si flumina morarentur, nando trajiciens, vel innixus inflatis utribus, ut persæpe nuntios de se prævenerit.

LVIII. In obeundis expeditionibus dubium, cautior an audentior. Exercitum neque per insidiosa itinera duxit unquam, nisi perspeculatus locorum situs; neque in Britanniam transvexit, nisi ante per se portus, et navigationem, et accessum ad insulam explorasset. At idem, obsessione castrorum in Germania nuntiata, per stationes hostium gallico habitu penetravit ad suos. A Brundisio Dyrrachium inter oppositas classes hieme transmisit, cessantibusque copiis, quas subsequi jusserat, quum ad arcessendas frustra sæpe misisset, novissime ipse clam noctu parvulum navigium solus obvoluto capite conscendit; neque aut, quis esset, ante detexit, aut gubernatorem cedere adversæ tempestati passus est, quam pæne obrutus fluctibus.

LIX. Ne religione quidem ulla a quoquam incepto absterritus unquam vel retardatus est. Quum immolanti aufugisset hostia, profectionem adversus Scipionem et Jubam non distulit. Prolapsus etiam in egressu navis,

quefois à cheval, mais le plus souvent il précédait à pied les troupes, et, la tête découverte, ne s'inquiétait ni du soleil, ni de la pluie. Il franchit les plus grandes distances avec une incroyable célérité, et, sans bagages, il faisait par jour cent mille pas dans une voiture de louage. Si des fleuves l'arrêtaient, il les passait à la nage ou sur des outres gonflées de vent. Il prévint souvent, par son arrivée, les courriers qui devaient en porter la nouvelle.

LVIII. On ne sait si dans ses expéditions il fut ou plus prudent ou plus audacieux. Jamais il ne conduisit son armée à travers des lieux propres à masquer des embuscades, sans avoir fait auparavant explorer leur disposition; il ne passa en Bretagne qu'après s'être assuré par lui-même[126] de l'état des ports, de la manière dont il fallait naviguer, et des endroits qui donneraient accès dans l'île. Il traversa les postes ennemis et parvint jusqu'aux siens à la faveur d'un costume gaulois, lorsqu'on lui eut annoncé que son camp était assiégé en Germanie. Il passa de Brindes à Dyrrachium en hiver, et au milieu des flottes ennemies; puis les forces qui, d'après son ordre, devaient le suivre, se faisant attendre, et tous les messages qu'il envoyait afin de les faire venir étant demeurés sans succès, il finit par s'embarquer seul, secrètement sur une petite chaloupe, et s'enveloppant la tête, il ne se fit connaître et ne permit au pilote de céder à la tempête que lorsque déjà les flots menaçaient de l'engloutir.

LIX. La superstition ne put jamais lui faire abandonner ni différer aucune entreprise. Un jour, la victime ayant échappé au couteau, César n'en marcha pas moins sur-le-champ contre Scipion et Juba. Étant tombé en sortant de son navire, il sut interpréter ce présage en sa

verso ad melius omine, *Teneo te*, inquit, *Africa*. Ad eludendas autem vaticinationes, quibus felix et invictum in ea provincia fataliter Scipionum nomen ferebatur, despectissimum quendam ex Corneliorum genere, cui ad opprobrium vitæ Salutioni cognomen erat, in castris secum habuit.

LX. Prœlia non tantum destinato, sed ex occasione sumebat; ac sæpe ab itinere statim, interdum spurcissimis tempestatibus, quum minime quis moturum spararet: nec nisi tempore extremo ad dimicandum cunctantior factus est; quo sæpius vicisset, hoc minus experiendos casus opinans, nihilque se tantum acquisiturum victoria, quantum auferre calamitas posset. Nullum unquam hostem fudit, quin castris quoque exueret : ita nullum spatium perterritis dabat. Ancipiti prœlio equos dimittebat, et in primis suum, quo major permanendi necessitas imponeretur, auxilio fugæ erepto.

LXI. Utebatur autem equo insigni, pedibus prope humanis, et in modum digitorum ungulis fissis : quem natum apud se, quum haruspices imperium orbis terræ significare domino pronuntiassent, magna cura aluit; nec patientem sessoris alterius primus ascendit : cujus etiam instar pro æde Veneris Genetricis postea dedicavit.

LXII. Inclinatam aciem solus sæpe restituit, obsis-

faveur, et s'écria : *Je te tiens*, *Afrique*. Afin d'éluder les prédictions qui voulaient que dans cette province le nom des Scipions fût, d'après l'ordre du destin, toujours heureux, toujours invincible, César prit avec lui dans son camp, le plus méprisé de tous les membres de la famille Cornélia, auquel on avait donné le surnom de *Salutio*[127], à raison de la bassesse de sa conduite.

LX. Il livrait les batailles non-seulement d'après un plan arrêté, mais encore selon les occasions qui s'en présentaient ; souvent il attaquait pendant la marche même, et par des temps si affreux que personne ne pouvait croire qu'il se mettrait en mouvement. Ce ne fut que dans les derniers temps qu'il montra moins d'empressement pour combattre : plus il avait remporté de victoires, moins il croyait devoir tenter la fortune, car il pensait qu'un nouveau succès ne lui donnerait pas à beaucoup près autant qu'un revers pourrait lui ôter. Jamais il ne vainquit d'ennemi qu'il ne lui prît aussi son camp ; il ne laissait aucun répit à la terreur des vaincus. Quand l'action était disputée, il renvoyait les chevaux et le sien même le premier, afin que l'on fût contraint de rester, faute de moyens de s'enfuir.

LXI. César montait un cheval remarquable dont les pieds étaient presque de forme humaine ; son sabot était fendu de manière à présenter l'apparence de doigts. Il avait élevé avec un grand soin ce cheval né dans sa maison, car les aruspices avaient promis l'empire de la terre à son maître. César fut le premier qui le dompta ; jusque-là il n'avait souffert aucun cavalier. Dans la suite, il lui érigea une statue devant le temple de Vénus Génitrix.

LXII. Souvent il rétablit, lui seul, sa ligne de bataille

tens fugientibus, retinensque singulos, et contortis faucibus convertens in hostem : et quidem adeo plerumque trepidos, ut aquilifer moranti se cuspide sit comminatus; alius in manu detinentis reliquerit signum.

LXIII. Non minora illa constantiæ ejus, immo majora etiam, indicia fuerint. Post aciem Pharsalicam, quum præmissis in Asiam copiis per angustias Hellesponti vectoria navicula trajiceret, C. Cassium, partis adversæ, cum decem rostratis navibus obvium sibi neque refugit : et cominus tendens, ultro ad deditionem hortatus, supplicem ad se recepit.

LXIV. Alexandriæ, circa oppugnationem pontis, eruptione hostium subita compulsus in scapham, pluribus eodem præcipitantibus, quum desiluisset in mare, nando per ducentos passus evasit ad proximam navem, elata læva, ne libelli, quos tenebat, madefierent; paludamentum mordicus trahens, ne spolio potiretur hostis.

LXV. Militem neque a moribus, neque a fortuna probabat, sed tantum a viribus; tractabatque pari severitate atque indulgentia. Non enim ubique ac semper, sed quum hostis in proximo esset, coercebat : tum maxime exactor gravissimus disciplinæ, ut neque itineris neque prœlii tempus denuntiaret, sed paratum et intentum momentis omnibus, quo vellet, subito edu-

qui pliait, se jetant au devant des fuyards et les forçant à faire face à l'ennemi. La plupart étaient tellement effrayés, qu'un porte-aigle qu'il arrêtait ainsi [128] le menaça de la pointe de son arme, et qu'un autre abandonna son enseigne entre ses mains.

LXIII. Les faits que nous allons rapporter ne sont pas de moindres preuves de son inébranlable courage; peut-être même l'emportent-ils sur les autres. Après la bataille de Pharsale, il se fit devancer en Asie par ses troupes, et passa le détroit de l'Hellespont sur un faible bâtiment de transport : ayant rencontré C. Cassius [129], qui était à la tête de dix vaisseaux armés de ses adversaires, il ne prit point la fuite, mais, s'approchant de lui, il l'exhorta à se rendre, et le reçut à son bord après sa soumission.

LXIV. A Alexandrie, voulant prendre un pont de vive force, une brusque sortie de l'ennemi le força de sauter dans une nacelle, puis, voyant que la foule s'y précipitait, il se jeta à la mer et nagea l'espace de deux cents pas, pour regagner le vaisseau le plus voisin. Pendant ce trajet, il tenait élevée sa main gauche de peur de mouiller des écrits qu'il portait, et en même temps il traînait sa cotte d'armes avec ses dents, de peur que l'ennemi ne s'emparât de sa dépouille.

LXV. Il n'estimait le soldat que par ses forces individuelles, ne se souciant ni de ses mœurs ni de sa fortune, déployant envers lui tantôt une grande sévérité, tantôt une égale indulgence ; car il ne le tenait sévèrement ni partout ni toujours, mais seulement quand l'ennemi était proche. C'est alors qu'il se montrait l'inexorable gardien de la discipline, ne faisant connaître ni le temps de la marche, ni celui du combat, mais voulant que le

ceret. Quod etiam sine causa plerumque faciebat, praecipue pluviis et festis diebus. Ac subinde, observandum se admonens, repente interdiu vel nocte subtrahebat; augebatque iter, ut serius subsequentes defatigaret.

LXVI. Fama vero hostilium copiarum perterritos non negando minuendove, sed insuper amplificando ementiendoque, confirmabat. Itaque quum exspectatio adventus Jubae terribilis esset, convocatis ad concionem militibus, « Scitote, inquit, paucissimis his diebus regem affuturum cum decem legionibus, equitum triginta, levis armaturae centum millibus, elephantis trecentis. Proinde desinant quidam quaerere ultra aut opinari, mihique, qui compertum habeo, credant : aut quidem vetustissima nave impositos, quocunque vento, in quascunque terras, jubebo avehi. »

LXVII. Delicta neque observabat omnia, neque pro modo exsequebatur : sed desertorum ac seditiosorum et inquisitor et punitor acerrimus, connivebat in ceteris. Ac nonnunquam post magnam pugnam atque victoriam, remisso officiorum munere, licentiam omnem passim lasciviendi permittebat; jactare solitus, *milites suos etiam unguentatos bene pugnare posse :* nec *milites* eos pro concione, sed blandiori nomine *commilitones* appellabat; habebatque tam cultos, ut argento et

soldat fût à tout moment prêt et disposé à marcher où il le conduirait. Très-souvent il le mettait ainsi à l'épreuve sans motif, et surtout par la pluie ou les jours de fête. De temps en temps il recommandait de le bien observer, puis tout à coup, soit le jour, soit la nuit, il se dérobait aux regards, et forçait sa marche pour fatiguer ainsi ceux qui le suivaient plus lentement.

LXVI. Quand il voyait ses troupes effrayées de ce que la renommée rapportait du nombre des ennemis, ce n'est pas en réfutant ces bruits ou en les atténuant qu'il les rassurait, il les amplifiait au contraire jusqu'au mensonge. Ainsi, quand on attendait avec terreur l'arrivée de Juba, César rassembla ses soldats. « Sachez, leur dit-il, que dans très-peu de jours le roi sera devant vous avec dix légions, trente mille cavaliers, cent mille hommes armés à la légère, et trois cents éléphans. Que l'on cesse donc de s'en informer davantage, et d'évaluer son armée plus haut : que l'on s'en rapporte à moi qui suis bien instruit; sinon je mettrai ces nouvellistes sur le plus vieux de nos vaisseaux afin de les livrer à tous les vents et de les faire aborder où il leur plaira de les jeter. »

LXVII. Il ne faisait pas une égale attention à toutes les fautes, mais il se montrait fort ardent à poursuivre et à punir les déserteurs et les séditieux, et fermait les yeux sur le reste. Quelquefois, après une victoire péniblement obtenue, il dispensait les soldats des devoirs ordinaires et leur donnait la faculté de se répandre çà et là pour se livrer aux plaisirs. Il avait coutume de dire que ses soldats savaient combattre lors même qu'ils étaient parfumés. Quand il les haranguait, il ne les appelait point *soldats* : se servant d'un terme plus flatteur, il les nommait ses *camarades* [130]. Il avait un tel soin de leur

auro politis armis ornaret, simul et ad speciem, et quo tenaciores eorum in prœlio essent metu damni. Diligebat quoque usque adeo, ut audita clade Tituriana barbam capillumque submiserit; nec ante dempserit, quam vindicasset. Quibus rebus et devotissimos sibi, et fortissimos reddidit.

LXVIII. Ingresso civile bellum centuriones cujusque legionis singulos equites e viatico suo obtulerunt; et universi milites gratuitam et sine frumento stipendioque operam, quum tenuiorum tutelam locupletiores in se contulissent. Neque in tam diuturno spatio quisquam omnino descivit: plerique capti concessam sibi sub conditione vitam, si militare adversus eum vellent, recusarunt. Famem et ceteras necessitates, non quum obsiderentur modo, sed et si alios ipsi obsiderent, tantopere tolerabant, ut Dyrrachina munitione Pompeius, viso genere panis ex herba, quo sustinebantur, *cum feris sibi rem esse*, dixerit, amoverique ocius, nec cuiquam ostendi jusserit, ne patientia et pertinacia hostis animi suorum frangerentur. Quanta fortitudine dimicarint, testimonio est, quod, adverso semel apud Dyrrachium prœlio, pœnam in se ultro depoposcerunt : ut consolandos eos magis imperator quam puniendos, habuerit. Ceteris prœliis innumeras adversariorum copias, multis

tenue qu'il leur donnait des armes ornées d'or et d'argent, non-seulement pour le coup d'œil, mais encore afin qu'ils ne les abandonnassent dans le combat qu'à la dernière extrémité, par la crainte du dommage qu'ils devaient en éprouver. César aimait ses soldats au point qu'ayant appris la défaite de Titurius, il laissa croître sa barbe et ses cheveux, et ne les coupa qu'après en avoir tiré vengeance. Toutes ces choses augmentèrent leur dévouement à sa personne, et portèrent leur bravoure au dernier point.

LXVIII. Quand il s'engagea dans la guerre civile, les centurions de chaque légion offrirent de fournir chacun un cavalier de son pécule; tous les soldats promirent de servir gratuitement, sans aucune ration ni paie, les plus riches se chargeant en outre de fournir aux besoins des plus pauvres; et, pendant une guerre si longue, il n'y en eut aucun qui manqua à son engagement. La plupart des captifs refusaient la vie qu'on leur accordait sous la condition de prendre parti contre lui[131]. Dans les sièges qu'ils eurent à soutenir comme dans ceux qu'ils entreprirent, ils savaient si bien supporter la faim et les autres privations, qu'ayant vu dans les retranchemens de Dyrrachium l'espèce de pain d'herbes dont ils se nourrissaient, Pompée s'écria qu'il avait affaire à des bêtes sauvages; et en même temps il ordonna de faire disparaître promptement ce pain, sans le montrer à personne, de peur d'abattre les esprits des siens par la vue de la patience et de l'obstination de l'ennemi. Une preuve de la valeur avec laquelle ils combattaient, c'est qu'ayant une seule fois éprouvé un revers auprès de Dyrrachium, ils demandèrent eux-mêmes à être punis; aussi leur général jugea-t-il convenable de les consoler et non de les châ-

partibus ipsi pauciores, facile superarunt. Denique una sextæ legionis cohors, præposita castello, quatuor Pompeii legiones per aliquot horas sustinuit, pæne omnis confixa multitudine hostilium sagittarum, quarum centum ac triginta millia intra vallum reperta sunt. Nec mirum, si quis singulorum facta respiciat, vel Cassii Scævæ centurionis, vel C. Acilii militis : ne de pluribus referam. Scæva, excusso oculo, transfixus femore et humero, centum et viginti ictibus scuto perforato, custodiam portæ commissi castelli retinuit. Acilius navali ad Massiliam prœlio, injecta in puppem hostium dextra, et abscissa, memorabile illud apud Græcos Cynægiri exemplum imitatus, transiluit in navem, umbone obvios agens.

LXIX. Seditionem per decem annos Gallicis bellis nullam omnino moverunt, civilibus aliquas; sed ut celeriter ad officium redierint, nec tam indulgentia ducis quam auctoritate. Non enim cessit unquam tumultuantibus, atque etiam obviam semper iit. Et nonam quidem legionem apud Placentiam, quamquam in armis adhuc esset Pompeius, totam cum ignominia missam fecit : ægreque, post multas et supplices preces, nec nisi exacta de sontibus pœna, restituit.

LXX. Decumanos autem Romæ, cum ingentibus mi-

tier. Dans les autres batailles, quoique de beaucoup inférieurs en quantité, ils défirent aisément les innombrables troupes qui leur étaient opposées. Une seule cohorte de la sixième légion, préposée à la garde d'un petit fort, soutint pendant quelques heures l'attaque de quatre légions de Pompée, et périt presque en entier sous la multitude des traits de l'ennemi ; on en trouva cent trente mille dans l'enceinte. Ces actions n'étonneront plus si l'on considère les exploits extraordinaires de quelques-uns des guerriers de César : je ne citerai que le centurion Cassius Scéva et le soldat Acilius. Bien qu'il eût perdu un œil, bien qu'il eût la cuisse et l'épaule percées, et que son bouclier fût traversé de cent vingt coups, Scéva demeura ferme à la garde de la porte d'un fort qui lui était confié. Acilius suivit, dans une bataille navale près de Marseille, le bel exemple donné chez les Grecs par Cynégire : ayant saisi la poupe d'un navire ennemi, sa main droite fut coupée; alors il sauta dans le navire, opposant aux assaillans la pointe de son bouclier.

LXIX. Pendant dix ans que dura la guerre des Gaules il ne s'éleva aucune sédition parmi les soldats de César. Il s'en manifesta quelques-unes dans les guerres civiles, mais elles furent apaisées sur-le-champ, moins par son indulgence que par son autorité. Jamais il ne céda aux mutins, il marchait même au devant d'eux. Auprès de Plaisance[132], il licencia ignominieusement la neuvième légion, quoique Pompée fût encore sous les armes. Ce ne fut qu'avec peine, après beaucoup d'humbles prières, et après la punition des coupables, qu'il consentit à la rétablir.

LXX. A Rome, les soldats de la dixième légion [133] de-

nis, summoque etiam urbis periculo, missionem et præmia flagitantes, ardente tunc in Africa bello, neque adire cunctatus est, quamquam deterrentibus amicis, neque dimittere : sed una voce, qua *Quirites* eos, pro militibus, appellarat, tam facile circumegit, et flexit, ut ei, *milites esse*, confestim responderint, et quamvis recusantem ultro in Africam sint secuti : ac sic quoque seditiosissimum quemque et prædæ et agri destinati tertia parte multavit.

LXXI. Studium et fides erga clientes ne juveni quidem defuerunt. Masintham, nobilem juvenem, quum adversus Hiempsalem regem tam enixe defendisset, ut Jubæ regis filio in altercatione barbam invaserit, stipendiarium quoque pronuntiatum, et abstrahentibus statim eripuit, occultavitque apud se diu : et mox, ex prætura proficiscens in Hispaniam, inter officia prosequentium, fascesque lictorum, lectica sua avexit.

LXXII. Amicos tanta semper facilitate indulgentiaque tractavit, ut C. Oppio comitanti se per silvestre iter, correptoque subita valetudine, et deversoriolo, quod unum erat, loco cesserit, et ipse humi ac sub divo cubuerit. Jam autem rerum potens, quosdam etiam infimi generis ad amplissimos honores provexit. Quum ob id culparetur, professus est palam, « si grassatorum et sicariorum ope in tuenda sua dignitate usus esset, talibus quoque se parem gratiam relaturum. »

mandèrent à grands cris, et non sans danger pour la ville, qu'on leur accordât leur congé et des récompenses ; bien que la guerre régnât encore en Afrique, et que ses amis voulussent le retenir, César n'hésita point à les aborder non plus qu'à les licencier. Pour changer leurs dispositions et les vaincre, il lui suffit d'un seul mot, il les traita de *Quirites* (citoyens); ils répondirent sur-le-champ qu'ils étaient soldats, et, malgré son refus, ils le suivirent en Afrique. Cela ne l'empêcha pas d'enlever aux plus séditieux le tiers du butin et des terres qui leur étaient destinées.

LXXI. Dès sa première jeunesse, il se montra zélé et fidèle envers ses cliens. Il défendit Masintha [134], jeune homme de noble famille, avec une telle opiniâtreté contre le roi Hiempsal, que, dans la chaleur de la discussion, il saisit, par la barbe, Juba, fils de ce roi. Masintha ayant été déclaré tributaire, il l'arracha des mains de ceux qui s'étaient emparés de sa personne, le cacha long-temps chez lui, et bientôt après, lorsqu'à l'issue de sa préture, il se rendit en Espagne, il l'emmena dans sa litière, au milieu des faisceaux des licteurs et de la foule des amis qui l'accompagnaient à son départ [135].

LXXII. Il eut toujours pour ses amis beaucoup de bonté et d'égards. Un jour, C. Oppius l'accompagnant sur des routes détournées, fut atteint subitement d'une maladie : César lui céda le seul abri qu'il y eut, et coucha par terre en plein air. Parvenu déjà au pouvoir suprême il éleva aux premières dignités quelques personnes de très-basse condition, et comme on lui en faisait le reproche, il déclara publiquement que s'il se fût servi, pour conserver son rang, de brigands et de meurtriers, on le verrait leur témoigner la même reconnaissance.

LXXIII. Simultates contra nullas tam graves excepit unquam, ut non occasione oblata libens deponeret. C. Memmii, cujus asperrimis orationibus non minore acerbitate rescripserat, etiam suffragator mox in petitione consulatus fuit. C. Calvo post famosa epigrammata de reconciliatione per amicos agenti, ultro ac prior scripsit. Valerium Catullum, a quo sibi versiculis de Mamurra perpetua stigmata imposita non dissimulaverat, satisfacientem, eadem die adhibuit coenae, hospitioque patris ejus, sicut consuerat, uti perseveravit.

LXXIV. Sed et in ulciscendo natura lenissimus. Piratas, a quibus captus est, quum in deditionem redegisset, quoniam suffixurum se cruci ante juraverat, jugulari prius jussit, deinde suffigi. Cornelio Phagitae, cujus quondam nocturnas insidias aeger ac latens, ne perduceretur ad Sullam, vix praemio dato evaserat, nunquam nocere sustinuit. Philemonem, a manu servum, qui necem suam per venenum inimicis promiserat, non gravius quam simplici morte puniit. In P. Clodium, Pompeiae uxoris suae adulterum, atque eadem de causa pollutarum caerimoniarum reum, testis citatus, negavit se quidquam comperisse; quamvis et mater Aurelia, et soror Julia, apud eosdem judices omnia ex fide retu-

LXXIII. D'un autre côté, il ne conçut jamais d'inimitiés si fortes, qu'il ne les abjurât volontiers dans l'occasion. C. Memmius l'avait attaqué avec une extrême véhémence dans ses discours. Il y avait répondu par écrit avec non moins d'emportement; mais il ne le soutint pas moins dans la demande du consulat qu'il fit peu de temps après. C. Calvus, qui avait composé contre lui des épigrammes diffamatoires, cherchant à se reconcilier avec lui par l'intermédiaire de ses amis, César lui écrivit le premier, et de son propre mouvement. Il ne s'était point dissimulé que les vers de Valerius Catulle, au sujet de Mamurra [136], le flétrissaient d'une honte éternelle, et cependant, quand ce poète vint s'en excuser, il l'invita le jour même à sa table, et continua ses relations d'hospitalité avec son père [137] comme il le faisait autrefois.

LXXIV. Son caractère était fort doux, même dans la vengeance. Il avait juré de faire crucifier les pirates qui l'avaient pris; quand il les eut contraints à se rendre, il ne les fit mettre en croix qu'après les avoir fait étrangler. Jamais il ne put se déterminer à maltraiter Cornélius Phagita, aux embûches nocturnes duquel il avait échappé avec peine et à prix d'argent, lorsqu'accablé de souffrances, il cherchait autrefois à se soustraire aux recherches de Sylla. Philémon, esclave de son service particulier, avait promis à ses ennemis de le faire périr par le poison : César ne prononça contre lui aucun supplice extraordinaire, et se contenta de la simple peine de mort [138]. Ayant été appelé en témoignage contre P. Clodius, auteur d'un adultère envers Pompeia sa femme, et qui, pour cela même, était accusé d'avoir profané les cérémonies de la religion, César nia qu'il eût

lissent : interrogatusque, cur igitur repudiasset uxorem, « Quoniam, inquit, meos tam suspicione quam crimine, judico carere oportere. »

LXXV. Moderationem vero clementiamque quum in administratione, tum in victoria belli civilis, admirabilem exhibuit. Denuntiante Pompeio, pro hostibus se habiturum, qui reipublicæ defuissent; ipse medios et neutrius partis, suorum sibi numero futuros pronuntiavit. Quibus autem ex commendatione Pompeii ordines dederat, potestatem transeundi ad eum omnibus fecit. Motis apud Ilerdam deditionis conditionibus, quum, assiduo inter utrasque partes usu atque commercio, Afranius ac Petreius deprehensos intra castra Julianos subita pœnitentia interfecissent, admissam in se perfidiam non sustinuit imitari. Acie Pharsalica proclamavit, *ut civibus parceretur* : deincepsque nemini non suorum, quem vellet unum partis adversæ servare, concessit : nec ulli perisse nisi in prœlio reperiuntur, exceptis duntaxat Afranio et Fausto, et L. Cæsare juvene; ac ne hos quidem voluntate ipsius interemptos putant : quorum tamen et priores post impetratam veniam rebellaverant; et Cæsar, libertis servisque ejus ferro et igni crudelem in modum enectis, bestias quoque ad munus populi comparatas contrucidaverat. Denique tempore extremo,

aucune connaissance du fait, quoique sa mère Aurélie [139] et sa sœur Julie eussent déjà fidèlement rapporté la vérité devant les mêmes juges. Aussi lorsqu'on lui demanda pourquoi il avait répudié sa femme : « C'est, dit-il, parce que je veux que les miens ne soient pas moins exempts de soupçon que de crime. »

LXXV. Dans l'administration des affaires publiques comme dans ses victoires sur ses rivaux, il fit toujours preuve d'une modération et d'une clémence admirables. Pompée avait proclamé qu'il tiendrait pour ennemis tous ceux qui refuseraient de défendre la république [140]; César déclara qu'il compterait comme étant à lui tous ceux qui resteraient neutres, et ne se mettraient d'aucun parti. Il autorisa ceux auxquels il avait donné des grades à la recommandation de Pompée, à passer dans son armée. A Lérida, on avait entamé des négociations, il s'était établi réciproquement des relations et un commerce journalier; tout à coup Afranius et Faustus, revenant de leur résolution de se rendre, massacrèrent tous les soldats de César qui se trouvaient dans leur camp; mais César ne put jamais se résoudre à imiter la perfidie dont on avait usé envers lui. A la bataille de Pharsale, il fit publier qu'on épargnât les citoyens, et il n'est aucun des siens auquel il ne permît de sauver, dans le parti contraire, celui qu'il voudrait. On ne voit pas non plus que personne ait péri autrement que dans l'action, excepté toutefois Afranius, Faustus [141] et le jeune L. César [142]; encore ne pense-t-on pas qu'ils aient été tués de sa volonté. Cependant les deux premiers avaient repris les armes, après avoir obtenu leur pardon, et le troisième, après avoir fait périr cruellement par le fer et le feu les esclaves et les affranchis de César, avait fait

etiam, quibus nondum ignoverat, cunctis in Italiam redire permisit, magistratusque et imperia capere. Sed et statuas L. Sullæ atque Pompeii a plebe disjectas reposuit. Ac, si qua posthac aut cogitarentur gravius adversus se, aut dicerentur, inhibere maluit, quam vindicare. Itaque et detectas conjurationes conventusque nocturnos non ultra arguit, quam ut edicto ostenderet esse sibi notas; et acerbe loquentibus satis habuit pro concione denuntiare, ne perseverarent. Aulique Cæcinæ criminosissimo libro, et Pitholai carminibus maledicentissimis laceratam existimationem suam, civili animo tulit.

LXXVI. Prægravant tamen cetera facta dictaque ejus, ut et abusus dominatione, et jure cæsus existimetur. Non enim honores modo nimios recepit, ut continuum consulatum, perpetuam dictaturam, præfecturamque morum, insuper prænomen Imperatoris, cognomen Patris patriæ, statuam inter reges, suggestum in orchestra; sed et ampliora etiam humano fastigio decerni sibi passus est : sedem auream in curia et pro tribunali, thensam et ferculum Circensi pompa, templa, aras, simulacra juxta deos, pulvinar, flaminem, lupercos, appellationem mensis e suo nomine. Ac nullos non honores ad libidinem cepit, et dedit. Tertium et quartum consu-

égorger jusqu'aux bêtes achetées pour être données en spectacle au peuple. Dans les derniers temps, César étendit sa clémence à ceux auxquels il n'avait pas encore pardonné, et leur permit à tous de revenir en Italie, d'y exercer des magistratures et d'y commander. Il rétablit même les statues de Sylla et de Pompée que le peuple avait renversées. Dans la suite, lorsqu'il apprenait qu'on méditait contre lui quelque chose, ou qu'on en parlait mal, il aimait mieux contenir les coupables que de s'en venger. En conséquence, des conspirations et des réunions nocturnes ayant été découvertes, il ne poussa pas plus loin l'instruction, et se contenta de faire voir par un édit qu'il les connaissait. Quant à ceux qui l'attaquaient par leurs propos, il crut qu'il suffisait de les avertir publiquement de ne point continuer. Il supporta avec beaucoup de patience un libelle calomnieux d'Aulus Cécina [143], et des vers où Pitholaüs [144] déchirait sa réputation.

LXXVI. Cependant on lui impute d'autres actions, d'autres discours, qui justifieraient le reproche d'abus de pouvoir qu'on lui adressa, et feraient considérer sa mort comme un juste châtiment. Non-seulement il reçut des honneurs excessifs [145], tels que le consulat prolongé, la dictature perpétuelle, la censure des mœurs, le prénom d'Empérator [146], le surnom de Père de la patrie, une statue parmi celles des rois [147], une place élevée à l'orchestre [148]; César souffrit encore qu'on lui en décernât qui dépassent la mesure des grandeurs humaines : il eut au sénat et au tribunal un siège d'or, dans les pompes du cirque un char et un brancard [149] comme les dieux. Il eux des temples, des autels; ses statues furent placées à côté de celles des dieux; on lui dressa un lit sa-

latum titulo tenus gessit, contentus dictaturae potestate, decretae cum consulatibus simul : atque utroque anno binos consules substituit sibi in ternos novissimos menses; ita ut medio tempore comitia nulla habuerit, praeter tribunorum et aedilium plebis; praefectosque pro praetoribus constituerit, qui praesente se res urbanas administrarent. Pridie autem kalendas januarias repentina consulis morte cessantem honorem in paucas horas petenti dedit. Eadem licentia, spreto patriae more, magistratus in plures annos ordinavit : decem praetoriis viris consularia ornamenta tribuit : civitate donatos, et quosdam e semibarbaris Gallorum, recepit in curiam. Praeterea monetae, publicisque vectigalibus, peculiares servos praeposuit. Trium legionum, quas Alexandriae relinquebat, curam et imperium Rufioni, liberti sui filio, exoleto suo, demandavit.

LXXVII. Nec minoris impotentiae voces propalam edebat, ut T. Ampius scribit : Nihil esse rempublicam, appellationem modo sine corpore ac specie. Sullam nescisse litteras, qui dictaturam deposuerit. Debere homines consideratius jam loqui secum, ac pro legibus habere, quae dicat. Eoque arrogantiae progressus est, ut,

cré, on lui nomma un pontife et des prêtres lupercaux[150], enfin l'un des mois de l'année fut appelé de son nom. Il n'est point d'honneurs que, selon son caprice, il ne reçût et ne donnât de même. Il ne prit de son troisième et de son quatrième consulat que le titre, et se contenta du pouvoir dictatorial qu'on lui avait conféré en même temps. Dans l'une et dans l'autre année, il se substitua pour les trois derniers mois deux consuls, et dans l'intervalle il ne tint de comices que pour la nomination des tribuns et des édiles du peuple. Au lieu de préteurs, il établit des lieutenans chargés d'administrer la ville en son absence[151]. Un consul étant mort la veille des kalendes de janvier, il donna sa dignité vacante à celui qui la demandait, pour le peu d'heures qui restait à courir[152]. C'est avec le même arbitraire, avec le même mépris des usages de sa patrie qu'il constitua des magistratures pour plusieurs années, accorda les insignes du consulat à dix anciens préteurs, et reçut dans le sénat quelques Gaulois à demi barbares qu'il avait faits citoyens[153]. Non content de tout cela, César mit à la tête de la Monnaie et des revenus publics des esclaves de sa maison[154]. Il abandonna le soin et le commandement de trois légions qu'il avait laissées à Alexandrie[155] à Rufion, fils d'un de ses affranchis, et l'un de ses débauchés favoris.

LXXVII. Selon ce que rapporte T. Ampius, il lui échappait publiquement des paroles qui marquent combien peu il savait se contenir. Il dit que la république n'était qu'un nom sans corps et même sans apparence[156]; que Sylla, qui avait déposé la dictature, n'en était pas même à l'*a b c* de la science du gouvernement. Que, quant à lui, il fallait qu'on lui parlât avec

haruspice tristia et sine corde exsta sacro quodam nuntiante, futura diceret lætiora quum vellet; nec pro ostento ducendum, si pecudi cor defuisset.

LXXVIII. Verum præcipuam et inexpiabilem sibi invidiam hinc maxime movit. Adeuntes se cum plurimis honorificentissimisque decretis universos patres conscriptos, sedens pro æde Veneris Genitricis excepit. Quidam putant retentum a Cornelio Balbo, quum conaretur assurgere : alii, ne conatum quidem omnino, sed etiam admonentem C. Trebatium ut assurgeret, minus familiari vultu respexisse. Idque factum ejus tanto intolerabilius est visum, quod ipse triumphanti et subsellia tribunitia prætervehenti sibi, unum e collegio Pontium Aquilam non assurrexisse adeo indignatus sit, ut proclamaverit : «Repete ergo a me, Aquila, rempublicam tribunus;» et nec destiterit per continuos dies quidquam cuiquam, nisi sub exceptione polliceri : «si tamen per Pontium Aquilam licuerit.»

LXXIX. Adjecit ad tam insignem despecti senatus contumeliam multo arrogantius factum. Nam quum sacrificio latinarum revertente eo, inter immodicas ac novas populi acclamationes, quidam e turba statuæ ejus coronam lauream candida fascia præligatam imposuisset, et

retenue, et qu'on regardât comme loi ce qu'il aurait dit. Enfin il en vint à un tel point d'arrogance, que dans un sacrifice, un haruspice ayant annoncé de tristes présages sur ce que les entrailles de la victime étaient sans cœur, il répondit que, quand il le voudrait, les présages seraient meilleurs, et qu'il ne fallait pas regarder comme un prodige qu'une bête manquât de cœur.

LXXVIII. Mais voici ce qui lui attira la haine la plus forte et la plus irréconciliable. Le sénat réuni s'étant présenté pour lui remettre les décrets les plus honorifiques, il les reçut assis devant le temple de Vénus Génitrix. Quelques-uns croient que dans le moment où il allait se lever, Cornelius Balbus l'en empêcha; d'autres disent qu'il ne l'essaya même pas, et qu'il regarda d'un œil sévère C. Trebatius, qui l'avertissait de le faire. Cela parut d'autant plus intolérable de sa part, que dans un de ses triomphes il avait manifesté une profonde indignation de ce qu'au passage de son char devant les sièges des tribuns, un membre de leur collège, Pontius Aquila[157], ne se fût pas levé; il s'était écrié dans cette occasion : « Eh bien, Aquila, redemande-moi donc aussi la république; » et pendant plusieurs jours de suite, il n'avait rien promis à qui que ce fût, sans y mettre cette restriction : « Si toutefois Pontius Aquila le permet. »

LXXIX. Cependant, à cet outrage qu'il venait de faire au sénat, il ajouta une action bien plus arrogante encore. A son retour des fêtes latines, le peuple fit entendre des acclamations immodérées et d'un genre nouveau, et du sein de la foule quelqu'un posa sur sa statue une couronne de laurier nouée d'une bandelette blan-

tribuni plebis Epidius Marullus Cæsetiusque Flavus coronæ fasciam detrahi, hominemque duci in vincula jussissent; dolens seu parum prospere motam regni mentionem, sive, ut ferebat, ereptam sibi gloriam recusandi, tribunos graviter increpitos potestate privavit : neque ex eo infamiam affectati etiam regii nominis discutere valuit, quanquam et plebi regem se salutanti, «Cæsarem se, non regem esse,» responderit; et lupercalibus, pro rostris a consule Antonio admotum sæpius capiti suo diadema repulerit, atque in Capitolium Jovi Optimo Maximo miserit. Quin etiam valida fama percrebuit, migraturum Alexandriam vel Ilium, translatis simul opibus imperii, exhaustaque Italia delectibus, et procuratione urbis amicis permissa : proximo autem senatu, L. Cottam quindecimvirum sententiam dicturum, ut, quoniam libris fatalibus contineretur, Parthos nisi a rege non posse vinci, Cæsar rex appellaretur.

LXXX. Quæ causa conjuratis maturandi fuit destinata negotia, ne assentiri necesse esset. Consilia igitur, dispersim antea habita, et quæ sæpe bini ternive ceperant, in unum omnes contulerunt : ne populo quidem jam præsenti statu læto, sed clam palamque detrectante dominationem, atque assertores flagitante. Peregrinis in senatum allectis, libellus propositus est : «Bonum fac-

che[158]. Les tribuns du peuple Epidius Marullus et Césetius Flavus firent ôter ce diadème de la couronne, et ordonnèrent qu'on conduisît en prison celui qui l'y avait mis. César en fut blessé, soit parce que l'on accueillait mal les idées de royauté, soit, comme il le prétendait, qu'on lui eût enlevé l'honneur du refus; il en fit de vifs reproches aux tribuns, et les priva de leur pouvoir. Jamais depuis lors il ne put repousser le honteux reproche d'avoir ambitionné la dignité royale, quoiqu'un jour le peuple l'ayant salué du titre de roi, il ait répondu qu'il était César et non pas roi; quoiqu'aux fêtes Lupercales[159] et devant la tribune aux harangues il ait souvent repoussé le diadème que le consul Antoine voulait mettre sur sa tête, et l'ait envoyé au Capitole dans le temple de Jupiter. Il se répandit même un bruit assez accrédité; on dit qu'il se rendrait à Alexandrie ou à Ilion, et qu'en même temps il y transporterait toutes les ressources de l'empire, épuisant l'Italie par des levées, et laissant à ses amis l'administration de Rome. On assurait qu'à la première assemblée du sénat le quindécemvir L. Cotta proposerait d'appeler César roi, les livres du destin[160] portant que les Parthes ne pourraient être vaincus que par un roi.

LXXX. Ce bruit fut pour les conjurés une raison de hâter l'exécution de ce qu'ils avaient arrêté; ils craignaient d'être obligés d'y consentir. Tous mirent donc en commun les projets qui d'abord avaient été conçus isolément, et qui n'appartenaient qu'à des réunions de deux ou trois individus. Le peuple même avait cessé d'être content de l'état présent des affaires; il laissait voir ouvertement et en particulier sa haine pour toute domination et demandait des libérateurs. A la nomination des

tum : ne quis senatori novo curiam monstrare velit.»
Et illa vulgo canebantur :

> Gallos Cæsar in triumphum ducit, idem in curiam.
> Galli bracas deposuerunt, latum clavum sumpserunt.

Q. Maximo suffecto, trimestrique consule theatrum introeunte, quum lictor animadverti ex more jussisset, ab universis conclamatum est, non esse consulem eum. Post remotos Cæsetium et Marullum tribunos, reperta sunt proximis comitiis complura suffragia, consules eos declarantium. Subscripsere quidam L. Bruti statuæ : Utinam viveres. Item ipsius Cæsaris statuæ :

> Brutus, quia reges ejecit, consul primus factus est :
> Hic, quia consules ejecit, rex postremo factus est.

Conspiratum est in eum a sexaginta amplius, C. Cassio, Marcoque et D. Bruto principibus conspirationis. Qui primum cunctati, utrumne illum in campo, per comitia tribus ad suffragia vocantem, partibus divisis e ponte dejicerent, atque exceptum trucidarent; an in Sacra via, vel in aditu theatri adorirentur : postquam senatus idibus martiis in Pompeii curiam edictus est, facile tempus et locum prætulerunt.

LXXXI. Sed Cæsari futura cædes evidentibus prodigiis denuntiata est. Paucos ante menses, quum in colonia

sénateurs étrangers, on afficha ces mots : « Salut au public[161] ; que personne ne montre le chemin du sénat aux nouveaux sénateurs. » On chantait généralement :

« César traîne les Gaulois en triomphe, il les traîne au sénat; les Gaulois ont quitté leurs braies pour prendre le laticlave. »

Au théâtre, le licteur ayant annoncé, selon l'usage, l'entrée du consul Q. Maximus, que César s'était substitué pour trois mois, on s'écria de toutes parts qu'il n'était pas consul. Après la disgrâce des tribuns Césetius et Marullus, on trouva aux comices beaucoup de suffrages qui les nommaient consuls. Quelques personnes écrivirent sur la statue de L. Brutus : *Oh! si tu vivais!* et sous celle de César :

« Brutus, parce qu'il chassa les rois, fut le premier consul; celui-ci, parce qu'il chassa les consuls, finit par être roi. »

Le nombre des conjurés s'élevait à plus de soixante; C. Cassius, Marcus et Decimus Brutus étaient les chefs de la conspiration. Ils hésitèrent d'abord, ne sachant s'ils ne se diviseraient pas en deux bandes, dont l'une le précipiterait du haut du pont, lorsque, dans les comices du Champ-de-Mars[162], il appellerait les tribus aux suffrages, tandis que l'autre le recevrait pour le massacrer; ou bien s'il ne convenait pas mieux de l'attaquer dans la voie Sacrée, ou à l'entrée du théâtre. Mais une réunion du sénat ayant été indiquée pour les ides de mars dans la salle de Pompée, le temps et le lieu leur parurent unanimement préférables.

LXXXI. Cependant des prodiges manifestes annoncèrent à César le meurtre qu'on méditait contre lui. Peu

Capua deducti lege Julia coloni ad exstruendas villas sepulcra vetustissima disjicerent, idque eo studiosius facerent, quod aliquantum vasculorum operis antiqui scrutantes reperiebant; tabula ænea in monumento, in quo dicebatur Capys, conditor Capuæ, sepultus, inventa est, conscripta litteris verbisque græcis, hac sententia : « Quandoque ossa Capyis detecta essent, fore ut Iulo prognatus manu consanguineorum necaretur, magnisque mox Italiæ cladibus vindicaretur. » Cujus rei, ne quis fabulosam aut commentitiam putet, auctor est Cornelius Balbus, familiarissimus Cæsaris. Proximis diebus equorum greges, quos in trajiciendo Rubiconi flumini consecrarat, ac vagos et sine custode dimiserat, comperit pertinacissime pabulo abstinere, ubertimque flere. Et immolantem haruspex Spurinna monuit, caveret periculum, quod non ultra martias idus proferretur. Pridie autem easdem idus avem regaliolum, cum laureo ramulo Pompeianæ curiæ se inferentem, volucres varii generis ex proximo nemore persecutæ ibidem discerpserunt. Ea vero nocte, cui illuxit dies cædis, et ipse sibi visus est per quietem interdum supra nubes volitare, alias cum Jove dextram jungere. Et Calpurnia uxor imaginata est, collabi fastigium domus, maritumque in gremio suo confodi : ac subito cubiculi fores sponte patuerunt. Ob hæc simul et ob infirmam valetudinem diu cunctatus an se contineret, et, quæ apud senatum pro-

de mois auparavant des colons conduits à Capoue, en vertu de la loi Julia[163], se disposant à construire des maisons de campagne, détruisirent des sépultures d'une haute antiquité; ils mirent d'autant plus de soins à cette opération, que, dans leurs recherches, ils trouvèrent un assez bon nombre de vases d'un travail fort ancien. On découvrit dans le tombeau où reposait, disait-t-on, Capys[164], fondateur de Capoue, une table d'airain portant en caractères et en mots grecs une prédiction que voici : « Quand on aura découvert les os de Capys, le descendant d'Iule sera tué de la main de ses proches, et bientôt sa mort sera vengée par les malheurs de l'Italie. » Et afin qu'on ne croie pas que c'est là une fable mensongère, j'en citerai l'auteur; c'est Cornelius Balbus qui vivait avec César dans une grande intimité. Dans les derniers jours, César apprit que les troupeaux de chevaux qu'il avait consacrés[165] au passage du Rubicon, et qu'il avait laissé errer sans maîtres, s'abstenaient avec opiniâtreté de toute nourriture, et versaient d'abondantes larmes[166]. Tandis qu'il immolait une victime, l'haruspice Spurinna l'avertit de prendre garde à un danger qui ne se ferait pas attendre au delà des ides de mars. La veille de ces ides un roitelet se dirigeant vers la salle de Pompée avec une petite branche de laurier, des oiseaux de toute espèce sortirent du bocage voisin, le poursuivirent et le mirent en pièces. Enfin pendant cette nuit que le jour du crime vint dissiper, César, dans son sommeil, crut plusieurs fois qu'il volait au dessus des nuages, puis qu'il joignait sa main à celle de Jupiter. Sa femme Calpurnie vit en songe s'écrouler le frontispice de sa maison, elle rêva qu'on tuait son époux entre ses bras. Tout à coup les portes de la chambre s'ouvrirent d'elles-mêmes.

posuerat, agere differret, tandem D. Bruto adhortante, ne frequentes ac jam dudum opperientes destitueret, quinta fere hora progressus est : libellumque insidiarum indicem, ab obvio quodam porrectum, libellis ceteris, quos sinistra manu tenebat, quasi mox lecturus, commiscuit. Dein pluribus hostiis caesis, quum litare non posset, introiit curiam spreta religione, Spurinnamque irridens, et ut falsum arguens, quod sine ulla noxa idus martiae adessent : quanquam is venisse quidem eas diceret, sed non praeterisse.

LXXXII. Assidentem conspirati, specie officii, circumsteterunt : illicoque Cimber Tillius, qui primas partes susceperat, quasi aliquid rogaturus propius accessit; renuentique et gestu in aliud tempus differenti ab utroque humero togam apprehendit : deinde clamantem, « Ista quidem vis est, » alter e Cassiis aversum vulnerat, paulum infra jugulum. Caesar Cassii brachium arreptum graphio trajecit; conatusque prosilire, alio vulnere tardatus est. Utque animadvertit, undique se strictis pugionibus peti, toga caput obvolvit : simul sinistra manu sinum ad ima crura deduxit, quo honestius caderet, etiam inferiore corporis parte velata. Atque ita tri-

Retenu par ces présages et par sa santé chancelante, César hésita long-temps; il voulait rester chez lui, et remettre ce qu'il avait à proposer au sénat. Enfin Brutus l'ayant engagé à ne point faire attendre en vain les nombreux sénateurs qui étaient réunis déjà depuis long-temps, il sortit environ à la cinquième heure. Quelqu'un qui le rencontra sur son chemin lui remit un billet qui dévoilait les projets des conjurés [167]; mais il le mêla avec d'autres écrits qu'il tenait à sa main gauche, comme pour les lire bientôt. Bientôt après plusieurs victimes ayant été immolées, et le sacrifice ne pouvant réussir, il entra dans le sénat sans tenir compte de ces scrupules religieux, et se moqua de Spurinna [168], en taxant sa prédiction de fausseté, puisque les ides de mars étaient venues, et qu'il ne lui était arrivé aucun mal. Spurinna répondit à ses railleries : «Il est vrai, elles sont venues, mais elles ne sont pas encore passées.»

LXXXII. Lorsqu'il s'assit, les conjurés l'entourèrent dans le dessein apparent de lui rendre leurs devoirs, et tout à coup Cimber Tillius [169], qui s'était chargé du commencement de l'action, s'approcha de lui comme pour lui demander quelque chose. Mais César se refusant à l'entendre, et lui faisant signe de remettre l'affaire à un autre moment, Cimber saisissant sa toge le prit par les deux épaules. Alors César s'écria : «C'est là de la violence,» et, dans le moment même, l'un des Cassius auquel il tournait le dos le blessa un peu au dessous du gosier [170]. César, arrêtant le bras de Cassius, le perça de son poinçon, puis, voulant s'élancer de son siège, une autre blessure l'en empêcha. Quand il vit que de tous côtés des poignards le menaçaient, il s'enveloppa la tête de sa toge, et en même temps il la prit de la main gauche pour en abais-

bus et viginti plagis confossus est, uno modo ad primum ictum gemitu sine voce edito; etsi tradiderunt quidam, M. Bruto irruenti dixisse, Καὶ σὺ τεκνον. Exanimis, diffugientibus cunctis, aliquandiu jacuit, donec lecticæ impositum, dependente brachio, tres servuli domum retulerunt. Nec in tot vulneribus, ut Antistius medicus existimabat, letale ullum repertum est, nisi quod secundo loco in pectore acceperat. Fuerat animus conjuratis, corpus occisi in Tiberim trahere, bona publicare, acta rescindere : sed metu M. Antonii consulis et magistri equitum Lepidi, destiterunt.

LXXXIII. Postulante ergo L. Pisone socero, testamentum ejus aperitur : recitaturque in Antonii domo, quod idibus septembribus proximis in Lavicano suo fecerat, demandaveratque virgini Vestali maximæ. Q. Tubero tradit, hæredem ab eo scribi solitum, ex consulatu ipsius primo usque ad initium civilis belli, Cn. Pompeium; idque militibus pro concione recitatum. Sed novissimo testamento tres instituit hæredes, sororum nepotes, C. Octavium ex dodrante, et L. Pinarium et Q. Pedium ex quadrante reliquo : in ima cera C. Octavium etiam in familiam nomenque adoptavit : pluresque percussorum in tutoribus filii, si quis sibi nascere-

ser sur ses jambes la partie supérieure [171], afin que la partie inférieure de son corps étant voilée il pût tomber plus décemment. César fut percé de vingt-trois coups : après le premier, il fit entendre un seul gémissement, sans proférer aucune parole. Cependant quelques auteurs ont écrit que voyant Brutus s'avancer contre lui, il s'écria : Καὶ σὺ τέκνον, « Et toi aussi, mon fils ! » Lorsqu'il fut mort, tout le monde s'enfuit, et il demeura quelque temps sur la place, jusqu'à ce que trois esclaves le portassent chez lui, après l'avoir placé sur une litière d'où l'on voyait pendre son bras. Parmi tant de blessures, il n'y avait de mortelle, dans l'opinion du médecin Antistius, que celle qui lui avait été portée la seconde, et qui l'avait atteint à la poitrine. L'intention des conjurés était de traîner dans le Tibre le corps de César, de vendre ses biens à l'encan, d'annuler ses actes; la crainte qu'ils avaient du consul M. Antoine et de Lépide, général de la cavalerie, les fit renoncer à leur dessein.

LXXXIII. Sur la demande de L. Pison, son beau-père, on ouvrit son testament et on le lut dans la maison d'Antoine. César l'avait fait aux dernières ides de septembre, pendant qu'il était à sa terre de Lavicum, et il l'avait confié à la première des vestales. Q. Tubéron [172] rapporte que, depuis son premier consulat jusqu'au commencement de la guerre civile, c'était à Cn. Pompée qu'il destinait son héritage, et que sa volonté à ce sujet était connue de toute l'armée. Mais dans son dernier testament, il nommait trois héritiers ; c'étaient les petits-fils de ses sœurs, savoir : C. Octavius pour les trois quarts, et L. Pinarius avec Q. Pedius [173] pour l'autre quart ; à la fin, il adoptait Octavius [174] et lui donnait son nom. Il désignait la plupart de ses meurtriers parmi les

tur, nominavit; D. Brutum etiam in secundis heredibus. Populo hortos circa Tiberim publice, et viritim trecenos sestertios legavit.

LXXXIV. Funere indicto, rogus exstructus est in Martio campo juxta Juliæ tumulum : et pro rostris aurata ædes ad simulacrum templi Veneris Genetricis collocata; intraque lectus eburneus, auro ac purpura stratus, et ad caput tropæum, cum veste in qua fuerat occisus. Præferentibus munera, quia suffecturus dies non videbatur, præceptum est, ut, omisso ordine, quibus quisque vellet itineribus urbis, portaret in campum. Inter ludos cantata sunt quædam ad miserationem et invidiam cædis ejus, accommodata ex Pacuvii Armorum judicio :

Men' servasse, ut essent, qui me perderent?

Et ex Electra Atilii alia, ad similem sententiam. Laudationis loco consul Antonius per præconem pronuntiavit senatusconsultum, quo omnia ei divina simul atque humana decreverat : item jusjurandum, quo se cuncti pro salute unius adstrinxerant : quibus perpauca a se verba addidit. Lectum pro rostris in forum magistratus et honoribus functi detulerunt. Quem quum pars

tuteurs de son fils, pour le cas où il lui en naîtrait un. Décimus Brutus était inscrit parmi les héritiers de seconde ligne[175]. Enfin il léguait au peuple, en général, ses jardins voisins du Tibre, et à chacun en particulier trois cents sesterces*.

LXXXIV. Le jour de ses funérailles étant fixé, on éleva un bûcher dans le Champ-de-Mars, à côté du tombeau de Julie, et l'on plaça devant la tribune aux harangues une chapelle faite sur le modèle du temple de Vénus Génitrix. On y mit un lit d'ivoire couvert de pourpre et d'or; au chevet était un trophée, avec le vêtement que portait César quand il fut tué. La journée ne paraissant pas devoir suffire à la marche de ceux qui apportaient des offrandes[176], on publia que chacun, sans observer aucun ordre[177], pourrait les porter au Champ-de-Mars en suivant telle rue de la ville qu'il lui plairait. Dans les jeux funèbres, on chanta quelques passages du Jugement des armes de Pacuvius[178]; ils étaient propres à exciter la pitié et l'indignation contre le crime, par exemple :

« Je ne les ai donc sauvés qu'afin qu'ils me perdissent. »

et d'autres vers de l'Electre d'Atilius[179], qui avaient le même sens. Au lieu d'éloge le consul Antoine fit lire par un héraut le sénatus-consulte qui avait à la fois décerné à César tous les honneurs divins et humains, puis le serment par lequel tous s'étaient liés pour le salut d'un seul. Antoine y ajouta fort peu de mots. Ce furent des magistrats et des hommes distingués par les fonctions qu'ils avaient remplies qui portèrent le lit de César au

* 61 francs.

in Capitolini Jovis cella cremare, pars in curia Pompeii, destinaret, repente duo quidam, gladiis succincti, ac bina jacula gestantes, ardentibus cereis succenderunt : confestimque circumstantium turba virgulta arida; et cum subselliis tribunalia, quidquid præterea ad manum aderat, congessit : deinde tibicines et scenici artifices vestem, quam ex instrumento triumphorum ad præsentem usum induerant, detractam sibi atque discissam injecere flammæ, et veteranorum militum legionarii arma sua, quibus exculti funus celebrabant. Matronæ etiam pleræque ornamenta sua, quæ gerebant, et liberorum bullas atque prætextas. In summo publico luctu exterarum gentium multitudo circulatim, suo quæque more lamentata est : præcipueque Judæi, qui etiam noctibus continuis bustum frequentarunt.

LXXXV. Plebs statim a funere ad domum Bruti et Cassii cum facibus tetendit : atque ægre repulsa, obvium sibi Helvium Cinnam per errorem nominis, quasi Cornelius is esset, quem graviter pridie concionatum de Cæsare requirebat, occidit : caputque ejus præfixum hastæ circumtulit : postea solidam columnam prope viginti pedum lapidis Numidici in foro statuit, scripsitque, PARENTI PATRIÆ. Apud eandem longo tempore sa-

forum devant la tribune aux harangues. Les uns voulaient qu'on brûlât le corps dans le sanctuaire de Jupiter, les autres que ce fût dans la salle de Pompée : tout à coup deux hommes [180] ayant un glaive à la ceinture, et tenant chacun deux javelots, y mirent le feu avec des torches ardentes. Aussitôt la foule des assistans s'empressa d'y jeter des fagots, les sièges et jusqu'au tribunal des juges, enfin tout ce qui se trouvait à sa portée. Bientôt après, les joueurs de trompettes et les ouvriers qui travaillaient pour les spectacles, dépouillant et déchirant les vêtemens qui leur restaient des triomphes précédens, et qu'ils avaient mis pour la circonstance présente, les abandonnèrent aux flammes. Les légionnaires vétérans y déposèrent aussi les armes dont ils s'étaient servis pour ces funérailles. Beaucoup de dames romaines jetèrent dans le bûcher les bijoux qu'elles portaient, ainsi que les bulles et les robes prétextes de leurs enfans; dans l'excès du deuil public, on remarqua une multitude d'étrangers qui, réunis en groupes, manifestaient leur douleur chacun selon l'usage de sa patrie : les Juifs surtout vinrent plusieurs nuits de suite visiter le bûcher.

LXXXV. Au retour des funérailles, le peuple se porta vers les maisons de Brutus et de Cassius avec des torches allumées. On eut de la peine à repousser la foule; celle-ci rencontrant sur son passage Helvius Cinna [181], et par suite d'une erreur de nom le prenant pour Cornélius, elle le tua en haine de ce que la veille ce Cornelius avait fait un discours véhément contre César : sa tête fut promenée au bout d'une pique. Ensuite on éleva dans le forum une colonne de marbre de Numidie, et l'on y inscrivit ces mots : AU PÈRE DE LA PATRIE. Pendant long-temps on fit auprès d'elle [182] des sacrifices et

crificare, vota suscipere, controversias quasdam interposito per Cæsarem jurejurando distrahere, perseveravit.

LXXXVI. Suspicionem Cæsar quibusdam suorum reliquit, neque voluisse se diutius vivere, neque curasse, quod valetudine minus prospera uteretur : ideoque, et quæ religiones monerent, et quæ renuntiarent amici, neglexisse. Sunt qui putent, confisum eum novissimo illo senatusconsulto ac jurejurando, etiam custodias Hispanorum, cum gladiis sectantium se, removisse. Alii e diverso opinatum, insidias undique imminentes subire semel confessum satius esse, quam cavere semper. Alii ferunt dicere solitum, non tam sua, quam reipublicæ interesse, uti salvus esset : se jam pridem potentiæ gloriæque abunde adeptum : rempublicam, si quid sibi eveniret, neque quietam fore, et aliquanto deteriore conditione civilia bella subituram.

LXXXVII. Illud plane inter omnes fere constitit, talem ei mortem pæne ex sententia obtigisse. Nam et quondam, quum apud Xenophontem legisset, Cyrum ultima valetudine mandasse quædam de funere suo, aspernatus tam lentum mortis genus, subitam sibi celeremque optaverat. Et pridie quam occideretur, in sermone nato super cœnam, apud M. Lepidum, quisnam esset finis vitæ commodissimus, repentinum inopinatumque prætulerat.

LXXXVIII. Periit sexto et quinquagesimo ætatis an-

des vœux ; on apaisait les différends en attestant par serment le nom de César.

LXXXVI. César a laissé à quelques-uns des siens la pensée qu'il n'avait pas voulu vivre plus long-temps, et qu'il s'en souciait peu, parce que sa santé était altérée. On veut que ce soit là le motif qui lui fit négliger les avertissemens de la religion et les conseils de ses amis. Il y a des personnes qui croient que, se fiant au dernier sénatus-consulte, et sur la foi des sermens, il avait renvoyé les gardes espagnoles qui le suivaient partout. Selon d'autres, au contraire, César pensait qu'il vallait mieux succomber une fois aux complots qui le menaçaient que de les craindre toujours. Enfin d'autres encore rapportent qu'il avait coutume de dire que son salut ne lui importait pas autant qu'à la république; que depuis long-temps il avait acquis assez de gloire et de puissance, mais que, s'il lui arrivait malheur, la république ne serait pas tranquille et subirait des guerres civiles qui rendraient sa condition beaucoup plus déplorable [183].

LXXXVII. Mais ce qui est assez généralement reconnu, c'est que le genre de mort dont il périt était celui qu'il eût pu désirer. Ayant autrefois lu dans Xénophon que Cyrus, dans sa dernière maladie, avait donné quelques ordres pour ses funérailles, il manifesta son aversion pour une mort aussi lente, et en souhaita pour lui une qui fût subite et prompte. La veille même du jour où il fut tué, il était à table chez M. Lepidus, la conversation s'engagea sur la question de savoir quelle était la fin la plus désirable; César préféra la plus brusque et la plus inattendue.

LXXXVIII. Il périt dans la cinquante-sixième année de son âge, et fut mis au nombre des dieux, non-seu-

no : atque in Deorum numerum relatus est, non ore modo decernentium sed et persuasione vulgi. Siquidem ludis, quos primos consecratos ei heres Augustus edebat, stella crinita per septem dies continuos fulsit, exoriens circa undecimam horam : creditumque est, animam esse Caesaris in coelum recepti : et hac de causa simulacro ejus in vertice additur stella. Curiam in qua occisus est obstrui placuit, Idusque Martias *parricidium* nominari, ac ne unquam eo die senatus ageretur.

LXXXIX. Percussorum autem fere neque triennio quisquam amplius supervixit, neque sua morte defunctus est. Damnati omnes, alius alio casu periit : pars naufragio, pars proelio ; nonnulli semet eodem illo pugione, quo Caesarem violaverant, interemerunt.

lement de la bouche de ceux qui lui décernaient cet honneur, mais encore pas l'intime persuasion du vulgaire. Pendant les jeux qu'il avait fait vœu de célébrer, et que donna son héritier Auguste, une étoile chevelue qui se levait vers la onzième heure, brilla sept jours de suite [184]; l'on crut que c'était l'âme de César reçue dans le ciel. C'est pour cette raison qu'il est représenté ordinairement avec une étoile au dessus de la tête. On fit murer la porte de la salle où il avait été tué, les ides de mars furent appelées *jours parricides* [185], et il fut défendu d'assembler jamais le sénat ce jour-là.

LXXXIX. Parmi les meurtriers, il n'en est presque aucun qui lui survécut plus de trois ans, ou qui mourut de sa mort naturelle. Condamnés tous [186], ils périrent chacun d'une manière différente; les uns par des naufrages, les autres dans les combats. Quelques-uns se tuèrent du même poignard dont ils avaient frappé César [187].

NOTES

SUR JULES CÉSAR.

1. On croit assez généralement qu'il y a une lacune en cet endroit. Suétone, dit-on, devait nous instruire de ce qu'a fait César dans son enfance, avec les détails qu'il a placés à la tête de ses autres biographies, etc., etc.

2. César naquit en l'an de Rome 654 aux ides du mois de Quintilis, depuis appelé juillet.

3. Il y a encore de grandes contestations sur ce passage. Wesseling établit que dès l'année 667 César fut destiné pour être *flamen dialis*. Ce qui me paraît certain, c'est que la phrase de Suétone est conçue de manière à indiquer qu'il l'était déjà quand il répudia Cossutia. (*Voyez*, sur le mode d'élection, TACITE, *Ann.* IV, 16.)

4. *Des successions de sa maison.* Je n'ai point voulu employer le mot famille, qui rend fort mal l'idée exprimée par *gens*: la famille n'est qu'une division de la *gens*. L'absence du mot français pour bien rendre le sens, la nécessité où sont les traducteurs et les historiens d'y substituer sans cesse le mot famille, contribue beaucoup à fausser nos idées. La *gens* est d'institution politique; chez les anciens Romains, il y avait dix *gentes* par curie, et dix curies par tribus, ce qui faisait, pour les trois tribus, trois cents gentes ou familles politiques essentiellement patriciennes. Cependant ce n'était point une noblesse, mais une bourgeoisie primitive et transmise. (Voyez *Histoire romaine de Niebuhr* dans la traduction que j'en ai publiée, tome II, page 13, chap. *des Curies* et *des Gentes.*)

5. *Il accompagna le préteur M. Thermus.* Nous n'avons point d'autres manières de rendre le *contubernium*. Des jeunes gens de nobles familles suivaient un chef militaire, logeaient dans sa tente et apprenaient de lui l'art des combats. C'est ce que l'on appelait *ducis uti contubernio.*

6. *Sans jamais rien perdre de sa dignité.* Je lis dans le latin *summa dignatione.... Indignatione* me paraît niais.

7. *Et pour ainsi dire sur la trace de leur vaisseau...* — *Quin e vestigio* ne me paraît pas devoir être rendu autrement.

8. *Proposition Plotia.* Lorsque la langue des érudits s'est formée parmi nous, on connaissait si peu le droit public de Rome, que l'on traduit constamment encore *rogatio* par loi. Nous renvoyons à la définition de Festus, *rogatio est quum populus consulitur de uno pluribusve hominibus, quod non ad omnes pertineat, et de una pluribusve rebus, de quibus, non omnibus sanciatur; nam quod in omnes homines resve populus scivit, lex appellatur.* *Rogatio* vient de *rogare.* Je me sers des mots *proposition, motion,* leur acceptation leur donnant force de loi, et, de la sorte, je n'opère aucune confusion d'idées.

9. (*Voyez* sur cette affaire la lettre 16 de Cicéron, tome 1 de notre édition des *Lettres.*)

10. Marcus Crassus, le même qui fut consul avec le grand Pompée en 684. P. Sylla et Autronius ne purent entrer en charge : on leur substitua Cotta et Torquatus.

11. *Tanusius Geminus.* On lit aussi *Tamusius* ou *Tainisius.* Sénèque s'exprime sur son compte en termes peu flatteurs, et qualifie ses Annales de *cacata charta* (*Epître* 93 sur *Bibulus*). *Voyez* aussi la quarante-cinquième lettre de Cicéron.

12. *C. Curion le père.* C'est Scribonius Curion qui fut consul avec Octavius, en 677. (*Voyez* Brut., chap. 6, le *Traité des devoirs*, II, 17.)

13. *M. Actorius Nason.* Il est encore parlé de lui au § 52. — *Cn. Pison.* Salluste en fait un portrait peu flatteur. (Catilina, chap. 18.)

14. *Comitium* est le nom particulier d'une place publique aussi bien que *forum*; je l'ai conservé. *Basilica* serait aussi fort mal rendu par temples. C'étaient des édifices entourés de colonnes, de longues galeries, autour du forum, où se réunissaient les marchands et les plaideurs.

15. *Se faire décerner l'Égypte pour province.* C'est une locution familière aux Romains; car, dans le sens rigoureux de l'expression, l'Egypte ne fut mise au rang des provinces que sous Auguste, et César lui-même ne voulut pas qu'elle le devînt.

16. *D'un commandement extraordinaire.* Il est qualifié d'extraordinaire parce que César en aurait pris possession sans passer par la préture ni par le consulat. Après la mort de Cléopâtre les habitans d'Alexandrie avaient chassé leur roi, Ptolémée Alexandre et fait revenir de Cypre Ptolémée Lathyrus.

17. *Pour avoir inscrit des citoyens romains sur les listes... Ob relata civium romanorum capita.* Il y a beaucoup de divergence sur l'intelligence de ce passage. Quelques interprètes veulent traduire : *pour avoir rapporté aux dictateurs les têtes des citoyens romains.* Mais si ceux-là étaient exceptés, si César fut obligé de les comprendre dans l'instruction, on se demande quels sont donc les sicaires et à quoi servaient les lois cornéliennes. La leçon *delata* n'est pas même nécessaire pour justifier ma traduction.

Il suscita aussi un accusateur. Cet accusateur fut T. Attius Labienus, tribun du peuple. Rabirius fut défendu par Cicéron et par Hortensius. — *Perduellis* est ici synonyme d'ennemi public. Rabirius devait être déclaré tel pour avoir traité en ennemi un citoyen romain, pour avoir porté atteinte à la liberté et à la sécurité publique en tuant Saturninus.

18. *Sur deux compétiteurs.* C'étaient Q. Catulus et P. Isauricus. (*Voyez* VELLEIUS PATERCULUS, II, 43.) Salluste nous apprend que Q. Catulus en conserva toujours une grande haine contre César.

19. *Une troupe de chevaliers romains.* Selon Salluste les chevaliers de garde ne menacèrent César de leur glaive que lorsqu'il sortit du temple de la Concorde où siégeait le sénat. Il y a dans la version de Suétone quelque chose qui répugne à la saine raison. Comment supposer que le sénat eût souffert cet acte de violence?

19. *Le premier jour de sa préture.* Les nouveaux consuls étaient alors Decius Junius Silanus et L. Licinius Muréna : ils succédaient à Cicéron et à Antoine. C'est donc par une fausse traduction qu'au commencement du paragraphe précédent on dit que la conspiration de Catilina fut découverte César étant préteur : il n'était que désigné.

20. *De la reconstruction du Capitole.* Il avait été incendié du temps de Sylla en 671. (*Voy.* sur tout ceci Dion, lib. XLIII, c. 14.) Parmi les honneurs accordés à César il lui fut permis d'inscrire son nom à la place de celui de Catule, mais cela n'eut point lieu; car, selon Tacite, on y lisait encore ce nom lors du nouvel incendie du temps de Vitellius. Il paraît que, dans l'action intentée par César, il s'agissait uniquement de prétendues malversations.

21. (*Voyez* sur cet usage les *Lettres de Pline le Jeune*, liv. IX, ep. 37.)

22. *Cecilius Metellus.* C'est *Metellus Nepos* dont Cicéron se plaint si amèrement : voyez la 14ᵉ lettre de notre Recueil, qui est adressée à Metellus Celer dans la Gaule Cisalpine, où il faisait alors la guerre aux Salasses. Ce tribun Metellus qui, dans la suite, se réconcilia avec Cicéron, lui fit un amer outrage en l'empêchant de haranguer le peuple à la sortie de son consulat; il le poursuivait avec acharnement sous prétexte qu'il avait fait périr sans les entendre Lentulus et les autres conjurés.

23. *Novius Niger.* Était-il questeur? ou faut-il lire *quæsitorem*, en sorte que ses fonctions ne soient relatives qu'à l'instruction de la cause. Ernesti a fort bien établi, d'après Cicéron, que les questeurs de la ville pour l'année étaient M. Sextius et P. Servilius. Je me déciderais donc volontiers pour le second parti.

24. *L. Vettius judex.* Je n'ai rien changé à la leçon *judex*, mais s'il y a plus haut *quæsitor* au lieu de *quæstor*, *index* serait peut-être plus juste en ce lieu que *judex*.

Par Q. Curius. Q. Curius était lui-même au nombre des conjurés. Cicéron le détermina par l'intermédiaire de Fulvie à révéler le complot. (Salluste, *Catil.* 17.)

25. *Après qu'on eut fait enlever de chez lui des gages de sa comparution (pignoribus captis).* Ceux qui avaient blessé la dignité d'une magistrature supérieure, étaient jetés en prison; s'ils ne comparaissaient pas sur la citation, on saisissait des gages. C'est dans ce sens que Tite-Live, lib. III, cap. 38, dit *postquam citati non conveniebant..... demissi circa domos apparitores.....* Les huissiers allaient s'emparer des gages.

26. *Avant que l'on eût rien réglé sur les provinces.* Soit que l'on se prononce pour la leçon *ornarentur*, ou que l'on préfère *ordinarentur*, cette version est également convenable. Il est question des dispositions à prendre par le sénat quant aux équipages, aux troupes, aux ressources pécuniaires, etc.

27. *Dès qu'il ne serait plus qu'un simple particulier. Privato.* Cette action pouvait l'atteindre; car le gouvernement de sa province ne lui laissait aucun caractère public à Rome.

28. *Pacifié la province.* Plutarque nous apprend (chap. 12) que ses soldats le proclamèrent *imperator*, mot qu'il ne faut pas regarder comme synonyme d'empereur.

29. *Les comices étaient déjà indiqués.* Les candidats avaient vingt-sept jours pour se déclarer tels : le magistrat qui présidait aux comices, pouvait, dans certains cas et pour différens motifs, refuser de tenir compte de la candidature. (*Voyez* SALLUSTE, *Catil.* 18; TITE-LIVE, VIII, 15.)

30. Caton fut le principal opposant. Il arriva cependant plus d'une fois qu'un absent fut élu à une charge.

31. *Lucceius.* C'est celui-là même auquel Cicéron s'adresse pour le prier d'écrire l'histoire de son consulat. (*Voyez* lettre 654 de notre édition. Voyez aussi sur son projet d'obtenir le consulat, ainsi que sur les intentions de César et de Bibulus, la lettre 22.)

32. *Que les aristocrates.* Pourquoi ne se servirait-on pas de ce mot pour rendre *optimates?*

33. *La surveillance des forêts et des chemins.* Laharpe traduit par *défrichemens :* je ne vois pas qu'il soit question des forêts au-

trement que pour la sûreté publique. D'autres, préoccupés du mot *calles*, font entrer des pâturages dans le département de ces consuls.

34. Pompée, dans la vue d'obtenir cette ratification, avait beaucoup contribué à faire nommer L. Afranius et Metellus Celer, qui furent consuls l'année précédente.

35. C'est le premier triumvirat, qui ne fut, comme on le voit, qu'une association particulière et sans autorité publique. Mais elle recevait, du crédit et de la puissance de ses membres, une immense prépondérance.

36. *Jour par jour, et de publier les actes du sénat.* Cela n'empêche pas qu'on ne puisse avoir des fragmens d'actes antérieurs. César mit seulement plus de régularité dans cette publication. Antérieurement les *Annales Maximi,* rédigés par les souverains pontifes, en transmettaient la mémoire.

37. Sur les faisceaux, *voyez* Denys d'Halicarnasse, liv. v, chap. 2.

38. *N'agissant plus, dans son opposition, que par voie d'édits.* C'était une manière de protester publiquement.

39. *Quand ils signaient un acte par forme de plaisanterie.* Il ne faut pas attribuer au mot *testandi* le sens de témoignage, il s'agit d'une simple date, d'une signature.

40. Le territoire de Stella en Campanie. *Consacré par nos ancêtres* signifie simplement qu'il avait été destiné à des usages publics.

41. L. Lucullus résista à César, qui voulait faire ratifier les actes du commandement de Pompée.

42. *Fit périr par le poison.* Il y a tout au moins du doute sur cette assertion; car Cicéron (*in Vatin.*, cap. 12), dit que ce fut Vatinius qui lui rompit le cou dans sa prison.

43. C. Lucius Pison fut consul avec A. Gabinius en 696.

44. (*Voyez,* sur la manière d'aller aux voix dans le sénat, Aulu-

Gelle, c. iv, 10 et c. xvi, 7.) Il paraît que d'abord on interrogeait le prince du sénat, et, après les comices, les consuls désignés. Tite-Live, liv. v, chap. 10, parle d'un Licinius qui viola aussi l'usage établi en commençant par interroger son père.

45. *Car les pères.* J'ai fait passer en français le mot *patres*, qui ne signifie pas les sénateurs, mais les patriciens en général.

46. *Que cela serait difficile à une femme.* On faisait allusion à ses débauches avec Nicomède.

47. *En Assyrie.* Le latin dit *in Syria*; mais les anciens étendent souvent le sens de ce nom à l'Assyrie.

48. *Lucques*, ville d'Étrurie, était alors jointe à la Ligurie. Il paraît, d'après Plutarque, que César venait de soumettre les Nerviens.

49. *Plus fréquentes et d'un plus grand nombre de jours.* A la fin du second livre il parle lui-même de supplications de treize jours: on lui en décerna vingt après son expédition de Bretagne, autant après la défaite de Vercingétorix. Dion va jusqu'à porter à soixante le nombre des jours accordés dans cette circonstance.

50. *Sur le territoire des Germains.* Ce fut chez les *Eburones*, ainsi qu'on le voit au livre v, chap. 24 des Commentaires. Suétone les qualifie de Germains, César de Gaulois. Mais depuis fort longtemps les Germains, établis sur la rive gauche du Rhin, faisaient partie de la grande fédération gauloise, ainsi que je l'ai démontré ailleurs.

51. Quelques manuscrits portent *neptem*, sa petite fille, mais il y a dans Velleius Paterculus un passage déterminant : filius *quoque* parvus Pompeii, *Julia natus, intra breve spatium obiit.*

52. Clodius se vantait de commettre tous ses forfaits pour Pompée, Crassus et César; il fut tué par T. Annius Milon, que, dans la crainte de Pompée, Cicéron défendit mal, et qui fut exilé.

53. *D'enlever de force les gladiateurs connus*, ceux qui s'étaient distingués. Les spectateurs malveillans prononçaient leur arrêt de mort en levant le pouce.

54. *César doubla pour toujours la solde des légions.* Comme elle fut après lui de dix as par jour, il faut qu'elle ait été précédemment de cinq.

55. *Quand il y avait abondance.* Burmann lit *inopia* au lieu de *copia*; ensorte que César aurait prodigué les grains dans la disette.

56. *Un esclave pris sur le butin.* La vulgate porte *mancipia et prædia*; aussi Laharpe parle-t-il, non-seulement d'esclaves, mais encore des terres. Il est plus sage de s'en tenir à la première partie, *mancipia ex præda*.

57. *Comme condition de leur alliance.* Traduire *à condition que Pompée lui donnerait sa fille*, c'est faire un contre-sens.

58. *Il faisait aussi de beaux cadeaux; uberrimo congiario.* Ce mot s'applique à toute espèce de dons, surtout à ceux du souverain.

59. Claudius Marcellus fut consul en 703 avec Servilius Sulpicius Rufus.

60. Ces édits ont quelque chose de semblable à nos proclamations.

61. *N'avait pas dérogé à la loi par un plébiscite.* Je lis *nec* dans le texte et non pas *et*, qui n'est qu'une correction de Gronove, correction fort inutile et même fâcheuse. Sans doute, le sens de ce passage est un peu obscur : cependant je crois le bien comprendre. Pompée fait une loi dans laquelle les absens sont exclus de la candidature; cette loi passe. Il s'aperçoit à regret que César n'est point excepté de cette prohibition; mais la loi est déjà rendue, déposée dans les archives : il veut corriger l'erreur.... Le fut-elle en effet? oui. Il n'y a qu'à se reporter au chapitre XXVI, duquel il résulte incontestablement que l'exception fut prononcée. Pompée, avec lequel il était uni, dut le seconder : les mots *corrigeret errorem* seraient, sans cela, dépourvus de sens. L'intervention des tribuns pour César désigne assez un plébiscite rendu d'accord avec Pompée; mais le sens du passage que nous expliquons, c'est qu'au moyen d'un plébiscite Pompée n'avait pu déroger à sa loi.

62. *Novumcomum.* (*Voy.* TITE-LIVE, liv. XXXVIII, ch. 36-37.)

63. *Émilius Paulus.* Selon quelques-uns il lui donna jusqu'à quinze cents talens. Curion était fils de celui dont les discours sont cités au chap. 9. On a plusieurs lettres de Cicéron adressées à ce Curion. Valère Maxime nous le dépeint comme fort endetté, liv. ix, chap. 6. Velleius Paterculus en fait un portrait très-défavorable.

64. *Les consuls* désignés pour l'année 705, L. Cornelius Lentulus et C. Claudius Marcellus.

65. Asinius Pollion fut l'un des partisans les plus zélés de César, et écrivit une histoire des guerres civiles dans lesquelles il avait commandé (HORACE, *sat.* liv. ii, 1.)

66. César n'avait pas avec lui plus de trois cents cavaliers et de cinq mille hommes d'infanterie. Il avait laissé le reste de son armée dans la Gaule Transalpine.

67. *En déchirant ses vêtemens sur sa poitrine.* C'était chez les anciens une grande marque de deuil. On sait le parti qu'en tira Phrynée, qui fut acquittée plus encore par la puissance de sa beauté que par l'éloquence de son défenseur.

68. *Le siège de Marseille.* Voyez, sur cet évènement si marquant de notre histoire, CÉSAR, *de Bello civili,* lib. ii, cap. 16 et 22; VELLEIUS, liv. ii, 50; FLORUS, liv. iv, 2, 23.

69. *A Cléopâtre et à son plus jeune frère.* Le roi Ptolémée avait péri dans la fuite, son navire ayant été submergé.

70. *Curion périt en Afrique...* à la bataille de Bagrada, où, vaincu par Sabura, général de Juba, il aima mieux mourir en combattant que de se présenter à César sans les troupes qu'il lui avait confiées.

71. *C. Antoine.....* Les commentaires de César ne faisant pas mention de ce revers, on serait tenté d'accéder à l'opinion de ceux qui disent qu'il manque quelque chose au second livre.

72. Dolabella fut vaincu par Octavius et Libon.

73. *Domitius Calvinus.* C'est celui qui fut battu par Pharnace, comme il a été dit au chapitre précédent.

74. Dyrrachium était en Épire et ne peut être compris dans la Macédoine que selon la répartition des gouvernemens romains. Florus parle d'un *vallum* de seize milles de pourtour.

75. *Dans la dernière action...* près de Munda. Eutrope dit qu'il voulait se tuer, de peur qu'à l'âge de cinquante-six ans, et après avoir acquis tant de gloire, il ne tombât au pouvoir de ces jeunes gens. Appien place cette action près de Cordoue.

76. Le Velabrum était entre le forum, le Palatium et l'Aventin.

77. *Il remit les loyers d'un an.* Ce passage est sujet à de fort grandes difficultés : on ne conçoit pas bien comment César put remettre en général tous les loyers. Aussi quelques interprètes pensent-ils qu'il les paya ou les donna aux locataires pour les payer.

78. Laberius, dans son prologue, se plaignit d'y avoir été contraint par César. Aulu-Gelle cite les titres de plusieurs de ses pièces.

79. *L'euripe y ayant été ajouté.* C'était un grand fossé qui entourait le cirque pour que les animaux ne pussent s'en échapper et se jeter sur le peuple, comme cela était déjà arrivé plusieurs fois.

80. *On creusa un lac dans la petite Codète.* Ce passage a beaucoup tourmenté les interprètes : quelques manuscrits portent l'absurde leçon *in morem cochleæ*. Selon Festus on appelait *campus Codetanus* les terres qui touchaient au Tibre. (*Voyez* Nardini Rouza, sat. vii, 11.

81. *De se loger dans les carrefours, ou même de dresser des tentes dans les rues.* Dans l'intérieur des villes, *vicus* signifie quartier; au dehors, bourg ou village. Il est évident qu'il doit conserver ici la première acception.

82. *César corrigea les fastes.* Ce fut en 708, alors qu'il était consul pour la troisième fois, avec M. Émilius Lepidus. On appela cette année *annus confusionis*, et, la suivante, *primus Julianus*. Souvent, pour favoriser les magistrats en charge ou pour abréger leur pouvoir, les pontifes allongeaient ou raccourcissaient l'année selon leur caprice.

83. *Il accommoda la marche de l'année au cours du soleil.* Numa l'avait réglée selon celui de la lune; il en résultait un mois intercalaire appelé *Mercedonius*, qui était ajouté tous les deux ans, et qui consistait tantôt en vingt, tantôt en vingt-trois jours. Voyez sur tout cela le chapitre du cycle séculaire dans l'Histoire romaine de Niebuhr, et la Chronologie d'Ideler, tome II.

84. *Il mit, pour cette fois, deux autres mois entre novembre et décembre.* Macrobe nous apprend que ce fut pour laisser écouler tout le temps qui opérait la confusion, et que, de la sorte, l'*annus confusionis* compta quatre cent quarante-trois jours. Censorinus dit qu'ayant déjà intercalé vingt-trois jours en février, César en mit encore soixante-sept entre novembre et décembre. Il porte cette année à quatre cent quarante-cinq jours.

85. *Il compléta le sénat.* Il y eut jusqu'à Sylla trois cents sénateurs; il en augmenta le nombre. César l'accrut jusqu'à neuf cents, enfin jusqu'à mille. Mais Auguste y mit ordre. (*Voyez* Aug., chap. 35.)

86. *Et créa de nouveaux patriciens.* Le patriciat n'était que la bourgeoisie primitive; mais parmi les maisons originaires, parmi celles que Romulus avait constituées, la plupart s'étaient éteintes. On en pourrait dire autant des *minores gentes*, dont Tacite attribue la création à Brutus.

87. *Il augmenta le nombre des préteurs*, etc. Il y avait auparavant huit préteurs; César les porta à dix; il y eut deux édiles plébéiens de plus qu'auparavant; ce furent ceux appelés *Céréales*; enfin les questeurs furent mis au nombre de quarante.

88. *Ceux qui en avaient été dépouillés par les censeurs.* J'ai suivi la leçon *nudatos*, qui m'a paru préférable à la conjecture *notatos*, qu'on veut lui substituer sans nécessité.

89. *A l'exception des compétiteurs au consulat.* En 708 le consulat et la dictature avaient été décernés à César pour dix ans, de sorte que ceux qui recherchaient le consulat étaient ses compétiteurs, parmi lesquels il choisissait, pour ses collègues, ceux qui lui plaisaient le plus.

90. *Il admit aux honneurs les fils des proscrits.* Contrairement à la loi de Sylla, rendue en 673.

91. *Il restreignit le pouvoir judiciaire.* La loi Sempronia l'avait fait passer des sénateurs aux chevaliers; Sylla l'avait rendu aux sénateurs; ensuite le préteur L. Aurelius Cotta, sous le consulat de Pompée et de Crassus en 683, l'avait distribué entre les trois ordres, les plébéiens l'exerçant désormais par les tribuns du fisc.

92. *Au recensement du peuple.* Il n'est pas question ici d'un recensement général; on voit clairement par ce qui suit qu'il s'agissait uniquement de régler la distribution de grains. Depuis le consulat de Pompée et de Crassus jusqu'à Auguste, il n'y eut point de recensement proprement dit.

93. *Entre ceux qui n'avaient point de rations.* C'est le véritable sens de *ex iis qui recensiti non essent*, c'est-à-dire qu'ils n'avaient pas été inscrits pour en recevoir.

94. *Dans les colonies d'outre-mer.* Ce sont surtout Corinthe et Carthage que César rétablit.

95. *Et d'après le prix qu'ils en avaient payé avant la guerre civile.* Ce fut donc une véritable cession de biens à laquelle César admit les malheureux débiteurs; seulement ces biens devaient être acceptés pour un prix plus élevé que celui auquel les avait rabaissés les malheurs publics, de telle sorte que les capitalistes souffrissent autant que les propriétaires. La conclusion du raisonnement de Suétone ferait penser que la dépréciation n'était pas forte; mais il faut faire attention qu'il n'y est question que de ce que le capital perdait par la déduction des intérêts. Les valeurs écrites ne sont citées ici que comme un mode de paiement des intérêts; car si on voulait les appliquer au capital, ce ne serait point un avantage, toute novation, compensation et délégation étant un paiement réel.

96. *César licencia toutes les associations religieuses.* Le paganisme aussi avait ses congrégations. Josèphe parle d'associations juives que César aurait seules exceptées (liv. II, chap. 17). Aussi les Juifs se montrèrent-ils fort empressés à veiller près de son bûcher.

97. *Qu'ils en étaient quittes pour s'exiler.* On sait que les citoyens romains jouissaient de la faculté d'abandonner leur patrie en emportant leurs biens, quand ils ne voulaient pas s'exposer aux conséquences d'une accusation.

98. *Auteurs de meurtre.* Le latin porte *parricidas*. M. de Laharpe traduit parricide. Cela est fort bien; mais y avait-il donc un si grand nombre de parricides que ce dût être la première pensée de César de réprimer ce crime parmi les riches? Dans une loi de Numa il est dit : *Si quis hominem liberum dolo sciens morti dit*, parricida esto. J'applique donc ici le mot parricide au meurtre prémédité, comme l'a fait Ostertag, le traducteur allemand.

99. *Faire écouler les eaux du lac Fucin* dans le pays des Marses. Claude l'entreprit aussi; mais Adrien l'acheva.

100. *Percer l'isthme.* L'isthme de Corinthe. Ce travail fut entrepris par Démétrius Poliorcète; puis, après César, par Caligula et par Néron, mais toujours sans succès : on crut même que cette entreprise leur avait été fatale, parce qu'il ne fallait pas rompre un obstacle opposé par les dieux à la communication des mers.

101. *Deux fois aussi il fut atteint d'épilepsie, etc.* La première fois à Cordoue, la seconde à Thapsus en Afrique. Le nom latin de cette maladie *comitialis morbus*, vient de ce que les comices se séparaient s'il arrivait que quelqu'un tombât d'épilepsie.

102. *Un laticlave garni de franges jusqu'aux mains.* Il s'agit sans doute de manches. C'était une marque de luxe que de porter de pareilles tuniques que l'on appelait *manicatas* ou *chiridotas*. Le laticlave était le vêtement ordinaire des sénateurs.

103. *Sur le territoire d'Aricie.* Le latin dit *in Nemorensi*, nom qui convient au territoire d'Aricie à cause d'un bois (*nemus*) consacré à Diane. Cicéron écrit à Atticus au sujet de cette construction. (*Voyez* lettre 252 de cette édition.)

104. *En pièces de rapport et en mosaïque.* On appelait *tessellæ* de petites pierres de diverses couleurs (*Voyez* SÉNÈQUE, *Nat. Quæst.*, VI, 31). Les *sectilia* pouvaient être des morceaux de marbre que l'on adaptait les uns aux autres.

105. *Les militaires revêtus de quelque grade et les personnes*, etc. Le latin dit *sagati palliative* : or, par *sagati* on entend des militaires au dessus de la classe ordinaire des soldats ; j'ai rendu *palliati* par personne de sa suite : ce mot paraît s'appliquer surtout aux rhéteurs et aux philosophes grecs qui accompagnaient le général et composaient sa suite.

106. *Les magistrats*. Cette traduction de *togati* pourrait être justifiée aisément par des exemples : ce sont des Romains revêtus de quelque dignité, des sénateurs, des questeurs, des *legati*, des consulaires, etc., etc.

107. *Rien ne porta atteinte à sa réputation sous le rapport de la pudicité*. Selon nos idées cette phrase peut paraître bien extraordinaire quand on la rapproche de tout ce qui sera dit plus loin du penchant de César pour les plaisirs des sens; néanmoins je l'ai laissée telle qu'elle est, sans éluder cette apparente contradiction, comme le font les interprètes. Les anciens se servaient surtout du mot *pudicitia* par opposition aux vices contre nature. Les penchans causés par l'amour des sens n'étaient qualifiés que de *libidines*.

108. *Calvus Licinius*. Il est cité dans le Brutus, chap. 81, où il est dit qu'il reçut de la nature de grandes ressources d'éloquence. Cicéron parle aussi d'un *Carmen satiricum* composé par lui (lettre 635.)

109. *Les discours de Dolabella*. Il s'agit non de plaidoyers, mais de discours prononcés dans le sénat. Cicéron emploie souvent le mot *actiones* dans ce sens.

110. Servilie, sœur utérine de Caton. On regardait Brutus comme le fils de César et de Servilie. Nous traduisons *proximo consulatu* par premier consulat : littéralement c'est *prochain consulat*, mais pendant que César entretenait cette intrigue, il était désigné préteur et n'avait point encore été consul.

111. *Tertia deducta est* signifie à la fois *on lui a amené Tertia*, et *on en a fait déduction du tiers*.

112. Je n'ai pas osé rendre dans toute son énergie, *aurum in Gallia effutuisti*.

113. Le royaume de Mauritanie était alors divisé entre Bocchus et Bogud.

114. *Trois mille sesterces à la livre.* Gronove explique ainsi ce passage : la livre d'argent valait mille as, celle d'or dix mille, et le sesterce valait deux as et demi : il y avait donc un prix réel de quatre mille sesterces par livre d'or, et César vendait à un quart de rabais. Ernesti cependant fait observer qu'au temps de César le sesterce faisait quatre as, que par conséquent trois mille sesterces équivalaient à douze mille as.

115. *Il enleva au seul Ptolémée.* C'est Aulètes expulsé de son royaume par ses sujets.

116. *Strabon César.* Cicéron parle aussi de son discours pour les Sardiens.

117. *Plutôt été recueilli par les sténographes. Ab actuariciis exceptam.* Martial a dit d'eux :

Currant verba licet, manus est velocior illis.
Nondum lingua suum, dextra peregit opus.

Les anciens jouissaient donc à cet égard des mêmes avantages que nous.

118. *Et néanmoins c'est César qui parle... Quum ex persona Cæsaris.* On a voulu mal adroitement substituer *Metelli*, tandis qu'il ne s'agit ici que de marquer l'opposition qui régnait entre ce titre et le contexte du discours.

119. *A la première affaire*, celle d'Ilerda ; la seconde est celle de Munda.

120. *Sur l'Analogie.* Aulu-Gelle cite ce traité avec éloge. On voit au liv. IV, chap. 16 de cet auteur, que César pensait qu'il fallait écrire sans *i* les datifs de la quatrième déclinaison : *dominatu, ornatu, etc.* Les deux livres de l'Analogie étaient adressés à Cicéron. Quintilien et Macrobe en parlent : l'on a des raisons de croire qu'ils existaient encore au quinzième siècle.

121. *Les anti-Catons.* Par opposition aux louanges que Cicéron

prodiguait à Caton, César eut soin de ménager Cicéron dans cet ouvrage (*Voyez* lettre 567.)

122. César composa plusieurs poèmes qui sont énumérés et indiqués dans l'édition de M. Lemaire, tome IV, page 27.

123. *Écrivaient leurs rapports du haut en bas.* César fut le premier qui plia ses lettres, *ad paginas*, comme l'on écrit aujourd'hui, et non du haut en bas en forme d'affiche, ce qui était d'un usage fort incommode.

124. *Quelques écrits de l'adolescence de César.* (*Voyez* l'avant-dernière note.)

125. Est-ce Pompeius Macer le préteur dont parle Tacite (*Ann.* 1, 72)? est-ce son fils? On n'est pas d'accord sur ce point.

126. *Qu'après s'être assuré par lui-même de l'état des ports.* Le latin dit *per se.* Dans les Commentaires, liv. IV, chap. 21, il est dit qu'il envoya d'abord Volusenus, ce qui n'empêcha pas qu'il n'ait pu aller, après lui, s'en assurer aussi. Il n'y a point contradiction entre les Commentaires et ce passage.

127. On a beaucoup disputé sur le nom de *Salutio;* on en a fait Salvito, Salacio, Salaco, Salpitto, Salicippius. D'autres pensent que l'un de ses ancêtres ayant eu de la ressemblance avec le même Salutio, ce nom avait passé dans la famille des Scipions; mais Suétone dit formellement que ce fut *ad opprobrium vitæ.*

128. Ce fut à la bataille de Dyrrachium, ainsi que le dit Plutarque, chap. 39.

129. Il paraît qu'il est question de C. Cassius, qui avait été questeur dans l'expédition contre les Parthes, et qui fut mis ensuite à la tête des vaisseaux de Syrie. On le retrouve au nombre des meurtriers de César, ainsi que son frère Lucius.

130. *Ses camarades, commilitones,* au lieu de *milites.*

131. *Sous la condition de prendre parti contre lui.* Titus Pontius ne craignit pas de répondre à Scipion, dont il était le prisonnier et qui lui offrait la vie : *je te remercie, Scipion, mais je*

n'ai nul besoin de vivre à cette condition. Dans son livre VI Lucain a chanté le dévouement de Scéva. Quant à Cynégire, *voyez* HÉRODOTE, liv. VI, chap. 114.

132. *Auprès de Plaisance il licencia, etc.* Cela se rapporte à l'année 705, après le premier retour d'Espagne, où César venait de vaincre Afranius et Petreius. Le silence qu'il garde sur cet évènement dans ses Commentaires doit faire penser qu'il en était question dans la partie perdue de cet ouvrage.

133. César préférait cependant cette dixième légion à toutes les autres; il voulait, disait-il, marcher contre Arioviste avec elle seule. (*Voyez* mes *Antiquités de Mandeure* sur le lieu où la bataille fut livrée.)

134. *Masintha.* Casaubon le croit issu de famille royale. Hiempsal exigeait un tribut, Masintha vint à Rome pour s'en défendre; Hiempsal y envoya son fils Juba pour soutenir sa prétention, et le sénat, juge de l'affaire, condamna Masintha.

135. *Qui l'accompagnaient à son départ.* Il était d'usage que l'on suivît jusque hors de la ville ceux qui allaient, accompagnés de licteurs, exercer au dehors un commandement.

136. *Les vers de Valerius Catulle au sujet de Mamurra.* Il s'agit d'un amour honteux pour ce Mamurra : il paraît que César lui faisait d'immenses présens. Cicéron parle de ses richesses (*Voy.* la lettre 136).

137. *Et continua ses relations d'hospitalité avec son père.* C'est-à-dire qu'il n'y renonça pas, ce qu'on faisait par cette formule : *hospitio tuo non utor.* L'épigramme ayant été écrite après les triomphes de César, on ne voit pas trop comment il aurait usé de l'hospitalité chez le père de Catulle, qui demeurait au delà du Pô. Toutes les autres interprétations sont ou forcées ou insuffisantes.

138. *De la simple peine de mort.* On avait coutume de mettre en croix les esclaves condamnés à mourir : la loi des Douze-Tables assimilait le poison au parricide, *qui malum carmen incantassit, venenum faxit duitve, parricida esto.*

139. *Sa mère Aurélie.* C'est elle qui avait opposé le plus de ré-

sistance aux entreprises de Clodius ; c'est elle encore qui l'avait découvert sous ses vêtemens de femme.

140. *Qu'il tiendrait pour ennemis*, etc. Avant de quitter Rome, Pompée avait dit, dans le sénat, qu'il regarderait du même œil ceux qui seraient restés dans le Capitole et ceux qui passeraient dans le camp de César. (*Voyez* PLUTARQUE, chap. 61 ; APPIEN, 37 ; DION, XLI, 6.)

141. *Faustus*. C'était le fils du dictateur, de Sylla, et gendre de Pompée.

142. *Et le jeune L. César*. C'était le fils de L. César qui fut lieutenant du grand César dans la guerre des Gaules (*Voy*. liv. VII, ch. 5). Les auteurs varient beaucoup sur ce qui lui arriva. Selon l'auteur de la Guerre d'Afrique, qui suit ordinairement les Commentaires dans les éditions, ce L. César se serait jeté aux genoux du vainqueur et en aurait obtenu la vie. Au contraire, on pourrait conclure des expressions de Cicéron, dans sa quatre cent quarante-septième lettre, que César a réellement fait tuer ce jeune homme.

143. *Aulus Cécina*. Il était de Volterre. C'est celui que défendit Cicéron, qui parle de ce livre dans ses lettres 470, 476, 478, 479.

144. *Pitholaüs*. Macrobe cite de lui un assez plaisant jeu de mots sur ce que Caninius Rebilus ne fut consul qu'un seul jour.

145. *Des honneurs excessifs*. (*Voyez* sur ce point PLUTARQUE, chap. 57 ; APPIEN, 106 ; DION, XLII, 20 ; et XLIII, 14.) César avait géré le consulat pour la première fois, en 695, avec Bibulus ; pour la seconde, en 706, avec Servilius Isauricus. Il prit possession de son troisième avec Lépide en 708 ; ce fut alors que, selon Dion, il fut nommé pour dix ans. Il fut fait dictateur, pour la première fois, après son retour d'Espagne, et on lui déféra la seconde dictature après la victoire de Pharsale. Ce fut aussi en 708 qu'on la déclara décennale ; elle devint ensuite perpétuelle.

146. *Le prénom d'Imperator*. J'ai gardé le mot latin, l'idée que nous attachons au mot *empereur* n'étant pas exacte ; en ce sens *imperator* n'implique pas la souveraineté. Les soldats donnaient

ce titre au chef habile et heureux : une inscription au sujet d'Auguste dit *imperator vicies appellatus*.

147. *Une statue parmi celles des rois.* Le même honneur avait été accordé à Brutus, le premier consul.

148. *Une place élevée à l'orchestre.* C'était le *suggestum*, espèce de tribune élevée au centre de l'orchestre et destinée aux premiers magistrats. Dans les ruines du théâtre de Mandeure, j'ai retrouvé les débris d'un semblable *suggestum*. (Voyez *Antiquités de Mandeure*, page 15.)

149. *Un char et un brancard.* J'ai ajouté *comme les dieux* : le latin dit *tensa* et *ferculum* : or, dans les pompes du cirque, la *tensa* servait à promener les images des dieux, et le *ferculum* était la partie du char sur laquelle reposaient leurs images.

150. *On lui nomma un pontife et des prêtres lupercaux.* Le latin dit *flaminem lupercos*. Jusque-là il y avait eu des flamines de Jupiter, de Mars, de Quirinus. Les lupercaux ou prêtres de Pan étaient divisés en deux associations, en *Fabiani* et en *Quintiliani*; on y en ajouta une troisième de *Juliani*.

151. *En son absence.* On voit que je me suis décidé pour la leçon *absente se*, au lieu de *præsente* qui est resté dans le texte, mais qui est contraire à ce que dit Dion, liv. XLIII, chap. 58, ἐν τῇ ἀποδημίᾳ τῇ τοῦ Καίσαρος.

152. *Pour le peu d'heures*, etc. C'est Caninius Rebilus. C'est de lui que Cicéron dit dans sa lettre 652 : *Nous avons un consul bien vigilant; il n'a pas connu le sommeil de tout son consulat.*

153. Cicéron, dans sa lettre 473, se plaint de cet abus du droit de cité prodigué par César; nous avons vu plus haut que toute une légion gauloise en fut gratifiée.

154. *A la tête de la monnaie.* Cet établissement était confié à des *triumviri monetales*, qu'on appelait aussi : *treviri auro, argento, aeri, flando, feriundo*. Quant aux revenus publics, leur administration appartenait à des chevaliers.

155. *Trois légions qu'il avait laissées à Alexandrie.* Sous Auguste et sous Tibère il y eut constamment trois légions en Égypte;

ce nombre fut ensuite réduit à deux. (Tacite, *Annal.*, liv. iv, 5.)

156. *N'était qu'un nom sans corps et même sans apparence.* J'ai conservé la leçon *sine corpore ac specie,* au lieu de *sine corpore speciem,* parce qu'il n'y a nulle nécessité de s'en écarter.

157. *Pontius Aquila.* Il fut ensuite l'un des meurtriers de César : lieutenant de Brutus, il vainquit Munatius Plancus, et périt à la bataille de Mutine en 711.

158. *Une couronne de laurier nouée d'une bandelette blanche.* Voyez sur cette marque de la royauté une dissertation de Juste-Lipse. (Tacite, *Annal.*, liv. vi, chap. 37.)

159. *Aux fêtes Lupercales* : on les célébrait au mois de février. Les *Luperci* couraient la ville, revêtus seulement de peaux de chèvres; ils fouettaient sur les épaules tous ceux qu'ils rencontraient, et principalement les femmes, que cela rendait fécondes. De plus on immolait un chien.

160. *Les livres du destin.* (*Voyez* Plutarque, chap. 60; Cicéron, *de Divin.*, ii, 54.)

161. *Bonum factum* était la formule qui se trouvait en tête de tous les édits : elle n'est pas traduite fidèlement par *salut;* mais c'est un équivalent, un vœu semblable à celui-ci : *quod felix, bonum faustumque sit.*

162. *Dans les comices du Champ-de-Mars.* Dans le latin il y a seulement *in campo;* mais c'est au Champ-de-Mars que se tenaient les comices par centuries. Le pont, *pons* ou *ponticulus* était le lieu où l'on passait pour aller voter dans l'intérieur de l'enceinte : aussi disait-on, pour marquer le moment où l'âge privait du droit de suffrage, *dejici de ponte.* Il faut que le tribunal du magistrat qui présidait aux comices ait été voisin de ce passage.

163. *En vertu de la loi Julia;* elle fut rendue sous le premier consulat de César.

164. *Capys, fondateur de Capoue.* Cette ville était auparavant appelée Vulturne : on veut que Capys ait été le chef des Samnites,

qui la prirent. M. Niebuhr discute tout ce qui regarde la fondation de Capoue et la prise de cette ville par les Samnites. (*Voyez* tome 1 de ma traduction, pages 107 et 133.)

165. *Qu'il avait consacrés*. Cela veut dire simplement qu'il les avait affranchis de tout service, et non qu'il les avait consacrés au Rubicon, comme on veut l'entendre au moyen d'une correction inutile. Ernesti veut que ce soit à Mars, qui lui paraît le propriétaire naturel de ces animaux.

166. *Versaient d'abondantes larmes*. Pline dit sérieusement, liv. VIII, chap. 64, que les chevaux versent des larmes sur les maîtres qu'ils ont perdus.

167. *Lui remit un billet*. S'il en faut croire Plutarque, ce fut Artémidore de Cnide, rhéteur de profession.

168. *Spurinna* l'avait averti de prendre garde aux trente jours qui suivraient, et les ides de mars arrivaient au dernier.

169. *Cimber Tillius*. Beaucoup de personnes lisent Tullius. Dans Appien, livre II, chapitres 113 et 117, il y avait Ατίλιος; mais M. Schweighäuser a rétabli le véritable nom. Sénèque nomme aussi Cimber Tillius parmi les meurtriers de César.

170. *Le blessa*, etc. — *Aversum vulnerat*. Placé derrière César il a pu, en avançant le bras, lui porter le coup un peu au dessous du gosier : cela explique même comment César saisit la main et la traversa de son stylet.

171. *Pour en abaisser sur ses jambes la partie supérieure*. Il fit descendre le pan de sa toge qui couvre ordinairement l'épaule gauche.

172. *Q. Tubéron*. C'est un historien cité par Tite-Live, liv. IV, chap. 23, liv. X, chap. 7, et par Aulu-Gelle, liv. VI, chap. 3 et 4.

173. *Pinarius*. La famille ou plutôt la *gens* des Pinarius était ancienne, le culte d'Hercule était le lien principal des membres de cette maison.

174. *Il adoptait Octavius*. Dans ses Antiquités romaines Hei-

necciùs a prouvé que, sous la république même, les adoptions par testament étaient usitées. *Jam ab antiquissimis enim temporibus solemne erat Romanis, hæredes suos non in bona tantum, sed et nomen adsciscere. Adsciscere* était le mot propre.

175. *Parmi les heritiers de seconde ligne.* Les Romains avaient coutume d'instituer de seconds et de troisièmes héritiers, pour le cas où ceux nommés les premiers refuseraient ou n'existeraient plus, etc.

176. *Des offrandes.* On brûlait ordinairement des offrandes en l'honneur du mort : c'étaient des vêtemens, des armes, des parures, et surtout des parfums.

177. *Sans observer aucun ordre.* C'est-à-dire sans marcher en cortège. Ces sortes de cérémonies étaient ordinairement réglées par des *designatores* ou *domini funeris*.

178. Pacuvius vivait comme Ennius au temps de la seconde guerre punique. La tragédie dont il s'agit avait pour sujet la dispute d'Ajax et d'Ulysse pour les armes d'Achille.

179. *L'Electre d'Atilius.* Il avait traduit en latin l'Electre de Sophocle. Voyez la lettre 703 de Cicéron. Ce poète est encore cité par Varron, liv. i, v et vi, et par Aulu-Gelle, liv. xv à xxiv.

180. *Deux hommes.* On les avait sans doute apostés pour représenter Castor et Pollux.

181. Helvius Cinna était tribun du peuple. Valère Maxime rapporte le même fait, liv. ix, 9.

182. *Pendant long-temps on fit auprès d'elle.* C'est-à-dire jusqu'à ce qu'Auguste y eut fait bâtir un temple.

183. *Qui rendraient sa condition beaucoup plus déplorable.* C'est le véritable sens d'*aliquanto*, qui est ici pour *multo*, *longe*.

184. *Une étoile chevelue brilla sept jours de suite.* Pline transcrit un passage d'Auguste, dans lequel il y a de grands détails sur cette comète, qui apparaissait à la onzième heure du jour.

185. *Furent appelées jours parricides.* Le latin dit simplement *parricidium*.

186. *Condamnés tous.* Par la loi Pedia, rendue sur la proposition du consul Pedius, collègue d'Octavius, on leur interdit à tous l'eau et le feu.

187. *Du même poignard dont ils avaient frappé César.* Velleius Paterculus, au liv. II, chap. 69, peint de couleurs très-fortes la fin de Brutus et celle de Cassius.

OCTAVE AUGUSTE.

OCTAVIUS AUGUSTUS.

I. Gentem Octaviam Velitris præcipuam olim fuisse, multa declarant. Nam et vicus celeberrima parte oppidi jam pridem Octavius vocabatur : et ostendebatur ara Octavio consecrata, qui bello dux finitimo, quum forte Marti rem divinam faceret, nuntiata repente hostis incursione, semicruda exta rapta foco prosecuit, atque ita prœlium ingressus, victor rediit. Decretum etiam publicum exstabat, quo cavebatur, ut in posterum quoque simili modo exta Marti redderentur, reliquiæque ad Octavios referrentur.

II. Ea gens a Tarquinio Prisco rege inter Romanas gentes allecta [in Senatum], mox a Ser. Tullio in patricias transducta, procedente tempore ad plebem se contulit, ac rursus magno intervallo per D. Julium in patriciatum rediit. Primus ex hac magistratum populi suffragio cepit C. Rufus. Is quæstorius Cneum et Caium procreavit : a quibus duplex Octaviorum familia defluxit, conditione diversa; siquidem Cneus, et deinceps ab eo reliqui omnes, functi sunt honoribus summis. At Caius ejusque

OCTAVE AUGUSTE.

I. On assure généralement que la maison Octavia était autrefois l'une des premières de Vélitres[1]. Il y avait dans la partie la plus fréquentée de la ville un quartier qui, depuis fort long-temps, était appelé Octavius, et l'on montrait un autel consacré par un habitant de ce nom[2] : chef dans une guerre contre un peuple voisin, il était occupé à une cérémonie religieuse en l'honneur de Mars, lorsqu'on vint lui annoncer une subite incursion de l'ennemi ; aussitôt il enleva aux flammes les entrailles à demi cuites des victimes, les divisa, et, marchant au combat, remporta la victoire. Il existait encore un décret public qui ordonnait qu'à l'avenir[3] les entrailles des victimes seraient toujours présentées au dieu Mars de la même manière, et que les restes en seraient portés aux Octavius.

II. Cette maison, mise par Tarquin l'Ancien au rang des familles romaines[4], fut, bientôt après, classée parmi les patriciennes par Servius Tullius ; mais, dans la suite, elle passa aux plébéiens, et ne revint au patriciat qu'après un long intervalle, et par la volonté de Jules César[5]. Le premier de ses membres, qui obtint une magistrature par les suffrages du peuple, fut C. Rufus. Après avoir été questeur, il donna le jour à deux fils, Cneus et Caïus, qui furent la souche d'une double branche d'Octavius, dont la destinée fut très-différente : Cneus et tous ceux qui des-

posteri, seu fortuna, seu voluntate, in equestri ordine constitere, usque ad Augusti patrem. Proavus Augusti secundo Punico bello stipendia in Sicilia tribunus militum fecit, Æmilio Papo imperatore. Avus municipalibus magisteriis contentus, abundante patrimonio, tranquillissime senuit. Sed hæc alii. Ipse Augustus nihil amplius quam equestri familia ortum se scribit, vetere ac locuplete, et in qua primus senator pater suus fuerit. M. Antonius libertinum ei proavum exprobrat, restionem, e pago Thurino : avum argentarium. Nec quicquam ultra de paternis Augusti majoribus reperi.

III. C. Octavius pater, a principio ætatis, et re et existimatione magna fuit : ut equidem mirer, hunc quoque a nonnullis argentarium, atque etiam inter divisores operasque campestres, proditum. Amplis enim innutritus opibus, honores et adeptus est facile, et egregie administravit. Ex prætura Macedoniam sortitus, fugitivos, residuam Spartaci et Catilinæ manum, Thurinum agrum tenentes, in itinere delevit, negotio sibi in senatu extra ordinem dato. Provinciæ præfuit non minore justitia quam fortitudine. Namque Bessis ac Thracibus magno prœlio fusis, ita socios tractavit, ut epistolæ M. Tullii Ciceronis exstent, quibus Quintum fratrem, eodem tempore parum secunda fama proconsulatum Asiæ

cendirent de lui remplirent les premières fonctions de l'état ; mais, soit hasard, soit volonté, la postérité de Caïus se fixa dans l'ordre des chevaliers [6] jusqu'au père d'Auguste. Pendant la seconde guerre punique, le bisaïeul de celui-ci servit en Sicile en qualité de tribun militaire, sous le commandement d'Émilius Papus [7]. Son aïeul, content d'exercer des magistratures municipales [8], et jouissant d'une grande fortune, atteignit paisiblement le terme de sa vieillesse. Mais d'autres ont rapporté ces faits : Auguste lui-même [9] écrit qu'il est issu d'une famille de chevaliers ancienne et riche ; et que son père, le premier, fut sénateur ; il ne prétend pas à autre chose. M. Antoine lui reproche [10] d'avoir eu pour bisaïeul un affranchi, un cordier de Thurium, et pour grand-père un courtier. Voilà tout ce que j'ai pu découvrir sur les ancêtres paternels d'Auguste.

III. C. Octavius le père jouit, dès sa première jeunesse, d'une grande fortune et de beaucoup de considération ; j'ai donc sujet de m'étonner que quelques auteurs l'aient fait passer pour un courtier, ou même l'aient compté parmi ceux qui vendaient leurs services pour accaparer des suffrages au Champ-de-Mars [11]. Élevé dans l'opulence, il parvint aisément aux grandes places, et les remplit avec honneur. Après sa préture, le sort lui donna la Macédoine pour province ; dans sa route il anéantit [12] (le sénat lui en ayant confié extraordinairement le soin) les restes fugitifs des troupes de Spartacus et de Catilina qui infestaient le territoire de Thurium. Dans le gouvernement de sa province, il ne montra pas moins de justice que de courage. Il dispersa dans une grande bataille les Besses et les Thraces [13] ; il traita si bien les alliés, que Cicéron, dans plusieurs lettres qui existent encore, reprend son frère

administrantem, hortatur et monet, imitetur in promerendis sociis vicinum suum Octavium.

IV. Decedens Macedonia, priusquam profiteri se candidatum consulatus posset, mortem obiit repentinam, superstitibus liberis, Octavia majore, quam ex Ancharia, et Octavia minore, item Augusto, quos ex Atia tulerat. Atia M. Atio Balbo et Julia, sorore C. Cæsaris, genita est. Balbus, paterna stirpe Aricinus, multis in familia senatoriis imaginibus, a matre Magnum Pompeium arctissimo contingebat gradu; functusque honore præturæ inter vigintiviros agrum Campanum plebi Julia lege divisit. Verum idem Antonius, despiciens etiam maternam Augusti originem, proavum ejus Afri generis fuisse, et modo unguentariam tabernam, modo pistrinum Ariciæ exercuisse, objicit. Cassius quidem Parmensis quadam epistola, non tantum ut pistoris, sed etiam ut nummularii nepotem, sic taxat Augustum : « Materna tibi farina ex crudissimo Ariciæ pistrino : hanc finxit manibus collybo decoloratis Nerulonensis mensarius. »

V. Natus est Augustus, M. Tullio Cicerone et Antonio consulibus, ix kalendas octobres, paulo ante solis exortum, regione Palatii, ad Capita bubula, ubi nunc sacrarium habet, aliquanto post, quam excessit, consti-

Quintus de ce qu'il ne se faisait pas une aussi bonne réputation dans l'administration du proconsulat d'Asie [14], et l'engage à bien mériter des alliés en imitant l'exemple de son voisin Octavius.

IV. En quittant le gouvernement de Macédoine, il mourut de mort subite avant d'avoir pu se déclarer candidat pour le consulat; il laissait, pour enfans, Octavie, l'aînée, qui était née d'Ancharia, et d'autre part Octavie, la cadette, et Auguste, qu'il avait eus d'Atia. Cette Atia était la fille de M. Atius Balbus [15], et de Julie, sœur de C. César. Balbus, par la famille de son père, était originaire d'Aricie; il comptait beaucoup de sénateurs dans sa famille; et, par sa mère, il tenait de très-près au grand Pompée. Après qu'il eut rempli les fonctions de préteur, il fut l'un des vingt commissaires chargé de diviser les terres de Campanie, en vertu de la loi Julia. Cependant ce même Antoine dont nous avons parlé traite avec dédain les ancêtres maternels d'Auguste; il dit que son bisaïeul était de race africaine, et que tantôt il avait tenu à Aricie une boutique de parfumeur, tantôt exercé le métier de boulanger. Dans une de ses lettres, Cassius de Parme [16] ne se borne pas à dire d'Auguste qu'il est le petit-fils d'un boulanger; il le taxe aussi de petit-fils d'un courtier de monnaies. «Ta farine maternelle, prise dans le plus grossier des moulins d'Aricie, a été pétrie par les mains du changeur de Nerulum [17] que le maniement de l'argent avait noircies.»

V. Auguste naquit sous le consulat de M. Tullius Cicéron et d'Antoine, le 23 septembre, un peu avant le lever du soleil. Ce fut dans le quartier palatin, près des *Têtes de Bœuf* [18], à l'endroit même où il a maintenant un sanctuaire, qui fut établi peu de temps après sa

tutum. Nam ut senatus actis continetur, quum C. Lætorius, adolescens patricii generis, in deprecanda graviore adulterii pœna, præter ætatem atque natales, hoc quoque patribus conscriptis allegaret, se esse possessorem ac velut ædituum soli, quod primum D. Augustus nascens attigisset, peteretque donari quasi proprio suo ac peculiari deo, decretum est, ut ea pars domus consecraretur.

VI. Nutrimentorum ejus ostenditur adhuc locus in avito suburbano juxta Velitras permodicus, et cellæ penuariæ instar; tenetque vicinitatem opinio, tanquam et natus ibi sit. Huc introire, nisi necessario et caste, religio est; concepta opinione veteri, quasi temere adeuntibus horror quidam et metus objiciatur; sed et mox confirmata est : nam quum possessor villæ novus, seu forte, seu tentandi causa, cubitum se eo contulisset, evenit, ut post paucissimas noctis horas exturbatus inde subita vi et incerta, pæne semianimis cum strato simul ante fores inveniretur.

VII. Infanti cognomen *Thurino* inditum est, in memoriam majorum originis; vel quod regione Thurina, recens eo nato, pater Octavius adversus fugitivos rem prospere gesserat. Thurinum cognominatum satis certa probatione tradiderim, nactus puerilem imagunculam ejus æream veterem, ferreis ac pæne jam exolescentibus

mort. Il résulte des actes du sénat que C. Létorius, jeune patricien, cherchant à se soustraire à la peine sévère qui frappe l'adultère, invoqua et son âge et sa naissance, mais que surtout il allégua qu'il était le possesseur, et en quelque sorte le gardien du sol qu'Auguste[19], en naissant, avait touché d'abord[20]; il demanda qu'on lui pardonnât sa faute en considération du dieu qui lui appartenait plus particulièrement, et il fut décrété que la partie de la maison où Auguste était né serait consacrée.

VI. On montre encore dans un faubourg de Vélitres et dans la maison de ses aïeux la chambre où il fut nourri; elle est fort modeste, et ressemble assez à un garde-manger. L'opinion du voisinage est aussi qu'il y est né. On se fait scrupule d'y entrer sans nécessité, ou avec des dispositions impures; et, d'après une vieille croyance, ceux qui y portent leurs pas téméraires sont saisis d'effroi et d'une certaine horreur. Cette croyance fut bientôt confirmée par un fait; car le nouveau possesseur de cette campagne, soit inadvertance, soit bravade, étant allé s'y coucher, il arriva qu'après les premières heures de la nuit, il en fut rejeté par une puissance subite et inconnue : on le trouva presque sans vie; il avait été lancé devant la porte avec son lit.

VII. Dans son enfance, on le surnomma *Thurinus,* soit pour rappeler l'origine de ses aïeux, soit parce que son père Octavius avait, peu de temps après sa naissance[21], remporté quelques succès sur les fugitifs dans le pays de Thurium. Je rapporterais facilement des preuves certaines qu'il fut surnommé Thurinus, m'étant procuré une petite statue de bronze qui le repré-

litteris, hoc nomine inscriptam; quæ dono a me principi data, inter cubiculares colitur. Sed et a M. Antonio in epistolis per contumeliam sæpe Thurinus appellatur : et ipse nihil amplius quam « mirari se » rescribit, « pro opprobrio sibi prius nomen objici. » Postea *Cæsaris*, et deinde *Augusti* cognomen assumpsit : alterum testamento majoris avunculi; alterum Munatii Planci sententia : quum, quibusdam censentibus, Romulum appellari oportere, quasi et ipsum conditorem Urbis, prævaluisset, ut Augustus potius vocaretur, non tantum novo, sed etiam ampliore cognomine [quod loca quoque religiosa, et in quibus augurato quid consecratur, augusta dicantur, ab auctu, vel ab avium gestu gustuve, sicut etiam Ennius docet, scribens :

Augusto augurio postquam inclita condita Roma est].

VIII. Quadrimus, patrem amisit : duodecimum annum agens, aviam Juliam defunctam pro concione laudavit. Quadriennio post virili toga sumpta, militaribus donis triumpho Cæsaris Africano donatus est, quamquam expers belli propter ætatem. Profectum mox avunculum in Hispanias adversus Cn. Pompeii liberos, vixdum firmus a gravi valetudine, per infestas hostibus vias, paucissimis comitibus, naufragio etiam facto, subsecutus,

sente enfant, et qui porte ce nom en lettres de fer déjà presque effacées. Je l'ai donnée au prince [22] qui maintenant la révère parmi ses dieux domestiques [23]. Il y a plus encore, Antoine, dans ses lettres, l'ayant souvent appelé Thurinus par forme de dédain, Auguste répondit qu'il ne voyait pas pourquoi on lui faisait un opprobre de son premier nom. Dans la suite, il prit celui de *César,* puis celui d'*Auguste;* l'un en vertu du testament de son grand-oncle, l'autre en vertu de la motion faite par Munatius Plancus [24]. Quelques-uns pensaient qu'il convenait de l'appeler Romulus, parce qu'il était en quelque sorte le fondateur de la ville; mais le surnom d'Auguste prévalut, non-seulement parce qu'il était nouveau, mais encore parce qu'il était plus noble; l'on avait coutume d'appeler augustes les lieux saints, ceux où l'on consacrait quelque chose au moyen des augures, soit que cette dénomination vînt d'*auctus,* accroissement, agrandissement, soit qu'elle se fût formée de *gestus* ou de *gustus,* usités pour le vol et le manger des oiseaux [25], ainsi que nous l'apprend Ennius, qui dit:

« Après que l'illustre Rome eut été fondée d'après un auguste augure. »

VIII. Il avait quatre ans quand il perdit son père [26]; à douze il prononça en public l'éloge funèbre de son aïeule Julie. Ayant pris, quatre ans après [27], la robe virile, il fut honoré de récompenses militaires dans le triomphe que César obtint après la guerre d'Afrique, et cependant son âge l'exemptait encore du service. Bientôt son oncle marcha sur l'Espagne pour y combattre les enfans de Pompée; Auguste, qui était à peine rétabli d'une maladie grave, l'y suivit, et, quoiqu'il eût fait naufrage,

magno opere demeruit, approbata cito etiam morum indole super itineris industriam. Cæsare post receptas Hispanias expeditionem in Dacos, et inde in Parthos, destinante, præmissus Apolloniam, studiis vacavit. Utque primum occisum eum, heredemque se comperit, diu cunctatus, an proximas legiones imploraret, id quidem consilium ut præceps immaturumque omisit : ceterum, Urbe repetita, hereditatem adiit, dubitante matre, vitrico vero Marcio Philippo consulari multum dissuadente. Atque ab eo tempore exercitibus comparatis, primum cum M. Antonio Marcoque Lepido, dein tantum cum Antonio, per duodecim fere annos; novissime per quatuor et quadraginta solus rempublicam tenuit.

IX. Proposita vitæ ejus velut summa, partes sigillatim, neque per tempora, sed per species, exsequar, quo distinctius demonstrari cognoscique possint. Bella civilia quinque gessit; Mutinense, Philippense, Perusinum, Siculum, Actiacum. Ex quibus primum ac novissimum adversus M. Antonium, secundum adversus Brutum et Cassium, tertium adversus Luc. Antonium, triumviri fratrem; quartum adversus Sex. Pompeium, Cn. filium.

X. Omnium bellorum initium et causam hinc sumpsit. Nihil convenientius ducens, quam necem avunculi vin-

il 'traversa, avec une faible suite, des chemins infestés d'ennemis, et se distingua en surmontant ces obstacles; si bien que César connut sur-le-champ, par l'habileté avec laquelle il avait accompli ce trajet, ce dont était capable un tel caractère. Après la soumission de l'Espagne, César préparait une expédition contre les Daces et contre les Parthes : Auguste fut envoyé en avant à Apollonie, où il se livra à l'étude[28]. Quand il apprit que César avait été tué, et qu'il était son héritier, il hésita long-temps, voulant d'abord appeler à lui les légions voisines; mais ce parti lui parut violent et prématuré. Il retourna donc à Rome, où il prit possession de la succession, malgré les incertitudes de sa mère et les conseils de son beau-père Marcus Philippus[29], homme consulaire. Ayant ensuite levé des armées, Auguste gouverna la république, d'abord avec le concours de Marc-Antoine et de M. Lépide, puis avec celui d'Antoine seul, pendant environ douze ans, enfin il en fut maître unique pendant quarante-quatre ans.

IX. Après avoir en quelque sorte présenté le sommaire de sa vie, j'en rapporterai isolément les diverses parties, non suivant l'ordre des temps, mais en les divisant selon leur nature, afin de pouvoir les exposer et les faire connaître plus clairement. Auguste eut à soutenir cinq guerres civiles, celle de Modène, celle de Philippes, celle de Pérouse, celle de Sicile, et enfin celle d'Actium. La première et la dernière furent dirigées contre M. Antoine; dans la seconde, il eut pour adversaires Brutus et Cassius; dans la troisième, L. Antoine, frère du triumvir, et dans la quatrième, Sextus Pompée, fils de Cneius.

X. Voici quelles furent l'origine et la cause de toutes ces guerres. Pensant que rien n'était plus convenable que

dicare, tuerique acta, confestim, ut Apollonia rediit, Brutum Cassiumque, et vi nec opinantes, et, quia praevisum periculum subterfugerant, legibus aggredi, reosque caedis absentes deferre statuit. Ludos autem victoriae Caesaris non audentibus facere, quibus obtigerat id munus, ipse edidit. Et quo constantius cetera quoque exsequeretur, in locum tribuni plebis forte demortui candidatum [petitorem] se ostendit, quamquam patricius, necdum senator. Sed adversante conatibus suis M. Antonio consule, quem vel praecipuum adjutorem speraverat, ac ne publicum quidem et translaticium jus ulla in re sibi sine pactione gravissimae mercedis impertiente, ad optimates se contulit; quibus eum invisum sentiebat, maxime quod Decimum Brutum obsessum Mutinae, provincia a Caesare data, et per senatum confirmata, expellere armis niteretur. Hortantibus itaque nonnullis, percussores ei subornavit, ac fraude deprehensa, periculum invicem metuens, veteranos simul in suum ac reipublicae auxilium, quanta potuit largitione, contraxit. Jussusque comparato exercitui propraetore praeesse, et cum Hirtio ac Pansa, qui consulatum acceperant, Decimo Bruto opem ferre, demandatum bellum tertio mense confecit duobus proeliis. Priore Antonius eum fugisse scribit, ac sine paludamento equoque post biduum demum apparuisse : sequenti, satis constat, non modo ducis, sed etiam militis functum munere, atque in media dimica-

de venger la mort de son oncle et de défendre ses actes, il attaqua Brutus et Cassius dès son retour d'Apollonie : il pensa d'abord les surprendre par la violence; mais ils échappèrent à ce danger, qu'ils surent prévoir. Alors il s'arma de l'autorité des lois, et les accusa, en leur absence, du meurtre de César. Ceux qui avaient été chargés de célébrer des jeux pour la victoire de César, n'osant accomplir cette mission[30], il les célébra lui-même. Enfin voulant d'autant plus assurer la constante exécution de ses volontés, il se porta candidat à la place d'un tribun du peuple qui venait de mourir[31], et cela quoiqu'il fût patricien, mais non encore sénateur. Néanmoins le consul M. Antoine, sur l'appui duquel il avait principalement compté, s'opposa à toutes ses entreprises, et ne le laissa jouir du droit commun, de celui qui découlait des règles établies[32], qu'en stipulant pour lui d'immenses avantages. Auguste alors se tourna vers la faction des grands, auxquels Antoine était odieux, surtout à raison de ce qu'il tenait Decimus Brutus[33] assiégé dans Modène, et de ce qu'il voulait l'expulser d'une province qui lui avait été donnée par César et confirmée par le sénat. Auguste suivit donc le conseil de quelques personnes, et lui suscita des assassins[34]; mais le complot fut découvert. Alors craignant à son tour, il leva des vétérans en leur faisant autant de largesses qu'il le put, afin qu'ils le secourussent lui et la république. Auguste reçut ordre de se mettre à la tête de cette armée en qualité de préteur, et d'aller avec Hirtius et Pansa, qui avaient été investis du consulat, soutenir Decimus Brutus : en deux batailles[35], et dès le troisième mois, il termina la guerre dont la direction lui avait été confiée. Antoine rapporte que, dans la première, il s'enfuit et ne reparut

tione, aquilifero legionis suæ graviter saucio, aquilam humeris subisse, diuque portasse.

XI. Hoc bello quum Hirtius in acie, Pansa paulo post ex vulnere perissent, rumor increbruit, ambos opera ejus occisos, ut, Antonio fugato, republica consulibus orbata, solus victor tres exercitus occuparet. Pansæ quidem adeo suspecta mors fuit, ut Glyco medicus custoditus sit, quasi venenum vulneri indidisset. Adjicit his Aquilius Niger, alterum e consulibus Hirtium in pugnæ tumultu ab ipso interemptum.

XII. Sed ut cognovit, Antonium post fugam a M. Lepido receptum, ceterosque duces et exercitus consentire pro partibus, causam optimatium sine cunctatione deseruit, ad prætextum mutatæ voluntatis dicta factaque quorumdam calumniatus : quasi alii se «puerum,» alii «ornandum tollendumque» jactassent, nec aut sibi, aut veteranis par gratia referretur. Et quo magis pœnitentiam prioris sectæ approbaret, Nursinos grandi pecunia, et quam pendere nequirent, multatos, extorres egit oppido, quod Mutinensi acie interemptorum civium tumulo publice exstructo ascripserant, «Pro libertate eos occubuisse.»

que deux jours après, sans cotte d'armes et sans cheval; mais on sait assez que dans la seconde il remplit non-seulement le devoir d'un chef, mais encore celui d'un soldat. Au fort de la mêlée, le porte-aigle de sa légion[36] ayant été grièvement blessé, il prit l'aigle sur ses épaules et la porta long-temps.

XI. Pendant cette guerre, Hirtius et Pansa périrent, le premier dans un combat; l'autre peu après, par suite de blessure. Le bruit se répandit[37] alors que leur mort était son ouvrage, parce qu'Antoine, une fois en fuite, et la république se voyant privée de ses consuls, seul et victorieux, il disposait des trois armées. La mort de Pansa parut même tellement suspecte, que l'on retint en prison Glycon son médecin[38], que l'on soupçonnait d'avoir introduit du venin dans sa blessure. Aquilius Niger ajoute à ces détails que l'autre consul Hirtius fut tué par Octave lui-même dans le désordre du combat.

XII. Mais quand il sut qu'après sa fuite Antoine avait été accueilli par Lépide[39], et que les autres chefs[40], d'accord avec les armées qu'ils commandaient, s'unissaient à ses adversaires, il abandonna sans hésiter la cause de l'aristocratie, et pour justifier cette variation dans sa conduite, il accusa les paroles et les actions de quelques-uns des grands : les uns l'avaient traité de petit garçon, les autres devaient avoir dit qu'il convenait de le récompenser et de l'*élever*[41], enfin il trouvait qu'on ne se montrait pas assez reconnaissant envers lui et ses vétérans[42]. Afin de mieux prouver qu'il se repentait du parti qu'il avait embrassé d'abord, il frappa d'une amende énorme les habitans de Nursia[43]; et comme ils ne purent la payer, il les chassa de leur ville pour avoir inscrit sur un monument que la cité faisait élever aux citoyens

XIII. Inita cum Antonio et Lepido societate, Philippense quoque bellum, quamquam invalidus atque æger, duplici prœlio transegit : quorum priore castris exutus, vix ad Antonii cornu fuga evaserat. Nec successum victoriæ moderatus est; sed capite Bruti Romam misso, ut statuæ Cæsaris subjiceretur, in splendidissimum quemque captivum non sine verborum contumelia sæviit; ut quidem uni suppliciter sepulturam precanti respondisse dicatur, « Jam istam volucrum fore potestatem : » alios, patrem et filium, pro vita rogantes, sortiri vel dimicare jussisse, ut alterutri concederetur : ac spectasse utrumque morientem, quum patre, qui se obtulerat, occiso, filius quoque voluntariam occubuisset necem. Quare ceteri, in his M. Favonius, ille Catonis æmulus, quum catenati producerentur, imperatore Antonio honorifice salutato, hunc fœdissimo convicio coram prosciderunt. Partitis post victoriam officiis, quum Antonius Orientem ordinandum, ipse veteranos in Italiam reducendos et municipalibus agris collocandos recepisset; neque veteranorum neque possessorum gratiam tenuit; alteris, pelli se, alteris, non pro spe meritorum tractari, querentibus.

morts à Modène, «qu'ils avaient succombé pour la liberté.»

XIII. Ayant conclu une alliance avec Antoine et Lépide, il finit, aussi en deux batailles, la guerre de Philippes, quoiqu'il fût alors faible et malade. Dans la première, son camp fut pris, et ce fut à peine s'il put regagner en s'échappant l'aile que commandait Antoine. Il ne montra point de modération dans la victoire; il envoya à Rome la tête de Brutus[44], pour être jetée aux pieds de la statue de César. Il mêla l'outrage aux supplices qu'il prononça contre les plus illustres captifs: l'on rapporte même que l'un d'eux lui demandant la sépulture, il répondit que cette grâce était en la puissance des oiseaux. D'autres disent qu'un père et un fils le suppliant de leur accorder la vie, il leur ordonna de tirer au sort ou de combattre[45] pour voir auquel il l'accorderait, et qu'ensuite il prit plaisir à les voir mourir tous deux, lorsque le père s'offrit lui-même aux coups des meurtriers, et que le fils se donna volontairement la mort. C'est pourquoi les autres captifs, et notamment M. Favonius, l'émule de Caton, ayant été amenés enchaînés, commencèrent par saluer honorablement Antoine, et accablèrent ensuite Octave d'expressions de mépris. Lorsqu'après la victoire on se distribua le soin des affaires, Antoine fut chargé de constituer l'Orient, Octave de ramener en Italie les vétérans, et de les établir sur le territoire des villes municipales[46]; mais il ne sut se concilier ni l'esprit de ces vétérans, ni celui des anciens possesseurs, les uns se plaignant d'être dépouillés, les autres de n'être pas récompensés selon ce que leurs services leur donnaient droit d'espérer.

XIV. Quo tempore L. Antonium, fiducia consulatus quem gerebat, ac fraternæ potentiæ, res novas molientem, confugere Perusiam coegit, et ad deditionem fame compulit; non tamen sine magnis suis et ante bellum et in bello discriminibus. Nam quum spectaculo ludorum gregarium militem, in quatuordecim ordinibus sedentem, excitari per apparitorem jussisset, rumore ab obtrectatoribus dilato, quasi eundem mox et discruciatum necasset, minimum abfuit, quin periret concursu et indignatione turbæ militaris. Saluti fuit, quod, qui desiderabatur, repente comparuit incolumis ac sine injuria. Circa Perusinum autem murum sacrificans, pæne interceptus est a manu gladiatorum quæ oppido eruperat.

XV. Perusia capta, in plurimos animadvertit; orare veniam vel excusare se conantibus, una voce occurrens, « Moriendum esse. » Scribunt quidam, trecentos ex dediticiis electos, utriusque ordinis, ad aram Divo Julio exstructam Idibus Martiis hostiarum more mactatos. Exstiterunt, qui traderent, consulto eum ad arma isse, ut occulti adversarii, et quos metus magis quam voluntas contineret, facultate L. Antonii ducis præbita, detegerentur; devictisque his et confiscatis, promissa veteranis præmia persolverentur.

XVI. Bellum Siculum inchoavit in primis, sed diu

XIV. Vers ce temps, L. Antoine[47] voulut exciter des troubles, car il comptait sur le consulat qu'il gérait, et sur la puissance de son frère; Auguste le contraignit de s'enfuir à Pérouse, où il le réduisit par la famine[48]. Cependant il courut de grands dangers, tant avant que pendant cette guerre. Un jour, assistant aux jeux publics, il fit expulser par l'appariteur un soldat qui s'était assis sur les bancs des chevaliers[49]; ses ennemis répandirent alors le bruit qu'il l'avait fait mourir dans les tourmens; et il s'en fallut de peu qu'il ne pérît par suite de l'indignation des soldats qui accouraient en foule. Heureusement pour lui, celui qui avait disparu se montra subitement sain et sauf. Auguste, offrant un sacrifice près des murs de Pérouse, faillit être tué par une troupe de gladiateurs qui fit une sortie.

XV. Après la prise de cette ville, sa vengeance s'exerça sur presque tous ses habitans; si quelqu'un voulait implorer son pardon ou tentait de s'excuser, il n'avait qu'une seule réponse : *Il faut mourir*. Quelques auteurs rapportent que parmi ceux qui se rendirent, il en choisit trois cents des deux ordres de l'Etat, et que le jour des ides de mars, il les fit immoler à la manière des victimes, devant un autel élevé à Jules César[50]. Il y eut même des écrivains qui prétendirent qu'il avait excité cette guerre[51] uniquement afin que ses ennemis cachés et ceux qui étaient retenus plutôt par la crainte que par leur volonté, se déclarassent et saisissent l'occasion qui leur donnait pour chef L. Antoine. Il voulait, après les avoir vaincus, confisquer leurs biens, et s'acquitter envers les vétérans des récompenses promises.

XVI. La guerre de Sicile fut une de ses premières en-

traxit, intermissum sæpius; modo reparandarum classium causa, quas tempestatibus duplici naufragio, et quidem per æstatem, amiserat; modo pace facta, flagitante populo, ob interclusos commeatus, famemque ingravescentem : donec navibus ex integro fabricatis, ac viginti servorum millibus manumissis, et ad remum datis, portum Julium apud Baias, immisso in Lucrinum et Avernum lacum mari, effecit. In quo quum hieme tota copias exercuisset, Pompeium inter Mylas et Naulochum superavit; sub horam pugnæ tam arto repente somno devinctus, ut ad dandum signum ab amicis excitaretur. Unde præbitam Antonio materiam putem exprobrandi, « Ne rectis quidem oculis eum aspicere potuisse instructam aciem : verum supinum, cœlum intuentem, stupidum cubuisse; nec prius surrexisse, ac militibus in conspectum fuisse, quam a M. Agrippa fugatæ sint hostium naves. » Alii dictum factumque ejus criminantur, quasi classibus tempestate perditis exclamaverit, « etiam invito Neptuno victoriam se adepturum, » ac die Circensium proximo solemni pompæ simulacrum Dei detraxerit. Nec temere plura ac majora pericula ullo alio bello adiit. Trajecto in Siciliam exercitu, quum partem reliquam copiarum continenti repeteret, oppressus ex improviso a Demochare et Apollophane, præfectis Pompeii, uno demum navigio ægerrime effugit. Iterum, quum præter Locros Rhegium pedibus iret, et prospectis biremibus Pom-

treprises; mais il la traîna en longueur[52] et l'interrompit souvent; tantôt c'était pour réparer les flottes qu'il avait perdues dans un double naufrage[53], causé par des tempêtes qui s'étaient élevées même au milieu de l'été; tantôt il faisait la paix à la demande du peuple qui voyait intercepter les communications, et qui redoutait les progrès de la famine[54]. Mais quand il eut fait reconstruire ses vaisseaux, quand il eut affranchi vingt mille esclaves, et qu'il les eut appliqués à l'exercice de la rame, il créa le port Jule, dans le voisinage de Baies, et fit entrer la mer dans le lac Lucrin et dans l'Averne. Après y avoir exercé ses forces navales pendant tout l'hiver, il vainquit Pompée[55] entre Myles et Nauloque. Au moment de combattre, il fut subitement atteint d'un sommeil si puissant qu'il fallut que ses amis le réveillassent pour donner le signal. Je croirais volontiers que ce fut là l'occasion des sarcasmes d'Antoine, qui disait « qu'Auguste n'avait pas même osé lever les yeux sur un front de bataille, et que, frappé de stupeur, il était resté couché sur le dos en regardant le ciel; qu'il ne s'était levé, qu'il ne s'était montré aux soldats qu'après que les vaisseaux des ennemis eurent été mis en fuite par M. Agrippa. » D'autres lui reprochèrent à la fois des paroles et des actions inconvenantes; on dit que lorsque la tempête eut fait périr sa flotte, il s'écria : « qu'il saurait bien vaincre malgré Neptune. » On ajoute qu'aux premiers jeux du cirque, il fit enlever de la pompe solennelle l'image de ce dieu. On ne le vit dans nulle autre guerre s'exposer aussi témérairement à des dangers plus grands et plus multipliés. Ayant fait passer une armée en Sicile, et navigant vers le continent[56] pour y chercher le reste de ses troupes, il se vit tout à coup sur-

peianis terram legentibus, suas ratus, descendisset ad litus, pæne exceptus est. Tunc etiam per devios tramites refugientem servus Æmilii Pauli, comitis ejus, dolens proscriptum olim ab eo patrem Paulum, et quasi occasione ultionis oblata, interficere conatus est. Post Pompeii fugam, collegarum alterum M. Lepidum, quem ex Africa in auxilium evocarat, superbientem viginti legionum fiducia, summasque sibi partes terrore ac minis vindicantem, spoliavit exercitu : supplicemque, concessa vita, Circeios in perpetuum relegavit.

XVII. M. Antonii societatem semper dubiam et incertam, reconciliationibusque variis male focillatam, abrupit tandem. Et quo magis, degenerasse eum a civili more, approbaret, testamentum, quod is Romæ, etiam de Cleopatra liberis inter heredes nuncupatis, reliquerat, aperiendum recitandumque pro concione curavit. Remisit tamen hosti judicato necessitudines amicosque omnes, atque inter alios C. Sosium et Cn. Domitium, tunc adhuc consules. Bononiensibus quoque publice, quod in Antoniorum clientela antiquitus erant, gratiam fecit conjurandi cum tota Italia pro partibus suis. Nec multo post navali prœlio apud Actium vicit, in serum dimicatione pro-

pris par Democharis[57] et Apollophane, les lieutenans de Pompée, et ce fut à peine s'il put s'échapper avec un seul navire. Une autre fois, passant à pied près de Locres, pour se rendre à Rhegium, il aperçut des galères du parti de Pompée qui côtoyaient le rivage, et les prenant pour les siennes, il descendit sur la plage; peu s'en fallut qu'il ne fût pris. Pendant qu'il s'enfuyait par des sentiers détournés, un esclave de Paul Emile, qui l'accompagnait, se rappelant que le père de son maître avait été autrefois proscrit par lui, essaya de le tuer, pensant que l'occasion de la vengeance était venue. Après la fuite de Pompée, Lépide, le second de ses collègues, qu'il avait fait venir d'Afrique pour le secourir, se montrait fier de l'appui de ses vingt légions, et réclamait avec instance et menaces le premier rang dans l'état. Auguste lui ôta son armée[58], puis, cédant à ses supplications, il lui accorda la vie et le relégua à jamais dans l'île de Circeies.

XVII. Il rompit enfin son alliance avec M. Antoine; elle avait toujours été chancelante, incertaine, et le plus souvent de vaines reconciliations venaient masquer leur inimitié. Afin de prouver publiquement qu'Antoine s'était écarté des usages reçus, il fit ouvrir et lire en pleine assemblée le testament que celui-ci avait laissé à Rome[59], et dans lequel les enfans de Cléopâtre figuraient aussi parmi ses héritiers. Cependant lorsqu'Antoine eut été déclaré ennemi public, il lui renvoya ses parens, ses amis, et entre autres C. Sosius et T. Domitius, qui alors étaient encore consuls[60]; et même il permit ouvertement aux habitans de Bologne, qui de tout temps étaient de la clientèle des Antoines, de ne point prendre les armes contre lui avec toute l'Italie. Bientôt après, il le vainquit à la bataille navale

tracta, ut in navi victor pernoctaverit. Ab Actio quum Samum in hiberna se recepisset, turbatus nuntiis de seditione militum, præmia et missionem poscentium, quos ex omni numero, confecta victoria, Brundisium præmiserat, repetit Italiam, tempestate in trajectu bis conflictatus : primo inter promontoria Peloponnesi atque Ætoliæ, rursus circa montes Ceraunios, utrobique parte Liburnicarum demersa, simulque ejus, in qua vehebatur, fusis armamentis et gubernaculo diffracto. Nec amplius quam septem et viginti dies, donec desideria militum ordinarentur, Brundisii commoratus, Asiæ Syriæque circuitu Ægyptum petit : obsessaque Alexandria, quo Antonius cum Cleopatra confugerat, brevi potitus est. Et Antonium quidem, seras conditiones pacis tentantem, ad mortem adegit, viditque mortuum. Cleopatræ, quam servatam triumpho magno opere cupiebat, etiam psyllos admovit, qui venenum ac virus exsugerent; quod perisse morsu aspidis putabatur. Ambobus communem sepulturæ honorem tribuit, ac tumulum ab ipsis inchoatum perfici jussit. Antonium juvenem, majorem de duobus Fulvia genitis, simulacro D. Julii, ad quod post multas et irritas preces confugerat, abreptum interemit. Item Cæsarionem, quem ex Cæsare patre Cleopatra concepisse prædicabat, retractum e fuga supplicio affecit. Reliquos Antonii reginæque communes liberos, non secus ac

d'Actium; le combat se prolongea si long-temps, que le vainqueur passa la nuit sur son vaisseau. D'Actium, Auguste alla prendre ses quartiers d'hiver à Samos; mais l'annonce d'une sédition vint l'y troubler : les soldats qu'après la victoire il avait envoyés à Brindes, demandaient des récompenses et des congés. Il retourna donc en Italie. Deux fois dans cette traversée il lutta contre la tempête; d'abord entre les promontoires du Péloponèse et de l'Etolie, puis auprès des monts Cérauniens. Dans l'une et dans l'autre, il perdit une partie de ses vaisseaux Liburniens : celui qui le portait, démonté de ses agrès, eut son gouvernail brisé. Auguste ne resta à Brindes que vingt-sept jours [61], temps nécessaire pour mettre ordre aux demandes des soldats; il alla ensuite en Égypte par l'Asie et la Syrie, assiégea Alexandrie où Antoine s'était réfugié avec Cléopâtre, et s'en empara après un siège de courte durée. Antoine s'était décidé, mais trop tard, à proposer des conditions de paix : Auguste le contraignit à se donner la mort, et le vit après son trépas. Il désirait ardemment réserver Cléopâtre pour son triomphe, et comme on croyait qu'elle avait été mordue par un aspic, il fit venir des psylles [62] pour sucer le venin de la plaie. Auguste accorda les honneurs d'une sépulture commune à Antoine et à Cléopâtre; il ordonna d'achever le tombeau qu'ils avaient fait commencer pour eux-mêmes. Le jeune Antoine, l'aîné des deux fils nés de Fulvie, après avoir vainement et long-temps imploré la clémence d'Auguste, se réfugia aux pieds de la statue de César; mais Auguste l'en fit arracher, et il fut mis à mort. Quant à Césarion, que Cléopâtre se vantait d'avoir conçu de César, il fut arrêté dans sa fuite et livré au supplice [63]. Les autres enfans d'Antoine et de la

necessitudine junctos sibi, et conservavit, et mox pro conditione cujusque sustinuit ac fovit.

XVIII. Per idem tempus, conditorium et corpus Magni Alexandri, quum prolatum e penetrali subjecisset oculis corona aurea imposita ac floribus aspersis, veneratus est; consultusque, num et Ptolemæum inspicere vellet, « Regem se voluisse » ait « videre, non mortuos. » Ægyptum in provinciæ formam redactam ut feraciorem habilioremque annonæ urbicæ redderet, fossas omnes, in quas Nilus exæstuat, oblimatas longa vetustate militari opere detersit. Quoque Actiacæ victoriæ memoria celebratior in posterum esset, urbem Nicopolin apud Actium condidit : ludosque illic quinquennales constituit; et ampliato vetere Apollinis templo, locum castrorum, quibus fuerat usus, exornatum navalibus spoliis, Neptuno ac Marti consecravit.

XIX. Tumultus post hæc, et rerum novarum initia conjurationesque complures, priusquam invalescerent, indicio detectas compressit, alias alio tempore : Lepidi juvenis, deinde Varronis Murenæ et Fannii Cæpionis, mox M. Egnatii, exin Plautii Rufi, Luciique Pauli progeneri sui : ac præter has L. Audasii, falsarum tabularum rei, ac neque ætate, neque corpore integri : item Asinii Epicadi, ex gente Parthina, hybridæ : ad extremum Telephi, mulieris servi nomenculatoris. Nam ne ultimæ quidem sortis hominum conspiratione et periculo caruit.

reine furent traités par Auguste comme s'ils eussent été de sa propre famille; il les fit élever, les soutint et les protégea chacun selon sa condition.

XVIII. Vers le même temps, il fit ouvrir le tombeau d'Alexandre; le corps ayant été retiré de son asile, il lui mit sur la tête une couronne d'or et le couvrit de fleurs. On lui demanda sil voulait aussi voir le *Ptoleméum*[64]; mais il dit «qu'il était venu pour voir un roi, et non pas des morts.» Il réduisit l'Égypte en province romaine, et, afin de la rendre plus fertile et plus productive pour les approvisionnemens de Rome, il fit curer par ses soldats tous les fossés dans lesquels le Nil verse ses eaux, et qu'une longue vétusté avait encombrés. Voulant que dans l'avenir la victoire d'Actium devînt de plus en plus célèbre, il fonda dans le voisinage de cette ville celle de Nicopolis, et y institua des jeux quinquennaux. Il agrandit l'ancien temple d'Apollon, orna de dépouilles navales le lieu où il avait eu son camp, et le consacra à Neptune et à Mars.

XIX. Auguste réprima des troubles, des mouvemens séditieux et des conspirations nombreuses, et, sans leur donner le temps de s'étendre, les étouffa dès qu'il en eut connaissance : ces faits eurent lieu en divers temps. D'abord il eut affaire au jeune Lépide[65], puis à Varron Murena et à Fannius Cépion[66], à M. Egnatius[67]; enfin à Plautius Rufus[68], et à Lucius Paulus, mari de sa petite-fille[69]. Ce ne fut pas tout encore, il arrêta les menées de L. Audasius, accusé de faux testament, dont cependant l'âge avait affaibli la tête et le corps; puis d'Epicade, issu par un mélange d'une famille de Parthes[70]; enfin de Télèphe, esclave nomenclateur d'une femme : Auguste n'était pas même à l'abri de conspirations de la part des hommes

Audasius atque Epicadus Juliam filiam et Agrippam nepotem ex insulis, quibus continebantur, rapere ad exercitus; Telephus, quasi debita sibi fato dominatione, et ipsum et senatum aggredi destinarant. Quin etiam quondam juxta cubiculum ejus lixa quidam ex Illyrico exercitu, janitoribus deceptis, noctu deprehensus est, cultro venatorio cinctus; imposne mentis, an simulata dementia, incertum; nihil enim exprimi quæstione potuit.

XX. Externa bella duo omnino per se gessit : Dalmaticum, adolescens adhuc; et Antonio devicto, Cantabricum. Dalmatico etiam vulnera excepit; una acie, dextrum genu lapide ictus; altera, et crus et utrumque brachium ruina pontis consauciatus. Reliqua per legatos administravit; ut tamen quibusdam Pannonicis atque Germanicis aut interveniret, aut non longe abesset, Ravennam, vel Mediolanum, vel Aquileiam usque ab Urbe progrediens.

XXI. Domuit autem partim ductu, partim auspiciis suis, Cantabriam, Aquitaniam, Pannoniam, Dalmatiam cum Illyrico omni : item Rætiam, et Vindelicos, ac Salassos, gentes Inalpinas. Coercuit et Dacorum incursiones, tribus eorum ducibus cum magna copia cæsis, Germanosque ultra Albim fluvium summovit : ex quibus Ubios et Sygambros dedentes se traduxit in Galliam, atque in proximis Rheno agris collocavit. Alias item na-

de la plus basse condition. Audasius et Epicade avaient formé le projet d'enlever Julie sa fille, et Agrippa son petit-fils, des îles dans lesquelles ils étaient renfermés, et de les conduire à l'armée. Télèphe, comme si le destin lui eût réservé l'empire, voulait attaquer et le sénat et Auguste lui-même. Une nuit on surprit aussi près de son lit un valet de l'armée d'Illyrie, qui avait pénétré jusque-là en trompant la vigilance des gardiens. Il avait à sa ceinture un couteau de chasse. On ne sait pas bien si cet homme était aliéné, ou s'il feignit la démence : la question ne put lui arracher aucun aveu.

XX. Auguste fit par lui-même deux guerres extérieures ; celle de Dalmatie pendant qu'il était encore adolescent, et celle contre les Cantabres, qui eut lieu après la défaite d'Antoine. Il fut même blessé pendant la guerre de Dalmatie : à la première affaire, il reçut au genou un coup de pierre, à la seconde, la chute d'un pont l'atteignit à la cuisse et aux deux bras[71]. Il laissa le soin des autres guerres à ses lieutenans. Cependant il prit part à quelques campagnes en Pannonie et en Germanie, ou du moins il s'en tint peu éloigné, allant de Rome jusqu'à Ravenne, à Milan ou à Aquilée.

XXI Soit qu'il commandât, soit qu'on marchât sous ses ordres, il soumit les Cantabres[72], l'Aquitaine[73], la Pannonie[74] et la Dalmatie, avec toute l'Illyrie; de plus la Rétie, la Vindélicie[75] et les Salasses[76], peuples des Alpes; il arrêta les incursions des Daces[77], trois de leurs chefs et une innombrables quantité de leurs soldats, étant restés sur le champ de bataille. Il rejeta les Germains au delà de l'Elbe; il transplanta dans la Gaule les Ubiens et les Sygambres, qui s'étaient rendus à lui, en leur assignant les terres les plus voisines du Rhin[78]. Il contraignit à

tiones male quietas ad obsequium redegit. Nec ulli genti sine justis et necessariis causis bellum intulit, tantumque abfuit a cupiditate quoquo modo imperium vel bellicam gloriam augendi, ut quorumdam barbarorum principes in æde Martis Ultoris jurare coegerit, mansuros se in fide ac pace, quam peterent; a quibusdam vero novum genus obsidum, feminas, exigere tentaverit, quod negligere marium pignora sentiebat. Et tamen potestatem semper omnibus fecit, quoties vellent, obsides recipiendi. Neque aut crebrius, aut perfidiosius rebellantes graviore unquam ultus est pœna, quam ut captivos sub lege venundaret, ne in vicina regione servirent, neve intra tricesimum annum liberarentur. Qua virtutis moderationisque fama Indos etiam ac Scythas, auditu modo cognitos, pellexit ad amicitiam suam populique Romani ultro per legatos petendam. Parthi quoque et Armeniam vindicanti facile cesserunt, et signa militaria, quæ M. Crasso et M. Antonio ademerant, reposcenti reddiderunt, obsidesque insuper obtulerunt; denique, pluribus quondam de regno concertantibus, nonnisi ab ipso electum comprobaverunt.

XXII. Janum Quirinum, semel atque iterum a condita Urbe memoriam ante suam clausum, in multo breviore temporis spatio, terra marique pace parta, ter clusit. Bis ovans ingressus est Urbem, post Philippense, et

l'obéissance d'autres nations encore, qui n'étaient pas tranquilles. En général, il ne fit la guerre à aucun peuple sans qu'il en eût une cause juste et nécessaire. Il était si loin du désir d'étendre son empire ou d'acquérir de la gloire militaire, qu'il conduisit quelques princes barbares au temple de Mars Vengeur pour leur faire jurer de demeurer en paix et de respecter la foi du traité. Il imagina aussi un nouveau genre d'ôtages[79], et exigea des femmes, parce qu'il avait remarqué qu'on ne tenait pas compte des hommes. Cependant toutes les fois qu'on réclamait des ôtages, il ne faisait nulle difficulté de les relâcher. Il ne punissait pas autrement ceux qui, dans leur révolte, avaient mis le plus de perfidie, ou qui étaient retombés dans la même faute, qu'en rendant leurs captifs sous la condition qu'ils ne serviraient point dans les pays voisins, et qu'ils ne pourraient être libérés avant trente ans[80]. La réputation de force et de modération qui en résulta pour lui détermina les Indiens et les Scythes[81], peuples que l'on ne connaissait que de nom, à solliciter par des ambassadeurs son amitié et celle du peuple romain. Quand il réclama l'Arménie, les Parthes la lui abandonnèrent sans peine, et, sur sa demande, ils rendirent les enseignes militaires qu'ils avaient prises à Crassus et à Antoine, en offrant de donner des ôtages. Enfin l'empire étant disputé depuis long-temps entre plusieurs prétendans, ils ne voulurent reconnaître que celui qu'il désigna[82].

XXII. Avant lui, et depuis la fondation de Rome, le temple de Janus Quirinus[83] n'avait été fermé que deux fois ; Auguste le ferma trois fois dans un espace de temps beaucoup plus court, la paix étant établie sur terre et sur mer. Il entra deux fois dans Rome avec les honneurs de

rursus post siculum bellum. Curules triumphos tres egit, Dalmaticum, Actiacum, Alexandrinum, continuo triduo omnes.

XXIII. Graves ignominias cladesque duas omnino, nec alibi quam in Germania, accepit; Lollianam et Varianam : sed Lollianam majoris infamiae, quam detrimenti; Varianam paene exitiabilem, tribus legionibus cum duce legatisque et auxiliis omnibus caesis. Hac nuntiata, excubias per Urbem indixit, ne quis tumultus existeret : et praesidibus provinciarum propagavit imperium, ut et a peritis et assuetis socii continerentur. Vovit et magnos ludos Jovi Optimo Maximo, SI RESPUBLICA IN MELIOREM STATUM VERTISSET : quod factum cimbrico marsicoque bello erat. Adeo denique consternatum ferunt, ut per continuos menses, barba capilloque summisso, caput interdum foribus illideret, vociferans : Quinctili Vare, legiones redde! Diemque cladis quotannis moestum habuerit ac lugubrem.

XXIV. In re militari et commutavit multa, et instituit : atque etiam ad antiquum morem nonnulla revocavit. Disciplinam severissime rexit : ne legatorum quidem cuiquam, nisi gravate, hibernisque demum mensibus, permisit uxorem intervisere. Equitem romanum, quod duobus filiis adolescentibus, causa detrectandi sa-

l'ovation [84]; d'abord, après la bataille de Philippes, puis après les guerres de Sicile. Il célébra trois triomphes *curules*, et pendant trois jours de suite; ce furent ceux de Dalmatie, d'Actium et d'Alexandrie.

XXIII. Il essuya en tout deux défaites ignominieuses, et n'en éprouva nulle part ailleurs qu'en Germanie : ce furent celle de Lollius [85], et celle de Varus [86]. La première fut plus honteuse que désastreuse; celle de Varus pensa entraîner sa perte, trois légions ayant été massacrées avec leur général, ses lieutenans et ses alliés. Quand il l'apprit, il disposa des patrouilles dans la ville pour prévenir les séditions, il prorogea les présidens des provinces dans l'exercice du pouvoir, afin que les alliés fussent retenus dans le devoir par des hommes habiles et habitués à les gouverner. Il consacra de grands jeux à Jupiter, A CONDITION QU'IL REMETTRAIT LA RÉPUBLIQUE DANS UN ÉTAT PLUS PROSPÈRE [87], ainsi qu'on en avait usé dans la guerre contre les Cimbres et dans celle des Marses. Enfin on dit qu'Auguste fut tellement consterné de ce désastre, que pendant plusieurs mois il laissa croître sa barbe et ses cheveux, et qu'il se frappait souvent la tête contre la porte en s'écriant : « Quintilius Varrus, rends-moi mes légions! » Dans la suite, il regarda toujours comme tristes et funestes les anniversaires de cette défaite.

XXIV. Il fut l'auteur de beaucoup de changemens relatifs à l'art de la guerre. En plusieurs choses, il rétablit les anciennes coutumes; il se montra gardien sévère de la discipline, et ne permit à ses lieutenans de venir voir leurs femmes qu'en hiver, et avec beaucoup de difficulté. Il ordonna de vendre corps et bien un chevalier romain qui avait fait couper le pouce à ses deux fils adolescens

cramenti, pollices amputasset, ipsum bonaque subjecit hastæ : quem tamen, quod imminere emptioni publicanos videbat, liberto suo addixit, ut relegatum in agros pro libero esse sineret. Decimam legionem, contumacius parentem, cum ignominia totam dimisit : item alias, immodeste missionem postulantes, citra commoda emeritorum præmiorum exauctoravit. Cohortes, si quæ cessissent loco, decimatas hordeo pavit. Centuriones statione deserta itidem, ut manipulares, capitali animadversione puniit : pro cetero delictorum genere variis ignominiis affecit; ut stare per totum diem juberet ante prætorium, interdum tunicatos discinctosque, nonnunquam cum decempedis, vel etiam cespitem portantes.

XXV. Neque post bella civilia aut in concione, aut per edictum, ullos militum *commilitones* appellabat, sed *milites* : ac ne a filiis quidem, aut privignis suis, imperio præditis, aliter appellari passus est; ambitiosius id existimans, quam aut ratio militaris, aut temporum quies, aut sua domusque suæ majestas postularet. Libertino milite, præterquam Romæ incendiorum causa, et si tumultus in graviore annona metueretur, bis usus est : semel ad præsidium coloniarum Illyricum contingentium; iterum ad tutelam ripæ Rheni fluminis : eosque servos adhuc viris feminisque pecuniosioribus indictos, ac sine mora manumissos, sub priore vexillo habuit, neque aut commixtos cum ingenuis, aut eodem

pour les dispenser du service[88]; mais quand il vit que les fermiers publics se pressaient de l'acheter[89], il l'adjugea à son affranchi, afin qu'il fût relégué dans les champs, où cet affranchi le laisserait jouir de la liberté. Il licencia ignominieusement la dixième légion qui n'obéissait qu'en murmurant; d'autres qui demandaient leurs congés avec un ton impérieux furent renvoyées sans recevoir aucun des avantages assurés aux vétérans. Si des cohortes lâchaient le pied, il les faisait décimer, et ne leur donnait pour rations que de l'orge[90]. Il punissait de mort les centurions comme les soldats, quand ils abandonnaient leur poste. Quant aux autres délits, il les flétrissait de diverses peines infamantes. Quelquefois il condamnait les coupables à demeurer debout, toute la journée, devant le prétoire, où ils paraissaient en tunique sans ceinture : on leur mettait à la main, ou une toise, ou un morceau de gazon.

XXV. Après les guerres civiles, il n'appela ses soldats *camarades* dans aucun discours, ni dans aucun édit; il les qualifiait seulement de *soldats*. Il ne souffrit pas même que ses fils ou ses beaux-fils en agissent autrement, quand ils étaient pourvus du commandement. Il pensait que cette allocution était trop ambitieuse[91], et que l'organisation militaire, la paix générale, enfin sa propre majesté et celle de sa famille ne la comportaient pas. Si l'on en excepte les incendies ou les séditions occasionées dans Rome par la cherté du pain, Auguste ne se servit d'esclaves affranchis comme soldats, que deux fois seulement; la première, pour la défense des colonies qui touchaient les frontières d'Illyrie, et la seconde, pour protéger les rives du Rhin[92]. Les esclaves qu'on demandait aux hommes et aux femmes les

modo armatos. Dona militaria, aliquanto facilius phaleras et torques, quidquid auro argentoque constaret, quam vallares ac murales coronas, quæ honore præcellerent, dabat : has quam parcissime, et sine ambitione, ac sæpe etiam caligatis, tribuit. M. Agrippam in Sicilia post navalem victoriam cæruleo vexillo donavit. Solos triumphales, quamquam et socios expeditionum, et participes victoriarum suarum, nunquam donis impertiendos putavit; quod ipsi quoque jus habuissent tribuendi ea, quibus vellent. Nihil autem minus in perfecto duce, quam festinationem temeritatemque, convenire arbitrabatur. Crebro itaque illa jactabat : Σπεῦδε βραδέως· et :

'Ασφαλὴς γάρ ἐστ' ἀμείνων, ἢ θρασὺς στρατηλάτης·

et, «Sat celeriter fieri, quicquid fiat satis bene.» Prælium quidem aut bellum suscipiendum omnino negabat, nisi quum major emolumenti spes, quam damni metus, ostenderetur. Nam «minima commoda non minimo sectantes discrimine, similes» aiebat «esse aureo hamo piscantibus, cujus abrupti damnum nulla captura pensari posset.

XXVI. Magistratus atque honores et ante tempus, et quosdam novi generis perpetuosque cepit. Consulatum vicesimo ætatis anno invasit, admotis hostiliter ad Urbem legionibus, missisque, qui sibi nomine exercitus deposcerent: quum quidem, cunctante senatu, Cornelius

plus riches de Rome, et qu'ils affranchissaient sur-le-champ, étaient placés en première ligne et n'étaient jamais mêlés avec les hommes nés libres, ni armés de la même façon. Quant aux récompenses militaires, Auguste donnait plus facilement des harnais et des colliers, et tout ce qui consistait en or ou en argent, que des couronnes de siége ou murales, qui étaient bien plus honorables. Il les accordait, sans chercher à plaire, et souvent à de simples soldats. Après sa victoire navale de Sicile, il donna à M. Agrippa un drapeau couleur de mer[93]. Les chefs qui avaient triomphé, quoiqu'ils fussent les compagnons de ses expéditions, quoiqu'ils eussent eu part à ses victoires, furent les seuls qu'il ne gratifia point de ces récompenses, parce qu'ils avaient eu eux-mêmes le droit de les distribuer comme ils voulaient. Il pensait que rien ne convenait moins à un général parfait que la précipitation et la témérité, et souvent il répétait l'adage grec: *hâte-toi lentement*; et cet autre, *un général sûr est préférable à un général*[94] *audacieux*; enfin celui-ci, *on fait assez vite quand on fait bien*. Auguste disait qu'il ne fallait entreprendre aucune guerre, livrer aucune bataille, excepté quand l'espoir de l'émolument surpassait la crainte du danger; il comparait ceux qui couraient à de très-petits avantages à travers des périls qui ne l'étaient pas, aux pêcheurs qui se serviraient d'hameçons d'or dont la perte ne pourrait être compensée par aucune capture.

XXVI. Les magistratures et les honneurs lui arrivèrent avant l'âge, il en eut même plusieurs de création nouvelle, et de perpétuels. Dès la vingtième année, il envahit le consulat, en faisant marcher ses légions sur la ville, et en envoyant des députés pour demander cette dignité au nom de l'armée. Le sénat hésita d'abord, le centurion

centurio, princeps legationis, rejecto sagulo, ostendens gladii capulum, non dubitasset in curia dicere : « Hic faciet, si vos non feceritis. » Secundum consulatum post novem annos, tertium anno interjecto gessit : sequentes usque ad undecimum continuavit : multisque mox, quum deferrentur, recusatis, duodecimum magno, id est, septemdecim annorum intervallo, et rursus tertiumdecimum biennio post ultro petiit, ut Caium et Lucium filios, amplissimo præditus magistratu, suo quemque tirocinio deduceret in forum. Quinque medios consulatus sexto ad undecimum annuos gessit : ceteros aut novem, aut sex, aut quatuor, aut tribus mensibus; secundum vero, paucissimis horis. Nam die kalendarum januarii, quum mane pro æde Capitolini Jovis paululum curuli sella præsedisset, honore abiit, suffecto alio in locum suum. Nec omnes Romæ, sed quartum consulatum in Asia, quintum in insula Samo, octavum et nonum Tarracone iniit.

XXVII. Triumviratum reipublicæ constituendæ per decem annos administravit : in quo restitit quidem aliquamdiu collegis, ne qua fieret proscriptio, sed inceptam utroque acerbius exercuit. Namque illis in multorum sæpe personam per gratiam et preces exorabilibus, solus magno opere contendit, ne cui parceretur; proscripsitque etiam C. Toranium tutorem suum, eum-

Cornelius [95], qui était à la tête de la députation, écarta son manteau, et laissant voir la poignée de son glaive, ne craignit pas de dire, *celui-ci le fera consul, si vous refusez de le faire.* Auguste fut consul pour la seconde fois après un intervalle de neuf ans; il n'y eut qu'une année entre le second consulat et le troisième, et il se perpétua dans cette charge jusqu'au onzième; puis il refusa souvent la dignité qui lui était offerte, et n'entra dans son douzième consulat qu'après un intervalle fort long, qui dura dix-sept ans. Enfin, après un nouvel intervalle de deux ans, il demanda lui-même le treizième pour être revêtu de la souveraine magistrature quand ses petits-fils Caïus et Lucius [96] paraîtraient dans le forum. Les six consulats qui s'écoulèrent du sixième au onzième furent chacun d'une année, les autres furent de neuf, de six, de quatre ou de trois mois; le second même ne fut que de très-peu d'heures. Le jour des kalendes de janvier s'étant assis le matin dans la chaise curule, devant le temple de Jupiter Capitolin [97], il se démit de sa charge, après avoir nommé un autre consul à sa place. Il ne prit pas possession de tous ces consulats à Rome même; il commença le quatrième en Asie, le cinquième à Samos, le huitième et le neuvième à Tarragone.

XXVII. Il administra pendant dix ans le triumvirat créé pour organiser la république. Pendant quelque temps il résista à ses collègues, ne voulant pas de proscription; mais une fois qu'elle fut commencée, il se montra plus cruel à la poursuivre qu'aucun d'eux. Du moins ils eurent quelquefois égard aux prières, et se laissèrent fléchir par la faveur; lui seul s'appliquait à ce que personne ne fût épargné. Il alla jusqu'à proscrire C. Toranius son tuteur, qui, de plus, avait été édile avec son

demque collegam patris sui Octavii in ædilitate. Junius Saturninus hoc amplius tradit : Quum peracta proscriptione M. Lepidus in senatu excusasset præterita, et spem clementiæ in posterum fecisset, quoniam satis pœnarum exactum esset; hunc e diverso professum, ita modum se proscribendi statuisse, ut omnia sibi reliquerit libera. In cujus tamen pertinaciæ pœnitentiam postea T. Vinium Philopœmenem, quod patronum suum proscriptum celasse olim diceretur, equestri dignitate honoravit. In eadem hac potestate multiplici flagravit invidia. Nam et Pinarium, equitem romanum, quum, concionante se, admissa turba paganorum, apud milites subscribere quædam animadvertisset, curiosum ac speculatorem ratus, coram confodi imperavit : et Tedium Afrum, consulem designatum, quia factum quoddam suum maligno sermone carpsisset, tantis conterruit minis, ut is se præcipitaverit. Et Q. Gallium, prætorem, in officio salutationis tabellas duplices veste tectas tenentem, suspicatus gladium occulere, nec quicquam statim, ne aliud inveniretur, ausus inquirere, paulo post per centuriones et milites raptum e tribunali, servilem in modum torsit; ac fatentem nihil jussit occidi, prius oculis ejus sua manu effossis : quem tamen scribit colloquio petito insidiatum sibi, conjectumque a se in custodiam, deinde Urbe interdicta dimissum, naufragio vel latronum insidiis perisse. Tribuni-

père Octavius. Junius Saturninus nous apprend encore qu'après la proscription, Lépide, excusant le passé, fit dans le sénat espérer plus de clémence en disant que l'on avait infligé assez de peines; mais qu'Auguste professa des opinions opposées, annonçant qu'il ne mettrait de bornes à ses proscriptions, qu'en ce sens qu'il serait toujours le maître de faire ce qu'il voudrait. Ce fut sans doute parce qu'il se repentait de cette obstination, qu'il éleva au rang des chevaliers T. Vinius Philopœmen, qu'on disait avoir caché son patron proscrit. Cette puissance du triumvirat accumula sur Auguste beaucoup de haine. Un jour qu'il faisait à ses soldats un discours, auquel les habitans des campagnes voisines avaient été admis, il fit tuer devant lui Pinarius, chevalier romain [98], qui furtivement écrivait quelque chose, parce qu'il le soupçonnait d'espionnage. Il effraya tellement par ses menaces Tedius Afer, consul désigné, qui avait flétri d'un trait malin l'une de ses actions, que celui-ci se tua en se précipitant d'un lieu élevé. Le préteur Q. Gallius étant venu pour le saluer, en tenant sous sa robe des tablettes doubles [99], il crut que c'était un glaive; mais il n'osa s'en assurer sur-le-champ, de peur que ce ne fût autre chose. Peu d'instans après, il le fit enlever de son tribunal par des centurions et des soldats, le mit à la torture réservée aux esclaves, et ne pouvant lui arracher aucun aveu, commanda de le tuer, en lui crevant d'abord les yeux de sa main. Cependant il rapporte que ce préteur lui ayant demandé un entretien pour attenter à sa vie, il le fit mettre en prison, et qu'ensuite il lui rendit la liberté en lui interdisant le séjour de la ville; qu'enfin Gallius périt dans un naufrage, ou de la main des brigands. Auguste reçut, pour toujours,

tiam potestatem perpetuam recepit : in qua semel atque iterum per singula lustra collegam sibi cooptavit. Recepit et morum legumque regimen æque perpetuum : quo jure, quamquam sine censuræ honore, censum tamen populi ter egit : primum ac tertium cum collega, medium solus.

XXVIII. De reddenda republica bis cogitavit : primo post oppressum statim Antonium, memor, objectum ab eo sibi sæpius, quasi per ipsum staret, ne redderetur : ac rursus tædio diuturnæ valetudinis; quum etiam, magistratibus ac senatu domum accitis, rationarium imperii tradidit. Sed reputans, et se privatum non sine periculo fore, et illam plurium arbitrio temere committi, in retinenda perseveravit; dubium, eventu meliore, an voluntate. Quam voluntatem quum præ se identidem ferret, quodam etiam edicto his verbis testatus est : « Ita mihi salvam ac sospitem rempublicam sistere in sua sede liceat, atque ejus rei fructum percipere, quem peto, ut optimi status auctor dicar; et moriens ut feram mecum spem, mansura in vestigio suo fundamenta reipublicæ, quæ jecero. » Fecitque ipse se compotem voti, nisus omni modo, ne quem novi status pœniteret.

XXIX. Urbem, neque pro majestate imperii ornatam, et inundationibus incendiisque obnoxiam, excoluit adeo, ut jure sit gloriatus, marmoream se relin-

la puissance tribunitienne[100], et se donna deux fois un collègue pour la durée d'un lustre[101]. Il se réserva aussi pour toujours la surveillance des mœurs et le soin de faire exécuter les lois[102]; c'est en vertu de ce droit, quoiqu'il ne fût pas revêtu de la censure, qu'il procéda trois fois au dénombrement du peuple, la première et la troisième fois avec un collègue, et la seconde à lui seul.

XXVIII. Il songea deux fois à rétablir la république; d'abord immédiatement après la défaite d'Antoine[103], parce qu'il se souvenait qu'il lui avait souvent reproché d'être le seul obstacle au retour de la liberté. La seconde fois ce projet lui fut inspiré par les dégoûts d'une longue maladie. Il appela même chez lui les magistrats et le sénat, et leur remit les comptes de l'empire; mais, réfléchissant que, devenu simple particulier, il ne pourrait vivre sans danger, et qu'il y aurait de l'imprudence à abandonner la république entre les mains de plusieurs, il se décida à conserver le pouvoir; et l'on ne sait ce qu'il faut louer le plus, ou de l'évènement, ou de sa résolution. Il ne négligea point d'en faire connaître les motifs, et même il les consigna dans un édit en ces termes : «Qu'il me soit permis d'affermir la république dans un état de sécurité et de splendeur, et d'en retirer tout le fruit que j'en attends, c'est-à-dire d'être reconnu l'auteur de la meilleure organisation possible, afin qu'en mourant j'emporte l'espoir que les fondemens de l'état resteront inébranlables, tels que je les aurai posés. » Il accomplit lui-même son vœu, en employant tous ses efforts à ce que personne n'eût à se plaindre du nouvel ordre de choses.

XXIX. La beauté de la ville ne répondait point à la majesté de l'empire; elle était exposée aux inondations, aux incendies; il l'embellit tellement qu'il se vanta avec

quere, quam latericiam accepisset. Tutam vero, quantum provideri humana ratione potuit, etiam in posterum præstitit. Publica opera plurima exstruxit : ex quibus vel præcipua, forum cum æde Martis ultoris, templum Apollinis in Palatio, ædem Tonantis Jovis in Capitolio. Fori exstruendi causa fuit hominum et judiciorum multitudo, quæ videbatur, non sufficientibus duobus, etiam tertio indigere. Itaque festinantius, necdum perfecta Martis æde, publicatum est, cautumque, ut separatim in eo publica judicia et sortitiones judicum fierent. Ædem Martis, bello philippensi pro ultione paterna suscepto, voverat. Sanxit ergo, ut de bellis triumphisque hic consuleretur senatus : provincias cum imperio petituri hinc deducerentur : quique victores redissent, huc insignia triumphorum inferrent. Templum Apollinis in ea parte Palatinæ domus excitavit, quam fulmine ictam desiderari a deo haruspices pronunciarant. Addidit porticus cum bibliotheca latina græcaque : quo loco jam senior sæpe etiam senatum habuit, decuriasque judicum recognovit. Tonanti Jovi ædem consecravit, liberatus periculo, quum expeditione cantabrica per nocturnum iter lecticam ejus fulgur præstrinxisset, servumque prælucentem exanimasset. Quædam etiam opera sub nomine alieno, nepotum scilicet et uxoris sororisque, fecit : ut porticum basilicamque Caii et Lucii; item porticus Liviæ et Octaviæ, theatrumque Marcelli.

raison de la laisser de marbre après l'avoir reçue de briques. Il l'assura aussi contre les dangers à venir, autant que cela peut dépendre de la prévision humaine. Il fit exécuter un grand nombre de travaux publics. Voici à peu près les principaux : le forum [104] et le temple de Mars Vengeur, le temple d'Apollon sur le mont Palatin, le temple de Jupiter Tonnant au Capitole. Le motif de la construction de ce forum fut que la multitude des assistans et des affaires judiciaires en exigeait un troisième, les deux premiers n'y suffisant pas. On se hâta donc, avant que le temple de Mars fût achevé, de publier et d'ordonner que dorénavant ce lieu serait destiné au jugement des affaires criminelles et à la désignation des juges par la voie du sort. Auguste avait fait vœu de construire le temple de Mars, pendant la guerre de Philippes entreprise pour venger son père. Il ordonna donc que l'on y consulterait dans ce temple le sénat sur les guerres et les triomphes ; que ceux qui se rendraient dans les provinces avec un commandement partiraient de cet édifice [105], et que ceux qui reviendraient vainqueurs y porteraient les insignes du triomphe. Il éleva le temple d'Apollon dans la portion de son palais du mont Palatin que la foudre avait frappée, et que les aruspices avaient désignée comme demandée par le dieu. Il y ajouta des portiques et une bibliothèque latine et grecque. Dans ses vieux jours, il y rassemblait aussi le sénat, et y dénombrait les décuries de juges [106]. Il consacra un temple à Jupiter Tonnant après avoir échappé à un danger : pendant une marche nocturne de son expédition chez les Cantabres, la foudre sillonnant sa litière, tua l'esclave qui le précédait pour l'éclairer. Il fit encore exécuter quelques travaux sous d'autres noms ; par exemple, sous ceux de

Sed et ceteros principes viros saepe hortatus est, ut pro facultate quisque monumentis vel novis, vel refectis et excultis, Urbem adornarent. Multaque a multis exstructa sunt : sicut a Marcio Philippo aedes Herculis Musarum; a L. Cornificio aedes Dianae; ab Asinio Pollione atrium Libertatis; a Munatio Planco aedes Saturni; a Cornelio Balbo theatrum; a Statilio Tauro amphitheatrum; a M. vero Agrippa complura et egregia.

XXX. Spatium Urbis in regiones vicosque divisit : instituitque, ut illas annui magistratus sortito tuerentur, hos magistri e plebe cujusque viciniae lecti. Adversus incendia excubias nocturnas vigilesque commentus est. Ad coercendas inundationes alveum Tiberis laxavit ac repurgavit, completum olim ruderibus, et aedificiorum prolapsionibus coarctatum. Quo autem facilius undique Urbs adiretur, desumpta sibi Flaminia via Arimino tenus munienda, reliquas triumphalibus viris ex manubiali pecunia sternendas distribuit. Aedes sacras, vetustate collapsas, aut incendio absumptas, refecit; easque et ceteras opulentissimis donis adornavit, ut qui in cellam Capitolini Jovis sedecim millia pondo auri, gemmasque ac margaritas quingenties HS. una donatione contuleret.

ses petits-fils, de sa femme et de sa sœur; tels sont le portique et la basilique de Caïus et de Lucius, ainsi que le portique de Livie [107] et d'Octavie, et le théâtre de Marcellus : souvent aussi il exhorta les principaux citoyens à élever, chacun selon ses facultés, des monumens nouveaux, ou à réparer et embellir les anciens pour en décorer la ville. Aussi y en eut-il beaucoup de construits par diverses personnes : c'est ainsi que Marcius Philippe érigea le temple de l'Hercule des Muses [108]; L. Cornificius, celui de Diane; Asinius Pollion, le vestibule de la Liberté; Munatius Plancus, le temple de Saturne; Cornelius Balbus, un théâtre; Statilius Taurus, un amphithéâtre; enfin M. Agrippa, de nombreux et beaux édifices.

XXX. Auguste divisa le territoire de la ville par sections et par quartiers [109]; il voulut que les magistrats annuels tirassent au sort la surveillance des sections, et que le soin des quartiers fût confié à des inspecteurs [110] choisis dans le peuple du voisinage. Il imagina contre les incendies des patrouilles nocturnes; et, pour contenir les inondations du Tibre, il en fit élargir et curer le lit, qui depuis long-temps était obstrué de ruines, et rétréci par la chute des édifices [111]. Afin que de toutes parts on pût arriver plus facilement à Rome, il se chargea de réparer la voie Flaminia [112] jusqu'à Rimini, et distribua à ceux qui avaient triomphé le soin de faire les autres routes avec les fonds provenant de leur part du butin. Il répara les temples qui étaient tombés par vétusté ou consumés par des incendies, et les orna; ainsi que les autres, des plus riches présens : il fit porter d'une seule fois seize mille livres pesant d'or dans le sanctuaire de Jupiter Capitolin, et lui donna en même temps des

XXXI. Postquam vero pontificatum maximum, quem nunquam vivo Lepido auferre sustinuerat, mortuo demum suscepit, quicquid fatidicorum librorum graeci latinique generis, nullis vel parum idoneis auctoribus, vulgo ferebatur, supra duo millia contracta undique cremavit : ac solos retinuit Sibyllinos, hos quoque dilectu habito; condiditque duobus forulis auratis sub Palatini Apollinis basi. Annum a D. Julio ordinatum, sed postea negligentia conturbatum atque confusum, rursus ad pristinam rationem redegit : in cujus ordinatione sextilem mensem e suo cognomine nuncupavit, magis quam septembrem, quo erat natus; quia hoc sibi et primus consulatus, et insignes victoriae obtigissent. Sacerdotum et numerum et dignitatem, sed et commoda auxit, praecipue vestalium virginum. Quumque in demortuae locum aliam *capi* oporteret, ambirentque multi, ne filias in sortem darent; adjuravit, si cujusquam neptium suarum competeret aetas, oblaturum se fuisse eam. Nonnulla etiam ex antiquis cerimoniis, paulatim abolita, restituit : ut salutis augurium, Diale flaminium, sacrum lupercale, ludos seculares et compitalicios. Lupercalibus vetuit currere imberbes; item, Secularibus ludis juvenes utriusque sexus prohibuit ullum nocturnum spectaculum frequentare, nisi cum aliquo majore

pierres précieuses et des perles, pour la valeur de cinquante millions de sesterces*.

XXXI. Après la mort de Lépide, quand il se fut emparé du souverain pontificat, que jamais il n'avait osé lui enlever de son vivant, Auguste fit réunir et brûler plus de deux mille volumes de prédictions tant grecques que latines : elles étaient répandues dans le public sans qu'il y eût, pour garantir leur authenticité, des autorités suffisantes. Il ne conserva que les livres Sibyllins, encore fit-il un choix parmi eux; puis il les renferma dans deux petits coffres dorés qui furent placés sous la statue d'Apollon Palatin. L'année qui avait été reconstituée par Jules César s'était de nouveau dérangée, et la négligence y avait introduit la confusion; il la ramena à sa marche ordinaire [113], et dans cette opération il donna son nom au mois *sextilis*, plutôt qu'à celui de septembre dans lequel il était né, parce que son premier consulat lui avait été conféré dans ce mois, et qu'il y avait remporté des victoires signalées. Il augmenta le nombre des prêtres, rehaussa leur dignité, et leur accorda de plus grands avantages, surtout aux vestales. L'une d'elles étant morte, il s'agissait d'en *prendre* une autre à sa place [114]; mais beaucoup de pères tâchaient d'obtenir l'exemption de soumettre leurs filles au sort; Auguste protesta que si l'une de ses petites-filles avait atteint l'âge convenable, il ne manquerait pas de l'offrir. Il rétablit aussi quelques parties des anciennes cérémonies tombées en désuétude; par exemple l'augure du salut [115], les fonctions du flamen-dial, les fêtes lupercales, les jeux séculaires, les processions dans les carrefours. Il défendit aux imberbes de courir dans les fêtes lupercales; il éloigna aussi des spec-

* 9 millions 940,000 francs de notre monnaie.

natu propinquorum. Compitales lares ornari bis anno instituit, vernis floribus et æstivis. Proximum a dis immortalibus honorem memoriæ ducum præstitit, qui imperium populi romani ex minimo maximum reddidissent. Itaque et opera cujusque, manentibus titulis, restituit, et statuas omnium triumphali effigie in utraque fori sui porticu dedicavit; professus edicto, «commentum id se, ut illorum velut ad exemplar et ipse, dum viveret, et insequentium ætatum principes exigerentur a civibus.» Pompeii quoque statuam, contra theatri ejus regiam, marmoreo Jano superposuit, translatam e curia, in qua C. Cæsar fuerat occisus.

XXXII. Pleraque pessimi exempli correxit, quæ in perniciem publicam, aut ex consuetudine licentiaque bellorum civilium duraverant, aut per pacem etiam exstiterant. Nam et grassatorum plurimi palam se ferebant succincti ferro, quasi tuendi sui causa : et rapti per agros viatores sine discrimine, liberi servique, ergastulis possessorum supprimebantur : et plurimæ factiones, titulo collegii novi, ad nullius non facinoris societatem coibant. Igitur grassatores, dispositis per opportuna loca stationibus inhibuit : ergastula recognovit: collegia, præter antiqua et legitima, dissolvit. Tabulas

tacles nocturnes des jeux séculaires la jeunesse des deux sexes, à moins qu'elle ne vînt sous la conduite de quelque parent d'un âge avancé. Il institua deux cérémonies par an, pour orner les lares des carrefours des fleurs du printemps et de celles de l'été. Après les dieux immortels, Auguste honora, en première ligne, la mémoire des chefs qui, d'humble qu'elle était, avaient porté la puissance du peuple romain à un si haut degré. Aussi fit-il restaurer les monumens qu'ils avaient élevés, en y laissant les anciennes inscriptions; et leurs statues, revêtues d'ornemens triomphaux, furent rangées sous les deux portiques de son forum. Auguste déclara, dans un édit, qu'il voulait que lui-même, tant qu'il vivrait, et les princes des âges futurs, fussent jugés par leurs concitoyens d'après l'exemple de ces grands hommes. Il fit enlever de la salle du sénat où César avait été tué, et transporter contre la basilique de Pompée, la statue de ce même Pompée, et la plaça au dessus d'une arcade de marbre [116].

XXXII. Auguste redressa plusieurs abus qui étaient du plus mauvais exemple, et qui, pour la perte de l'état, étaient nés des habitudes et de la licence des guerres civiles, ou qui même avaient existé précédemment pendant la paix. La plupart des voleurs de grands chemins se montraient publiquement et armés, sous prétexte de pourvoir à leur propre défense; libres ou esclaves, les voyageurs étaient enlevés sur les routes, et, sans aucune différence, on les mettait dans les ateliers des possesseurs des terres; sous l'apparence d'associations nouvelles, il n'était aucune sorte de crimes que l'on n'entreprît en commun : Auguste réprima les brigands en disposant des postes dans les lieux où il le fallait; il fit

veterum ærarii debitorum, vel præcipuam calumniandi materiam, exussit. Loca in Urbe publica juris ambigui possessoribus adjudicavit. Diuturnorum reorum, et ex quorum sordibus nihil aliud quam voluptas inimicis quæreretur, nomina abolevit, conditione proposita, ut, si quem quis repetere vellet, par periculum pœnæ subiret. Ne quod autem maleficium negotiumve impunitate vel mora elaberetur, triginta amplius dies, qui honorariis ludis occupabantur, actui rerum accommodavit. Ad tres judicum decurias quartam addidit ex inferiore censu, quæ ducenariorum vocaretur; judicaretque de levioribus summis. Judices a tricesimo ætatis anno allegit, id est, quinquennio maturius quam solebant. Ac plerisque judicandi munus detrectantibus, vix concessit, ut singulis decuriis per vices annua vacatio esset, et ut solitæ agi novembri ac decembri mense res omitterentur.

XXXIII. Ipse jus dixit assidue, et in noctem nonnunquam; si parum corpore valeret, lectica pro tribunali collocata, vel etiam domi cubans. Dixit autem jus non diligentia modo summa, sed et lenitate : siquidem manifesti parricidii reum, ne culeo insueretur, quod non nisi confessi afficiuntur hac pœna, ita fertur interro-

passer en revue les ateliers d'esclaves, et prononça la dissolution des associations, excepté de celles qui étaient anciennes et légitimes. Il fit brûler les registres où étaient inscrits les anciens débiteurs du fisc : c'était la plus ample matière à chicane; il adjugea aux particuliers les lieux publics de la ville sur lesquels on était en contestation avec eux. Quant aux accusés dont l'affaire était ancienne, et dont le deuil [117] ne pouvait servir qu'à réjouir leurs ennemis, il effaça leurs noms, imposant à quiconque voudrait les poursuivre la chance d'une peine égale à celle qui menaçait le coupable. Afin qu'à l'avenir aucun méfait ne demeurât impuni, qu'aucune affaire ne traînât en longueur, Auguste rendit aux négociations et au travail plus de trente jours qui étaient occupés par des jeux honoraires [118]. Aux trois décuries de juges, il en ajouta une quatrième choisie parmi les citoyens qui payaient un cens inférieur; on l'appela celle des *ducenarii* [119], et elle fut destinée à juger les procès de moindre valeur. Il choisit les juges à l'âge de trente ans, c'est-à-dire cinq ans plus tard qu'on n'avait coutume de le faire [120], et, la plupart des citoyens s'excusant de remplir cette charge, il se décida, quoique avec peine, à donner un an de vacation à chaque décurie, et à surseoir aux affaires pendant les mois de novembre et de décembre [121].

XXXIII. Pour lui, il était fort assidu à rendre la justice, et quelquefois jusqu'à la nuit. Quand sa santé était mauvaise, on plaçait une litière devant son tribunal, ou bien il jugeait couché dans sa maison. Non-seulement il mettait le plus grand soin au jugement des causes, mais il y apportait encore la plus grande douceur. Pour éviter à un homme manifestement coupable

gasse : « Certe patrem tuum non occidisti? » Et quum de falso testamento ageretur, omnesque signatores lege Cornelia tenerentur, non tantum duas tabellas, damnatoriam et absolutoriam, simul cognoscentibus dedit; sed tertiam quoque, qua ignosceretur iis, quos fraude ad signandum vel errore inductos constitisset. Appellationes quotannis urbanorum quidem litigatorum præfecto delegavit urbis; at provincialium consularibus viris, quos singulos cujusque provinciæ negotiis præposuisset.

XXXIV. Leges retractavit, et quasdam ex integro sanxit, ut sumptuariam, de adulteriis et de pudicitia, de ambitu, de maritandis ordinibus. Hanc quum aliquanto severius quam ceteras emendasset, præ tumultu recusantium perferre non potuit, nisi adempta demum lenitave parte pœnarum, et vacatione triennii data, auctisque præmiis. Sic quoque abolitionem ejus publico spectaculo pertinaciter postulante equite, accitos Germanici liberos, receptosque partim ad se, partim in patris gremium, ostentavit; manu vultuque significans, ne gravarentur imitari juvenis exemplum. Quumque etiam immaturitate sponsarum, et matrimoniorum crebra mutatione, vim legis cludi sentiret, tempus sponsas habendi coarctavit, divortiis modum imposuit.

de parricide le supplice du sac de cuir dans lequel on ne faisait coudre que ceux qui avouaient leur crime [122], il posa, dit-on, la question en ces termes : « Bien certainement tu n'as pas tué ton père! » Dans une accusation de faux testament, qui, selon la loi Cornelia, devait frapper tous ceux qui l'avaient signé, Auguste ne se borna point à donner aux magistrats chargés de cette cause deux bulletins, l'un pour condamner, l'autre pour absoudre; il y en ajouta un troisième qui pardonnait à ceux dont la signature avait été obtenue par fraude ou qui étaient dans l'erreur. Il déférait tous les ans les appels [123] des plaideurs de la ville au préfet de Rome, ceux des plaideurs des provinces aux hommes consulaires, qu'il mettait à la tête des affaires de chacune.

XXXIV. Il fit une révision des lois et en rétablit quelques-unes dans leur entier; telle que la loi sompuaire, celle sur les adultères, et celle sur les débauches honteuses [124]; enfin la loi sur la brigue et celle sur les mariages [125]. Comme il avait mis beaucoup de sévérité dans la rédaction de cette dernière, la multitude des réclamations l'empêcha de la maintenir autrement qu'en supprimant ou en adoucissant les peines, en statuant un délai de trois ans, et en augmentant les récompenses. Malgré ces changemens, l'ordre des chevaliers demanda en plein spectacle l'abolition de cette loi; Auguste alors fit venir les enfans de Germanicus, prit les uns dans ses bras, mit les autres dans ceux de leur père; et les montrant au public, fit signe du geste et du regard qu'il ne fallait pas craindre d'imiter l'exemple de ce jeune homme. S'apercevant ensuite que l'on éludait toute la force de sa loi, en prenant des fiancées trop jeunes, et en changeant fréquemment de femmes, il restreignit la durée des

XXXV. Senatorum affluentem numerum deformi et incondita turba (erant enim super mille, et quidam indignissimi, et post necem Cæsaris per gratiam et præmium allecti, quos Orcinos vulgus vocabat), ad modum pristinum et splendorem redegit duabus lectionibus: prima, ipsorum arbitratu, qua vir virum legit; secunda, suo et Agrippæ: quo tempore existimatur lorica sub veste munitus ferroque cinctus præsedisse, decem valentissimis senatorii ordinis amicis sellam suam circumstantibus. Cordus Cremutius scribit, ne admissum quidem tunc quemquam senatorum, nisi solum et prætentato sinu. Quosdam ad excusandi se verecundiam compulit: servavitque etiam excusantibus insigne vestis, et spectandi in orchestra epulandique publice jus. Quo autem lecti probatique, et religiosius et minore molestia senatoria munera fungerentur, sanxit, ut priusquam consideret quisque, thure ac mero supplicaret apud aram ejus dei, in cujus templo coiretur : et ne plus quam bis in mense legitimus senatus ageretur, kalendis et idibus: neve septembri octobrive mense ullos adesse alios necesse esset, quam sorte ductos, per quorum numerum decreta confici possent : sibique instituit consilia sortiri semestria, cum quibus de negotiis ad frequentem senatum referendis ante tractaret. Sententias de majore negotio non more atque ordine, sed prout libuisset, perrogabat, ut

fiançailles, et mit un frein à la trop grande liberté des divorces.

XXXV. Une foule sans choix faisait du sénat un corps difforme et sans mesure. (Il avait plus de mille membres, et quelques-uns étaient indignes de ce rang où les avaient placés, après la mort de César, la faveur et l'argent : aussi le peuple les appelait-il sénateurs de l'Orcus [126].) Auguste, au moyen de deux élections, ramena le corps à son ancien nombre, et lui rendit sa considération. La première fut abandonnée au choix des sénateurs eux-mêmes, l'homme choisissait l'homme; la seconde fut faite par lui-même et par Agrippa. On dit qu'en présidant à cette opération, il portait sous ses vêtemens une cuirasse, qu'il était armé, et que dix de ses amis les plus robustes appartenant à l'ordre du sénat entouraient son siège. Cordus Cremutius [127] a écrit que dans ce temps il n'admettait devant lui aucun sénateur que seul et après l'avoir fait visiter. Il en contraignit quelques-uns à se retirer modestement, et leur conserva les honneurs du costume, leur place à l'orchestre et dans les festins publics. Afin que les sénateurs nouvellement élus ou conservés remplissent à l'avenir leurs fonctions plus religieusement et avec moins de peine, il ordonna qu'avant de s'asseoir chacun ferait une libation de vin et d'encens devant l'autel du dieu dans le temple duquel on se rassemblerait, établit que, dans la règle, le sénat ne se réunirait pas plus de deux fois par mois, aux kalendes et aux ides. Il dispensa du service pendant le mois de septembre et d'octobre ceux que le sort n'aurait pas désignés comme constituant le nombre nécessaire pour rendre des décrets; enfin on créa pour lui-même un conseil que le sort lui désignait à chaque semestre, afin de

perinde quisque animum intenderet, ac si censendum magis, quam assentiendum esset.

XXXVI. Auctor et aliarum rerum fuit : in quis, ne acta senatus publicarentur; ne magistratus, deposito honore, statim in provincias mitterentur; ut proconsulibus ad mulos et tabernacula, quæ publice locari solebant, certa pecunia constitueretur : ut cura ærarii a quæstoribus urbanis ad prætorios prætoresve transiret; ut centumviralem hastam, quam quæstura functi consuerant cogere, decemviri cogerent.

XXXVII. Quoque plures partem administrandæ reipublicæ caperent, nova officia excogitavit : curam operum publicorum, viarum, aquarum, alvei Tiberis, frumenti populo dividundi, præfecturam Urbis, triumviratum legendi senatus, et alterum recognoscendi turmas equitum, quotiescunque opus esset. Censores, creari desitos, longo intervallo creavit : numerum prætorum auxit. Exegit etiam ut quoties consulatus sibi daretur, binos pro singulis collegas haberet : nec obtinuit, reclamantibus cunctis, satis majestatem ejus imminui, quod honorem eum non solus, sed cum altero, gereret.

préparer avec lui les affaires [128] qui devaient être portées devant le sénat tout entier. Dans les grandes occasions, il ne suivait pour aller aux voix ni l'usage ni le rang : il interrogeait à son gré ; aussi chacun s'appliquait-il à répondre avec le même soin que s'il avait à voter, plutôt qu'à approuver l'opinion d'autrui.

XXXVI. Auguste fut encore l'auteur d'autres dispositions ; il défendit de publier les actes du sénat [129], d'envoyer les magistrats dans les provinces immédiatement après qu'ils se seraient démis de leur charge [130]. Il établit une indemnité pécuniaire pour les proconsuls, afin qu'ils pussent avec cette indemnité solder le prix des mulets et des tentes qu'auparavant on fournissait par voie d'adjudication. Il fit passer l'administration du fisc des questeurs de la ville aux préteurs ou à ceux qui l'avaient été. Les juges appelés centumvirs [131], que rassemblaient ordinairement les citoyens qui avaient été questeurs, le furent désormais par des décemvirs.

XXXVII. Afin qu'un plus grand nombre d'individus prissent part à l'administration de la république, il imagina de nouvelles fonctions ; de ce nombre furent le soin des travaux publics [132], des chemins, des eaux, du lit du Tibre, des grains à distribuer au peuple, la préfecture de la ville [133], le triumvirat pour le personnel du sénat, et un autre pour passer en revue les chevaliers chaque fois que cela serait nécessaire. Il créa des censeurs, que pendant un long espace de temps on avait omis de nommer ; il augmenta le nombre des préteurs [134]. Il voulut aussi que chaque fois que le consulat lui serait conféré, on lui donnât deux collègues au lieu d'un ; mais il ne l'obtint pas, tous se récriant que c'était déjà une assez forte atteinte à sa majesté, que de parta-

XXXVIII. Nec parcior in bellica virtute honoranda, super triginta ducibus justos triumphos, et aliquanto pluribus triumphalia ornamenta decernenda curavit. Liberis senatorum, quo celerius reipublicæ assuescerent, protinus virilem togam, latum clavum induere, et curiæ interesse permisit, militiamque auspicantibus non tribunatum modo legionum, sed et præfecturas alarum dedit : ac ne quis expers castrorum esset, binos plerumque laticlavios præposuit singulis alis. Equitum turmas frequenter recognovit, post longam intercapedinem reducto more transvectionis. Sed neque detrahi quemquam in transvehendo ab accusatore passus est, quod fieri solebat; et senio vel aliqua corporis labe insignibus permisit, præmisso in ordine equo, ad respondendum, quoties citarentur, pedibus venire : mox reddendi equi gratiam fecit eis, qui majores annorum quinque et triginta retinere eum nollent.

XXXIX. Impetratisque a senatu decem adjutoribus, unumquemque equitum rationem vitæ reddere coegit : atque ex improbatis alios pœna, alios ignominia notavit; plures admonitione, sed varia : lenissimum genus admonitionis fuit traditio coram pugillarium, quos taciti, et ibidem statim legerent : notavitque aliquos, quod pecu-

ger cette dignité avec un autre, au lieu de la garder pour lui seul.

XXXVIII. Il ne fut pas plus avare de récompenses pour le courage militaire. Il fit accorder le triomphe à plus de trente chefs, et les ornemens triomphaux[135] à un plus grand nombre encore. Afin d'accoutumer plus promptement les fils des sénateurs aux affaires publiques, il leur permit de prendre le laticlave en même temps que la toge virile, et d'assister au sénat. Quant à ceux qui commençaient à servir, il les faisait tribuns de légion, ou même leur donnait des commandemens de cavalerie; et, pour que personne ne restât étranger à la vie des camps, il mettait parfois deux chefs à la tête de chaque escadron. Il passa souvent la revue des chevaliers[136], et, après une longue désuétude, il rétablit l'usage de la marche solennelle vers le Capitole; mais il ne souffrit pas que pendant cette marche aucun accusateur pût faire, comme autrefois, descendre un chevalier de son cheval; il permit à ceux qui étaient âgés ou mutilés d'envoyer leur cheval à leur rang, et de venir répondre à pied si on les citait. Bientôt aussi il accorda à ceux qui étaient âgés de plus de trente-cinq ans la faveur de pouvoir vendre leur cheval s'ils ne voulaient pas le conserver.

XXXIX. Ayant obtenu du sénat dix collaborateurs, il contraignit chaque chevalier à rendre compte de sa conduite. Parmi ceux qui encouraient son improbation, quelques-uns furent frappés d'une peine, d'autres notés d'infamie, un plus grand nombre fut réprimandé de diverses manières. Le genre de réprimande le plus doux était de leur remettre des tablettes qu'ils lisaient tout bas et sur-

nias levioribus usuris mutuati, graviore fenore collocassent.

XL. Comitiis tribunitiis, si deessent candidati senatores, ex equitibus romanis creavit, ita ut, potestate transacta, in utro vellent ordine manerent. Quum autem plerique equitum, attrito bellis civilibus patrimonio, spectare ludos e quatuordecim non auderent, metu pœnæ theatralis, pronuntiavit, non teneri ea, quibus ipsis parentibusve equester census nunquam fuisset. Populi recensum vicatim egit : ac, ne plebs frumentationum causa frequentius a negotiis avocaretur, ter in annum quaternum mensium tesseras dare destinavit; sed desideranti consuetudinem veterem concessit rursus, ut sui cujusque mensis acciperet. Comitiorum quoque pristinum jus reduxit : ac multiplici pœna coercito ambitu, Fabianis et Scaptiensibus, tribulibus suis, die comitiorum, ne quid a quoquam candidato desiderarent, singula millia nummum a se dividebat. Magni præterea existimans, sincerum atque ab omni colluvione peregrini ac servilis sanguinis incorruptum servare populum, et civitatem romanam parcissime dedit, et manumittendi modum terminavit. Tiberio, pro cliente Græco petenti, rescripsit, «Non aliter se daturum, quam si præsens sibi persuasisset, quam justas petendi causas haberet.» Et Liviæ, pro quodam tributario Gallo roganti, civitatem negavit, immunitatem obtulit, affirmans, «Se faci-

le-champ. Auguste nota aussi quelques chevaliers pour avoir emprunté de l'argent à de légers intérêts, et l'avoir replacé à de grosses usures.

XL. S'il manquait de candidats sénateurs pour l'élection des tribuns [137], il les choisissait parmi les chevaliers, et il leur était loisible, après l'expiration de leur charge, de rester dans l'ordre qu'ils préféraient. La plupart des chevaliers ayant perdu leur patrimoine pendant les guerres civiles, et n'osant, dans les jeux publics, se placer sur les bancs qui leur étaient réservés, de peur d'encourir la peine établie pour ce fait, Auguste décida que cette peine n'atteindrait pas ceux qui jamais n'avaient possédé la fortune équestre ni par eux-mêmes, ni par leurs parens [138]. Il fit le recensement du peuple par quartiers, et, pour que les plébéiens ne fussent pas trop souvent détournés de leurs affaires par les distributions de grains, il fit délivrer des bons sur lesquels on en recevait trois fois l'an pour quatre mois; mais le peuple regrettant l'ancien usage, il permit que les distributions se fissent de nouveau pour chaque mois. Auguste rétablit aussi les anciennes règles des comices, frappa la brigue de peines multipliées; et le jour des élections, il distribuait aux membres des tribus Fabia et Scaptia [139], auxquelles il appartenait, mille sesterces, afin qu'ils n'eussent rien à demander à aucun candidat. Pensant qu'il était important de conserver le peuple pur de tout mélange de sang étranger ou esclave, il conféra rarement les droits de citoyen romain, et restreignit la faculté des affranchissemens [140]. Tibère lui demandait le droit de cité pour un Grec son client, Auguste lui écrivit qu'il ne l'accorderait qu'autant qu'il viendrait de vive voix le convaincre que sa demande était fondée sur

lius passurum, fisco detrahi aliquid, quam civitatis Romanæ vulgari honorem.» Servos non contentus multis difficultatibus a libertate, et multo pluribus a libertate justa removisse; quum et de numero et de conditione ac differentia eorum, qui manumitterentur, curiose cavisset, hoc quoque adjecit, ne vinctus unquam tortusve quis ullo libertatis genere civitatem adipisceretur. Etiam habitum vestitumque rpistinum reducere studuit. Ac visa quondam pro concione pullatorum turba, indignabundus et clamitans, En,

<blockquote>Romanos, rerum dominos, gentemque togatam!</blockquote>

negotium Ædilibus dedit, ne quem posthac paterentur in foro circove, nisi positis lacernis, togatum consistere.

XLI. Liberalitatem omnibus ordinibus per occasiones frequenter exhibuit. Nam et, invecta Urbi Alexandrino triumpho regia gaza, tantam copiam nummariæ rei effecit, ut, fenore deminuto, plurimum agrorum pretiis accesserit; et postea, quoties ex damnatorum bonis pecunia superflueret, usum ejus gratuitum iis, qui cavere in duplum possent, ad certum tempus indulsit. Senatorum censum ampliavit, ac pro octingentorum millium

de justes motifs; et Livie lui ayant aussi demandé le droit de cité pour un Gaulois tributaire, il le refusa en offrant de l'affranchir du tribut, et en ajoutant qu'il souffrirait plus aisément que l'on ôtât quelque chose au fisc, que de voir profaner la dignité de citoyen romain. Non content d'avoir jeté beaucoup d'entraves entre les esclaves et l'entière liberté [141], il eut soin, quand il s'occupa du nombre, de la condition et de la différence des affranchis, de stipuler qu'aucun genre de mise en liberté ne pourrait conférer les droits de citoyen à celui qui avait été, soit enchaîné, soit mis à la torture. Il s'appliqua aussi à ramener l'ancienne tenue et le costume des Romains : un jour, à l'assemblée du peuple, voyant l'immense multitude de manteaux de couleur foncée, il s'écria plein d'indignation :

« Voilà donc ces Romains, ces maîtres du monde, et ce peuple revêtu de la toge ! »

puis il chargea les édiles de veiller à ce qu'à l'avenir personne ne s'assît dans le forum ou dans le cirque qu'il n'eût préalablement déposé le manteau qui couvrait sa toge.

XLI. Fort souvent, et quand les occasions s'en présentaient, il se montra libéral envers tous les ordres de l'État. Après avoir fait transporter à Rome le trésor royal d'Alexandrie, il rendit les emprunts si faciles que les intérêts diminuèrent, et que le prix des immeubles s'en accrut beaucoup [142]; et dans la suite, quand il y avait abondance d'argent par suite de la confiscation des biens des condamnés, il prêtait gratuitement, et pour un certain temps, à ceux qui pouvaient fournir double ga-

summa duodecies sestertio taxavit, supplevitque non habentibus. Congiaria populo frequenter dedit, sed diversae fere summae : modo quadringenos, modo trecenos, nonnunquam ducenos quinquagenosque nummos: ac ne minores quidem pueros praeteriit, quamvis non nisi ab undecimo aetatis anno accipere consuessent. Frumentum quoque in annonae difficultatibus saepe levissimo, interdum nullo pretio, viritim admensus est, tesserasque nummarias duplicavit.

XLII. Sed ut salubrem magis quam ambitiosum principem scires, querentem de inopia et caritate vini populum severissima coercuit voce : « Satis provisum a genero suo Agrippa, perductis pluribus aquis, ne homines sitirent. » Eidem populo, promissum quidem congiarium reposcenti, «Bonae se fidei esse,» respondit : non promissum autem flagitanti turpitudinem et impudentiam edicto exprobravit, affirmavitque, non daturum, se quamvis dare destinarat. Nec minore gravitate atque constantia, quum, proposito congiario, multos manumissos insertosque civium numero comperisset, negavit accepturos, quibus promissum non esset; ceterisque minus quam promiserat, dedit, ut destinata summa sufficeret. Magna vero quondam sterilitate, ac difficili remedio, quum venalitias et lanistarum familias, peregrinosque

rantie. Il éleva le cens exigé pour les sénateurs, et le porta à douze cent mille sesterces* au lieu de huit cent mille; mais il le compléta pour ceux qui ne le possédaient pas. Il fit fréquemment des dons pécuniaires au peuple : ces dons étaient de diverses sommes ; tantôt de quatre cents sesterces** par tête, tantôt de trois cents, quelquefois de deux cents ou seulement de cinquante. Il n'oubliait pas même les plus jeunes enfans, bien que jusque-là on eût coutume de ne comprendre dans ces libéralités que ceux qui étaient âgés de plus de onze ans. Dans les disettes, on le vit aussi donner des rations de grains, soit pour un prix fort modique, soit gratuitement, et doubler en même temps les distributions d'argent.

XLII. Toutefois, ce qui prouve qu'en cela il se montrait plus bienfaisant que jaloux de flatter le peuple, c'est qu'il sut le réprimer d'un ton fort sévère, quand la rareté et la cherté du vin excitèrent des plaintes : il dit qu'en établissant plusieurs cours d'eau, son gendre Agrippa avait suffisamment pourvu à ce que personne n'eût soif. Un jour ce peuple réclamait une distribution d'argent qu'il avait promise ; il répondit qu'il tiendrait sa parole. Une autre fois, la foule réclamait ce qu'il n'avait point promis ; il lui reprocha dans un édit sa turpitude et son impudence, et affirma que, quoique son intention eût été de donner ce qu'on demandait, il ne le donnerait plus. Il ne montra ni moins de gravité, ni moins de constance, lorsqu'après avoir annoncé une gratification, il s'aperçut que beaucoup d'affranchis et d'intrus s'étaient glissés parmi les citoyens [143] ; car il refusa absolument d'y faire participer ceux auxquels cela n'avait point été

---

* De 159,000 fr. à 238,000, selon les tables de M. Letronne.

** 79 francs 50 cent.

omnes, exceptis medicis et præceptoribus, partemque servitiorum, Urbe expulisset; ut tandem annona convaluit, «impetum se cepisse» scribit, «frumentationes publicas in perpetuum abolendi, quod earum fiducia cultura agrorum cessaret : neque tamen perseverasse, quia certum haberet, posse per ambitionem quandoque restitui.» Atque ita posthac rem temperavit, ut non minorem aratorum ac negotiantium, quam populi, rationem duceret.

XLIII. Spectaculorum et assiduitate, et varietate atque magnificentia, omnes antecessit. Fecisse ludos se, ait, suo nomine quater : pro aliis magistratibus, qui aut abessent, aut non sufficerent, ter et vicies. Fecitque nonnunquam etiam vicatim, ac pluribus scenis, per omnium linguarum histriones. Munera non in foro modo, nec amphitheatro, sed in circo et in Septis, et aliquando nihil præter venationem edidit : athletas quoque, exstructis in campo Martio sedilibus ligneis : item navale prœlium, circa Tiberim cavato solo, in quo nunc Cæsarum nemus est. Quibus diebus custodes in Urbe disposuit, ne raritate remanentium grassatoribus obnoxia esset. In Circo aurigas cursoresque et confectores ferarum, et nonun-

promis, et donna aux autres moins qu'il n'avait dit, afin que la somme destinée à cet usage pût y suffire. Pendant une grande stérilité à laquelle il était difficile de remédier, il chassa de Rome les troupes d'esclaves à vendre, les gladiateurs, et tous les étrangers, à l'exception des médecins et des professeurs ; il expulsa même une partie des autres esclaves. Il nous apprend à ce sujet que, lorsque l'abondance fut revenue, il conçut le projet d'abolir à jamais les distributions de grains, parce que, se reposant sur elles, on négligeait la culture des terres ; que, cependant, il ne persista pas dans l'exécution de ce projet, parce qu'il considéra qu'on ne manquerait pas, après lui, de les rétablir par ambition. Dans la suite il accommoda si bien les choses, qu'il n'eut pas moins d'égard aux intérêts de ceux qui cultivaient les grains ou qui en faisaient le commerce, qu'aux intérêts du peuple.

XLIII. Auguste surpassa tout ce qu'on avait vu jusqu'alors, par la fréquence, la variété et la magnificence des spectacles. Il dit qu'il célébra quatre fois des jeux en son propre nom, et vingt-trois fois pour des magistrats absens, ou qui n'y pouvaient suffire. Il lui arriva aussi de diviser des spectacles par quartier, et en plusieurs troupes d'acteurs de toutes les langues. Il donnait ces jeux, non-seulement dans le forum, ou dans l'amphithéâtre, mais encore dans le cirque et dans l'enceinte des comices [144]; quelquefois il se bornait à des combats de bêtes. Il fit aussi combattre des athlètes au Champ-de-Mars, qu'il entoura de sièges de bois; enfin il y eut près du Tibre une bataille navale, pour laquelle il fit excaver le sol [145], à l'endroit où est aujourd'hui le bois sacré des Césars. Il avait soin, pendant les fêtes, de placer des gardes dans la ville, de peur que les brigands ne

quam ex nobilissima juventute, produxit. Sed et Trojæ
lusum edidit frequentissime, majorum minorumve puerorum dilectu; prisci decorique moris existimans, claræ
stirpis indolem sic notescere. In hoc ludicro C. Nonium
Asprenatem, lapsu debilitatum, aureo torque donavit;
passusque est ipsum posterosque Torquati ferre cognomen. Mox finem fecit talia edendi, Asinio Pollione ora-
tore graviter invidioseque in curia questo Æsernini ne-
potis sui casum, qui et ipse crus fregerat. Ad scenicas
quoque et gladiatorias operas etiam equitibus romanis
aliquando usus est; verum prius, quam senatusconsulto
interdiceretur. Postea nihil sane, præterquam adolescen-
tulum Lucium, honeste natum, exhibuit; tantum ut ostenderet, quod erat bipedali minor, librarum septemdecim, ac vocis immensæ. Quodam autem muneris die,
Parthorum obsides, tunc primum missos, per mediam
arenam ad spectaculum induxit, superque se subsellio
secundo collocavit. Solebat etiam citra spectaculorum
dies, si quando quid invisitatum dignumque cognitu advectum esset, id extra ordinem quolibet loco publicare:
ut rhinocerotem apud Septa, tigrim in scena, anguem
quinquaginta cubitorum pro Comitio. Accidit votivis Circensibus, ut correptus valetudine, lectica cubans, tensas
deduceret : rursus commissione ludorum, quibus theatrum Marcelli dedicabat, evenit, ut, laxatis sellæ curulis
compagibus, caderet supinus. Nepotum quoque suorum

profitassent de l'occasion pour surprendre le petit nombre de ceux qui y restaient. Il fit paraître dans le cirque des conducteurs de chars, des coureurs et des combattans pour attaquer les bêtes féroces, et les choisit quelquefois dans l'élite de la jeunesse romaine. Souvent il représenta le jeu de Troie, prenant pour cela, dans les enfans des familles les plus distinguées, tantôt les plus jeunes, tantôt ceux d'un âge plus avancé; car il pensait qu'il était bien et conforme aux anciennes mœurs de faire paraître de bonne heure les dispositions des plus illustres races. C. Nonnius Asprénas s'étant blessé par une chute dans ces exercices, il lui donna un collier d'or, et permit que lui et ses descendans portassent le nom de Torquatus. Cependant il mit bientôt fin à ces jeux, Asinius Pollion l'orateur ayant porté dans le sénat de vives et amères plaintes de ce qu'Éserninus son neveu s'était cassé la cuisse. Auguste se servit quelquefois dans les jeux scéniques et dans les combats de gladiateurs, de chevaliers romains, mais seulement avant que cela eût été interdit par un sénatus-consulte. A partir de ce moment, il n'y fit figurer aucun homme bien né, excepté le jeune Lucius : encore ne fut-ce que pour le montrer, parce qu'il n'avait pas deux pieds de haut, ne pesait pas dix-sept livres, et que cependant sa voix était très-forte. En un jour de spectacle, il fit traverser l'arène aux otages parthes, alors envoyés pour la première fois, et les plaça au dessus de lui sur le second banc. Lors même que ce n'était point jour de représentation, s'il arrivait à Rome quelque chose qu'on n'eût point encore vu, et qui fût digne d'être connu, il l'exposait aux regards du public en quelque lieu que cela fût; c'est ainsi qu'il fit voir le rhinocéros au Champ-de-Mars, le tigre au théâtre, et un serpent de

munere, quum consternatum ruinæ metu populum retinere et confirmare nullo modo posset, transiit e loco suo, atque in ea parte consedit, quæ suspecta maxime erat.

XLIV. Spectandi confusissimum ac solutissimum morem correxit ordinavitque, motus injuria senatoris, quem Puteolis per celeberrimos ludos consessu frequenti nemo receperat. Facto igitur decreto patrum, ut, quoties quid spectaculi usquam publice ederetur, primus subselliorum ordo vacaret senatoribus; Romæ legatos liberarum sociarumque gentium vetuit in orchestra considere, quum, quosdam etiam libertini generis mitti, deprehendisset. Militem secrevit a populo. Maritis e plebe proprios ordines assignavit : prætextatis cuneum suum, et proximum pædagogis : sanxitque, ne quis pullatorum media cavea sederet. Feminis ne gladiatores quidem, quos promiscue spectari solemne olim erat, nisi ex superiore loco spectare concessit solis. Virginibus vestalibus locum in theatro separatim, et contra prætoris tribunal dedit. Athletarum vero spectaculo muliebre secus omnes adeo summovit, ut pontificalibus

cinquante coudées devant le Comitium. Surpris par une maladie un jour où l'on célébrait des jeux dans le cirque pour l'accomplissement d'un vœu, il guida de sa litière la pompe solennelle des images des dieux. Une autrefois, pendant les jeux pour la dédicace du théâtre de Marcellus, les liens de sa chaise curule se rompirent, et il tomba en arrière. Dans un spectacle donné par ses petits-fils, voyant qu'il ne pouvait par aucun moyen retenir ni rassurer le peuple, qui redoutait la chute de l'édifice, il quitta sa place et alla s'asseoir précisément à l'endroit pour lequel on craignait le plus.

XLIV. La plus grande confusion régnait parmi les spectateurs, qui s'asseyaient sans observer aucune espèce de règle. Auguste corrigea cet abus en introduisant de l'ordre; ce qui l'y détermina, ce fut l'injure essuyée par un sénateur à Pouzzoles, où le théâtre étant rempli, personne n'avait voulu le recevoir. Il fut ordonné par un décret du sénat que, toutes les fois qu'il y aurait un spectacle quelconque, les sièges du premier rang seraient réservés pour les sénateurs. Auguste défendit qu'à Rome les ambassadeurs des nations libres et alliées vinssent s'asseoir à l'orchestre; car il avait remarqué parmi eux des hommes de la condition des affranchis. Il sépara du peuple le soldat [146]; il assigna des sièges particuliers aux hommes mariés, donna à ceux qui portaient encore la robe prétexte des gradins spéciaux, et fit placer leurs maîtres sur des bancs près d'eux [147]. Il interdit aux hommes mal vêtus [148] le centre de la salle. Quant aux femmes qui étaient ordinairement mêlées parmi les autres spectateurs, il ne voulut pas même qu'elles pussent assister aux combats de gladiateurs, à moins qu'elles ne fussent seules et sur les rangs les plus élevés. Il marqua pour les

ludis pugilum par postulatum distulerit in sequentis diei matutinum tempus, edixeritque, « Mulieres ante horam quintam venire in theatrum, non placere. »

XLV. Ipse circenses ex amicorum fere libertorumque cœnaculis spectabat, interdum e pulvinari, et quidem cum conjuge ac liberis, sedens. Spectaculo plurimas horas, aliquando totos dies aberat, petita venia, commendatisque, qui suam vicem præsidendo fungerentur. Verum quoties adesset, nihil præterea agebat : seu vitandi rumoris causa, quo patrem Cæsarem vulgo reprehensum commemorabat, quod inter spectandum epistolis libellisque legendis ac rescribendis vacaret; seu studio spectandi ac voluptate, qua teneri se neque dissimulavit unquam, et sæpe ingenue professus est. Itaque corollaria et præmia alienis quoque muneribus ac ludis et crebra et grandia de suo offerebat : nullique Græco certamini interfuit, quo non pro merito certantium quemque honorarit. Spectavit autem studiosissime pugiles, et maxime Latinos : non legitimos atque ordinarios modo, quos etiam committere cum Græcis solebat; sed et catervarios oppidanos, inter angustias vicorum pugnantes temere ac sine arte. Universum denique genus operas aliquas publico spectaculo præbentium etiam cura sua dignatus est. Athletis et conservavit privilegia,

vestales une place séparée, tout près du tribunal du préteur. Enfin il éloigna toutes les femmes des spectacles d'athlètes, et apporta tant de sévérité à l'exécution de cette mesure, qu'aux jeux pontificaux [149] il remit au lendemain matin un pugilat qu'on lui demandait, et dit qu'il ne lui plaisait pas que les femmes vinssent au théâtre avant la cinquième heure.

XLV. Il avait coutume de regarder les jeux du cirque de l'un des cabinets de ses amis ou ses affranchis. Parfois aussi il se plaçait avec sa femme et ses enfans dans le lieu destiné à recevoir les images des dieux [150]. Souvent il était absent du spectacle des heures ou même des jours entiers; alors il s'excusait et désignait quelqu'un pour présider à sa place. Mais lorsqu'il y assistait, il ne faisait pas autre chose; soit pour éviter les mauvais bruits, parce qu'il se rappelait qu'on avait beaucoup blâmé César son père de ce qu'il lisait des lettres et y répondait pendant le spectacle; soit qu'en effet il fût captivé par le plaisir : il ne dissimula jamais tout celui que lui causaient ces jeux, et souvent on l'entendit le dire franchement : aussi le vit-on fréquemment donner, de ses deniers, des couronnes et d'autres récompenses d'un grand prix pour des exercices ou pour des jeux qui lui étaient étrangers. Jamais il n'assista à aucun combat à la manière des Grecs, sans rétribuer chacun des lutteurs selon son mérite. Il aimait particulièrement ceux qui se vouaient au pugilat, surtout les Latins, et non-seulement ceux qui en faisaient leur profession et qu'il avait coutume de faire battre avec les Grecs, mais encore les premiers venus, ceux qui luttaient ensemble, sans art, dans les rues et dans les carrefours. Il jugea dignes de sa sollicitude tous les hommes

et ampliavit. Gladiatores sine missione edi prohibuit. Coercitionem in histriones, magistratibus in omni tempore et loco lege vetere permissam, ademit, præterquam ludis et scena. Nec tamen eo minus aut xysticorum certationes, aut gladiatorum pugnas, severissime semper exegit. Nam histrionum licentiam adeo compescuit, ut Stephanionem togatarium, cui in puerilem habitum circumtonsam matronam ministrasse compererat, per trina theatra virgis cæsum relegaverit; Hylan pantomimum, quærente prætore, in atrio domus suæ, nemine excluso, flagellis verberarit; et Pyladen Urbe atque Italia summoverit, quod spectatorem, a quo exsibilabatur, demonstrasset digito, conspicuumque fecisset.

XLVI. Ad hunc modum Urbe urbanisque rebus administratis, Italiam duodetriginta coloniarum numero, deductarum ab se, frequentavit, operibusque ac vectigalibus publicis plurifariam instruxit : etiam jure ac dignatione Urbi quodammodo pro parte aliqua adæquavit, excogitato genere suffragiorum, quæ de magistratibus urbicis Decuriones colonici in sua quisque colonia ferrent, et sub diem comitiorum obsignata Romam mitterent. Ac necubi aut honestorum deficeret copia, aut multitudinis soboles, equestrem militiam petentes etiam ex commendatione publica cujusque oppidi ordinabat;

qui fournissaient quelque aliment aux spectacles publics. Il conserva et amplifia les privilèges des athlètes; il défendit qu'on donnât des jeux de gladiateurs à outrance. Par la loi ancienne, les magistrats avaient, en tout temps et en tout lieu, le droit de punir les acteurs : Auguste le leur ôta, excepté pour ce qui se passait aux jeux ou sur la scène. Cela ne l'empêcha pas néanmoins de régler avec sévérité les combats des athlètes et des gladiateurs; il réprima la licence des histrions, au point qu'il fit battre de verges, sur trois théâtres, l'acteur Stéphanion, et l'exila ensuite, parce qu'il apprit qu'il se faisait servir par une matrone vêtue en jeune garçon, et dont les cheveux étaient coupés comme ceux des esclaves. Sur la plainte du préteur, il fit fouetter Hylas le pantomime dans le vestibule de son palais, qui, pendant ce temps, ne fut fermé à personne; enfin, il chassa de Rome et de l'Italie Pylade, parce que celui-ci avait montré au doigt et fait connaître à tout le monde un spectateur qui le sifflait.

XLVI. Après avoir de la sorte pourvu à l'administration de la capitale, il augmenta la population de l'Italie par les vingt-huit colonies qu'il y établit; il l'enrichit de plusieurs manières, tant par des travaux que par des revenus publics. Il la fit même, en quelque sorte, l'égale de Rome, pour les droits et la dignité; car il imagina un genre de suffrages au moyen duquel les décurions[151] des colonies pourraient chacun voter pour l'élection des magistrats de Rome, en y envoyant, le jour des comices, leurs bulletins cachetés. Afin que jamais il ne manquât de familles honnêtes en aucun lieu, et que la multitude ne fût pas sans postérité, il admettait au service de la cavalerie ceux dont la demande était

at iis, qui e plebe regiones sibi revisenti filios filiasve approbarent, singula nummorum millia pro singulis dividebat.

XLVII. Provincias validiores, et quas annuis magistratuum imperiis regi, nec facile nec tutum erat, ipse suscepit : ceteras proconsulibus sortito permisit, et tamen nonnullas commutavit interdum; atque ex utroque genere plerasque saepius adiit. Urbium quasdam foederatas, sed ad exitium licentia praecipites, libertate privavit : alias, aut aere alieno laborantes levavit, aut terrae motu subversas denuo condidit, aut merita erga populum Romanum allegantes, Latinitate vel civitate donavit. Nec est, ut opinor, provincia, excepta duntaxat Africa et Sardinia, quam non adierit. In has, fugato Sexto Pompeio, trajicere ex Sicilia apparantem continuae et immodicae tempestates inhibuerunt, nec mox occasio aut causa trajiciendi fuit.

XLVIII. Regnorum, quibus belli jure potitus est, praeter pauca, aut iisdem, quibus ademerat, reddidit, aut alienigenis contribuit. Reges socios etiam inter semetipsos necessitudinibus mutuis junxit, promptissimus affinitatis cujusque atque amicitiae conciliator et fautor; nec aliter universos, quam membra partesque imperii, curae habuit, rectorem quoque solitus apponere aetate parvis

appuyée d'une recommandation de leur cité, et quand il faisait la revue d'une section [152], il donnait aux plébéiens, qui lui justifiaient de l'existence de fils ou de filles, mille sesterces* pour chacun d'eux.

XLVII. Il prit lui-même l'administration des provinces les plus importantes, qu'il n'était ni facile ni sûr de faire régir par des magistrats annuels. Il laissa les proconsuls se partager les autres par la voie du sort; néanmoins il fit parfois des échanges [153], et souvent il visita la plupart de ces provinces, de l'une et de l'autre espèce. Il priva de leur liberté quelques villes alliées que la licence conduisait à leur perte; il en soulagea d'autres qui étaient criblées de dettes, et releva de leurs ruines celles que des tremblemens de terre avaient ravagées; enfin il conféra le droit des Latins ou celui de cité à quelques-unes, qui faisaient valoir des services envers le peuple romain. Je ne crois pas qu'excepté l'Afrique et la Sardaigne il y ait une province où il ne soit allé. Il se préparait à passer de la Sicile dans ces deux contrées, après avoir vaincu Sextus Pompée; mais de violentes et continuelles tempêtes l'en empêchèrent : dans la suite, il n'eut plus d'occasion ni de motif d'y aller.

XLVIII. A peu d'exceptions près, il rendit les royaumes, que le droit de la guerre mettait en son pouvoir, à ceux auxquels il les avait pris, ou bien il les donna à des étrangers. Il unit entre eux, par les liens du sang, les rois alliés; il se montra toujours l'ardent protecteur et le négociateur de toutes les unions et de toutes les liaisons d'amitié. Dans sa sollicitude pour eux, il les regardait tous comme les membres, les parties intégrantes de l'empire. Il avait coutume aussi de donner des tuteurs

* 198 francs.

ac mente lapsis, donec adolescerent, aut resipiscerent : ac plurimorum liberos et educavit simul cum suis et instituit.

XLIX. Ex militaribus copiis legiones et auxilia provinciatim distribuit : classem Miseni et alteram Ravennæ, ad tutelam superi et inferi maris, collocavit. Certum numerum partim in Urbis, partim in sui custodiam allegit, dimissa Calagurritanorum manu, quam usque ad devictum Antonium, item Germanorum, quam usque ad cladem Varianam, inter armigeros circa se habuerat. Neque tamen unquam plures quam tres cohortes in Urbe esse passus est, easque sine castris : reliquas in hiberna et æstiva circa finitima oppida dimittere assuerat. Quicquid autem ubique militum esset, ad certam stipendiorum præmiorumque formulam astrinxit, definitis pro gradu cujusque et temporibus militiæ, et commodis missionum, ne aut ætate aut inopia post missionem sollicitari ad res novas possent. Utque perpetuo ac sine difficultate sumptus ad tuendos eos prosequendosque suppeteret, ærarium militare cum vectigalibus novis instituit. Et quo celerius ac sub manum annunciari cognoscique posset, quid in provincia quaque gereretur, juvenes primo modicis intervallis per militares vias, dehinc vehicula, disposuit. Commodius id visum est, ut, qui a loco perferunt litteras, iidem interrogari quoque, si quid res exigant, possint.

aux mineurs et aux aliénés, jusqu'à leur majorité ou à leur guérison. Il éleva et instruisit avec les siens les enfans d'un grand nombre de ces rois.

XLIX. Quant à l'armée, il divisa par provinces les légions et les contingens des alliés [154]; et, afin de protéger la mer supérieure et la mer inférieure, il établit une flotte à Misène, une autre à Ravenne. Il tint à Rome un certain nombre de troupes choisies, tant pour sa garde que pour celle de la ville, et licencia le corps des Calagurritains qu'il avait conservé jusqu'après sa victoire sur Antoine, et celui des Germains qui avait fait partie de sa garde jusqu'après la défaite de Varus. Il ne souffrit pas cependant qu'il y eût jamais plus de trois cohortes dans la ville, encore n'y campaient-elles pas; il mettait habituellement les autres en quartiers d'hiver ou d'été, dans les environs des villes voisines. Il fixa, pour tous les gens de guerre, la paie et le taux des récompenses d'après les grades et le temps du service; il détermina les retraites attachées aux congés, afin qu'après les avoir obtenus, le besoin ne devînt pas pour les vieux soldats une occasion de troubles. Pour qu'à l'avenir on pût toujours faire face aux frais d'entretien et de pension du soldat, il créa une caisse militaire avec des revenus nouveaux. Voulant que l'on pût connaître promptement ce qui se passait dans les provinces, il disposa sur les routes militaires, à de courtes distances [155], d'abord, des jeunes gens, puis des voitures, parce qu'il lui parut plus commode de pouvoir interroger aussi les courriers qui lui étaient dépêchés d'un lieu quelconque, quand les circonstances l'exigeaient.

L. In diplomatibus, libellisque et epistolis signandis, initio sphinge usus est; mox imagine Magni Alexandri; novissime sua, Dioscoridis manu sculpta, qua signare insecuti quoque principes perseverarunt. Ad epistolas omnes horarum quoque momenta, nec diei modo, sed et noctis, quibus datæ significarentur, addebat.

LI. Clementiæ civilitatisque ejus multa et magna documenta sunt. Ne enumerem, quot et quos diversarum partium, venia et incolumitate donatos, principem etiam in civitate locum tenere passus sit; Junium Novatum, et Cassium Patavinum, e plebe homines, alterum pecunia, alterum levi exsilio punire satis habuit : quum ille Agrippæ juvenis nomine asperrimam de se epistolam in vulgus edidisset; hic convivio pleno proclamasset, « Neque votum sibi neque animum deesse, confodiendi eum. » Quadam vero cognitione, quum Æmilio Æliano Cordubensi inter cetera crimina vel maxime objiceretur, quod male opinari de Cæsare soleret; conversus ad accusatorem, commotoque similis, « Velim, » inquit, « hoc mihi probes : faciam, sciat Ælianus, et me linguam habere; plura enim de eo loquar. » Nec quicquam ultra, aut statim aut postea, inquisivit. Tiberio quoque de eadem re, sed violentius, apud se per epistolam conquerenti, ita rescripsit : « Ætati tuæ, mi Tiberi, noli in hac re indulgere, et nimium indignari, quemquam esse, qui de me

L. Le cachet qu'il apposait aux actes publics, aux requêtes et aux lettres, fut d'abord un sphinx ; il se servit ensuite de l'image d'Alexandre[156], et en dernier lieu de la sienne, qui avait été sculptée de la main de Dioscoride, et de laquelle les princes ses successeurs continuèrent à faire usage. Dans toutes ses lettres, il avait soin d'ajouter à quelle heure ou du jour ou de la nuit elles avaient été écrites.

LI. On a de grandes et de nombreuses preuves de sa clémence et de sa douceur. Je ne citerai pas tous ses adversaires qu'il a laissés sains et saufs, et qui occupaient même dans l'état jusqu'au premier rang, mais je nommerai Junius Novatus et Cassius de Padoue, tous deux plébéiens ; il se contenta de punir l'un d'une amende, et de prononcer contre l'autre un léger exil : cependant le premier avait, sous le nom du jeune Agrippa, publié une lettre où il le déchirait, et le second s'était écrié en pleine table que, pour le tuer, il ne manquait ni de volonté ni de courage. Dans un procès criminel, on reprochait à Emilius Élianus de Cordoue, parmi plusieurs autres crimes, celui de mal penser de l'empereur. Celui-ci se tourna vers l'accusateur et s'écria : « Je voudrais bien que vous pussiez me prouver cela ; je ferais en sorte qu'on sache que j'ai aussi une langue, et j'en dirais encore bien plus sur son compte » ; et il ne s'en occupa pas davantage, ni dans le moment, ni dans la suite. Il répondit à Tibère qui, dans une lettre, se plaignait avec véhémence de ce genre de crime : « N'écoutez pas, en cela, la chaleur de votre âge, et ne vous indignez pas trop que quelqu'un parle mal de moi. Il vous suffit que nous soyons assurés que personne ne peut nous faire de mal. »

male loquatur. Satis est enim, si hoc habemus, ne quis nobis male facere possit. »

LII. Templa, quamvis sciret etiam proconsulibus decerni solere, in nulla tamen provincia, nisi communi suo Romæque nomine, recepit. Nam in Urbe quidem pertinacissime abstinuit hoc honore. Atque etiam argenteas statuas, olim sibi positas, conflavit omnes, ex quîs aureas cortinas Apollini Palatino dedicavit. Dictaturam magna vi offerente populo, genu nixus, dejecta ab humeris toga, nudo pectore deprecatus est.

LIII. Domini appellationem, ut maledictum et opprobrium, semper exhorruit. Quum, spectante eo ludos, pronunciatum esset a mimo, « O Dominum æquum et bonum! » et universi, quasi de ipso dictum, exsultantes comprobassent; et statim manu vultuque indecoras adulationes repressit, et insequenti die gravissimo corripuit edicto, dominumque se posthac appellari, ne a liberis quidem aut nepotibus suis, vel serio vel joco, passus est : atque hujusmodi blanditias etiam inter ipsos prohibuit. Non temere Urbe oppidove ullo egressus, aut quoquam ingressus est, nisi vespera aut noctu, ne quem officii causa inquietaret. In consulatu pedibus fere, extra consulatum sæpe adaperta sella, per publicum incessit. Promiscuis salutationibus admittebat et plebem, tanta comitate adeuntium desideria excipiens, ut quemdam joco corripuerit, quod « sic sibi libellum porrigere dubi-

LII. Quoiqu'il sût fort bien que l'on décernait des temples même aux proconsuls, il n'en accepta dans aucune province, à moins que ce ne fût à la fois au nom de Rome et au sien. Dans la ville même, il refusa constamment cet honneur ; il fit aussi fondre toutes les statues d'argent [157] qu'on lui avait autrefois dressées, et de leur prix il dédia plusieurs trépieds d'or à Apollon Palatin. Le peuple lui offrant avec beaucoup d'instance la dictature, il s'en excusa [158] en fléchissant le genou, en abaissant sa toge et en se découvrant la poitrine.

LIII. Il eut toujours horreur du titre de maître qu'il regardait comme une injure et un opprobre. Un jour qu'il assistait aux jeux, l'acteur ayant dit : « O maître juste et bon ! » tous les spectateurs applaudirent, en lui en faisant l'application ; mais il réprima de la main et du regard ces indécentes adulations, et, le jour suivant, il les flétrit par un édit. Dans la suite, il ne souffrit pas même que ses enfans ou ses petits-fils lui donnassent ce titre, ni sérieusement, ni par forme de plaisanterie, et il leur interdit ce genre de courtoisie entre eux. S'il sortait de Rome ou de toute autre ville, ou s'il y rentrait, ce n'était guère que le soir ou la nuit, de peur de causer du dérangement par les honneurs qu'on lui rendait. Quand il était consul, il allait presque toujours à pied, et, en d'autres temps, il se faisait porter en litière découverte. Les jours de réception, il admettait aussi les gens du peuple, et écoutait leurs demandes avec tant de douceur, qu'un jour il reprocha plaisamment à quelqu'un de s'y prendre, pour lui donner un placet, avec autant de

taret, quasi elephanto stipem.» Die senatus nunquam patres nisi in curia salutavit, et quidem sedentes, ac nominatim singulos, nullo summonente : et discedens eodem modo sedentibus valere dicebat. Officia cum multis mutuo exercuit; nec prius dies cujusque solemnes frequentare desiit, quam grandior jam natu, et in turba quondam sponsaliorum die vexatus. Gallum Terrinium senatorem, minus sibi familiarem, sed captum repente oculis, et ob id inedia mori destinantem, præsens consolando revocavit ad vitam.

LIV. In Senatu verba facienti dictum est, « Non intellexi : » et ab alio, « Contradicerem tibi, si locum haberem. » Interdum ob immodicas altercationes disceptantium e curia per iram se proripienti quidam ingesserunt, « Licere oportere senatoribus de Republica loqui. » Antistius Labeo senatus lectione, quum triumvirum legeret M. Lepidum, hostem olim ejus, et tunc exsulantem, [legit;] interrogatus [que] ab eo, an essent alii digniores, « Suum quemque judicium habere, » respondit. Nec ideo libertas aut contumacia fraudi cuiquam fuit.

LV. Etiam sparsos de se in curia famosos libellos nec expavit, nec magna cura redarguit : ac, ne requisitis quidem auctoribus, id modo censuit, cognoscendum posthac de iis, qui libellos aut carmina ad infamiam

précaution que s'il s'agissait de présenter une pièce de monnaie à un éléphant. Les jours d'assemblée du sénat, il ne saluait les sénateurs que dans la salle où ils se réunissaient [159], et, quand ils étaient assis, en les nommant chacun par son nom, sans qu'il eût besoin de personne pour le lui rappeler; en s'en allant, il prenait congé d'eux de la même manière. Il entretenait avec beaucoup de citoyens un commerce de devoirs réciproques, et ne cessa d'assister à leurs fêtes de familles que dans sa vieillesse, et après avoir, un jour, été serré par la foule, dans une cérémonie de fiançailles. Le sénateur Gallus Terrinius, qui n'était point de son intimité, fut subitement privé de la vue; il voulait se laisser mourir de faim : Auguste alla le voir, le consola et le rappela à la vie.

LIV. Un jour qu'il parlait dans le sénat, quelqu'un s'écria : *Je ne comprends pas;* un autre : *Je contredirais si la parole m'était donnée.* Quelquefois la colère que lui causaient des discussions immodérées le faisant sortir de la salle, on lui criait qu'il devait être permis aux sénateurs de parler des affaires publiques. Lors de la nomination des sénateurs, Antistius Labéon [160] ayant choisi le triumvir Lépide, l'ancien ennemi d'Auguste, et qui alors était exilé, celui-ci lui demanda s'il en connaissait d'autres plus dignes encore. Labéon répondit que chacun avait son jugement libre. Nul n'eut à se repentir de sa franchise ou de son audace.

LV. Il ne craignit point les libelles diffamatoires répandus dans le sénat contre lui [161], et ne prit pas grand soin de les réfuter : ne s'inquiétant pas même de savoir quels étaient leurs auteurs, il ordonna seulement pour

cujuspiam sub alieno nomine edant. Jocis quoque quorumdam invidiosis aut petulantibus lacessitus, contradixit edicto. Et tamen de inhibenda testamentorum licentia ne quicquam constitueretur, intercessit.

LVI. Quoties magistratuum comitiis interesset, tribus cum candidatis suis circumibat, supplicabatque more solemni. Ferebat et ipse suffragium in tribubus, ut unus e populo. Testem se in judiciis et interrogari, et refelli, æquissimo animo patiebatur. Forum angustius fecit, non ausus extorquere possessoribus proximas domos. Nunquam filios suos populo commendavit, ut non adjiceret, « Si merebuntur. » Eisdem, prætextatis adhuc, assurrectum ab universis in theatro, et a stantibus plausum, gravissime questus est. Amicos ita magnos et potentes in civitate esse voluit, ut tamen pari jure essent quo ceteri, legibusque judiciariis æque tenerentur. Quum Asprenas Nonius, artius ei junctus, causam veneficii, accusante Cassio Severo, diceret; consuluit senatum, quid officii sui putaret : « Cunctari enim se, ne, si superesset, eriperet legibus reum; sin deesset, destituere ac prædamnare amicum existimaretur. » Et, consentientibus universis, sedit in subselliis per aliquot horas; verum tacitus, ac ne laudatione quidem judiciali data. Affuit et clientibus : sicut Scutario cuidam, evocato quondam suo, qui postulabatur injuriarum. Unum omnino e reorum

l'avenir que l'on poursuivît ceux qui, sous un nom emprunté, publieraient des pamphlets ou des vers attentatoires à la réputation de qui que ce fût. En butte à des plaisanteries haineuses et inconvenantes, il y répondit dans un édit; cependant il s'opposa à ce qu'il fût pris aucune mesure pour réprimer la licence du langage employé dans les testamens [162].

LVI. Toutes les fois qu'il assistait aux comices pour la création des magistrats, il parcourait les tribus avec ses candidats, en faisant les supplications accoutumées. Lui-même il votait dans les tribus [163] comme un simple citoyen. Témoin dans les affaires judiciaires, il souffrait patiemment qu'on l'interrogeât et même qu'on le réfutât. Il construisit le forum plus étroit qu'il ne l'aurait voulu, n'ayant pas osé dépouiller les possesseurs des maisons voisines. Jamais il ne recommanda ses fils au peuple romain sans ajouter *s'ils le méritent.* Il se plaignit beaucoup de ce qu'au théâtre tout le monde se fût levé pour eux, en les applaudissant, tandis qu'ils portaient encore la robe prétexte. Il voulut que ses amis fussent grands et puissans dans l'état, mais qu'ils ne fussent pas au dessus des lois, et qu'ils demeurassent soumis aux mêmes tribunaux que les autres. Asprenas Nonius [164], intimement lié avec lui, avait à se défendre d'une accusation d'empoisonnement portée par Cassius Sévère. Auguste consulta le sénat pour savoir ce qu'il avait à faire. Il craignait, s'il gagnait sa cause, d'arracher le coupable à la vindicte des lois; et, d'un autre côté, il craignait, s'il ne l'assistait, de passer pour abandonner son ami, et le condamner avant le temps. Du consentement de tous, il alla s'asseoir pendant quelques heures sur les bancs [165]; mais il se tut, et ne se servit

numero, ac ne eum quidem, nisi precibus, eripuit, exorato coram judicibus accusatore, Castricium, per quem de conjuratione Murenæ cognoverat.

LVII. Pro quibus meritis quanto opere dilectus sit, facile est existimare. Omitto senatusconsulta, quia possunt videri vel necessitate expressa, vel verecundia. Equites Romani natalem ejus sponte atque consensu biduo semper celebrarunt. Omnes ordines in lacum Curtii quotannis ex voto pro salute ejus stipem jaciebant; item kalendis januariis strenam in Capitolio, etiam absenti : ex qua summa pretiosissima Deorum simulacra mercatus, vicatim dedicabat : ut Apollinem Sandaliarium, et Jovem Tragœdum, aliaque. In restitutionem Palatinæ domus, incendio absumptæ, veterani, decuriæ, tribus, atque etiam singillatim e cetero genere hominum, libentes ac pro facultate quisque pecunias contulerunt; delibante tantummodo eo summarum acervos, neque ex quoquam plus denario auferente. Revertentem ex provincia non solum faustis ominibus, sed et modulatis carminibus prosequebantur. Observatum etiam est, ne, quoties introiret Urbem, supplicium de quoquam sumeretur.

pas même du moyen des louanges judiciaires. Il assista toujours ses cliens, et notamment un certain Scutarius [166], l'un de ses anciens soldats, qui était poursuivi pour injures. Parmi tous les accusés, il n'en sauva jamais qu'un seul, encore fut-ce au moyen de la prière, en apaisant l'accusateur à la face des juges : cet accusé était Castricius qui lui avait découvert la conjuration de Murena.

LVII. Il est aisé d'imaginer combien une pareille conduite le fit aimer. Je ne parlerai point des sénatus-consultes qui pouvaient avoir été arrachés par la nécessité ou par le respect; mais je dirai que de leur propre mouvement et d'un consentement unanime, les chevaliers romains célébrèrent sa naissance pendant deux jours. Chaque année, tous les ordres de l'état jetaient dans le gouffre de Curtius des pièces d'argent pour son salut. Lors même qu'il était absent, on portait des étrennes au Capitole [167], et, de cet argent, il achetait les plus précieuses statues des dieux et les faisait élever dans les divers quartiers de la ville : tel était l'Apollon des Sandales [168], le Jupiter Tragédien, etc. Sa maison du mont Palatin ayant été brûlée, les vétérans, les décuries, les tribus, et les particuliers de toutes les classes se mirent volontairement à contribution, versant chacun la somme que ses facultés lui permettaient de donner; mais Auguste ne fit en quelque sorte que toucher aux monceaux d'argent qu'on lui apportait, et n'accepta de personne au delà d'un denier. A son retour de la province, non-seulement on le comblait de vœux et de louanges, mais on chantait encore des vers en son honneur; on avait soin aussi de ne point exécuter de jugemens criminels, quand il entrait dans la ville.

LVIII. Patris patriæ cognomen universi repentino maximoque consensu detulerunt ei. Prima plebs, legatione Antium missa : dein, quia non recipiebat, ineunti Romæ spectacula frequens et laureata : mox in Curia Senatus, neque decreto, neque acclamatione, sed per Valerium Messalam. Is, mandantibus cunctis, «Quod bonum,» inquit, «faustumque sit tibi, domuique tuæ, Cæsar Auguste : sic enim nos perpetuam felicitatem Reipublicæ et læta huic precari existimamus : Senatus te, consentiens cum populo Romano, consalutat PATRIÆ PATREM.» Cui lacrymans respondit Augustus his verbis (ipsa enim, sicut Messalæ, posui) : «Compos factus votorum meorum, patres conscripti, quod habeo aliud Deos immortales precari, quam ut hunc consensum vestrum ad ultimum vitæ finem mihi perferre liceat?»

LIX. Medico Antonio Musæ, cujus opera ex ancipiti morbo convaluerat, statuam ære collato juxta signum Æsculapii statuerunt. Nonnulli patrum familiarum testamento caverunt, ut ab heredibus suis prælato titulo victimæ in Capitolium ducerentur, votumque pro se solveretur, QUOD SUPERSTITEM AUGUSTUM RELIQUISSENT. Quædam Italiæ civitates diem, quo primum ad se venisset, initium anni fecerunt. Provinciarum pleræque super templa et aras, ludos quoque quinquennales pæne oppidatim constituerunt.

LX. Reges amici atque socii, et singuli in suo quis-

LVIII. Le surnom de *père de la patrie* [169] lui fut conféré d'un consentement subit et universel. Les plébéiens lui envoyèrent à ce sujet une députation à Antium. Mais il n'accepta point cette distinction qu'un peuple nombreux et couronné de lauriers lui donna encore à Rome, au moment où il entrait au spectacle, et que bientôt le sénat lui confirma, non par un décret ni par acclamations, mais par l'organe de Valerius Messala, qui dit, au nom de tous : « César Auguste, nous te souhaitons, à toi et à ta maison, ce qui peut tourner à ton bonheur et à son avantage; car c'est souhaiter l'éternelle félicité de la république et la prospérité du sénat. Ce sénat, d'accord avec le peuple romain, te salue Père de la Patrie. » Auguste, les larmes aux yeux, répondit en ces termes (je me sers de ses propres paroles, comme je l'ai fait pour le discours de Messala) : « Sénateurs, mes vœux sont accomplis : que pourrais-je encore demander aux dieux immortels, sinon de conserver jusqu'au terme de ma vie cet accord dans vos sentimens envers moi? »

LIX. Le médecin Antonius Musa l'ayant sauvé d'une maladie dangereuse [170], on lui éleva, par souscription, une statue d'airain à côté de celle d'Esculape. Dans leur testament, quelques chefs de famille ordonnèrent à leurs héritiers de conduire des victimes au Capitole, de les faire précéder d'inscriptions, et d'accomplir un sacrifice en actions de grâces *de ce qu'ils avaient laissé Auguste vivant après eux*. Quelques villes d'Italie commencèrent leur année du jour où il les visita pour la première fois. Outre les temples et les autels qu'elles lui dédiaient, la plupart des provinces instituèrent aussi des jeux à célébrer tous les cinq ans et dans presque toutes les villes.

LX. Les rois amis et alliés fondèrent chacun dans

que regno Cæsareas urbes condiderunt, et cuncti simul ædem Jovis Olympii, Athenis antiquitus inchoatam, perficere communi sumptu destinaverunt, Genioque ejus dedicare; ac sæpe regnis relictis, non Romæ modo, sed provincias peragranti, quotidiana officia togati, ac sine regio insigni, more clientium præstiterunt.

LXI. Quoniam, qualis in imperiis ac magistratibus, regendaque per terrarum orbem pace belloque Republica fuerit, exposui; referam nunc interiorem ac familiarem ejus vitam, quibusque moribus atque fortuna domi et inter suos egerit a juventa usque ad supremum vitæ diem. Matrem amisit in primo consulatu, sororem Octaviam quinquagesimum et quartum agens ætatis annum. Utrique quum præcipua officia vivæ præstitisset, etiam defunctæ honores maximos tribuit.

LXII. Sponsam habuerat adolescens P. Servilii Isaurici filiam : sed reconciliatus post primam discordiam Antonio, expostulantibus utriusque militibus, ut et necessitudine aliqua jungerentur, privignam ejus Claudiam, Fulviæ ex P. Clodio filiam, duxit uxorem, vixdum nubilem; ac simultate cum Fulvia socru exorta, dimisit intactam adhuc et virginem. Mox Scriboniam in matrimonium accepit, nuptam ante duobus consularibus, et ex altero etiam matrem. Cum hac etiam divortium fecit,

son royaume, des villes appelées *Césarées*[171], et tous ensemble résolurent de faire achever à frais communs le temple de Jupiter Olympien anciennement commencé à Athènes, et de le consacrer au génie d'Auguste. Souvent ils abandonnaient leurs royaumes pour venir le trouver, non-seulement à Rome, mais encore dans ses voyages dans les provinces. On les voyait alors sans leurs insignes, et vêtus simplement d'une toge, lui rendre des devoirs journaliers comme s'ils eussent été ses cliens.

LXI. Maintenant que j'ai exposé quel fut Auguste dans l'exercice du commandement et des magistratures, et comment il gouvernait la république pendant la guerre et pendant la paix; je ferai connaître son intérieur et sa vie privée, je dirai quelles furent depuis sa jeunesse, et, jusqu'à son dernier jour, ses mœurs envers les siens, et quel fut le sort de sa maison. Pendant son premier consulat, il perdit sa mère[172]; il était âgé de cinquante-quatre ans, quand sa sœur Octavie mourut. Il avait eu pour elles les plus grands égards pendant leur vie; il leur rendit les plus grands honneurs après leur mort.

LXII. Dans son adolescence, il avait été fiancé à la fille de Servilius Isauricus[173]; mais après la réconciliation qui suivit ses premières dissensions avec Antoine, les soldats des deux partis demandant une alliance entre leurs chefs, il épousa la belle-fille d'Antoine, Claudia, que Fulvie avait eue de Clodius, et qui était à peine nubile. Cependant s'étant brouillé avec Fulvie[174], il répudia Claudia, qu'il avait encore laissée vierge. Bientôt il reçut en mariage Scribonia[175], qui, précédemment, avait été mariée à deux hommes consulaires, dont le second l'avait rendue mère. Auguste divorça aussi

pertæsus, ut scribit, morum perversitatem ejus : ac statim Liviam Drusillam matrimonio Tiberii Neronis, et quidem prægnantem, abduxit, dilexitque et probavit unice ac perseveranter.

LXIII. Ex Scribonia Juliam, ex Livia nihil liberorum tulit, quum maxime cuperet. Infans, qui conceptus erat, immaturus est editus. Juliam primum Marcello, Octaviæ sororis suæ filio, tantum quod pueritiam egresso, deinde, ut is obiit, M. Agrippæ nuptum dedit, exorata sorore, ut sibi genero cederet : nam tunc Agrippa alteram Marcellarum habebat, et ex ea liberos. Hoc quoque defuncto., multis, ac diu, etiam ex equestri ordine, circumspectis conditionibus, Tiberium privignum suum legit, coegitque prægnantem uxorem, et ex qua jam pater erat, dimittere. M. Antonius scribit, « Primum eum Antonio filio suo despondisse Juliam; dein Cotisoni, Getarum regi : quo tempore sibi quoque invicem filiam regis in matrimonium petisset. »

LXIV. Nepotes ex Agrippa et Julia tres habuit, Caium, Lucium, et Agrippam : neptes duas, Juliam, et Agrippinam. Juliam L. Paulo, censoris filio, Agrippinam Germanico, sororis suæ nepoti, collocavit. Caium et Lucium adoptavit, domi per assem et libram emtos a patre Agrippa : tenerosque adhuc ad curam reipublicæ admovit : et consules designatos circum provincias exercitusque dimisit. Filiam et neptes ita instituit, ut etiam

d'avec elle, et il écrit que ce fut par suite du dégoût que lui inspirait la perversité de ses mœurs. Sur-le-champ il enleva Livie Drusilla à Tiberius Néron, son mari, et cela, quoiqu'elle fût enceinte; il l'aima et l'estima sans partage et avec une entière constance.

LXIII. Il avait eu de Scribonia sa fille Julie. Livie ne lui donna point de postérité, quoiqu'il le désirât vivement: l'enfant qu'elle avait conçu fut mis au jour avant terme. Auguste maria d'abord Julie à Marcellus, fils de sa sœur Octavie [176], qui était à peine sorti de l'enfance; puis, quand il mourut, il la donna en mariage à M. Agrippa, en obtenant de sa sœur qu'elle lui cédât ce gendre; car alors Agrippa était uni à l'une des filles de Marcellus, et en avait des enfans. Agrippa étant mort comme le premier mari de Julie, Auguste chercha long-temps, même dans l'ordre des chevaliers; enfin il arrêta son choix sur Tibère, son beau-fils, qu'il contraignit de congédier une femme enceinte, qui l'avait déjà rendu père. M. Antoine dit que, d'abord, il avait promis Julie à son fils Antoine, puis à Cotison, roi des Gètes, dans le temps où il demandait, pour lui-même, la fille de ce roi en mariage [177].

LXIV. Agrippa et Julie lui donnèrent trois petits-fils, Caïus, Lucius et Agrippa, et deux petites-filles, Julie et Agrippine. Il maria Julie à L. Paulus, fils du censeur [178], et Agrippine à Germanicus, petit-fils de sa sœur [179]. Il adopta Caïus et Lucius, après les avoir achetés de leur père Agrippa, dans sa maison, par l'as et la balance [180] : très-jeunes encore, il les appliqua à l'administration des affaires, et, désignés consuls, il les envoya aux provinces et aux armées. Il habitua sa fille et ses petites-filles à travailler la laine, et

lanificio assuefaceret, vetaretque loqui, aut agere quicquam, nisi propalam, et quod in diurnos commentarios referretur. Extraneorum quidem cœtu adeo prohibuit, ut L. Vinicio, claro decoroque juveni, scripserit quondam, « Parum modeste fecisse eum, quod filiam suam Baias salutatum venisset. » Nepotes et literas, et notare, aliaque rudimenta, per se plerumque docuit : ac nihil æque elaboravit, quam ut imitarentur chirographum suum. Neque cœnavit una, nisi ut in imo lecto assiderent : neque iter fecit, nisi ut vehiculo anteirent, aut circa adequitarent.

LXV. Sed lætum eum, atque fidentem et sobole et disciplina domus, fortuna destituit. Julias, filiam et neptem, omnibus probris contaminatas, relegavit. Caium et Lucium in duodeviginti mensium spatio amisit ambos, Caio in Lycia, Lucio Massiliæ, defunctis. Tertium nepotem, Agrippam, simulque privignum, Tiberium, adoptavit in Foro lege curiata. Ex quibus Agrippam brevi ob ingenium sordidum ac ferox abdicavit, seposuitque Surrentum. Aliquanto autem patientius mortem, quam dedecora suorum tulit. Nam Caii Luciique casu non adeo fractus, de filia absens ac libello per quæstorem recitato, notum senatui fecit; abstinuitque congressu hominum diu præ pudore, etiam de necanda deliberavit. Certe quum sub idem tempus una ex consciis liberta, Phœbe nomine, suspendio vitam finisset, « Maluisse se, »

leur interdit de rien dire ou de rien faire qu'ouvertement, et que ce qui pourrait entrer dans les mémoires journaliers de la maison [181]. Il eut un tel soin de les séquestrer de la société des étrangers, qu'un jour il écrivit à L. Vinicius [182], jeune homme recommandable et de considération, qu'il s'était conduit avec peu de convenance, en venant visiter sa fille à Baies. Il enseigna à ses petits-fils la lecture, l'écriture [183] et les autres élémens, et presque toujours par lui-même, en s'appliquant surtout à leur faire bien imiter son écriture. Quand il mangeait avec eux, il les faisait asseoir au bas de son lit; quand il voyageait, ils allaient devant sa voiture, ou l'accompagnaient à cheval.

LXV. Mais, tandis qu'il fondait son bien-être sur ses enfans et sur la discipline de sa maison, la fortune l'abandonna. Il exila les deux Julies, sa fille et sa petite-fille, qui s'étaient couvertes de toute sorte d'opprobres. Dans l'espace de dix-huit mois, il perdit Caïus et Lucius, le premier étant mort en Lycie [184], le second à Marseille. Alors il adopta dans le forum, et au moyen de la loi des curies, Agrippa, son troisième petit-fils, et en même temps son beau-fils Tibère; mais bientôt le caractère bas et féroce d'Agrippa le détermina à le rejeter de sa famille, et à le reléguer à Surrentum. Auguste supportait mieux la perte que la honte des siens : il ne fut pas entièrement abattu par la fin de Caïus et de Lucius; mais, pour ce qui touchait sa fille, il le communiqua au sénat, en faisant lire un mémoire par le questeur, et n'y vint point. Long-temps retenu par la honte, il s'abstint de toute communication avec les hommes; il alla jusqu'à délibérer s'il ne ferait pas tuer

ait, « Phœbes patrem fuisse. » Relegatæ usum vini, omnemque delicatiorem cultum ademit : neque adiri a quopiam libero servove, nisi se consulto, permisit, et ita, ut certior fieret, qua is ætate, qua statura, quo colore esset, etiam quibus corporis notis, vel cicatricibus. Post quinquennium demum ex insula in continentem, lenioribusque paulo conditionibus, transtulit eam. Nam, ut omnino revocaret, exorari nullo modo potuit; deprecanti sæpe populo romano, et pertinacius instanti, « tales filias talesque conjuges » pro concione imprecatus. Ex nepte Julia post damnationem editum infantem agnosci alique vetuit. Agrippam nihilo tractabiliorem, immo in dies amentiorem, in insulam transportavit, sepsitque insuper custodia militum. Cavit etiam senatusconsulto, ut eodem loci in perpetuum contineretur; atque ad omnem et ejus et Juliarum mentionem ingemiscens, proclamare etiam solebat,

Αἴθ' ὄφελον ἄγαμός τ' ἔμεναι, ἄγονός τ' ἀπολέσθαι·

nec aliter eos appellare, quam tres vomicas, aut tria carcinomata sua.

LXVI. Amicitias neque facile admisit, et constantissime retinuit; non tantum virtutes ac merita cujusque digne prosecutus, sed vitia quoque et delicta, duntaxat

sa fille; et, vers le même temps, une affranchie de ses complices, qu'on appelait Phœbé, s'étant pendue, il dit qu'il aimerait mieux être le père de Phœbé. Il ôta l'usage du vin et toutes les douceurs de la vie à sa fille exilée, et ne souffrit qu'aucun homme, soit libre, soit esclave, lui rendît visite sans sa permission et sans qu'il sût ainsi quel était son âge, sa tournure, la couleur de son visage [185] : il voulait tout connaître jusqu'aux marques et aux cicatrices du corps. Après cinq ans, il la laissa revenir de son île sur le continent [186], et lui imposa des conditions un peu moins dures; mais on ne put jamais obtenir qu'il la rappelât entièrement; et souvent, quand le peuple romain l'en suppliait avec persévérance, il lui souhaitait publiquement et avec imprécation de telles filles et de telles épouses. Il s'opposa à ce qu'on reconnût et à ce qu'on élevât l'enfant que sa petite-fille Julie avait mis au jour après sa condamnation. Enfin il fit transférer dans une île [187] Agrippa, qui n'était pas devenu plus traitable et dont la démence augmentait de jour en jour; il l'entoura de gardes, et fit même ordonner, par un sénatus-consulte, qu'il serait à jamais détenu en cet endroit. Il soupirait chaque fois qu'il était question de lui ou de l'une des Julies, et il avait coutume de s'écrier :

« Que ne suis-je demeuré sans femme! Que ne suis-je mort sans enfans [188] ! »

Il ne les appelait jamais autrement que ses trois abcès ou ses trois chancres.

LXVI. Il se montrait difficile à former des liens d'amitié; mais il y demeurait fidèle. Il honorait dans chacun la vertu et le mérite, et savait supporter les dé-

modica, perpessus. Neque enim temere ex omni numero in amicitia ejus afflicti reperientur, præter Salvidienum Rufum, quem ad consulatum usque, et Cornelium Gallum, quem ad præfecturam Ægypti, ex infima utrumque fortuna provexerat. Quorum alterum, res novas molientem, damnandum Senatui tradidit : alteri, ob ingratum et malevolum animum, domo et provinciis suis interdixit. Sed Gallo quoque et accusatorum denunciationibus et senatusconsultis ad necem compulso, laudavit quidem pietatem tanto opere pro se indignantium; ceterum et illacrimavit, et vicem suam conquestus est, « quod sibi soli non liceret, amicis, quatenus vellet, irasci. » Reliqui potentia atque opibus ad finem vitæ sui cujusque ordinis principes floruerunt, quamquam et offensis intervenientibus. Desideravit enim nonnunquam, ne de pluribus referam, et M. Agrippæ patientiam, et Mæcenatis taciturnitatem, quùm ille ex levi rigoris suspicione, et quod Marcellus sibi anteferretur, Mytilenas se, relictis omnibus, contulisset; hic secretum de comperta Murenæ conjuratione uxori Terentiæ prodidisset. Exegit et ipse invicem ab amicis benevolentiam mutuam, tam a defunctis, quam a vivis. Nam, quamvis minime appeteret hereditates, ut qui nunquam ex ignoti testamento capere quicquam sustinuerit, amicorum tamen suprema judicia morosissime pensitavit; neque dolore dissimulato, si parcius, aut citra honorem verborum,

fauts et les fautes légères. De tous ses amis on en citerait difficilement qu'il eût affligés, excepté toutefois Salvidienus Rufus et Cornelius Gallus [189], qu'il avait élevés tous deux de la plus basse condition, le premier jusqu'au consulat, le second à la préfecture d'Égypte. Celui-ci excitant des troubles, il le livra au sénat pour le condamner; et l'autre, se montrant à son égard ingrat et malveillant, il lui interdit sa maison et ses provinces [190]. Lorsque les dénonciations des accusateurs et les sénatus-consultes déterminèrent Gallus à se donner la mort, Auguste loua le zèle de ceux qui le vengeaient ainsi; mais il pleura et se plaignit de son sort qui le condamnait, lui seul, à ne point mettre de bornes à sa colère envers ses amis. Puissans et riches, les autres atteignirent tous le terme de leur vie, et parvinrent aux principales dignités de leur ordre, bien qu'il s'élevât quelquefois des nuages entre eux et lui. Pour ne pas citer trop d'exemples, je rappellerai qu'il eut à se plaindre du défaut de patience de M. Agrippa, et du manque de discrétion de Mécène. Le premier, sur le plus léger soupçon de froideur et sous prétexte que Marcellus lui était préféré, abandonna tout et s'en alla à Mytilène [191], l'autre révéla à sa femme Térentia le secret de la découverte de la conjuration de Muréna [192]. Auguste exigeait de ses amis une affection mutuelle pendant leur vie et même après leur mort. Il ne se montra point avide de successions et jamais il ne put se résoudre à accepter une libéralité en vertu du testament d'un inconnu; mais il pesait avec un soin extrême les dernières dispositions de ses amis à son égard; si on lui donnait trop peu, si les expressions n'étaient pas assez honorables, il ne savait pas dissimuler sa douleur, pas plus que sa joie, s'il arrivait qu'on l'eût traité avec bienveillance et

neque gaudio, si grate pieque quis se prosecutus fuisset: Legata, vel partes hereditatum, a quibuscumque parentibus relicta sibi, aut statim liberis eorum concedere, aut si pupillari ætate essent, die virilis togæ, vel nuptiarum, cum incremento restituere consuerat.

LXVII. Patronus dominusque non minus severus, quam facilis et clemens, multos libertorum in honore et usu maximo habuit : ut Licinium Enceladum, aliosque. Cosmum servum, gravissime de se opinantem, non ultra quam compedibus coercuit. Diomedem dispensatorem, a quo simul ambulante, incurrenti repente fero apro per metum objectus est, maluit timiditatis arguere, quam noxæ; remque non minimi periculi, quia tamen fraus aberat, in jocum vertit. Idem Proculum ex acceptissimis libertis mori coegit, compertum adulterare matronas : Thallo, a manu, quod pro epistola prodita denarios quingentos accepisset, crura fregit. Pædagogum ministrosque Caii filii, per occasionem valetudinis mortisque ejus superbe avareque in provincia grassatos, oneratis gravi pondere cervicibus, præcipitavit in flumen.

LXVIII. Prima juventa variorum dedecorum infamiam subiit. Sex. Pompeius ut effeminatum insectatus est : M. Antonius adoptionem avunculi stupro meritum : item Lucius, Marci frater, quasi pudicitiam delibatam a Cæsare, A. etiam Hirtio in Hispania ccc milli-

affection. Il avait coutume, lorsque des parens lui faisaient des legs ou l'instituaient pour une portion d'hérédité, de l'abandonner sur-le-champ à leurs enfans, ou, s'ils étaient mineurs, il le leur rendait le jour où ils prenaient la toge virile, ou bien le jour de leur mariage, et y ajoutait un présent.

LXVII. Patron et maître, il ne fut pas moins sévère que doux et clément. Il honora et reçut dans sa familiarité plusieurs de ses affranchis, tels que Licinius Encélade [193] et d'autres. Il se contenta de faire enchaîner l'esclave Cosmus, qui parlait fort mal de lui. Il aima mieux accuser de lâcheté que de méchanceté son intendant Diomède qui, marchant avec lui, et cédant à un sentiment d'effroi, l'avait jeté au devant d'un sanglier qui se précipitait sur eux; et comme il y avait absence de mauvais dessein, il tourna en plaisanterie le danger qu'il avait couru. Ce même Auguste, cependant, contraignit Proculus, l'un de ses plus chers affranchis, à mourir, parce qu'il apprit qu'il commettait des adultères avec des matrones. Il fit casser les jambes à Thallus, son secrétaire, qui, pour trahir le secret d'une lettre, avait reçu cinq cents deniers. Le précepteur et les esclaves de son fils Caïus ayant profité de sa maladie et de sa mort pour se livrer, dans la province, aux désordres de l'avarice et de l'orgueil, il leur fit attacher des pierres au cou et les fit jeter dans la rivière.

LXVIII. Dans sa première jeunesse, il subit l'infamie de plusieurs genres de débauches. Sextus Pompée le traita d'efféminé. M. Antoine dit qu'il dut à la prostitution l'adoption que son oncle fit de lui; et Lucius, frère de Marcus, fait entendre qu'en Espagne il vendit, pour trois cent mille sesterces*, à Hirtius la fleur de sa

---
* 60,550 francs.

bus nummûm substraverit, solitusque sit crura suburere nuce ardenti, quo mollior pilus surgeret. Sed et populus quondam universus ludorum die, et accepit in contumeliam ejus, et assensu maximo comprobavit versum, in scena pronunciatum, de Gallo matris deûm tympanizante,

> Viden', ut cinædus orbem digito temperat?

LXIX. Adulteria quidem exercuisse, ne amici quidem negant; excusantes sane, non libidine, sed ratione commissa, quo facilius consilia adversariorum per cujusque mulieres exquireret. M. Antonius, super festinatas Liviæ nuptias, objecit et feminam consularem e triclinio viri coram in cubiculum abductam, rursus in convivium, rubentibus auriculis, incomtiore capillo, reductam; et dimissam Scriboniam, quia liberius doluisset nimiam potentiam pellicis; et conditiones quæsitas per amicos, qui matresfamilias et adultas ætate virgines denudarent, atque perspicerent, tanquam Toranio mangone vendente. Scribit etiam ad ipsum hoc familiariter adhuc, necdum plane inimicus, aut hostis : « Quid te mutavit? quod reginam ineo? uxor mea est. Nunc cœpi, an abhinc annos novem? tu deinde solam Drusillam inis? ita valeas, uti tu, hanc epistolam quum leges, non inieris Tertullam, aut Terentillam, aut Rufillam, aut Salviam Titisceniam, aut omnes. Anne refert, ubi et in quam arrigas? »

jeunesse, déjà flétrie par César; il ajoute qu'il avait coutume de se brûler les cuisses avec de l'écorce de noix, afin d'y faire croître un poil plus doux. Un jour, aux jeux publics, on prononça, sur la scène ce vers qui est relatif à un prêtre de Cybèle, jouant du tambourin :

« Voyez comme de son doigt cet *impudent* dirige la machine ronde [194]. »

Le peuple entier applaudit et lui en fit malignement l'application.

LXIX. Ses amis mêmes ne nient point qu'il n'ait commis beaucoup d'adultères; ils l'excusent en disant que, de sa part, ce n'était point volupté, mais calcul, pour mieux connaître, par les femmes de chacun, les projets de ses adversaires. Parlant de son brusque mariage avec Livie, M. Antoine lui reproche d'avoir, en présence de son mari, emmené une femme consulaire, de la salle à manger dans un cabinet, d'où elle ne serait revenue à table que les oreilles rouges et les cheveux en désordre. Il ajoute que Scribonia ne fut répudiée que pour avoir trop déploré la puissance de sa rivale. Antoine parle aussi d'amis d'Auguste qui allaient déshabiller des femmes mariées et des vierges nubiles, afin de voir si elles remplissaient les conditions voulues, comme s'il se fût agi de les acheter au marchand d'esclaves Toranius [195]. A une époque où il n'était pas encore son ennemi déclaré, il lui écrivait familièrement : « Qui t'a donc changé ? Serait-ce parce que je couche avec une reine ? Mais elle est ma femme. Ai-je commencé seulement à présent, ou l'ai-je depuis neuf ans ? Et toi, t'en tiens-tu donc à la seule Drusilla ? Je parie qu'au moment où tu liras cette

LXX. Cœna quoque ejus secretior in fabulis fuit, quæ vulgo δωδεκάθεος vocabatur : in qua deorum dearumque habitu discubuisse convivas, et ipsum pro Apolline ornatum, non Antonii modo epistolæ, singulorum nomina amarissime enumerantis, exprobrant, sed et sine auctore notissimi versus :

> Quum primum istorum conduxit mensa choragum,
>   Sexque deos vidit Mallia, sexque deas;
> Impia dum Phœbi Cæsar mendacia ludit,
>   Dum nova Divorum cœnat adulteria;
> Omnia se a terris tunc numina declinarunt,
>   Fugit et auratos Juppiter ipse toros.

Auxit cœnæ rumorem summa tunc in civitate penuria ac fames, acclamatumque est postridie, « omne frumentum Deos comedisse; » et, « Cæsarem esse plane Apollinem, sed Tortorem : » quo cognomine is deus quadam in parte urbis colebatur. Notatus est et ut pretiosæ supellectilis Corinthiorumque præcupidus, et aleæ indulgens. Nam et proscriptionis tempore ad statuam ejus adscriptum est,

> Pater argentarius, ego Corinthiarius;

quum existimaretur quosdam propter vasa Corinthia in-

lettre, tu auras joui déjà de Tertulla, de Téréntilla, de Rufilla, de Salvia Titiscénia, ou peut-être de toutes. Et qu'importe en quel lieu, et pour quelle femme tu.... [196].

LXX. Il a été question aussi de ce souper secret, que vulgairement on appelait celui des *douze divinités*[197]. Les convives s'y placèrent habillés commme les dieux et les déesses ; et Auguste lui-même était déguisé en Apollon. Non-seulement les lettres d'Antoine nomment tous les assistans, et leur font à ce sujet les reproches les plus amers, mais on a encore des vers fort connus, quoique sans nom d'auteur :

« Dès que leur table eut établi son *chorége*[198], dès que Mallia aperçut six dieux et six déesses, et que César, par un mensonge impie, eut représenté Phœbus, qu'enfin son repas eut amené pour les dieux de nouveaux adultères, toutes les puissances célestes détournèrent leurs regards de la terre et Jupiter s'enfuit de ses trônes dorés. »

Ce qui augmenta encore le scandale de ce souper, c'est qu'alors Rome était en proie à la disette. Le lendemain on s'écriait que les dieux avaient mangé tous les grains, et que César était vraiment Apollon, mais Apollon le Bourreau, surnom sous lequel ce dieu était révéré dans une partie de la ville. Auguste avait encouru le blâme public à cause de son goût pour les meubles précieux et les vases de Corinthe, et à cause de son penchant pour le jeu de dés. Au temps de la proscription, on écrivit sous sa statue :

« Mon père était banquier, je vends des vases de Corinthe. »

car on pensait qu'il avait fait porter plusieurs citoyens

ter proscriptos curasse referendos. Et deinde bello Siciliensi epigramma vulgatum est :

Postquam bis classe victus naves perdidit,
 Aliquando ut vincat, ludit assidue aleam.

LXXI. Ex quibus sive criminibus sive maledictis infamiam impudicitiæ facillime refutavit, et præsentis et posteræ vitæ castitate. Item lautitiarum invidiam; quum et Alexandria capta, nihil sibi præter unum murrhinum calicem ex instrumento regio retinuerit, et mox vasa aurea assiduissimi usus conflaverit omnia. Circa libidines hæsit; postea quoque, ut ferunt, ad vitiandas virgines promtior, quæ sibi undique, etiam ab uxore, conquirerentur. Aleæ rumorem nullo modo expavit, lusitque simpliciter et palam oblectamenti causa, etiam senex; ac præterquam Decembri mense, aliis quoque festis profestisque diebus. Nec id dubium est. Autographa quadam epistola, « Cœnavi, » ait, « mi Tiberi, cum iisdem. Accesserunt convivæ Vinicius et Silius pater. Inter cœnam lusimus γεροντικῶς, et heri et hodie. Talis enim jactatis, ut quisque canem aut senionem miserat, in singulos talos singulos denarios in medium conferebat : quos tollebat universos, qui Venerem jecerat. » Et rursus aliis literis : « Nos, mi Tiberi, Quinquatrus satis jucunde egimus. Lusimus enim per omnes dies, forumque aleatorium calfecimus. Frater tuus magnis clamoribus rem gessit. Ad summam tamen perdidit non mul-

sur les listes de proscription pour s'approprier leur vaisselle. Pendant la guerre de Sicile, on répandit l'épigramme suivante :

« Deux fois vaincu, il a perdu ses vaisseaux; afin de vaincre à son tour, il joue aux dés. »

LXXI. De toutes ces accusations, ou de toutes ces calomnies, les bruits infâmes sur son impudicité [199] furent ceux qu'il confondit le plus aisément par la régularité de sa conduite présente et par celle qu'il tint dans la suite. Il repoussa de même le reproche de luxe effréné, car après la prise d'Alexandrie, il ne retint pour lui, de toutes les richesses des rois, qu'un vase d'argile, et fit fondre tous les vases d'or de l'usage le plus ordinaire. Les plaisirs des sens exercèrent toujours sur lui un puissant empire; il aimait principalement les vierges : sa femme même se prêtait à lui en chercher. Il se soucia peu de sa réputation de joueur, et joua sans en faire un mystère [200] : dans sa vieillesse même, il ne se gênait pas sur ce genre de plaisir, non-seulement pendant le mois de décembre, mais il en usait de même les autres jours de l'année, que ce fût fête ou non. Cela n'est pas douteux; car on a une lettre de sa main dans laquelle il dit : « Mon cher Tibère, j'ai soupé avec les mêmes personnes. Vinicius et Silius le père sont venus augmenter le nombre des convives. Pendant le repas, nous avons joué à la manière des vieillards, et cela hier et aujourd'hui. Après avoir jeté les dés [201], celui qui avait amené un chien ou le six mettait au jeu un denier pour chaque dé, et celui qui avait amené Vénus prenait tout. » Dans une autre lettre, il dit : « Mon cher Tibère, nous avons assez bien passé

tum; sed ex magnis detrimentis præter spem paulatim retractus est. Ego perdidi viginti millia nummûm meo nomine; sed quum effuse in lusu liberalis fuissem, ut soleo plerumque. Nam si, quas manus remisi cuique, exegissem, aut retinuissem quod cuique donavi, vicissem vel quinquaginta millia. Sed hoc malo. Benignitas enim mea me ad cœlestem gloriam efferet. » Scribit ad filiam : « Misi tibi denarios ducentos quinquaginta, quos singulis convivis dederam, si vellent inter se inter cœnam vel talis vel par impar ludere. » In ceteris partibus vitæ continentissimum fuisse constat, ac sine suspicione ullius vitii.

LXXII. Habitavit primo juxta Romanum Forum, supra Scalas anularias, in domo quæ Calvi oratoris fuerat : postea in Palatio; sed nihilominus ædibus modicis Hortensianis, et neque laxitate, neque cultu conspicuis, ut in quibus porticus breves essent Albanarum columnarum, et sine marmore ullo aut insigni pavimento conclavia. Ac per annos amplius quadraginta eodem cubiculo hieme et æstate mansit; quamvis parum salubrem valetudini suæ Urbem hieme experiretur, assidueque in Urbe hiemaret. Si quando quid secreto, aut sine interpellatione agere proposuisset, erat illi locus in edito singularis, quem *Syracusas* et τεχνόφυον vocabat : huc

les fêtes de Minerve[202]; nous avons joué tous les jours, et nous avons bien chauffé la table de jeu. Ton frère poussait de grands cris; mais, au bout du compte, il n'a pas perdu beaucoup : peu à peu, et contre son espérance, il s'est refait de ses désastres. Quant à moi, j'ai perdu vingt mille sesterces*; mais aussi j'ai été, selon mon habitude, beaucoup trop facile, car j'en aurais gagné plus de cinquante mille si je m'étais fait payer des coups de main[203] que j'ai remis aux joueurs, ou si j'avais retenu ce que j'ai donné. Mais j'aime mieux qu'il en soit ainsi, car ma bonté portera ma gloire jusqu'au ciel. » Il écrit à sa fille : « Je t'ai envoyé deux cent cinquante deniers**, c'est ce que j'ai donné à chacun de mes convives pour qu'ils pussent, pendant le souper, jouer entre eux aux dés ou à pair ou non[204]. » Auguste, très-modéré dans tout le reste de ses habitudes, fut à l'abri de tout reproche.

LXXII. Il demeura d'abord auprès de la place publique[205], près des degrés des bijoutiers, dans une maison qui avait appartenu à l'orateur Calvus; puis au mont Palatin, mais dans la maison non moins modeste d'Hortensius[206]. Cette maison n'était remarquable ni par son étendue, ni par son élégance; les galeries étaient basses et en pierre des carrières du mont Albain; on ne voyait dans les appartemens ni marbres ni pavés recherchés. Pendant plus de quarante ans, Auguste garda hiver et été la même chambre à coucher; quoiqu'il eût acquis l'expérience qu'en hiver le séjour de la ville convenait peu à sa santé, il y passa fréquemment cette saison. Quand il voulait faire quelque chose en secret, ou sans être dérangé, il se rendait dans un cabinet élevé qu'il appelait

---

* 3970 francs. — ** 179 francs.

transibat, aut in alicujus libertorum suburbanum; æger autem in domo Mæcenatis cubabat. Ex secessibus præcipue frequentavit maritima, insulasque Campaniæ, aut proxima Urbi oppida, Lanuvium, Præneste, Tibur : ubi etiam in porticibus Herculis templi persæpe jus dixit. Ampla et operosa prætoria gravabatur. Et neptis quidem suæ Juliæ, profuse ab ea exstructa, etiam diruit ad solum : sua vero, quamvis modica, non tam statuarum tabularumque pictarum ornatu, quam xystis et nemoribus excoluit, rebusque vetustate ac raritate notabilibus : qualia sunt Capreis immanium belluarum ferarumque membra prægrandia, quæ dicuntur *Gigantum ossa* et *arma Heroum.*

LXXIII. Instrumenti ejus et supellectilis parcimonia apparet etiam nunc, residuis lectis atque mensis, quorum pleraque vix privatæ elegantiæ sint. Ne toro quidem cubuisse aiunt, nisi humili et modice instrato. Veste non temere alia quam domestica usus est, ab sorore et uxore et filia neptibusque confecta : togis, neque restrictis, neque fusis : clavo, nec lato, nec angusto : calciamentis altiusculis, ut procerior quam erat, videretur. Et forensia autem et calceos nunquam non intra cubiculum habuit, ad subitos repentinosque casus parata.

Syracuse[207] ou son musée, ou bien il allait à la maison de campagne de quelqu'un de ses affranchis. Quand il était malade, il allait se coucher dans la maison de Mécène. Les lieux de retraite qu'il préférait étaient ceux voisins de la mer, ou bien c'étaient les îles de Campanie ou les villes voisines de Rome, par exemple, Lanuvium, Préneste, Tibur. Souvent il rendit la justice dans cette dernière, sous les portiques du temple d'Hercule[208]. Il n'aimait pas les maisons de campagne trop vastes et d'une trop grande magnificence, et fit raser jusqu'au sol celle que sa petite-fille Julie avait élevée avec une rare profusion ; les siennes étaient fort modestes, il les ornait moins de statues et de tableaux que de galeries où l'on pût se promener à couvert, et de bosquets, enfin de choses remarquables par leur rareté ou leur antiquité; de ce genre sont les ossemens énormes des bêtes sauvages que l'on voit à Caprée, et que l'on appelle les os des Géans et les armes des Héros.

LXXIII. On peut juger encore aujourd'hui du peu de dépenses qu'il fit en meubles et en objets à son usage particulier; les lits et les tables qui nous restent ne seraient pas, pour la plupart, au niveau du luxe des particuliers. Il ne couchait que sur un lit fort bas et recouvert simplement. Ses vêtemens étaient presque tous faits chez lui, par sa sœur ou par sa femme, par sa fille ou par ses petites-filles; il n'affectait ni de resserrer sa toge, ni de la porter trop relâchée. Il en était de même de son laticlave. Il avait des chaussures un peu hautes, afin de paraître plus grand. Jamais il ne manquait de tenir dans sa chambre à coucher les habits et les chaussures avec lesquels il avait coutume de paraître au forum, pour être prêt dans les cas imprévus.

LXXIV. Convivabatur et assidue, nec unquam nisi recta, non sine magno ordinum hominumque dilectu. Valerius Messala tradit, neminem unquam libertinorum adhibitum ab eo coenae, excepto Mena, sed asserto in ingenuitatem, post proditam Sex. Pompeii classem. Ipse scribit, invitasse se quemdam, in cujus villa maneret, qui speculator suus olim fuisset. Convivia nonnunquam et serius inibat, et maturius relinquebat; quum convivae et coenare inciperent, priusquam ille discumberet, et permanerent, digresso eo. Coenam ternis ferculis, aut, quum abundantissime, senis praebebat, ut non nimio sumptu, ita summa comitate. Nam et ad communionem sermonis tacentes vel summissim fabulantes provocabat, et aut acroamata et histriones, aut etiam triviales ex circo ludios interponebat, ac frequentius aretalogos.

LXXV. Festos et solemnes dies profusissime, nonnunquam tantum joculariter, celebrabat. Saturnalibus, et si quando alias libuisset, modo munera dividebat, vestem, et aurum, et argentum : modo nummos omnis notae, etiam veteres regios ac peregrinos : interdum nihil praeter cilicia et spongias, et rutabula, et forpices, atque alia id genus, titulis obscuris et ambiguis. Solebat et inaequalissimarum rerum sortes, et aversas tabularum picturas in convivio venditare, incertoque casu spem mercantium vel frustrari, vel explere; ita ut per

LXXIV. Il donnait souvent des repas; mais ils étaient toujours réguliers, et l'on avait grand soin de distinguer les rangs et les hommes. Valerius Messala nous apprend que jamais aucun affranchi ne fut invité à ses soupers, excepté Menas[209], qui préalablement avait été mis en état de liberté pleine et entière pour avoir livré la flotte de Sextus Pompée. Auguste lui-même nous apprend qu'un jour il invita un autre affranchi, à la campagne duquel il se trouvait, et qui avait été l'un de ses gardes. Quelquefois il se mettait à table plus tard que les autres, et s'en allait plus tôt : les convives commençaient à souper avant qu'il s'assît, et restaient à leur place après son départ. Il ne donnait à souper que trois mets, ou six dans les grandes occasions; mais plus le repas était modeste, plus il y mettait d'aménité. Il invitait à prendre part à la conversation générale ceux qui se taisaient ou s'entretenaient à voix basse; quelquefois il faisait venir des musiciens et des histrions, ou les danseurs du cirque, et plus souvent il y appelait des déclamateurs qui y discutaient ridiculement sur des sujets de vertu[210].

LXXV. Il célébrait avec une grande magnificence les fêtes et les jours solennels, et quelquefois il ne faisait qu'en plaisanter[211]. Aux Saturnales, ou dans toute autre occasion, on le voyait, selon qu'il lui plaisait, distribuer des dons : tantôt c'étaient des habits, de l'or, de l'argent, tantôt c'étaient des monnaies de toute espèce; il y en avait aussi d'anciennes du règne des rois, ou d'étrangères. Parfois l'on ne donnait que des étoffes en poil de chèvre, des éponges, des cuillers à pot, des pinces et d'autres objets de ce genre, en y mettant des inscriptions obscures ou à double sens[212]. Dans les repas, il faisait tirer au sort pour des choses du prix le plus iné-

singulos lectos licitatio fieret, et seu jactura, seu lucrum communicaretur.

LXXVI. Cibi (nam ne hæc quidem omiserim) minimi erat, atque vulgaris fere. Secundarium panem, et pisciculos minutos, et caseum bubulum manu pressum, et ficos virides biferas maxime appetebat : vescebaturque et ante coenam quocunque tempore et loco, quo stomachus desiderasset. Verba ipsius ex epistolis sunt : « Nos in essedo panem et palmulas gustavimus. » Et iterum : « Dum lectica ex regia domum redeo, panis unciam cum paucis acinis uvæ duracinæ comedi. » Et rursus : « Ne Judæus quidem, mi Tiberi, tam diligenter sabbatis jejunium servat, quam ego hodie servavi, qui in balineo demum post horam primam noctis duas bucceas manducavi, priusquam ungi inciperem. » Ex hac inobservantia nonnunquam, vel ante initum, vel post dimissum convivium solus coenitabat, quum pleno convivio nihil tangeret.

LXXVII. Vini quoque natura parcissimus erat. Non amplius ter bibere eum solitum super coenam in castris apud Mutinam, Cornelius Nepos tradit. Postea, quoties largissime se invitaret, senos sextantes non excessit, aut, si excessisset, rejiciebat. Et maxime delectatus est Ræetico, neque temere interdiu bibit. Pro potione sume-

gal, ou bien il vendait des tableaux dont on ne montrait que l'envers, et l'évènement toujours incertain trompait ou remplissait l'attente des acheteurs. Il se faisait à chaque lit une licitation, et l'on se communiquait sa bonne ou sa mauvaise fortune.

LXXVI. Auguste mangeait peu (je ne veux pas omettre ces détails) et se contentait d'alimens communs. Ce qu'il aimait le mieux, c'était du pain de ménage, de petits poissons, des fromages faits à la main[213] et des figues fraîches de l'espèce du figuier qui produit deux fois l'année. Il mangeait souvent avant l'heure du repas, quand son estomac l'en avertissait, et sans s'inquiéter du temps ni du lieu. Il dit dans ses lettres : «Nous avons mangé dans notre voiture du pain et des dattes;» et ailleurs : «En revenant de la basilique[214] à ma maison, j'ai mangé une once de pain avec quelques grains de raisins séchés.» Une autre fois il écrit : «Mon cher Tibère, il n'est pas de Juif qui observe mieux le jeûne un jour de sabbat que je ne l'ai fait aujourd'hui, car je n'ai mangé que deux bouchées dans mon bain, après la première heure de la nuit, et avant de me faire parfumer.» D'après cette méthode singulière, il lui arrivait parfois de souper seul avant le repas, ou d'attendre qu'il fût fini sans rien toucher pendant qu'on était à table.

LXXVII. De sa nature, il était tout aussi sobre de vin. Cornelius Nepos rapporte[215] que dans son camp devant Modène il ne buvait pas plus de trois fois à son souper. Dans la suite, et lors même qu'il s'excitait le plus, il ne dépassait pas trois bouteilles[216], ou bien, s'il allait plus loin, il était obligé de rendre. Le vin de Rétie est celui qu'il préférait; mais il était rare qu'il en bût dans la

bat perfusum aqua frigida panem, aut cucumeris frustum, vel lactuculæ thyrsum, aut recens acidumve pomum succi vinosioris.

LXXVIII. Post cibum meridianum, ita ut vestitus calciatusque erat, retectis pedibus paulisper conquiescebat, opposita ad oculos manu. A cœna lucubratoriam se in lecticulam recipiebat. Ibi, donec residua diurni actus, aut omnia, aut ex maxima parte, conficeret, ad multam noctem permanebat. In lectum inde transgressus, non amplius, quum plurimum, quam septem horas, dormiebat, ac ne eas quidem continuas, sed ut in illo temporis spatio ter aut quater expergisceretur. Si interruptum somnum recuperare, ut evenit, non posset, lectoribus aut fabulatoribus arcessitis resumebat, producebatque ultra primam sæpe lucem. Nec in tenebris vigilavit unquam, nisi assidente aliquo. Matutina vigilia offendebatur : ac si vel officii, vel sacri causa maturius evigilandum esset, ne id contra commodum faceret, in proximo cujuscunque domesticorum cœnaculo manebat. Sic quoque sæpe indigens somni, et dum per vicos deportaretur, et deposita lectica, inter aliquas moras condormiebat.

LXXIX. Forma fuit eximia, et per omnes ætatis gradus venustissima; quamquam et omnis lenocinii negligens, et in capite comendo tam incuriosus, ut raptim compluribus simul tonsoribus operam daret, ac modo

journée. Au lieu de boisson, il prenait du pain trempé dans de l'eau fraîche, ou un morceau de concombre, ou un pied de laitue, ou bien un fruit acide et vineux.

LXXVIII. Après son repas de midi, il prenait tout habillé et tout chaussé un léger repos en étendant ses jambes et se couvrant la figure de ses mains. De son souper, il se rendait à son lit de travail, où il restait fort avant dans la nuit jusqu'à ce qu'il eût achevé tout, ou du moins la plus grande partie de ce qui restait des affaires du jour. Ensuite il allait se coucher, et le plus souvent ne dormait que sept heures, encore ne dormait-il pas d'un trait, car dans cet espace de temps il se réveillait trois ou quatre fois. Et, comme il arrivait souvent qu'il ne pouvait pas retrouver le sommeil, il faisait venir des lecteurs ou des conteurs; puis, quand il s'était rendormi, il prolongeait sa nuit au delà de l'aurore. Jamais il ne veilla dans les ténèbres qu'il n'eût quelqu'un près de lui. Il n'aimait point à être éveillé matin, et quand un devoir ou un sacrifice l'obligeaient à se lever de bonne heure, il avait soin, pour en être moins incommodé, de se tenir à proximité, dans la demeure de quelqu'un des siens. Souvent encore, malgré cette précaution, le besoin de sommeil s'emparait de lui pendant qu'on le portait dans les rues, et, s'il y avait quelque retard dans la marche, il dormait.

LXXIX. Il était d'un bel extérieur, et conserva cet avantage à tous les âges, quoiqu'il négligeât entièrement toute espèce d'art, et qu'il fût peu soucieux du soin de sa chevelure; au point que souvent il occupait à la hâte plusieurs coiffeurs à la fois, et que, tantôt il se faisait

tonderet, modo raderet barbam, eoque ipso tempore aut legeret aliquid, aut etiam scriberet. Vultu erat, vel in sermone, vel tacitus, adeo tranquillo serenoque, ut quidam e primoribus Galliarum confessus sit inter suos, eo se inhibitum ac remollitum, quo minus, ut destinarat, in transitu Alpium per simulationem colloquii propius admissus, in præcipitium propelleret. Oculos habuit claros ac nitidos, quibus etiam existimari volebat inesse quiddam divini vigoris; gaudebatque, si quis sibi acrius contuenti, quasi ad fulgorem solis, vultum summitteret: sed in senecta sinistro minus vidit. Dentes raros, et exiguos, et scabros, capillum leniter inflexum et sufflavum, supercilia conjuncta, mediocres aures, nasum et a summo eminentiorem, et ab imo deductiorem, colorem inter aquilum candidumque, staturam brevem (quam tamen Julius Marathus libertus, in memoria ejus, quinque pedum et dodrantis fuisse tradit), sed quæ commoditate et æquitate membrorum occuleretur, ut nonnisi ex comparatione adstantis alicujus procerioris intelligi posset.

LXXX. Corpore traditur maculoso, dispersis per pectus atque alvum genitivis notis, in modum et ordinem ac numerum stellarum cœlestis Ursæ; sed et callis quibusdam, ex prurigine corporis assiduoque et vehementi strigilis usu plurifariam concretis, ad impetiginis formam. Coxendice et femore et crure sinistro non perinde

couper la barbe, tantôt la faisait raser [217], ce qui ne l'empêchait pas de lire ou d'écrire quelque chose en même temps. Soit qu'il parlât, soit qu'il se tût, son visage était tranquille et serein. Un Gaulois, des premières familles de sa nation, avoua un jour parmi les siens que son aspect l'avait retenu, et qu'il avait fléchi dans l'exécution de son projet, qui était de pousser Auguste dans un précipice, en l'abordant au passage des Alpes, comme pour s'entretenir avec lui. Il avait l'œil vif et brillant, et il voulait que l'on crût que son regard avait quelque chose de la puissance divine ; aussi voyait-il avec plaisir, en regardant fixément quelqu'un, que l'on baissât les yeux comme pour éviter l'éclat du soleil [218]; mais, dans sa vieillesse, sa vue s'affaiblit de l'œil gauche. Auguste avait peu de dents, elles étaient petites et couvertes de tartre; sa chevelure était légèrement bouclée et de couleur jaunâtre; ses sourcils se rejoignaient; ses oreilles étaient de moyenne grandeur; il avait le nez élevé à la partie supérieure, pointu vers le bas, son teint tenait le milieu entre le brun et le blanc. Sa taille était petite (cependant l'affranchi Marathus, dans ses mémoires [219], lui donne cinq pieds et trois quarts); mais ses membres étaient si bien faits, si bien proportionnés, qu'on ne s'apercevait de ce qui manquait à sa stature que quand une personne plus grande se mettait à côté de lui.

LXXX. On dit qu'il avait le corps couvert de taches et qu'il avait sur le ventre et sur la poitrine des marques de naissance qui, pour le nombre et la disposition, rappelaient la grande Ourse; les démangeaisons et l'usage fréquent d'une brosse rude l'avaient couvert de durillons. Il lui était survenu des espèces de dartres. Il avait peu de force dans la hanche, la cuisse et la jambe

valebat, ut saepe etiam inde claudicaret : sed remedio habenarum atque arundinum confirmabatur. Dextrae quoque manus digitum salutarem tam imbecillum interdum sentiebat, ut torpentem, contractumque frigore, vix cornei circuli supplemento scripturae admoveret. Questus est et de vesica, cujus dolore, calculis demum per urinam ejectis, levabatur.

LXXXI. Graves et periculosas valetudines per omnem vitam aliquot expertus est : praecipue Cantabria domita, quum etiam, destillationibus jecinore vitiato, ad desperationem redactus, contrariam et ancipitem rationem medendi necessario subiit, quia calida fomenta non proderant, frigidis curari coactus, auctore Antonio Musa. Quasdam et anniversarias, ac tempore certo recurrentes, experiebatur : nam sub natalem suum plerumque languebat, et initio veris praecordiorum inflatione tentabatur, austrinis autem tempestatibus gravedine. Quare quassato corpore, neque frigora, neque aestus facile tolerabat.

LXXXII. Hieme quaternis cum pingui toga tunicis, et subucula et thorace laneo, et feminalibus, et tibialibus muniebatur : aestate, apertis cubiculi foribus, ac saepe in peristylio saliente aqua, atque etiam ventilante aliquo, cubabat. Solis vero ne hiberni quidem patiens, domi quoque non nisi petasatus sub divo spatiabatur. Itinera lectica, et noctibus fere; eaque lenta ac minuta faciebat,

gauches, et souvent il boitait de ce côté; mais il savait remédier à cette incommodité au moyen de bandages et de ligatures [220]. Quelquefois il ressentait une telle faiblesse au doigt indicateur de la main droite, que quand le froid le roidissait et le recourbait, il pouvait à peine s'en servir pour écrire en l'entourant d'un anneau de corne. Il se plaignait aussi de douleurs de vessie, qui ne s'apaisaient que quand il avait rendu de petits cailloux en urinant.

LXXXI. Dans le cours de sa vie, il a fait des maladies graves et dangereuses, et surtout après avoir soumis les Cantabres [221]; un flux d'humeurs lui attaquant le foie, il désespérait de sa vie, lorsque par le conseil d'Antonius Musa, il s'abandonna à un genre de médecine contraire à la méthode suivie, et douteux dans ses résultats; au lieu des remèdes chauds, qui n'avaient rien produit, il eut recours aux fomentations froides. Auguste était attaqué aussi de maladies annuelles; sa santé languissait presque toujours vers l'époque de sa naissance, il avait le diaphragme gonflé au commencement du printemps, et des rhumes de cerveau quand le vent soufflait du midi. Aussi son corps affaibli ne souffrait-il aisément ni le froid, ni le chaud.

LXXXII. En hiver, revêtu de quatre tuniques recouvertes d'une toge d'étoffe bien fournie, auxquels il ajoutait une chemise et un gilet de laine [222], il portait encore des culottes et des bas. En été, il couchait les portes de sa chambre ouvertes, ou dans un péristyle d'où l'eau jaillissait, et que rafraîchissait aussi un esclave chargé de l'éventer [223]. Ne pouvant pas même supporter le soleil d'hiver, il ne se promenait en plein air et même chez lui

ut Præneste vel Tibur biduo procederet : ac, si quo pervenire mari posset, potius navigabat. Verum tantam infirmitatem magna cura tuebatur, inprimis lavandi raritate. Ungebatur enim sæpius, et sudabat ad flammam : deinde perfundebatur egelida aqua, vel sole multo calefacta. At, quoties nervorum causa marinis Albulisque calidis utendum esset, contentus hoc erat, ut insidens ligneo solio, quod ipse Hispanico verbo *duretam* vocabat, manus ac pedes alternis jactaret.

LXXXIII. Exercitationes campestres equorum et armorum statim post civilia bella omisit, et ad pilam primo folliculumque transiit, mox nihil aliud quam vectabatur et deambulabat, ita ut extremis spatiis subsultim decurreret, segestri vel lodicula involutus. Animi laxandi causa modo piscabatur hamo, modo talis aut ocellatis nucibusque ludebat cum pueris minutis, quos facie et garrulitate amabiles undique conquirebat, præcipue Mauros et Syros. Nam pumilos, atque distortos, et omnes generis ejusdem, ut ludibria naturæ malique ominis abhorrebat.

LXXXIV. Eloquentiam studiaque liberalia ab ætate prima et cupide et laboriosissime exercuit. Mutinensi bello, in tanta mole rerum, et legisse, et scripsisse, et declamasse quotidie traditur. Nam deinceps neque in

que couvert d'un chapeau à grands bords. Il voyageait en litière et presque toujours la nuit, marchant lentement et ne faisant que de courts trajets : ainsi il mettait deux jours pour atteindre Preneste ou Tibur. Quand il était possible de faire le chemin par mer, il aimait mieux naviguer. Il avait le plus grand soin de sa faible santé, surtout il se baignait rarement. Il se parfumait plus souvent, il transpirait au feu, ensuite il répandait sur lui de l'eau tiède ou chauffée à l'ardeur du soleil. Toutes les fois que ses nerfs exigeaient l'usage de bains de mer ou des eaux thermales d'Albula[224], il se contentait de s'asseoir sur une pièce de bois[225], que d'un mot espagnol il appelait *dureta*, et il plongeait alternativement ses pieds et ses mains dans l'eau.

LXXXIII. Immédiatement après les guerres civiles, il cessa de pratiquer au Champ-de-Mars les exercices du cheval et des armes. D'abord il les remplaça par le jeu de paume et le ballon[226]; mais bientôt il se borna à des promenades à cheval ou à pied, qu'il terminait en courant ou en sautant, couvert alors d'un léger vêtement de toile ou d'une couverture. Tantôt, pour se reposer l'esprit, il pêchait à l'hameçon, tantôt il jouait aux osselets et aux noix avec de jeunes enfans d'un babil et d'une figure aimable; il les faisait chercher de tous côtés, et préférait surtout les Maures et les Syriens. Il avait horreur des nains et des enfans contrefaits, qu'il regardait comme des caprices de la nature, et comme étant d'ailleurs de mauvais augure[227].

LXXXIV. Dès son premier âge, il s'appliqua avec ardeur à l'étude de l'éloquence et des beaux arts; on dit que, pendant les guerres de Modène, et malgré le nombre et l'importance des affaires qui l'accablaient, il trouvait encore

Senatu, neque apud populum, neque apud milites, locutus est unquam, nisi meditata et composita oratione, quamvis non deficeretur ad subita extemporali facultate. Ac ne periculum memoriæ adiret, aut in ediscendo tempus absumeret, instituit recitare omnia. Sermones quoque cum singulis, atque etiam cum Livia sua graviores, nonnisi scriptos, et e libello habebat, ne plus minusve loqueretur ex tempore. Pronunciabat dulci et proprio quodam oris sono, dabatque assidue phonasco operam; sed nonnunquam infirmitatis faucibus, præconis voce ad populum concionatus est.

LXXXV. Multa varii generis prosa oratione composuit, ex quibus nonnulla in cœtu familiarium, velut in auditorio, recitavit; sicut *Rescripta Bruto de Catone* : quæ volumina quum jam senior ex magna parte legisset, fatigatus Tiberio tradidit perlegenda. Item *Hortationes ad philosophiam*, et aliqua *de vita sua*, quam tredecim libris, Cantabrico tenus bello, nec ultra, exposuit. Poeticam summatim attigit. Unus liber exstat, scriptus ab eo hexametris versibus, cujus et argumentum et titulus est, *Sicilia*. Exstat alter æque modicus *Epigrammatum*, quæ fere tempore balnei meditabatur. Nam tragœdiam magno impetu exorsus, non succedente stilo, abolevit : quærentibusque amicis, « quidnam Ajax ageret, » respondit, «Ajacem suum in spongiam incubuisse.»

chaque jour quelques momens à consacrer à la lecture, à l'écriture ou à la déclamation. Jamais dans la suite il ne parla soit au sénat, soit au peuple, soit à ses soldats, sans avoir préparé et composé son discours, quoiqu'il ne fût pas dépourvu du talent d'improviser; et de peur de mettre sa mémoire en défaut, et de perdre du temps à apprendre par cœur, il adopta la méthode de tout lire. Il rédigeait d'avance jusqu'à ses conversations particulières, même celles qu'il devait avoir avec Livie quand elles roulaient sur des sujets importans, et il parlait d'après ses notes, craignant que l'improvisation ne lui fît dire trop ou trop peu. Il avait une voix douce, d'un timbre qui n'appartenait qu'à lui, et prenait assidûment des leçons d'un accompagnateur [228]. Quelquefois, lorsqu'il avait mal à la gorge, il haranguait le peuple par l'intermédiaire d'un héraut.

LXXXV. Il écrivit en prose beaucoup d'ouvrages, et de plusieurs genres, et il en lut quelques-uns dans le cercle de ses amis, qui lui tenaient lieu de public : telles sont les *Réponses à Brutus concernant Caton*, dont il fit achever la lecture par Tibère, après s'être fatigué à en lire lui-même une grande partie, à une époque où déjà il était vieux. Telles sont encore les *Exhortations à la philosophie*, et quelques mémoires sur sa vie, qu'il raconta en treize livres [229], jusqu'à la guerre contre les Cantabres; il n'alla jamais plus loin. Il traita sommairement de l'art poétique. On a de lui un livre en vers hexamètres, dont le sujet est, ainsi que le titre, *la Sicile*. Il y en a un autre tout aussi court, composé d'épigrammes, dont il s'occupait surtout au bain. Auguste avait commencé avec beaucoup d'ardeur à composer une tragédie; mais ce style ne lui réussissant point, il la détruisit. Ses amis lui demandèrent un jour [230] ce que faisait

LXXXVI. Genus eloquendi secutus est elegans et temperatum, vitatis sententiarum ineptiis atque inconcinnitate, et « reconditorum verborum, » ut ipse dicit, « fœtoribus : » præcipuamque curam duxit, sensum animi quam apertissime exprimere : quod quo facilius efficeret, aut necubi lectorem vel auditorem obturbaret ac moraretur, neque præpositiones verbis addere, neque conjunctiones sæpius iterare dubitavit, quæ detractæ afferunt aliquid obscuritatis, etsi gratiam augent. Cacozelos et antiquarios, ut diverso genere vitiosos, pari fastidio sprevit, exagitabatque nonnunquam : in primis Mæcenatem suum, cujus μυροβρεχεῖς, ut ait, *cincinnos* usquequaque persequitur, et imitando per jocum irridet. Sed nec Tiberio parcit, et exsoletas interdum et reconditas voces aucupanti. M. quidem Antonium ut insanum increpat, quasi ea scribentem, quæ mirentur potius homines quam intelligant. Deinde ludens malum et inconstans in eligendo genere dicendi ingenium ejus, addit hæc : « Tuque dubitas, Cimberne Annius, an Veranius Flaccus imitandi sint tibi? ita ut verbis, quæ Crispus Sallustius excerpsit ex Originibus Catonis, utaris? an potius Asiaticorum oratorum, inanibus sententiis, verborum volubilitas in nostrum sermonem transferenda? » Et quadam epistola Agrippinæ neptis ingenium collaudans,

Ajax, il répondit : « Mon Ajax s'est précipité sur une éponge. »

LXXXVI. Auguste s'était attaché à un genre de diction élégant et tempéré [231] ; il évitait le vain fatras des sentences et l'indigeste amas d'expressions, ou, pour parler comme lui, la mauvaise odeur des termes surannés. Son principal soin était de clairement exprimer sa pensée ; afin d'y parvenir et de ne point suspendre ou embarrasser l'attention du lecteur ou de l'auditeur, il ne se faisait aucun scrupule de charger ses verbes de prépositions, ni de répéter fréquemment les conjonctions, dont l'absence, quoiqu'elle donne plus de grâce au style, y jette quelque peu d'obscurité. Il avait une égale aversion pour ceux qui forgent des locutions à tort et à travers, et pour ceux qui ne veulent que du vieux langage ; il les regardait comme péchant par des défauts opposés ; surtout il se moquait de Mécène, dont il ne cesse de railler et de contrefaire les *tresses parfumées* [232], c'est-à-dire les phrases prétentieuses. Il n'épargne pas davantage Tibère, qui ambitionnait les locutions tombées en désuétude et énigmatiques. Il traite d'insensé M. Antoine, qui écrivait plutôt pour se faire admirer que pour se faire comprendre. Puis il ajoute, pour indiquer son mauvais goût et son inconstance dans le choix du genre d'éloquence : « Vous doutez s'il faut imiter Cimber Annius, ou Veranius Flaccus [233] ? vous ne savez si vous vous servirez des mots que Crispus Salluste a tirés des *Origines de Caton*, ou bien s'il convient de transporter dans notre langue la verbeuse volubilité et les vaines sentences des orateurs de l'Orient ? » Dans une autre lettre, il loue l'esprit de sa petite-fille Agrippine [234], et lui dit : « Surtout

« Sed opus est, » inquit, « dare te operam, ne moleste scribas aut loquaris. »

LXXXVII. Quotidiano sermone quædam frequentius et notabiliter usurpasse eum, litteræ ipsius autographæ ostentant. In quibus identidem, quum aliquos nunquam soluturos significare vult, « Ad Kalendas Græcas soluturos » ait; et quum hortatur, ferenda esse præsentia qualiacunque sint, « Contenti simus hoc Catone; » et ad exprimendam festinatæ rei velocitatem, « Celerius, quam asparagi coquuntur. » Ponit assidue et pro stulto *baceolum*; et pro pullo, *pulleiaceum*; et pro cerrito, *vacerrosum*; et *vapide se habere*, pro male; et *betizare*, pro languere, quod vulgo *lachanizare* dicitur; item *simus*, pro sumus; et *domos* genitivo casu singulari, pro *domus*; nec unquam aliter hæc duo, ne quis mendam magis quam consuetudinem putet. Notavi et in chirographo ejus illa præcipue : non dividit verba, nec ab extrema parte versuum abundantes litteras in alterum transfert, sed ibidem statim subjicit circumducitque.

LXXXVIII. Orthographiam, id est formulam rationemque scribendi a grammaticis institutam, non adeo custodiit; ac videtur eorum potius sequi opinionem, qui perinde scribendum, ac loquamur, existiment. Nam quod sæpe non litteras modo, sed syllabas, aut permutat, aut

il faut prendre garde à ne point parler, à ne point écrire d'une manière difficile à saisir. »

LXXXVII. On voit par ses lettres autographes, que dans le discours familier il se servait de plusieurs locutions remarquables. Ainsi, voulant dire de quelques individus qu'ils ne paieraient jamais, il dit «qu'ils paieraient aux calendes grecques.» Pour engager à supporter les circonstances présentes, il dit : « Il faut nous contenter de ce Caton-là [235] ». Pour exprimer la rapidité avec laquelle une chose s'est faite, il dit : «Plus promptement que les asperges ne se cuisent.» Il lui arrive souvent, pour désigner un fou, de dire *baceolus*, ou pour marquer la couleur brune, de se servir de *pulleiaceus* au lieu de *pullus*. Il met *vacerrosus* pour *cerritus*, insensé. Il ne dit point je me porte mal, mais je me porte vaporeusement. Pour exprimer l'état de langueur, on dit communément *lachanizare*, il se servait du mot *betizare*. Il disait *simus* pour *sumus*; et au génitif singulier, il mettait toujours *domos* pour *domus*; afin qu'on ne crût pas que c'était une faute et non une habitude, il n'écrivait jamais autrement ces deux mots. J'ai remarqué, surtout dans ce que nous avons de sa main, qu'il ne divisait pas les mots, et ne rejetait pas à la ligne suivante les lettres qui n'avaient pas trouvé de place, mais les mettait sous le mot, en les entourant d'un trait.

LXXXVIII. Il ne s'attachait pas beaucoup à suivre l'orthographe selon les principes et les règles tracées par les grammairiens, il paraît avoir été plutôt de l'avis de ceux qui pensent qu'il faut écrire comme on parle. Quant à ce qui concerne les lettres ou les syllabes qu'il omet quelquefois ou qu'il intervertit, c'est une chose qui

præterit, communis hominum error est. Nec ego id notarem, nisi mihi mirum videretur, tradidisse aliquos, legato eum consulari successorem dedisse, ut rudi et indocto, cujus manu *ixi* pro *ipsi* scriptum animadverterit. Quoties autem per notas scribit, *b* pro *a*, *c* pro *b*, ac deinceps eadem ratione, sequentes litteras ponit; pro *x* autem duplex *a*.

LXXXIX. Ne Græcarum quidem disciplinarum leviore studio tenebatur : in quibus et ipsis præstabat largiter, magistro dicendi usus Apollodoro Pergameno, quem jam grandem natu-Apolloniam quoque secum ab Urbe juvenis adhuc eduxerat. Deinde eruditione etiam varia repletus est per Arei philosophi, filiorumque ejus Dionysii et Nicanoris, contubernium : non tamen ut aut loqueretur expedite, aut componere aliquid auderet. Nam et, si quid res exigeret, Latine formabat, vertendumque alii dabat. Sed plane poematum quoque non imperitus, delectabatur etiam comœdia veteri, et sæpe eam exhibuit publicis spectaculis. In evolvendis utriusque linguæ auctoribus nihil æque sectabatur, quam præcepta et exempla publice vel privatim salubria : eaque ad verbum excerpta, aut ad domesticos, aut ad exercituum provinciarumque rectores, aut ad Urbis magistratus plerumque mittebat, prout quique monitione indigerent. Etiam libros totos et senatui recitavit, et populo notos per edictum sæpe fecit : ut orationes Q. Metelli

peut arriver à tout le monde, je n'en parlerais même pas si je n'avais sujet de m'étonner que quelques auteurs aient dit qu'Auguste fit remplacer le lieutenant d'un consul sous prétexte qu'il était mal élevé et ignorant, et parce qu'il avait écrit *ixi* pour *ipsi*. Quand il écrivait en chiffres, il employait le *b* pour l'*a*, le *c* pour le *b*, et ainsi de suite pour les autres lettres. Quant à l'*x*, il le désignait par deux *a*.

LXXXIX. Il ne s'appliquait pas avec moins d'ardeur aux études grecques dans lesquelles il se distingua beaucoup. Son maître fut Apollodore de Pergame [236], qui était déjà fort âgé lorsque le jeune Octave l'emmena avec lui de Rome à Apollonie. Dans la suite, il s'enrichit de connaissances fort variées par la société du philosophe Areus [237], et de ses fils Denys et Nicanor. Cependant, il n'alla point jusqu'à parler couramment grec, et il ne hasardait aucune composition dans cette langue. Quand la circonstance l'exigeait, il écrivait en latin, et le donnait à traduire à un autre. Il n'était pas étranger à la poésie, et prenait surtout plaisir à la vieille comédie, dont il faisait souvent représenter les pièces à ses spectacles. En ouvrant les auteurs des deux nations, il ne recherchait rien tant que les préceptes et les exemples utiles à la vie publique ou privée. Il avait coutume de les copier mot à mot, et de les envoyer soit à ses intendans domestiques, soit aux chefs des armées et des provinces, soit enfin aux magistrats de Rome, selon qu'ils lui paraissaient avoir besoin de conseils ou d'avertissement. Il y a des livres qu'il lut en entier au sénat, ou qu'il fit connaître au peuple par des édits, tels que les discours de Metellus sur la *Propagation* [238], et ceux de Rutilius sur l'*ordonnance des bâtimens* [239]. Son but était de persuader

de prole augenda, et Rutilii *de modo œdificiorum* : quo magis persuaderet, utramque rem non a se primo animadversam, sed antiquis jam tunc curæ fuisse. Ingenia seculi sui omnibus modis fovit. Recitantes et benigne et patienter audivit; nec tantum carmina et historias, sed et orationes et dialogos. Componi tamen aliquid de se, nisi et serio, et a præstantissimis, offendebatur; admonebatque prætores, ne paterentur nomen suum commissionibus obsolefieri.

XC. Circa religiones talem accepimus. Tonitrua et fulgura paulo infirmius expavescebat; ut semper et ubique pellem vituli marini circumferret pro remedio, atque ad omnem majoris tempestatis suspicionem in abditum et concameratum locum se reciperet; consternatus olim per nocturnum iter transcursu fulguris, ut prædiximus.

XCI. Somnia neque sua, neque aliena de se, negligebat. Philippensi acie, quamvis statuisset non egredi tabernaculo propter valetudinem, egressus est tamen amici somnio monitus; cessitque res prospere, quando captis castris lectica ejus, quasi ibi cubans remansisset, concursu hostium confossa atque lacerata est. Ipse per omne ver plurima, et formidolosissima, et vana, et irrita videbat : tempore rariora, et minus vana. Quum dedicatam in Capitolio ædem Tonanti Jovi assidue frequentaret, somniavit, queri Capitolinum Jovem, cultores

par-là qu'il n'était pas le premier à s'occuper de ces objets, mais que les anciens déjà les avait pris à cœur. Il protégea tous les hommes de génie de son siècle : il écoutait avec bonté et patience toutes les lectures, non-seulement les vers et les histoires, mais encore les discours et les dialogues. Toutefois il s'offensait quand on le prenait pour sujet de composition, à moins que ce ne fussent les meilleurs auteurs, et que le style ne fût grave. Il recommandait aux préteurs de ne point souffrir que son nom perdît de son éclat dans des luttes littéraires.

XC. Voici ce qu'on nous rapporte de ses superstitions : Le tonnerre et les éclairs le glaçaient d'effroi, et, pour s'en préserver, il portait toujours une peau de veau marin [240]. Dès qu'il était possible de prévoir une tempête, il se retirait dans un lieu bas et voûté, se souvenant du danger qu'il avait couru autrefois par le feu d'un éclair, ainsi que nous l'avons raconté plus haut.

XCI. Il ne négligeait ce qui le regardait ni dans ses propres songes, ni dans ceux d'autrui. A la bataille de Philippes, il avait résolu de ne point quitter sa tente à cause du mauvais état de sa santé; il en sortit cependant sur la foi du rêve d'un de ses amis [241], et bien lui en prit; car son camp ayant été forcé, les ennemis se jetèrent en foule sur sa litière, la percèrent et la mirent en pièces comme s'il y eût été. Au printemps, il avait beaucoup de songes; ils étaient effrayans, mais vagues et sans conséquence. Le reste de l'année, il rêvait plus rarement, mais ses songes étaient moins chimériques. Dans le temps où il fréquentait assidûment le temple dédié à Jupiter

sibi abduci; seque respondisse, Tonantem pro janitore ei appositum : ideoque mox tintinnabulis fastigium ædis redimiit, quod ea fere januis dependebant. Ex nocturno visu, etiam stipem quotannis die certo emendicabat a populo, cavam manum asses porrigentibus præbens.

XCII. Auspicia et omina quædam pro certissimis observabat. Si mane sibi calceus perperam, ac sinister pro dextero, induceretur, ut dirum; si, terra marive ingrediente se longinquam profectionem, forte rorasset, ut lætum, maturique et prosperi reditus. Sed et ostentis præcipue movebatur. Enatam inter juncturas lapidum ante domum suam palmam in compluvium deorum Penatium transtulit; utque coalesceret, magno opere curavit. Apud insulam Capreas, veterrimæ ilicis demissos jam ad terram languentesque ramos convaluisse adventu suo, adeo lætatus est, ut eas cum republica Neapolitanorum permutaverit, Ænaria data. Observabat et dies quosdam, ne aut postridie nundinas quoquam proficisceretur, aut Nonis quicquam rei seriæ inchoaret; nihil in hoc quidem aliud devitans, ut ad Tiberium scribit, quam δυσφημίαν nominis.

XCIII. Peregrinarum cerimoniarum sicut veteres ac præceptas reverentissime coluit, ita ceteras contemptui

Tonnant au Capitole, il rêva que Jupiter Capitolin se plaignait qu'on entraînât loin de lui ses adorateurs, et qu'il lui répondait ne lui avoir donné le Jupiter Tonnant que comme un portier. En effet, il entoura bientôt de sonnettes les combles de l'édifice, comme il y en avait à peu près à toutes les portes. Ce fut aussi en conséquence d'une vision nocturne qu'à certain jour de chaque année, il allait au milieu du peuple mendiant des pièces de monnaie, et tendant le creux de sa main vers celui qui lui donnait des as.

XCII. Il ajoutait une foi entière aux auspices et aux présages. Si le matin on lui présentait mal son soulier, si on lui mettait le gauche pour le droit, c'était mauvais signe. Se disposait-il à un voyage de long cours, soit par terre, soit par mer, s'il arrivait de la rosée, le présage était bon, et annonçait un retour prompt et heureux. Il était surtout ému par les prodiges. Il transplanta dans la cour des gouttières [242], auprès des Pénates, un palmier qui avait poussé entre deux pierres devant sa maison, et il eut grand soin de cet arbre. Lorsqu'il vint à Caprée, il ressentit une telle satisfaction de ce qu'à son arrivée un vieux chêne, dont les branches pendaient languissantes sur la terre, lui parut se ranimer, qu'il fit un échange avec la république de Naples, en lui donnant Énarie pour cette île. Outre cela, il avait pour certains jours des superstitions particulières : il ne se mettait jamais en route le lendemain des marchés, jamais il ne commençait rien d'important le jour des nones. En cela, disait-il dans une lettre à Tibère, il ne voulait éviter que la mauvaise influence du nom.

XCIII. Quant aux cérémonies religieuses étrangères, autant il révérait celles qui sont anciennes et prescrites,

habuit. Namque Athenis initiatus, quum postea Romæ pro tribunali de privilegio sacerdotum Atticæ Cereris cognosceret, et quædam secretiora proponerentur, dimisso consilio et corona circumstantium, solus audiit disceptantes. At contra, non modo in peragranda Ægypto paulo deflectere ad visendum Apin supersedit, sed et Caium nepotem, quod Judæam prætervehens apud Hierosolymam non supplicasset, collaudavit.

XCIV. Et quoniam ad hæc ventum est, non ab re fuerit subtexere, quæ ei prius, quam nasceretur, et ipso natali die, ac deinceps evenerint, quibus futura magnitudo ejus et perpetua felicitas sperari animadvertique posset. Velitris antiquitus tacta de cœlo parte muri, responsum est, ejus oppidi civem quandoque rerum potiturum : qua fiducia Veliterni, et tunc statim, et postea sæpius, pæne ad exitium sui, cum populo Romano belligeraverunt. Sero tandem documentis apparuit, ostentum illud Augusti potentiam portendisse. Auctor est Julius Marathus, ante paucos, quam nasceretur, menses, prodigium Romæ factum publice, quo denunciabatur regem populo Romano naturam parturire : senatum exterritum censuisse ne quis illo anno genitus educaretur; eos, qui gravidas uxores haberent, quod ad se quisque spem traheret, curasse ne senatusconsultum ad ærarium deferretur. In Asclepiadis Mendetis Θεολογουμένων libris lego, Atiam, quum ad

autant il méprisait les autres. Initié aux mystères d'Athènes autrefois, il eut, un jour qu'il siégeait à Rome, à prononcer sur les privilèges des prêtres de la Cérès Attique, et comme l'on avançait certaines choses qui devaient rester secrètes, il renvoya ses assesseurs et la foule des assistans, et entendit seul discuter l'affaire. D'un autre côté, dans son voyage d'Égypte il ne se détourna pas même pour voir le bœuf Apis, et il donna des louanges à son petit-fils Caïus, de ce qu'en traversant la Judée il s'était abstenu de toute espèce d'hommage religieux à Jérusalem.

XCIV. Puisque nous en sommes sur ce sujet, il ne sera pas inutile de rapporter les présages qui précédèrent sa naissance, et ceux qui l'accompagnèrent ou la suivirent; ils suffisaient déjà pour faire connaître sa grandeur future et son immuable félicité. Dans une haute antiquité, une portion de la muraille de Velétri ayant été frappée de la foudre, l'oracle répondit qu'un citoyen de cette ville parviendrait un jour au souverain pouvoir. Pleins de confiance dans cette réponse, les habitans de Velétri entreprirent sur-le-champ la guerre contre les Romains; ils la recommencèrent plusieurs fois dans la suite, et la poussèrent même jusqu'au point de se perdre. Ce ne fut que long-temps après que les effets prouvèrent que l'oracle avait en vue la puissance d'Auguste. Julius Marathus rapporte que peu de mois avant sa naissance un prodige annonça publiquement à Rome que la nature était en travail d'un maître pour le peuple romain, et que le sénat effrayé avait défendu d'élever les enfans nés dans l'année, mais que ceux dont les femmes étaient enceintes se trouvant intéressés à la prédiction, avaient si bien fait que le sénatus-consulte n'avait point été porté aux archives. Je lis dans les traités d'Asclépiade Mendès sur les choses

sollemne Apollinis sacrum media nocte venisset, posita in templo lectica, dum ceterae matronae domum irent, obdormisse; draconem repente irrepsisse ad eam, pauloque post egressum; illamque expergefactam, quasi a concubitu mariti, purificasse se : et statim in corpore ejus exstitisse maculam, velut depicti draconis, nec potuisse unquam exigi, adeo ut mox publicis balineis perpetuo abstinuerit : Augustum natum mense decimo, et ob hoc Apollinis filium existimatum. Eadem Atia, prius quam pareret, somniavit, intestina sua ferri ad sidera, explicarique per omnem terrarum et coeli ambitum. Somniavit et pater Octavius, utero Atiae jubar solis exortum. Quo natus est die, quum de Catilinae conjuratione ageretur in curia, et Octavius ob uxoris puerperium serius affuisset, nota ac vulgata res est, P. Nigidium, comperta morae causa, ut horam quoque partus acceperit, affirmasse, dominum terrarum orbi natum. Octavio postea, quum per secreta Thraciae exercitum duceret, in Liberi patris luco barbara cerimonia de filio consulenti, idem affirmatum est a sacerdotibus : quod, infuso super altaria mero, tantum flammae emicuisset, ut supergressa fastigium templi ad coelum usque ferretur; unique [olim] omnino Magno Alexandro, apud easdem aras sacrificanti, simile provenisset ostentum. Atque etiam insequenti statim nocte videre visus est filium mortali specie ampliorem, cum fulmine et

divines, qu'Atia étant venue au milieu de la nuit dans le temple d'Apollon pour y faire un sacrifice solennel, fit poser sa litière et s'endormit, pendant que les autres matrones s'en retournaient [243]; que tout à coup un serpent se glissa vers elle, et peu après se retira; qu'elle se réveilla et se purifia comme si elle sortait des bras de son mari; qu'enfin une tache qui parut sur son corps imitait l'image d'un serpent, et n'en put être effacée, si bien qu'Atia s'abstint à jamais des bains publics. Auguste naquit dans le dixième mois, et, pour cette raison, il fut regardé comme le fils d'Apollon. Atia rêva, avant d'accoucher, que ses entrailles s'élevaient vers les astres, s'étendaient sur tout le ciel et couvraient toute la terre. Octavius, père d'Auguste, rêva aussi qu'un rayon du soleil sortait du sein de sa femme. C'est une chose connue que le jour de la naissance d'Auguste, Octavius vint tard dans le sénat, où l'on délibérait sur la conspiration de Catilina; P. Nigidius [244] ayant appris la cause de ce retard, et s'étant informé de l'heure de l'accouchement, déclara qu'il était né un maître à la terre. Dans la suite, Octavius, conduisant son armée à travers les lieux les plus retirés de la Thrace, consulta Bacchus sur son fils, en faisant, dans le bois sacré de ce dieu [245], les cérémonies des barbares, et les prêtres lui assurèrent la même chose. Le vin étant répandu sur l'autel, il s'en éleva une si grande flamme, que, dépassant les combles du temple, elle fut portée jusqu'au ciel. Or, ce prodige n'était arrivé jusque-là que pour Alexandre-le-Grand, qui avait sacrifié sur les mêmes autels. Dans la nuit suivante, Octavius crut voir son fils plus grand que ne le sont les hommes, muni de la foudre et d'un sceptre, revêtu des insignes de Jupiter, la tête ornée d'une couronne rayonnante,

sceptro, exuviisque Jovis Optimi Maximi, ac radiata corona, super laureatum currum, bis senis equis candore eximio trahentibus. Infans adhuc, ut scriptum apud C. Drusum exstat, repositus vespere in cunas a nutricula, loco plano, postera luce non comparuit; diuque quaesitus, tandem in altissima turri repertus est, jacens contra solis exortum. Quum primum fari coepisset, in avito suburbano obstrepentes forte ranas silere jussit; atque ex eo negantur ibi ranae coaxare. Ad quartum lapidem Campanae viae, in nemore prandenti ex improviso aquila panem ei e manu rapuit : et, quum altissime evolasset, rursus ex improviso leniter delapsa, reddidit. Q. Catulus post dedicatum Capitolium duabus continuis noctibus somniavit : prima, Jovem Optimum Maximum e praetextatis compluribus, circum aram ludentibus, unum secrevisse, atque in ejus sinum signum reipublicae, quod manu gestaret, reposuisse. At insequenti, animadvertisse se in gremio Capitolini Jovis eumdem puerum; quem quum detrahi jussisset, prohibitum monitu Dei, tanquam is ad tutelam reipublicae educaretur. Ac die proximo, obvium sibi Augustum, quum incognitum alias haberet, non sine admiratione contuitus, simillimum dixit puero, de quo somniasset. Quidam prius somnium Catuli aliter exponunt, quasi Jupiter compluribus praetextatis, tutorem a se poscentibus, unum ex eis demonstrasset, ad quem omnia desi-

et traîné dans un char couvert de lauriers par douze chevaux d'une éclatante blancheur. Selon ce qui a été écrit par C. Drusus, Auguste, encore enfant, fut un soir déposé dans ses langes par sa nourrice : c'était au rez-de-chaussée; le lendemain on ne l'y vit plus : après l'avoir cherché long-temps, on finit par le trouver sur une tour fort élevée, le visage tourné vers le soleil levant. Dès qu'il commença à parler, il ordonna le silence à des grenouilles [246] qui coassaient à la campagne de ses aïeux, et depuis lors, dit-on, les grenouilles ne s'y font plus entendre. Un jour qu'il mangeait dans un bosquet près du quatrième miliaire de la route de Campanie, un aigle lui enleva brusquement le pain qu'il tenait à la main, et s'étant envolé dans les airs à une prodigieuse hauteur, il redescendit tout doucement et lui rendit son pain. Après la dédicace du Capitole, Q. Catulus eut des visions pendant deux nuits de suite. Voici son premier songe : le grand Jupiter s'empara d'un enfant parmi beaucoup d'autres qui jouaient autour de son autel, et plaça dans son sein l'emblème de la république, qu'il tenait à la main. Dans la seconde nuit, Catulus vit encore le même enfant sur les genoux de Jupiter Capitolin, et, comme il voulait l'en ôter, ce dieu l'avertit de n'en rien faire, en lui indiquant qu'on l'élevait pour la sûreté de la république. Le lendemain, il ne vit pas sans étonnement Auguste qu'il rencontra, et que d'ailleurs il ne connaissait pas, et il dit qu'il était tout-à-fait semblable au jeune enfant qui avait fait le sujet de son rêve. D'autres racontent diversement le premier songe de Catulus : selon leur version, plusieurs enfans demandant un tuteur à Jupiter [247], il leur en aurait désigné un auquel ils devaient soumettre toutes leurs demandes : ensuite Jupiter

deria sua referrent, ejusque osculum delibatum digitis ad os suum retulisset. M. Cicero, C. Cæsarem in Capitolium prosecutus, somnium pristinæ noctis familiaribus forte narrabat : puerum, facie liberali, demissum cœlo catena aurea, ad fores Capitolii constitisse, eique Jovem flagellum tradidisse; deinde, repente Augusto viso, quem ignotum adhuc plerisque avunculus Cæsar ad sacrificandum acciverat, affirmavit ipsum esse, cujus imago secundum quietem sibi obversata sit. Sumenti virilem togam tunica lati clavi, resuta ex utraque parte, ad pedes decidit. Fuerunt, qui interpretarentur, non aliud significare, quam ut is ordo, cujus insigne id esset, quandoque ei subjiceretur. Apud Mundam D. Julius castris locum capiens, quum silvam cæderet, arborem palmæ repertam conservari, ut omen victoriæ, jussit : ex ea continuo enata soboles adeo in paucis diebus adolevit, ut non æquipararet modo matricem, verum et obtegeret, frequentareturque columbarum nidis, quamvis id avium genus duram et asperam frondem maxime vitet. Illo et præcipue ostento motum Cæsarem ferunt, ne quem alium sibi succedere, quam sororis |nepotem, vellet. In secessu Apolloniæ Theogenis mathematici pergulam, comite Agrippa, ascenderat : quum Agrippæ, qui prior consulebat, magna et pæne incredibilia prædicerentur, reticere ipse genituram suam, nec velle edere perseverabat, metu ac pudore, ne minor inveni-

aurait porté à sa bouche ses doigts baisés par l'enfant.
M. Cicéron accompagnant César au Capitole, racontait
à ses amis son rêve de la nuit précédente ; il avait vu
un jeune garçon, d'un visage noble, descendre du ciel
au bout d'une chaîne d'or, et se poser devant les portes
du Capitole, où Jupiter lui avait remis un fouet : puis,
apercevant tout à coup Auguste qui était inconnu à
presque tous les assistans, et que César avait pris avec
lui pour ce sacrifice, Cicéron affirma que c'était celui
dont il avait vu l'image pendant son sommeil. Lorsqu'Auguste prit la toge virile, sa tunique laticlave s'étant décousue [248] des deux côtés, tomba à ses pieds. Quelques
personnes prétendirent que cela ne signifiait autre chose,
sinon que l'ordre dont ce vêtement est la marque distinctive lui serait un jour soumis. Jules César choisissant près
de Munda un lieu pour son camp, fit couper un bois ; il
s'y trouva un palmier qu'il ordonna de respecter comme
présage de la victoire. Le rejeton qui naquit de ce palmier prit un tel accroissement en peu de jours, qu'il
égala non-seulement celui qui lui avait donné naissance, mais encore le couvrit ; des colombes s'y réfugièrent et y établirent leurs nids [249], quoique cette espèce
d'oiseaux évite surtout les feuilles âpres et dures. Ce fut
principalement ce prodige, dit-on, qui détermina César
à ne vouloir de successeur que le petit-fils de sa sœur.
Dans sa retraite d'Apollonie, Auguste, accompagné d'Agrippa, était monté à l'observatoire du mathématicien
Théogène. Celui-ci prédit à Agrippa, qui le consulta le
premier, une suite de prospérités étonnantes et presque
incroyables ; Auguste alors se refusa avec persévérance à
faire connaître les circonstances de sa naissance, craignant et rougissant à la fois d'entendre de moins favora-

retur. Qua tamen post multas adhortationes vix et cunctanter edita, exsiluit Theogenes, adoravitque eum. Tantam mox fiduciam fati Augustus habuit, ut thema suum vulgaverit, nummumque argenteum nota sideris Capricorni, quo natus est, percusserit.

XCV. Post necem Caesaris, reverso ab Apollonia et ingrediente eo Urbem, repente liquido ac puro sereno, circulus ad speciem coelestis arcus orbem solis ambiit: ac subinde Juliae, Caesaris filiae, monumentum fulmine ictum est. Primo autem consulatu, ei augurium capienti duodecim se vultures, ut Romulo, ostenderunt; et immolanti omnium victimarum jecinora replicata intrinsecus ab ima fibra paruerunt, nemine peritorum aliter conjectante, quam laeta per haec et magna portendi.

XCVI. Quin et bellorum omnium eventus ante praesensit. Contractis ad Bononiam Triumvirorum copiis, aquila, tentorio ejus supersedens, duos corvos hinc et inde infestantes afflixit, et ad terram dedit; notante omni exercitu, futuram quandoque inter collegas discordiam talem, qualis secuta est, atque exitum praesagiente. In Philippis, Thessalus quidam de futura victoria nunciavit, auctore D. Caesare, cujus sibi species itinere avio occurrisset. Circa Perusiam, sacrificio non litante, quum augeri hostias imperasset, ac subita eruptione hostes omnem rei divinae apparatum abstulissent, constitit inter haruspices, quae periculosa et adversa

bles prédictions. Cependant, lorsqu'après beaucoup de prières, il les eut articulées avec hésitation, Théogène se leva précipitamment et se jeta à ses pieds. Auguste prit bientôt une telle confiance en sa destinée, qu'il ne craignit pas de publier son thême astronomique, et qu'il fit frapper une médaille d'argent portant l'empreinte du Capricorne [250] sous lequel il était né.

XCV. Après le meurtre de César, et lorsqu'à son retour d'Apollonie Auguste entra dans Rome, on vit tout à coup, par un ciel pur et serein, un cercle semblable à l'arc-en-ciel entourer le disque du soleil, et la foudre frapper sur-le-champ le monument de Julie, fille de César. En prenant possession de son premier consulat, Auguste consulta les augures, et douze vautours lui apparurent comme à Romulus; tandis qu'il immolait des victimes, tous les foies se découvrirent jusqu'à la moindre fibre [251], et nul de ceux qui s'y connaissaient ne douta que ce ne fût le présage d'heureuses et de grandes destinées.

XCVI. Il pressentit l'issue de toutes les guerres. Les armées des triumvirs ayant été réunies à Bologne [252], un aigle posé sur sa tente s'élança sur deux corbeaux qui le harcelaient, et les précipita par terre. Toute l'armée en conclut que la discorde diviserait un jour les triumvirs, comme cela arriva en effet, et d'avance on prévit le résultat de leur querelle. Avant la bataille de Philippes, un Thessalien annonça la victoire qu'on allait remporter, sur la foi du D. César, dont l'image lui était apparue dans un chemin détourné. Auprès de Pérouse, le sacrifice ne réussissant pas, Auguste avait ordonné d'augmenter le nombre des victimes; mais les ennemis, dans une irruption subite, enlevèrent tout l'appareil du sacrifice. Ce fut alors une chose reconnue parmi les arus-

sacrificanti denunciata essent, cuncta in illos recasura qui exta haberent. Neque aliter evenit. Pridie, quam Siciliensem pugnam classe committeret, deambulanti in litore piscis e mari exsiluit, et ad pedes jacuit. Apud Actium, descendenti in aciem asellus cum asinario occurrit : homini Eutychus, bestiæ Nicon erat nomen. Utriusque simulacrum æneum victor posuit in templo, in quod castrorum suorum locum vertit.

XCVII. Mors quoque ejus, de qua dehinc dicam, divinitasque post mortem, evidentissimis ostentis præcognita est. Quum lustrum in campo Martio magna populi frequentia conderet, aquila eum sæpius circumvolavit; transgressaque in vicinam ædem, super nomen Agrippæ, ad primam litteram, sedit : quo animadverso, vota, quæ in proximum lustrum suscipi mos est, collegam suum Tiberium nuncupare jussit : nam se, quamquam conscriptis paratisque jam tabulis, negavit suscepturum quæ non esset soluturus. Sub idem tempus ictu fulminis ex inscriptione statuæ ejus prima nominis littera effluxit. Responsum est, centum solos dies posthac victurum, quem numerum c littera notaret; futurumque, ut inter Deos referretur, quod ÆSAR, id est, reliqua pars e Cæsaris nomine, Etrusca lingua Deus vocaretur. Tiberium igitur in Illyricum dimissurus, et Beneventum usque prosecuturus, quum interpellatores aliis atque

pices que les périls et les malheurs annoncés au sacrificateur retomberaient sur ceux qui avaient les entrailles des victimes, et l'évènement justifia la prédiction. La veille du jour où Auguste engagea le combat naval sur les côtes de Sicile, il se promenait sur le rivage; un poisson s'élança du sein de la mer, et vint tomber à ses pieds. Au moment où il descendait vers sa flotte pour aller prendre position à la bataille d'Actium, il rencontra un petit âne avec son conducteur; l'homme s'appelait Eutychus (heureux), l'âne Nicon (vainqueur). Auguste fit élever une statue à l'un et à l'autre dans le temple [253] édifié sur l'emplacement de son camp.

XCVII. L'on put prévoir aussi par les prodiges les plus évidens, et sa mort dont je parlerai plus bas, et son apothéose. Tandis que dans le Champ-de-Mars il s'acquittait des cérémonies qui accompagnent la fin d'un lustre en présence d'une grande foule de peuple, un aigle vola plusieurs fois autour de lui, et, passant ensuite au temple voisin, s'assit au dessus de la première lettre du nom d'Agrippa. Auguste l'ayant vu, chargea son collègue Tibère de prononcer les vœux que l'on a coutume de faire pour le lustre suivant. Quant à lui, quoique déjà les formules fussent écrites et prêtes, il refusa de commencer ce qu'il ne pourrait accomplir. Vers le même temps, la première lettre de son nom fut détruite par le feu du ciel dans l'inscription de sa statue. L'oracle répondit qu'il ne vivrait plus que cent jours, indiqués par la lettre C, et qu'il serait placé parmi les dieux, parce qu'en langue étrusque ÆSAR (c'est ce qui restait de son nom) signifie Dieu. Il se disposait à envoyer Tibère en Illyrie, et voulait l'accompagner jusqu'à Bénévent; mais voyant que des importuns le re-

aliis causis in jure dicendo detinerent, exclamavit (quod et ipsum mox inter omina relatum est), « Non, si omnia morarentur, amplius se posthac Romæ futurum. » Atque itinere inchoato, Asturam perrexit; et inde, præter consuetudinem, de nocte ad occasionem auræ evectus, causam valetudinis contraxit ex profluvio alvi.

XCVIII. Tunc Campaniæ ora proximisque insulis circuitis, Caprearum quoque secessui quatriduum impendit, remississimo ad otium et ad omnem comitatem animo. Forte Puteolanum sinum prætervehenti vectores nautæque de navi Alexandrina, quæ tantum quod appulerat, candidati coronatique, et thura libantes, fausta omina et eximias laudes congesserant : « Per illum se vivere, per illum navigare, libertate atque fortunis per illum frui. » Qua re admodum exhilaratus quadragenos aureos comitibus divisit : jusque jurandum et cautionem exegit a singulis, non alio datam summam quam in emptionem Alexandrinarum mercium absumpturos. Sed et ceteros continuos dies inter varia munuscula, togas insuper ac pallia distribuit, lege proposita, ut Romani Græco, Græci Romano habitu et sermone uterentur. Spectavit assidue et exercentes ephebos, quorum aliqua adhuc copia ex vetere instituto Capreis erat. Iisdem etiam epulum in conspectu suo præbuit, permissa, immo exacta, jocandi licentia, diripiendique pomorum et obso-

tenaient en lui soumettant procès sur procès, il s'écria (et cela même fut rangé parmi les présages) que quand tous se réuniraient pour l'arrêter, il ne demeurerait pas plus long-temps à Rome. Ayant donc commencé son voyage, il se rendit d'abord à Astura [254], d'où il repartit de nuit, contre sa coutume, pour saisir l'occasion d'un vent favorable : un cours de ventre occasiona sa maladie.

XCVIII. Il n'en parcourut pas moins la Campanie et les îles voisines, et demeura quatre jours à Caprée, où il se livra aux douceurs du repos et d'une douce familiarité. Comme il naviguait devant le golfe de Pouzzoles, des passagers et des matelots d'un navire d'Alexandrie, qui venait d'arriver, se présentèrent vêtus de robes blanches et couronnés de fleurs, en brûlant de l'encens, et en le comblant de vœux et de louanges; ils s'écriaient : « C'est par lui que nous vivons, par lui que nous naviguons, que nous jouissons de notre liberté, de nos biens. » Cela mit Auguste de si bonne humeur, qu'il donna à chacun des siens quarante pièces d'or, leur faisant promettre sous serment que cet or n'aurait d'autre destination que l'achat de marchandises d'Alexandrie. Il employa aussi les jours suivans à distribuer divers petits présens, et de plus des toges et des manteaux, sous la condition que les Romains parleraient et se vêtiraient comme des Grecs, et que les Grecs imiteraient les Romains. Les exercices de jeunes adolescens, qui, d'après une ancienne institution [255], se trouvaient en assez grand nombre à Caprée, fixèrent particulièrement son attention. Il leur fit aussi donner un repas en sa présence, permettant, exigeant même qu'ils se livrassent à la gaîté,

niorum rerumque missilium. Nullo denique genere hilaritatis abstinuit. Vicinam Capreis insulam Ἀπραγόπολιν appellabat, a desidia secedentium illuc e comitatu suo. Sed ex dilectis unum, Masgaban nomine, quasi conditorem insulæ, Κτιστὴν vocare consuerat : hujus Masgabæ, ante annum defuncti, tumulum quum e triclinio animadvertisset magna turba multisque luminibus frequentari, versum compositum e tempore clare pronunciavit :

Κτιστοῦ δὲ τύμβον εἰσορῶ πυρούμενον·

conversusque ad Thrasyllum, Tiberii comitem, contra accubantem, et ignarum rei, interrogavit, cujusnam poetæ putaret esse. Quo hæsitante, subjecit alium :

Ὁρᾷς φάεσσι Μασγάβαν τιμώμενον;

ac de hoc quoque consuluit. Quum ille nihil aliud responderet, quam, cujuscunque essent, optimos esse, cachinnum sustulit, atque in jocos effusus est. Mox Neapolim trajecit, quamquam etiam tum infirmis intestinis morbo variante : tamen et quinquennale certamen gymnicum, honori suo institutum, perspectavit; et cum Tiberio ad destinatum locum contendit. Sed in redeundo, aggravata valetudine, tandem Nolæ succubuit : revocatumque ex itinere Tiberium diu secreto sermone detinuit, neque post ulli majori negotio animum accommodavit.

en mettant au pillage les fruits, les mets, et les choses destinées à être envoyées [256]. Enfin il donna carrière à tout l'enjouement de son caractère. Il nommait Ἀπραγόπολιν ou ville de l'oisiveté l'île voisine de Caprée, faisant allusion aux douceurs de la vie qu'y goûtaient ceux de sa suite qui s'y étaient retirés. Il appelait aussi Κτιστὴν ou fondateur, Masgaba, l'un de ses favoris. Il y avait un an que ce Masgaba était mort; Auguste, voyant de sa salle à manger une foule immense se porter avec des flambeaux vers sa tombe, prononça ce vers en l'improvisant :

Je vois du fondateur le tombeau tout en feu.

Et se tournant vers Thrasyllus, de la suite de Tibère, et son voisin de table, lequel ne savait pas de quoi il s'agissait, il lui demanda s'il connaissait le poète auteur de ce vers. Pendant que celui-ci hésitait à répondre, il y en ajoutait un autre :

Voyez-vous Masgaba de flambeaux honoré?

Puis il réitéra sa question à son voisin, qui répondit que, quel qu'en fût l'auteur, ces vers étaient excellens. Auguste alors en rit beaucoup et en plaisanta long-temps. Bientôt il passa à Naples, et, quoiqu'il souffrît toujours plus ou moins de douleurs d'entrailles, il assista aux jeux quinquennaux de gymnastique institués en son honneur, puis il partit avec Tibère pour le lieu de sa destination; mais, au retour de ce voyage, sa maladie s'aggravant beaucoup, il fut obligé de se coucher à Nole [257]; il y fit revenir Tibère, s'entretint long-temps avec lui, et, depuis cet instant, ne s'appliqua plus à aucune affaire sérieuse.

XCIX. Supremo die, identidem exquirens an jam de se tumultus foris esset, petito spiculo, capillum sibi comi, ac malas labentes corrigi, præcepit. Et admissos amicos percontatus, « Ecquid iis videretur mimum vitæ commode transegisse, » adjecit et clausulam :

Εἰ δὲ πᾶν ἔχει καλῶς, τῷ παιγνίῳ
Δότε κρότον, καὶ πάντες ὑμεῖς μετὰ χαρᾶς κτυπήσατε.

Omnibus deinde dimissis, dum advenientes ab Urbe de Drusi filia ægra interrogat, repente in osculis Liviæ, et in hac voce defecit : « Livia, nostri conjugii memor vive, ac vale; » sortitus exitum facilem, et qualem semper optaverat. Nam fere, quoties audisset, cito ac nullo cruciatu defunctum quempiam, sibi et suis εὐθανασίαν similem (hoc enim et verbo uti solebat) precabatur. Unum omnino ante efflatam animam signum alienatæ mentis ostendit, quod, subito pavefactus, a quadraginta se juvenibus abripi, questus est. Id quoque magis præsagium, quam mentis deminutio, fuit; siquidem totidem milites prætoriani extulerunt eum in publicum.

C. Obiit in cubiculo eodem quo pater Octavius, duobus Sextis, Pompeio et Appuleio, consulibus, decimo quarto Kalendas Septembris, hora diei nona, septuagesimo et sexto ætatis anno, diebus quinque et triginta minus. Corpus decuriones municipiorum et coloniarum a Nola Bovillas usque deportarunt noctibus, propter anni tempus, quum interdiu in basilica cujus-

XCIX. A son dernier jour, il voulut savoir si son état occasionait déjà de la rumeur au dehors; il demanda un miroir, se fit peigner, et recommanda les moyens à prendre pour dissimuler ses joues enfoncées; puis, ayant reçu ses amis, il leur demanda s'il leur paraissait avoir bien joué le drame de la vie, et y ajouta cette finale:

« Si tout est bien, donnez vos applaudissemens à ce jeu, et tous ensemble battez des mains avec plaisir [258]. »

Après cela, il renvoya tout le monde, questionna encore quelques personnes qui arrivaient de Rome sur la maladie de la fille de Drusus [259], et, tout à coup, expira au milieu des embrassemens de Livie en prononçant ces mots: «Adieu Livie, souviens-toi de notre union, adieu.» Ainsi il obtint cette mort douce qu'il avait toujours souhaitée; car chaque fois qu'il apprenait que quelqu'un était mort promptement et sans angoisses, il demandait pour lui et pour les siens une fin pareille, ce qu'il avait coutume d'exprimer par le mot grec εὐθανασίαν. Il ne donna qu'un seul signe d'égarement avant de rendre le dernier soupir : frappé de terreur subite, il se plaignit d'être enlevé par quarante jeunes gens; encore fut-ce plutôt un présage qu'une absence d'esprit, car il y eut tout autant de soldats prétoriens pour le porter au lieu où on l'exposa.

C. Il mourut dans la même chambre que son père Octavius, sous le consulat de Sextus Pompée et de Sextus Appuleius, le 19 août, à la neuvième heure du jour, en la soixante-seizième année de son âge, à laquelle il ne manquait plus que trente-cinq jours. Les décurions [260] des municipes et des colonies portèrent son corps de Nole à Boville, et l'on marchait de nuit à cause de la chaleur de la saison. Le jour, on le déposait soit dans

que oppidi, vel in aedium sacrarum maxima, reponeretur. A Bovillis equester ordo suscepit, Urbique intulit, atque in vestibulo domus collocavit. Senatus et in funere ornando, et in memoria honoranda, eo studio certatim progressus est, ut inter alia complura censuerint quidam, funus triumphali porta ducendum, praecedente Victoria, quae est in curia, canentibus naeniam principum liberis utriusque sexus : alii, exsequiarum die ponendos annulos aureos, ferreosque sumendos : nonnulli, legenda ossa per sacerdotes summorum collegiorum. Fuit et, qui suaderet, appellationem mensis Augusti in Septembrem transferendam : quod hoc genitus Augustus, illo defunctus esset; alius, ut omne tempus a primo die natali ad exitum ejus, seculum Augustum appellaretur, et ita in fastos referretur. Verum, adhibito honoribus modo, bifariam laudatus est : pro aede D. Julii a Tiberio, et pro rostris veteribus a Druso, Tiberii filio; ac senatorum humeris delatus in Campum, crematusque. Nec defuit vir praetorius, qui se effigiem cremati euntem in coelum vidisse juraret. Reliquias legerunt primores equestris ordinis, tunicati et discincti, pedibusque nudis, ac mausoleo condiderunt. Id opus inter Flaminiam viam ripamque Tiberis sexto suo consulatu exstruxerat; circumjectasque silvas et ambulationes in usum populi jam tum publicarat.

les basiliques des villes, soit dans le plus grand des temples. A partir de Boville, ce furent les chevaliers qui s'en emparèrent et le portèrent à Rome, où ils le déposèrent dans le vestibule de sa maison. Le sénat se montra jaloux de célébrer ses funérailles avec splendeur et d'honorer sa mémoire. Au milieu de plusieurs propositions émises à ce sujet, les uns voulaient que le cortège passât par la porte triomphale, précédé de la statue de la Victoire qui orne la salle du sénat, en faisant exécuter les chants funèbres par les fils et les filles des principaux citoyens. D'autres opinaient pour que, le jour des funérailles, on substituât des anneaux de fer aux anneaux d'or. Quelques-uns demandaient que les prêtres des collèges supérieurs fussent chargés de recueillir ses ossemens[261]. Un sénateur conseilla de transférer au mois de septembre le nom de celui d'Auguste, parce qu'il était né dans ce mois et mort dans l'autre. Un autre encore proposait d'appeler siècle d'Auguste tout le temps qui s'était écoulé depuis le jour de sa naissance jusqu'à sa fin, et de l'inscrire sous ce titre dans les fastes. Cependant on mit aux honneurs qu'on lui décernait une juste mesure; il fut loué deux fois publiquement, d'abord par Tibère devant le temple de César[262], puis par Drusus, fils de Tibère, devant l'ancienne tribune aux harangues. Porté au Champ-de-Mars, sur les épaules des sénateurs, il y fut brûlé. Il ne manqua pas de se trouver là un homme qui avait été préteur[263], et qui jura qu'il avait vu l'image d'Auguste s'élever du bûcher vers le ciel. Les premiers de l'ordre des chevaliers vinrent en tunique, sans ceinture et pieds nuds, recueillir ses restes, qu'ils déposèrent dans le mausolée, monument que pendant son sixième consulat il avait élevé entre la voie Flaminienne

CI. Testamentum, L. Planco, C. Silio consulibus, tertio Nonas Aprilis, ante annum et quatuor menses, quam decederet, factum ab eo, ac duobus codicibus, partim ipsius, partim libertorum Polybii et Hilarionis manu scriptum, depositumque apud se, virgines vestales cum tribus signatisque æque voluminibus protulerunt. Quæ omnia in senatu aperta atque recitata sunt. Heredes instituit primos, Tiberium ex parte dimidia et sextante, Liviam ex parte tertia, quos et ferre nomen suum jussit : secundos, Drusum, Tiberii filium, ex triente, ex partibus reliquis Germanicum liberosque ejus tres sexus virilis : tertio gradu, propinquos amicosque complures. Legavit populo Romano quadringenties, tribubus tricies quinquies sestertium : prætorianis militibus singula millia nummorum, cohortibus urbanis quingenos, legionariis trecenos nummos : quam summam repræsentari jussit : nam et confiscatam semper repositamque habuerat. Reliqua legata varie dedit : produxitque quædam ad vicies sestertium, quibus solvendis annuum diem finiit, excusata rei familiaris mediocritate : nec plus perventurum ad heredes suos, quam millies et quingenties, professus : quamvis viginti proximis annis quaterdecies millies ex testamentis amicorum percepisset : quod pæne omne cum duobus paternis patrimoniis, ceterisque hereditatibus, in rempublicam absumpsisset.

et le Tibre, et dont il avait dès lors ouvert au public les bosquets et les promenades.

CI. Il avait fait son testament sous le consulat de L. Plancus et de C. Silius, le 3 avril, un an et quatre mois avant de mourir [264]. Cette pièce était divisée en deux parties, dont l'une était écrite par lui-même, l'autre de la main de ses affranchis Polybe et Hilarion [265]; elle fut apportée par les vestales, chez lesquelles elle avait été déposée, ainsi que trois autres paquets également cachetés. Le tout fut ouvert et lu dans le sénat. Auguste instituait en première ligne Tibère pour la moitié plus un sixième; Livie pour un tiers, en leur ordonnant de porter son nom. Il appelait à leur défaut Drusus, fils de Tibère, pour un tiers, et pour le reste Germanicus et ses enfans du sexe masculin [266]. Enfin il nommait en troisième ordre un grand nombre de ses proches et de ses amis. Il léguait au peuple romain quarante millions de sesterces*, et aux tribus trois millions cinq cent mille**, à chaque soldat de la garde prétorienne mille sesterces***, à chacun de ceux des cohortes urbaines cinq cents, et à ceux des légions trois cents****. Cette somme devait être payée sur-le-champ, car il l'avait toujours conservée dans le fisc. Il y avait encore divers legs, et quelques-uns s'élevaient jusqu'à deux millions de sesterces [267]. Auguste donnait un an pour les payer, en s'excusant sur l'exiguité de son patrimoine, et affirmant que ses héritiers jouiraient à peine de cent cinquante millions de sesterces*****, quoi-

---

* Sept millions cent cinquante-six mille francs.
** 695,800 fr.
*** 198 fr. 50 cent.
**** 59 fr. 64 cent.
***** 29,820,000 fr.

Julias, filiam neptemque, si quid his accidisset, vetuit sepulcro suo inferri. De tribus voluminibus uno mandata de funere suo complexus est; altero indicem rerum a se gestarum, quem vellet incidi in æneis tabulis, quæ ante mausoleum statuerentur; tertio breviarium totius imperii, quantum militum sub signis ubique essent, quantum pecuniæ in ærario et fiscis, et vectigaliorum residuis. Adjecit et libertorum servorumque nomina, a quibus ratio exigi posset.

que, dans l'espace des vingt dernières années, il en eût reçu quatre milliards* par les testamens de ses amis; il ajoutait que toute cette somme, jointe à deux héritages paternels et à d'autres successions, avait été employée pour la république. Il défendit aussi qu'à la mort des deux Julies, sa fille et sa petite-fille, elles fussent portées dans son tombeau. Des trois paquets cachetés [268], l'un contenait des ordres relatifs à ses funérailles; le second l'indication de celles de ses actions [269], qu'il voulait qu'on gravât sur des tables d'airain pour les placer devant son mausolée; enfin le troisième était un exposé de la situation de l'empire. On y voyait combien de soldats étaient sous les armes, combien d'argent il y avait au trésor, combien dans les diverses caisses, et quelles étaient les arrérages des revenus publics. Auguste y avait aussi marqué les noms des affranchis et des esclaves à qui l'on pouvait en demander compte.

* 795,200,000 fr. On serait tenté de croire qu'il y a ici quelque erreur : tel est cependant le résultat exact du calcul. Je ne sais comment le traducteur allemand Oftertag arrive à réduire la somme à quatorze cent millions de sesterces ou 278,300,000 fr.

NOTES

SUR OCTAVE AUGUSTE.

1. *Vélitres.* Ville du pays des Volsques.

2. *Un autel consacré par un habitant de ce nom.* Beaucoup de traducteurs font ici un contre-sens assez grossier. *Ara Octavio consecrata* signifie un autel consacré par Octavius, et non pas un autel consacré à Octavius. Nous avons vu des exemples de cette locution dans la vie de César (chap. 20, où il est dit : *Campum stellatum majoribus consecratum;* chap. 88 : *Siquidem ludis, quos primos consecratos ei heres Augustus edebat*).

3. *Qui ordonnait qu'à l'avenir.* Les manuscrits sont d'accord sur le *quoque.* Burmann est l'auteur d'une conjecture qui a égaré les traducteurs. Il voulait *quoque anno*, en sorte qu'il fût question d'un sacrifice annuel. Cela est faux : il ne s'agit que d'un nouveau mode adopté pour les sacrifices à Mars.

4. *Mise au rang des familles romaines.... inter romanas gentes allecta.* Les mots *in senatum* sont superflus. Quiconque a lu l'histoire romaine de Niebuhr comprendra que d'abord Tarquin l'ancien a reçu la famille Octavia parmi les *patres minorum gentium;* et qu'ensuite Servius l'a agrégée aux anciennes familles, qui avaient besoin de complément. Il n'y a nulle contradiction.

5. *Par la volonté de César.* Il paraît qu'il s'agit de la loi Cassia, qui créa beaucoup de patriciens.

6. *Se fixa dans l'ordre des chevaliers.* Il n'y a nulle contradiction entre ce qui précède et l'assertion de Suétone, selon laquelle César, le premier, aurait replacé les Octavius parmi les patriciens. Les Octavius plébéiens arrivaient aux honneurs comme tels; et, dans ce sens, ils pouvaient l'emporter sur la branche des Octavius chevaliers.

7. *Sous le commandement d'Émilius Papus*, qui fut préteur de Sicile. Le mot *imperatore*, dont se sert Suétone, choque Peghius qui veut substituer *prætore*; mais, comme l'a fait observer Oudendorp, ce mot n'indique que le commandement supérieur sans aucune idée de souveraineté.

8. *Magistratures municipales*, telles que le décemvirat, l'édilité, que les Romains appelaient plutôt *magisteria*, le nom de *magistrature* étant plus relevé.

9. *Auguste lui-même*. Apparemment dans ses mémoires dont Suétone parle encore au chap. 85. Ils sont cités par Plutarque (*Ant.*, cap. 22) et par Appien, *Guerre d'Illyrie*, 14, et *Guerre civile*, liv. IV, chap. 110.

10. *Marc-Antoine lui reproche*, soit dans ses édits, dans lesquels il accumula toute espèce d'injures contre Auguste, ainsi que nous l'apprend Cicéron, soit dans ses lettres, que Cremutius Cordus dit avoir renfermé des allégations très-amères contre ce prince. (*Voyez* Tacite, *Ann.*, liv. IV, chap. 34.)

11. *Ceux qui vendaient leurs services pour accaparer des suffrages au Champ-de-Mars*. Le latin dit *divisores operasque campestres*. M. de Laharpe a sauté ce sens tout entier : on appelait *divisores* ceux qui distribuaient de l'argent aux tribus au nom des candidats, *operas campestres* ceux qui intriguaient dans le Champ-de-Mars pour procurer des suffrages aux candidats. L'expression latine exprime le dédain d'une manière très-marquée.

12. *Dans sa route il anéantit*. Thurium n'était pas exactement sur sa route; mais le sénat avait pour but, en lui donnant cette mission, de ne point mettre sur pied une armée spécialement destinée à cette expédition.

13. *Les Besses et les Thraces*. Les Besses ne sont qu'une partie de la nation des Thraces au pied du mont Hémus; mais ils sont remarquables par leur férocité, selon Eutrope (liv. VI, chap. 8). Lucullus fut le premier qui leur fit la guerre.

14. *Proconsulat d'Asie*. Ce mot est là pour *proprætura*. Quintus Cicéron venait d'être préteur, quand il fut chargé du gouvernement de l'Asie. (*Voyez* les *Lettres* de Cicéron, 29 et 107 de notre recueil.)

15. *M. Atius Balbus.* Virgile a grand soin de jouer sur le nom d'*Atys* et en fait l'auteur de la famille Atia; cela donnait à Auguste des aïeux dans l'Énéide.

16. *Cassius de Parme* fut l'un des meurtriers de César. (*Voyez* APPIEN, *Bell. civ.*, l. v, 2 et 139.

17. *Nerulum* était une ville voisine de Thurium; il paraît que quelque ridicule s'était attaché à ses habitans, comme cela arrive encore pour beaucoup de villes de nos jours. Perizonius, Ernesti, Wolf voudraient substituer à *Nerulonensis*, *Nemorensis*, pour que cela se rapportât encore à Aricie; mais ils n'ont pas réfléchi que cette correction est inutile, puisqu'il s'agit du père d'Auguste et non de sa mère.

18. *Près des Têtes de Bœuf, ad Capita bubula.* Ce lieu est situé dans la dixième région de la ville de Rome.

19. *Le possesseur et en quelque sorte le gardien du sol. Ædituus* était le nom qu'on donnait aux gardiens des lieux sacrés. Le *desservant*, mot dont se sert Laharpe, va beaucoup trop loin.

20. *Avait touché d'abord.* On mettait l'enfant nouveau-né sur la terre, on invoquait *Ops* pour qu'elle l'accueillît favorablement, et de là cette déesse avait reçu le surnom de *Levana*, parce qu'elle présidait à cette cérémonie, *levandis de terra pueris*.

21. *Peu de temps après sa naissance.* Auguste était né en 691; ce fut en 695 que son père battit les fugitifs, et les bandes de Catilina et de Spartacus. Il avait donc alors plus de trois ans, et le *recens eo nato* doit être pris dans un sens assez large.

22. *Je l'ai donnée au prince.* Il s'agit d'Hadrien.

23. *Parmi ses dieux domestiques.* Juste-Lipse conjecture assez ingénieusement *inter cubiculi lares* au lieu de *inter cubiculares*; mais la correction est superflue.

24. *En vertu de la motion faite par Munatius Plancus.* Je me suis servi d'un mot assez usité dans les assemblées délibératives. On délibérait sur le nom qu'il convenait de donner à Auguste. Dès-lors, chaque proposition particulière devenait une *motion*.

25. Toute cette explication paraît être transcrite de Festus et

interpolée dans Suétone par quelque maladroit interprète : ce sont presque les expressions du grammairien.

26. *Il avait quatre ans quand il perdit son père.* Il paraît que ce fut en 695, car Octavius ne resta pas l'année entière dans son gouvernement de Macédoine; il en revint pour demander le consulat, et mourut; ce qui suit sur l'éloge de son aïeule Julie se rapporte à l'année 702.

27. *Quatre ans après,* c'est-à-dire en 706, après sa quinzième année accomplie; le triomphe de César sur l'Afrique eut lieu en 708.

28. *A Apollonie où il se livra à l'étude.* Velleius Paterculus nous apprend que ce fut de la volonté de son grand oncle, et qu'Auguste avait des dispositions extraordinaires. Il s'agit de l'Apollonie de Macédoine, sur la mer d'Ionie.

29. *Marcus Philippus* avait épousé la mère d'Auguste après la mort d'Octavius, et fut consul en 698 avec Cn. Cornelius Lentulus.

30. *N'osant accomplir cette mission.* Il s'agit des jeux dont il est parlé dans la *Vie de César,* chap. 88, et pendant lesquels apparut la célèbre comète qui brilla sept jours de suite.

31. *Il se porta candidat à la place d'un tribun du peuple qui venait de mourir.* On croit, et Dion le dit, liv. xiv, que ce fut à la place de Helvius Cinna, tué par erreur au retour des funérailles de César. Cependant le latin *forte demortui* semble répugner à cette opinion.

32. *Du droit commun, de celui qui découlait des règles établies:* — *ne publicum quidem et translaticium jus.* Cette dernière expression se rapporte au droit usité, ordinaire, à celui qui découle des édits et des formules.

33. *Decimus Brutus* avait été désigné consul par César pour l'année 711, et il avait reçu pour province la Gaule citérieure.

34. *Et lui suscita des assassins.... percussores ei subornavit;* quelques-uns ont prétendu qu'Antoine n'avait imputé ce crime à Auguste que pour lui attirer la haine publique. Les vétérans qu'il leva étaient d'abord ceux de Calatra, puis ceux de Casilinum. La

légion Martia et la quatrième apprenant la volonté du sénat, vinrent aussi se joindre à Auguste.

35. *En deux batailles.* Il paraît cependant qu'Antoine fut vainqueur dans la première ; mais Dion, qui le dit, ne parle point de la fuite d'Octave.

36. *Le porte-aigle de sa légion.* Casaubon croit qu'il manque au texte le nom de la légion. Ernesti, au contraire, pense que le pronom possessif est là pour désigner que cette légion est l'une de celles levées par Auguste à ses dépens. N'est-il pas plus simple de supposer qu'il s'agit de la légion près de laquelle il combattait?

37. *Le bruit se répandit.* Tacite parle aussi de cette opinion, *Annales,* I, 10.

38. *Que l'on retint en prison Glycon.* Dans une de ses lettres à Cicéron, Brutus défend vivement ce médecin d'une aussi odieuse accusation : il le connaît pour un homme modeste et doux, que son intérêt même ne saurait pousser à un tel crime, tandis que personne n'était plus intéressé à ce que Pansa vécût.

39. *Avait été accueilli par Lépide.* Cette assertion n'est pas exacte. Selon Velleius Paterculus, Antoine passa les Alpes en fuyant; il trouva, dans la Gaule, Lépide, qui n'avait pas encore pris possession de l'Espagne, sa province. Celui-ci refusa de le recevoir; mais les soldats, qui ne pouvaient avoir de plus mauvais chef que Lépide, détruisirent le rempart et donnèrent entrée à Antoine.

40. *Les autres chefs,* Asinius Pollion et Plancus. L'interprétation du mot *pro partibus* a été bien mal faite dans Laharpe qui paraît s'être attaché à la ridicule leçon *pro patribus*.

41. *Qu'il convenait de le récompenser et de l'élever.* Notre langue comporte ici le même double sens que le latin : *ornandum tollendumque*.

42. *Il trouvait qu'on ne se montrait pas assez reconnaissant.* Il ne faut pas prendre le *nec* pour *ne :* c'est encore une plainte d'Auguste, et ce membre de phrase est régi toujours par *calumniatus*.

43. *Nursia,* ville du pays des Sabins, au pied des Apennins, dans le duché de Spolette.

NOTES.   315

44. *Il envoya à Rome la tête de Brutus.* Elle n'y parvint pas : une tempête s'étant élevée pendant la traversée du vaisseau qui l'y portait, elle fut jetée à la mer.

45. *Tirer au sort ou de combattre.* Quelques commentateurs ont embrassé la leçon *micare* au lieu de *dimicare;* ils font remonter jusqu'à Auguste le jeu que, de nos jours, les Italiens jouent avec leurs doigts, en les étendant et les repliant avec une grande vitesse, et en laissant chacun à leur adversaire, qui en fait autant, le soin de deviner. Il me semble que cette interprétation est tant soit peu puérile : malgré l'assentiment d'excellens éditeurs, tels que Heusinger et Gernhard, dans les *Offices* de Cicéron, III, 19, et Baumgarten Crusius sur Suétone, je me suis décidé à la rejeter, et d'autant plus que Dion, qui place cette atrocité après la bataille d'Actium (liv. LI, chap. 2) et qui nomme les victimes (les Aquilius Florus), ne donne lieu à aucune équivoque : il parle du sort.

46. *Sur le territoire des villes municipales.* Appien nous apprend qu'il s'agit du territoire de dix-huit villes (liv. IV, chap. 3).

47. *Lucius Antoine.* Cicéron en fait un hideux portrait dans ses *Philippiques,* où il l'appelle gladiateur, spadassin d'Afrique, brigand d'Italie, exécration des hommes et des dieux mêmes, s'ils haïssaient ceux qu'ils doivent haïr. Le fait dont il s'agit ici se rapporte à l'année 713. Antoine était alors consul avec P. Servilius Isauricus.

48. *Le réduisit par la famine.* En 714, sous le consulat de Cn. Domitius Calvinus et d'Asinius Pollion. Une chose bien étrange, c'est l'interversion commise par Florus, qui place ces évènemens avant le triumvirat et la bataille de Philippes. Nous avons vu de nos jours, cependant, un prétendu manuscrit de Sainte-Hélène qui mettait la bataille de Wagram avant celle d'Eylau; cela est encore plus fort.

49. *Sur les bancs des chevaliers.* Le latin dit : *In quatuordecim ordinibus sedentem.* Voyez sur cela mes Antiquités de Mandeure et la disposition du théâtre de cette ancienne ville gauloise.

50. *Devant un autel élevé à Jules-César,* comme pour apaiser ses mânes. A entendre Appien et Velleius, le courroux du soldat aurait seul causé toutes ces horreurs. Mais on sait que ces deux au-

teurs n'ont pas écrit librement, et qu'ils ont surtout puisé dans les mémoires d'Auguste.

51. *Qu'il avait excité cette guerre.* C'est aller aussi loin dans une traduction que le permet la leçon *consulto*. Quant à la correction *compacto* imaginée par Juste-Lipse et reçue dans le texte d'Oudendorp, elle est ingénieuse, mais elle n'est que cela. Comment supposer en effet qu'Auguste eût agi de connivence, de concert avec L. Antoine, lorsqu'aucun auteur ne l'indique.

52. *Mais il la traîna en longueur.* Ce fut en 711 que Sextus Pompée occupa la Sicile; il ne fut entièrement vaincu qu'en 718. Lucain l'appelle *pirate sicilien*. Mais alors tout ce qui avait résisté au pouvoir naissant des empereurs devait être flétri par ces déclamateurs serviles. Sextus Pompée se montra digne de son père : il fit annoncer dans Rome qu'il donnerait, à tous ceux qui sauveraient un proscrit, le double de la récompense promise aux meurtriers.

53. *Dans un double naufrage.* Cela eut lieu en 716; Auguste mit tout le reste de cette année et la fin de la suivante à réparer ses vaisseaux.

54. Auguste, Antoine et Pompée firent la paix en 715, après l'entrevue de Misène ; je crois néanmoins que c'est à tort qu'on reproche à Suétone d'intervertir ici la suite des évènemens. En effet, il ne raconte pas, il cite les diverses causes de suspension de la guerre. C'était *tantôt celle-ci*, *tantôt une autre*, et d'ailleurs rien n'oblige à restreindre le sens de cette phrase à la seule négociation de Misène.

55. *Il vainquit Pompée.* Ce ne fut point Octave lui-même, ce fut Agrippa qui commanda. Ce succès est de l'année 718. Précédemment Auguste avait éprouvé une grande défaite auprès de Tauromenium.

56. *Naviguant vers le continent.* C'était en fuyant de Tauromenium. Il faut voir les détails de ce trajet dans Velleius, chap. 79, et dans Appien, chap. 123.

57. *Démochares.* Il se tua peu après dans le combat naval livré près d'Artemisium.

58. *Auguste lui ôta son armée.* Lépide avait poussé l'audace jusqu'à signifier à Octave d'évacuer la Sicile, mais celui-ci entra dans son camp, et tout aussitôt les soldats abandonnèrent Lépide, qui, vêtu d'une robe suppliante, vint se cacher d'abord dans la foule de ceux qui se pressaient autour d'Auguste, puis se précipita à ses genoux pour demander la vie, et sut inspirer assez de mépris pour l'obtenir : on lui laissa ses biens. Appien ne connaît pas cet exil à Circeies : selon lui, Lépide fut renvoyé à Rome, et on lui laissa les honneurs du souverain pontificat.

59. *Le testament que celui-ci avait laissé à Rome.* Chez les Vestales, selon l'usage signalé dans la *Vie de César*. Dion rapporte que l'existence de ce testament fut révélée à Auguste par Titius et Plancus qui y avaient figuré comme témoins. Trois choses blessaient Auguste dans ce testament : d'abord, ce qui concernait le fils de César et de Cléopâtre, ce Césarion dont il a été question déjà, dans la *Vie de César;* en second lieu, Antoine nommait, parmi ses héritiers, les enfans qu'il avait eus de Cléopâtre; enfin, il ordonnait que son corps, en quelque lieu qu'il mourût, fût porté à Alexandrie pour être enseveli avec celui de Cléopâtre.

60. *Qui alors étaient encore consuls.* En l'an de Rome 722.

61. Pendant le séjour d'Auguste à Brindes, on accourait de Rome pour le saluer et le complimenter; de là il repartit pour Alexandrie, où d'abord il fut battu par Antoine dans un combat de cavalerie; mais la flotte abandonna ce dernier, et il fut forcé de proposer un traité. Auguste s'y étant refusé, il mourut avec courage. M. de Laharpe traduit : *Il fut contraint de se donner la mort, et Auguste jouit de ce spectacle.* Cependant les interprètes n'en ont pas tiré cette conséquence. Le latin dit seulement qu'il l'alla voir après sa mort : quelques commentateurs veulent même appliquer cette visite à Cléopâtre : *viditque mortuam Cleopatram.*

62. *Il fit venir des Psylles.* Les Psylles, peuple d'Afrique, étaient célèbres dans l'antiquité, parce que leurs corps renfermaient quelque chose qui faisait périr les serpens, et que leur seule odeur les engourdissait. Quand les Psylles, à la naissance d'un enfant, voulaient s'assurer que leurs femmes avaient été fidèles, on le présentait à un serpent, et, s'il ne s'enfuyait, l'enfant était illégitime.

Plutarque prétend que Caton, dans ses expéditions d'Afrique, se faisait accompagner de Psylles pour sucer le venin de ceux qui seraient mordus par des serpens, et pour conjurer ces reptiles. Les Marses aussi excellaient dans cet art. Quant à la morsure de l'aspic, c'est la cause la plus généralement reconnue de la mort de Cléopâtre, mais on n'en est pas sûr; quelques auteurs disent que cette reine se frappa le bras d'un fer empoisonné.

63. *Fut arrêté dans sa fuite et livré au supplice.* Son précepteur Théodore, chargé par Cléopâtre de le conduire dans l'Inde, alla le livrer; puis, après son supplice, il lui vola une pierre précieuse qu'il portait, fut découvert et pendu.

64. *Le Ptolemeum.* Ce nom convient, même en français, au lieu de la sépulture des Ptolémées. L'érudition française en a adopté l'usage.

65. *D'abord il eut affaire au jeune Lépide.* C'était le fils du triumvir, le neveu de Brutus. Pendant qu'Auguste était à Alexandrie, il forma le projet de le tuer à son retour. C. Mécène commandait alors à Rome; il sut pénétrer les desseins de ce jeune homme.

66. *Varron Murena et Fannius Cépion.* Le premier avait été adopté par Terentius Varron; il était d'ailleurs d'un caractère doux : tous deux furent mis à mort, pour avoir formé le complot de tuer Auguste.

67. *Egnatius.* Ce fut trois ans après le supplice de Varron et de Cæpion. Egnatius, après son édilité, dans laquelle il avait recherché la faveur du peuple, se présenta pour demander le consulat. Sextus Saturninus l'en empêcha. On rapporte qu'il conçut le projet de tuer Auguste, qu'il fut plongé dans un cachot et qu'on l'y fit périr avec ses complices.

68. *Plautius Rufus.* Il est question, dans Dion, d'un Publius Rufus que Fabricius croit être le même.

69. *Lucius Paulus, mari de sa petite-fille.* Il avait épousé Julie, fille d'Agrippa et de Julie. Il fut consul en 754.

70. *Issu par un mélange d'une famille de Parthes.* Laharpe traduit *demi-Parthe et demi-Romain.* Il a saisi le sens d'*hybrida*;

mais il n'est pas ici question de Parthes : il s'agit des *Parthènes*, de la ville de Parthus, en Illyrie, non loin de Dyrrhachium. En 715, Asinius Pollion vainquit les Parthènes. Parmi d'autres captifs, il conserva Épicade, qu'il affranchit ensuite, en lui donnant son nom. L'Asinius Epicadus, dont il est ici question, est né de celui-là et d'une femme italienne.

71. Dion raconte cette seconde blessure au sujet de la guerre contre les Japydes. Appien en dit autant. Suétone ne s'est pas énoncé ici avec une grande exactitude. Les anciens confondaient souvent les peuples voisins.

72. *Les Cantabres.* En 725, Statilius Taurus les défit; Auguste les combattit lui-même en 729; à peine fut-il parti qu'il fallut qu'Émilius les soumît de nouveau en 730. Deux ans après, ils recommencèrent la guerre, et furent encore vaincus par T. Carisius et C. Furnius; enfin, en 735, Agrippa parvint à les réduire complètement.

73. *L'Aquitaine.* Voyez les *Élégies de Tibulle*, 1, 8, 3; et II, 1, 33; IV, 1. *Voyez* aussi sur l'époque du triomphe de Messala ma dissertation *de Tibulli vita et carminibus*.

74. *La Pannonie.* Auguste y avait porté la guerre lui-même, en 719; mais, de 735 à 754, les Pannoniens ne cessèrent de s'insurger. Ce fut Tibère qui, après la mort d'Agrippa, fut chargé de les combattre; ce fut encore Tibère qui soumit la Dalmatie et l'Illyrie.

75. *La Rétie et la Vindélicie.* Les manuscrits les plus anciens et les monumens sont d'accord pour bannir l'*h* qui s'est mal-à-propos glissé dans le mot Rétie.

76. *Les Salasses.* Messala les avait domptés en 720, mais, en 729, il fallut que Terentius Varron les combattit de nouveau.

77. *Il arrêta les incursions des Daces.* Selon Florus, ces peuples passaient le Danube quand il était gelé, et ravageaient toute la rive droite de ce fleuve.

78. *En leur assignant les terres les plus voisines du Rhin.* Eutrope dit qu'à la suite de la guerre de Drusus, quatre cent mille Germains furent emmenés sur la rive gauche du Rhin. Agrippa, en 717, reçut les Ubiens; en 746, Tibère établit les Sicambres dans la Gaule.

79. *Un nouveau genre d'otages.* Nouveau pour les Romains; car les autres nations le connaissaient.

80. *Avant trente ans.* Il s'agit de l'âge de trente ans; on donnait pour otages des jeunes gens de bonnes familles. Il ne faut pas adopter la conjecture de Casaubon, qui, pour faire accorder ensemble Suétone et Dion, veut lire *vicesimum*.

81. *Les Indiens et les Scythes.* Orose et Eusèbe disent que leurs ambassadeurs trouvèrent Auguste auprès de Tarragone, dans l'Espagne citérieure. Dion, au contraire (liv. IV, 9), prétend que ce fut à Samos, en 734, que les Indiens le vinrent saluer. Casaubon en conclut, et sans doute avec raison, qu'il y eut deux ambassades.

82. Il s'agit de l'expédition de Tibère qui, en 734, établit Tigrane roi d'Arménie; plus loin, il s'agit des querelles entre Phraate et Tiridate qui choisirent Auguste pour arbitre.

83. Sous Numa, et après la première guerre punique, sous le consulat de Titus Manlius. Le temple de Janus, ou double Janus, fut établi dans les temps primitifs de Rome, alors qu'une étroite fédération unit les Sabins de Quirium avec les Romains. Quirium occupait une des collines de Rome : un mur divisa les territoires, et le double Janus, élevé dans l'enceinte même de la muraille, avait une porte du côté de chaque ville : elle était ouverte en temps de guerre, afin que de l'une on pût secourir l'autre; elle était fermée dans la paix. *Voyez* ma traduction de l'*Histoire romaine* de Niebuhr, tom. 1, pag. 410.

84. Dion parle d'une troisième ovation qui aurait été célébrée après le traité conclu avec Phraate. Quant aux triomphes curules, ils eurent lieu en 725.

85. *Celle de Lollius.* Ce fut en 738. Cet homme était d'une sordide cupidité. Velleius en fait un portrait fort défavorable.

86. Celle de Varus en 763; il y périt trois légions, trois escadrons, six cohortes.

87. *De grands jeux à Jupiter.* Ainsi Camille fit vœu d'en célébrer pour le cas où il prendrait Veïes : et il y en a une foule d'autres exemples : le vœu devient alors la condition. C'est pour cela que j'ai traduit autrement que mes devanciers.

88. Ce genre de lâcheté avait été atteint par le sénat dans la guerre italique ; C. Vettienus, s'étant coupé les doigts de la main gauche, fut condamné aux fers perpétuels, et ses biens furent confisqués. C'est ici le lieu de rappeler la singulière étymologie du mot *poltron* qui vient de mots latins écrits en abrégé, à la tête des lois : de *pollice truncato,* d'où l'on a fait *poll. trunc.* L'exil ou la déportation furent ensuite prononcés contre cette infamie.

89. *S'empressaient de l'acheter.* Le latin est plus fort : *imminere emptioni.* En effet, les fermiers publics étant de l'ordre des chevaliers se seraient empressés de l'affranchir : or le but d'Auguste était de le réduire en esclavage, et de l'éloigner de Rome, sans cependant l'appliquer à des travaux serviles.

90. *Pour rations que de l'orge.* Le latin est bien plus fort, *hordeo pavit,* comme s'il s'agissait de pâture. Dans la seconde guerre punique, Marcellus avait infligé la même punition à des cohortes qui avaient perdu leurs enseignes. *Voyez* dans Polybe (liv. VI, 31) la manière dont on décimait les manipules qui avaient lâché pied devant l'ennemi.

91. *Que cette allocution était trop ambitieuse ;* c'est-à-dire qu'elle trahissait trop la volonté de flatter les soldats ; la dignité, la majesté de sa maison s'y opposaient.

92. *Pour protéger la rive du Rhin.* Après la défaite de Varus.

93. Dion dit que ce fut après la bataille d'Actium. Agrippa avait été honoré déjà d'une couronne navale, après l'expédition de Sicile; et Velleius Paterculus ajoute que nul Romain ne l'avait reçue avant lui.

94. Ce sont les paroles de Polynice dans Euripide (*Phœnis*, v. 612). *Voyez* aussi Polyen (liv. VIII, c. 24).

95. Dion dit qu'Auguste envoya quatre cents de ses soldats. Il géra le second consulat, avec Volcatius Tullus, en 721 ; le troisième, en 723, avec M. Valerius Messala Corvinus ; le douzième, qui fut séparé du onzième par un si long intervalle, lui donna pour collègue, en 749, L. Sylla ; enfin, son treizième et dernier eut lieu en 752. On a remarqué qu'à lui seul il égala le nombre des consulats de Valerius Corvus et de C. Marius : le premier ayant été six fois consul, l'autre sept.

96. *Caïus et Lucius.* Ses petits-fils par Agrippa.

97. *Devant le temple de Jupiter Capitolin.* Les nouveaux magistrats s'y rendaient solennellement pour y faire des vœux, mais Auguste, comme le dit Suétone, ne prit pas possession de tous ses consulats à Rome même.

98. *L. Pinarius, chevalier romain.* On a cru que ce Pinarius était le cohéritier que César avait institué avec Auguste; mais Suétone n'aurait pas manqué de le dire. *Pagani* est ici l'opposé de soldats, et, dans la suite, on appela ainsi ceux qui n'étaient pas de la milice du Christ. Du reste, j'ai traduit *subscribere* par *écrire furtivement*: telle est en effet la valeur de cette préposition dans les composés. Tacite dit dans son Agricola : *quum suspiria nostra subscribuntur.*

99. *Des tablettes doubles,* c'est-à-dire à deux feuilles. Sylla avait déjà donné l'exemple de cette horrible barbarie, et l'avait exercée sur Marius. Il paraît, par la suite de ce récit, qu'Auguste prenait soin d'interpréter à son avantage, et de couvrir de mensonges toutes les cruautés qu'il avait commises.

100. *Il reçut pour toujours la puissance tribunitienne.* Le sénat la lui décerna en 724, mais il n'en prit possession qu'en juin 731, et la conserva trente-six ans et quelques mois, jusqu'à sa mort arrivée en 767. Tacite s'explique sur ce qu'était la puissance tribunitienne entre les mains des empereurs (*Annales*, III, 56). Auguste imagina ce titre pour ne prendre ni celui de roi, ni celui de dictateur, et pour dominer cependant les autres pouvoirs.

101. Ce furent M. Agrippa et Tibère.

102. *La surveillance des mœurs et le soin de faire exécuter les lois.* D'abord, en 735, on le lui conféra pour cinq ans; puis, en 742, pour cinq autres années. Suétone l'appelle peut-être perpétuel, parce qu'il fut toujours renouvelé. Les recensemens dont il est ici question eurent lieu en 726, dans le sixième consulat d'Auguste; le second, qu'il fit seul, est de l'année 746, Censorinus et Asinius étant consuls; le troisième de 767, sous le consulat de Sextus Pompée et de Sextus Appuleius. Dion parle aussi de trois recensemens; mais il les reporte à des années différentes; selon lui, le dernier aurait eu lieu en 757.

103. *Immédiatement après la défaite d'Antoine.* Ce fut en

725 qu'il en délibéra avec Agrippa et Mécène. Selon Dion, ce fut Mécène qui l'empêcha de se démettre; Montesquieu pense qu'Auguste n'en eut jamais sérieusement la volonté.

104. *Le forum.* Il y en eut désormais trois : l'ancien, ou forum romain, celui de Jules César et celui d'Auguste.

105. *Partiraient de cet édifice.* Ce départ avait toujours quelque chose de solennel. Le latin dit *hinc deducerentur;* on les accompagnait jusqu'à une certaine distance.

106. *Et y dénombrait les décuries de juges.* Il y en avait trois; Auguste en ajouta une quatrième.

107. *Ainsi que le portique de Livie.* A l'endroit où était auparavant la maison de Pollion qui avait fait Auguste son héritier. Celui d'Octavie fut élevé en 721. Ces édifices, ainsi que la bibliothèque, furent brûlés sous Titus, en 833 (*Voy.* Dion, liv. LXVI, 24).

108. Le temple de l'Hercule des Muses est celui qui, en grec, reçoit le titre de Μουσηγέτης. Marcius Philippe, qui l'érigea, est-il le beau-père d'Auguste, ou bien, comme le veut Masson dans la *Vie d'Ovide*, s'agit-il de l'époux de sa tante maternelle? C'est ce qu'il serait difficile de décider. Cornificius est sans doute celui qui conserva, en Sicile, les troupes d'Auguste interceptées. Il paraît qu'Asinius Pollion restaura le vestibule du temple de la liberté qui était sur le mont Aventin. Munatius Plancus est le fondateur d'*Augusta Rauracorum*, à deux lieues de Bâle. Cornelius Balbus, immensément riche, fut le premier étranger qui parvint au consulat : ce temple fut voué en reconnaissance de l'heureux retour d'Auguste qui avait été dans la Gaule. Statilius Taurus fut l'un des meilleurs généraux d'Auguste. Quant aux ouvrages d'Agrippa, on cite des aquéducs, le portique de Neptune, des bains de vapeur et le Panthéon.

109. *Par sections et par quartiers.* Jusqu'ici on traduisait quartiers et rues de Rome; mais il n'y a dans le latin rien qui autorise le mot *rue : vicus* n'est pas une rue, pas plus que *regio*.

110. *Et que le soin des quartiers fût confié à des inspecteurs.* Leur charge, sans doute, était toute spéciale : c'étaient des commissaires de police. Ils ne sont qualifiés que de *magistri*, tandis que les sections, les grandes divisions étaient placées sous l'auto-

rité de véritables magistrats créés dans les comices, tels que les édiles, les tribuns, et les préteurs.

111. *Rétréci par la chute des édifices.* D'autres lisent *prolationibus*, et l'entendent d'anticipations commises par les riverains dont les maisons s'avançaient dans le cours du fleuve.

112. *La voie Flaminia*, du nom du censeur C. Flaminius, qui l'avait construite.

113. *Il la ramena à sa marche ordinaire.* Macrobe nous apprend l'origine de cette nouvelle confusion : les pontifes, au lieu d'intercaler un jour à chaque quatrième année expirée, le plaçaient à chaque quatrième année commencée; d'où il résulta, au bout de trente-six ans, douze jours complémentaires, au lieu de neuf. L'année se trouvait donc reculée de trois jours : pour y remédier, Auguste ordonna qu'on laissât passer douze ans sans intercalation; et pour qu'il n'y eût plus d'aberration de ce genre, il fit graver sur l'airain la méthode à suivre pour l'avenir. Quant au mois *Sextilis*, ce fut en 746 qu'il prit le nom d'auguste, d'après un senatus-consulte et d'après un plébiscite.

114. *D'en prendre une autre à sa place.* Je me suis servi du mot *prendre*; le latin dit *quum... aliam capi oporteret* : c'était une véritable conscription exercée sur les petites filles de six à dix ans. La sœur, une fois entrée dans ce sacerdoce, dispensait ses sœurs; il y avait dispense aussi pour les filles des quindécemvirs, des Flamines, des Saliens. Aulu-Gelle rapporte encore plusieurs dispenses et plusieurs exclusions. Du moment où elle était vestale, une jeune fille quittait la puissance paternelle, et pouvait faire un testament. La loi Papia disait que le souverain pontife désignait vingt vierges; puis qu'en assemblée publique le sort décidait entre elles; néanmoins il y avait aussi des espèces d'engagemens volontaires : on pouvait offrir sa fille au souverain pontife, et le sénat faisait remise des formalités de la loi Papia. On se servait du mot *capio* parce que le grand pontife saisissait, de la main, la jeune fille, pour l'enlever à son père.

115. *L'augure du salut.* C'était une cérémonie que l'on célébrait annuellement en choisissant un jour où il n'y eût pas de combat;

mais cette cérémonie avait souffert de fréquentes interruptions; elle en souffrit encore plus par la suite. Il paraît que, depuis la mort de César, on n'avait plus célébré de lupercales.

116. *Au-dessus d'une arcade de marbre.... marmoreo Jano.* Laharpe a fait un contre-sens en imaginant ici une statue de Janus. On appelle du nom de ce dieu toute porte cintrée, et non fermée. Il était le gardien de tous les passages.

117. *Et dont le deuil.... ex quorum sordibus,* parce que les accusés portaient des vêtemens négligés.

118. *Occupés par des jeux honoraires.* On appelait ainsi tous ceux qui n'étaient pas institués par la république, mais par des citoyens revêtus de certains honneurs, tels que les préteurs. Auguste fit bien de détruire cette multitude de fêtes qui enlevaient aux affaires un temps précieux. Il ajouta une quatrième décurie de juges à celles qui existaient; mais César, en supprimant celle des tribuns du fisc, ne les avait-il pas réduites à deux? Il faut que, dans l'intervalle, la troisième ait été reconstituée.

119. *Celle des ducenarii.* A raison du nombre de grands sesterces qui composaient leur cens; c'était une juridiction inférieure.

120. *Il choisit les juges à l'âge de trente ans, c'est-à-dire cinq ans plus tard.* Je me déclarerais volontiers pour la leçon *tricesimo* que porte la Vulgate, et cela contre l'autorité d'ailleurs fort respectable de Cujas, de Casaubon, etc... Oudendorp a fait remarquer que les mots qui suivent sont, sans doute, l'effet de l'interpolation. Peut-être Suétone avait-il écrit *maturiores.*

121. *Surseoir aux affaires pendant les mois de novembre et de décembre.* Ils étaient déjà encombrés de jours fériés. On voit que les vacances des tribunaux remontent fort loin.

122. La loi Pompeïa portait que celui qui avait commis ou tenté un parricide serait, s'il en faisait l'aveu, frappé de verges ensanglantées, puis cousu dans un sac avec un chien, un coq, une vipère et un singe, enfin jeté dans la mer.

123. *Il déférait les appels.* Néanmoins il en retint la connaissance dans les affaires les plus graves, sur lesquelles il se réserva de prononcer en dernier ressort.

124. *Sur les débauches honteuses.* Nous avons déjà eu occasion de faire remarquer que *pudicitia* et *impudicitia* regardaient plus spécialement les goûts contre nature, que le commerce d'un sexe avec l'autre.

125. *Celle sur les mariages.... de maritandis ordinibus* : littéralement, *de marier tous les ordres.* Ce fut en 736 qu'Auguste s'avisa de cette loi, qui fut bientôt négligée, et qu'en 762 la loi Papia Poppea vint remplacer : le délai de trois ans, dont il s'agit plus bas, était donné pour obéir à la loi, et je ne sais où l'on a pris l'idée d'une exemption de service militaire. On épousait alors de petites filles, pour échapper au mariage, comme, de nos jours, on a vu des conscrits épouser de vieilles femmes pour se soustraire au service par ces unions improvisées.

126. *Sénateurs de l'Orcus.* On avait coutume aussi d'appeler *orcini* ou affranchis de l'*orcus* ceux qui l'étaient par le testament de leurs maîtres ; parce que ces derniers semblaient leur donner la liberté du fond des enfers. C'est par le même motif que les sénateurs dont il s'agit sont qualifiés d'*orcini*. César, à ce que disait Antoine, les avait désignés dans ses mémoires qu'il fallait respecpecter. On les appelait aussi χαρωνίτας, et cela par le même motif. Suétone parle de deux élections. Dans le monument d'Ancyre, Auguste dit *senatum ter legi*; et en effet Dion cite plusieurs autres opérations de ce genre : les deux premières sont de 725 et 736, la troisième de 741, la quatrième de 743, enfin la cinquième de 757. Il paraît que Suétone n'a tenu compte que des épurations, et non des simples promotions. On disait, d'après le monument d'Ancyre, que toutes ces épurations furent faites dans le cinquième consulat d'Auguste, ce qui n'est pas croyable. Jusqu'à Sylla, le sénat fut de trois cents membres ; de ce temps jusqu'à Jules César, il y en eut huit cents ; après sa mort, on y ajouta deux cents *orcini*. Auguste le réduisit à six cents.

127. *Cordus Cremutius.* Cet historien est celui qui, dans ses *Annales,* avait appelé Cassius *le dernier des Romains*. On l'accusa devant le sénat, et il se laissa mourir de faim. Le sénat ordonna que ses livres seraient brûlés par les édiles ; mais on continua à les lire secrètement jusqu'à ce que Caligula eût révoqué cette prohibition.

128 *Préparer avec lui les affaires qui devaient être portées devant le sénat tout entier.* Voilà l'institution du conseil d'état : ce qui suit, quant à la mise aux voix, est assez remarquable : cela prouve qu'en tout temps les assemblées délibérantes se sont aveuglément attachées à des hommes influens, dont le vote était multiplié par la somme de tous ceux qui ont pour habitude d'aliéner ainsi leurs facultés intellectuelles.

129. *Il défendit de publier les actes du sénat.* S'agit-il de ces mêmes actes qui, dans le chap. 20 de la *Vie de César*, sont qualifiés d'*acta diurna*? Si la contradiction eût été aussi manifeste, Suétone ne l'eût-il pas relevée?

130. Pompée, pendant le consulat qu'il géra tout seul, établit, s'il en faut croire Dion, un intervalle de cinq ans, pendant lequel on ne pourrait, après avoir exercé une magistrature, prétendre à aucun commandement de province.

131. *Les juges appelés centumvirs.* Le latin dit *centumviralem hastam* : une lance était placée au lieu où les juges se réunissaient.

132. *Le soin des travaux publics.* Ils étaient chargés d'examiner l'état des temples et des édifices publics, et de veiller à ce qu'ils fussent réparés : on sait que Vitellius remplit d'abord ces fonctions, qui n'étaient qu'un démembrement de celles des censeurs et des édiles, ainsi que celles relatives aux chemins. Les surveillans du cours du Tibre fixaient aussi les limites que les maisons ne pouvaient dépasser.

133. *La préfecture de la ville.* Les fonctions de cette magistrature étaient fort étendues. On verra dans Dion, liv. LII, 21, qu'elles étaient partagées entre les attributions judiciaires et celles de police : ils connaissaient, par exemple, des plaintes entre maîtres et esclaves, des fautes des tuteurs, des fraudes des banquiers; puis, ils réprimaient les associations illicites, surveillaient les spectacles, etc. : leur juridiction s'étendait jusqu'au centième miliaire.

134. *Il augmenta le nombre des préteurs.* Cependant César l'avait déjà fait, et Velleius nous dit qu'on en ajouta deux à l'ancien nombre.

135. *Les ornemens triomphaux.* C'étaient une couronne de lau-

rier, une robe d'une espèce particulière, un sceptre, une statue, des supplications aux dieux, le titre d'*imperator;* tout enfin, hormis la marche solennelle et le char du triomphateur.

136. *La revue des chevaliers.* Elle avait lieu tous les ans : on se rendait, en grande cérémonie, du temple de l'Honneur, situé en dehors de la ville, au Capitole. *Voyez* Rosin. (*Ant. Rom.*)

137. *S'il manquait de candidats sénateurs pour l'élection des tribuns.* On veut que Sylla ait restreint la candidature au tribunat, aux sénateurs de l'ordre des plébéiens. Mais ils se souciaient peu de cette charge devenue presque insignifiante; il fallut donc en venir aux chevaliers.

138. *Qui n'avaient jamais possédé.* Cette traduction est juste, si la leçon *nunquam* doit l'emporter sur la leçon *unquam.* On ne peut se dissimuler qu'il n'y ait des raisons aussi fortes pour l'une que pour l'autre. D'une part on peut dire que ceux qui n'avaient jamais possédé le cens n'étaient pas coupables de dissipation; de l'autre on peut soutenir que ceux qui l'avaient une fois possédé, et qui l'avaient perdu par suite de calamités publiques, n'avaient point, en s'asseyant sur les quatorze bancs, commis une usurpation de titre.

139. *Aux membres des tribus Fabia et Scaptia.* La *gens* Octavia se rattachait à la tribu Scaptia, l'adoption l'avait fait passer dans la tribu Fabia où étaient les Jules.

140. *Il restreignit la faculté des affranchissemens.* Les mesures coercitives, à cet égard, sont renfermées dans les lois Fusia Caninia et Ælia Sentia, dont la dernière fut rendue en 757, sous le consulat de Sext. Ælius Caton et de C. Sentius Saturninus. Heineccius, dans ses *Ant. rom.* (1, tit. 6 et 7), examine avec soin les dispositions de ces lois qui déterminaient combien on pourrait affranchir d'esclaves sur un nombre donné; dans aucun cas ce nombre ne pouvait dépasser cent, en eût-on jusqu'à vingt mille, ce qui n'était pas sans exemple à Rome. Le but de ces affranchissemens était d'augmenter la pompe des convois funèbres : aussi ces dispositions ne s'attachaient qu'aux affranchissemens testamentaires.

141. *Et l'entière liberté.* L'affranchissement donnait aussi le droit de cité, mais on entrait dans les quatre tribus urbaines,

qui étaient les moins considérées. La loi Ælia Sentia y apporta une restriction : c'est celle que signale ici Suétone; il y eut encore une autre restriction contre ceux qui avaient été affranchis d'une manière moins solennelle, ou à la manière des Latins : ils n'acquéraient que le droit des Latins.

142. Orose va jusqu'à dire que le prix des immeubles en fut doublé.

143. *Que beaucoup d'affranchis et d'intrus s'étaient glissés parmi les citoyens.* Il fallait se faire inscrire dans les tribus pour participer au *congiarium* et aux distributions; et souvent aussi les patrons spéculaient sur les salaires de leurs affranchis.

144. *L'enceinte des comices.... et in septis.* Les septa étaient au Champ-de-Mars; ce lieu était entouré de portiques.

145. *Pour laquelle il fit excaver le sol.* Dion donne à ce lieu dix-huit cents pieds de long, douze cents de large; il y eut trente trirèmes ou quadrirèmes, et un bien plus grand nombre de petits vaisseaux : l'on y représenta les combats des Athéniens contre les Perses.

146. *Il sépara du peuple le soldat.* Soit pour donner au soldat une place plus distinguée, soit pour éviter les rixes.

147. *Il interdit aux hommes mal vêtus.* Le latin dit : *ne quis pullatorum*, ce qui ne signifie pas mot à mot *mal vêtus*, mais vêtus de couleurs foncées, sales, d'étoffes grossières. Auguste tenait à la toge qui était vraiment le vêtement national, et regardait ce changement de costume comme une dégénération.

148. Les salles étaient divisées en *cunei* par les couloirs qui, dans une direction convergente, aboutissaient tous à l'orchestre.

149. *Aux jeux pontificaux.* Ceux qu'il donna pour sa prise de possession du souverain pontificat, après la mort de Lépide.

150. Les honneurs du *pulvinar* avaient déjà été accordés à Jules César.

151. *Un genre de suffrage au moyen duquel les décurions des colonies.* Il y a plusieurs manières d'expliquer ce passage. Les colons jouissant du droit de cité, comment les seuls décurions étaient-ils admis à voter ? Faut-il admettre la transposition propo-

sée par Burmann : *excogitato genere suffragiorum quæ, de magistratibus urbicis in sua quisque colonia ferrent, et decuriones colonici et sub diem comitiorum obsignata Romam mitterent ;* faut-il, avec Oudendorp, entendre *ferrent,* comme s'il y avait *acciperent, referrent, obtinerent ?*

152. *La revue d'une section.* S'il ne s'agissait dans ce chapitre de toute l'Italie, ma traduction « lorsqu'il faisait le dénombrement d'une section » ne m'inspirerait aucun scrupule; car nous avons vu que Rome était divisée en sections et en quartiers.

153. *Fit parfois des échanges.* Il céda au peuple Cypre et la Gaule Narbonaise, et prit la Dalmatie.

154. Dion (liv. LV, cap. 23) donne la position de chaque légion, ainsi que les désignations qui distinguaient ces corps : ce chapitre est précieux pour les antiquaires. Les Calagurritains, dont il est parlé plus bas, sont un peuple d'Espagne. Ce fut en 758 que furent établies les dispositions sur les congés, et en 759 que l'on créa le trésor militaire : l'empereur, les rois, les dons particuliers, contribuèrent à le fonder ; mais on lui assigna des revenus spéciaux par le deux centième des ventes, par les biens des condamnés, et le vingtième des héritages.

155. *A de courtes distances.* L'usage de ces coureurs était déjà connu des Perses. Hérodote dit que rien chez les mortels n'était plus prompt que ces estafettes.

156. Auguste abandonna le sphinx parce que ce genre de cachet était devenu l'occasion d'assez piquantes plaisanteries. Selon Pline, il avait trouvé deux sphinx parmi les anneaux de sa mère : ils étaient tellement semblables, qu'en son absence, et pendant les guerres civiles, ses amis se servaient du second, quand il fallait faire quelque chose au nom d'Auguste.

157. *Il fit aussi fondre toutes les statues d'argent.* Le monument d'Ancyre nous apprend qu'il y en avait au delà de quatre-vingt dans Rome, et qu'Auguste en fit des offrandes à Apollon, tant en son nom qu'en celui des personnes qui lui avaient fait élever ces statues.

158. Suétone nous dit qu'Auguste refusa la dictature; Florus, au contraire, soutient qu'il fut fait dictateur perpétuel.

159. *Que dans la salle où ils se réunissaient.* C'est-à-dire qu'il ne souffrait pas qu'ils vinssent d'abord lui rendre leurs devoirs. Lorsque les consuls entraient, le sénat se levait pour les saluer : on accordait le même honneur aux empereurs. Auguste, en rendant le salut, ordonnait de s'asseoir. Il voulait aussi que les sénateurs restassent assis quand il prenait congé d'eux.

160. Antistius Labéon était un des premiers jurisconsultes de son temps : il avait conservé une indépendance entière qui lui a valu les éloges de Tacite. Ici tous les interprètes sont contrevenus à l'autorité des manuscrits : ils ont substitué à *triumvirum* pour lequel ces manuscrits sont unanimes, les mots *quum vir virum legeret,* rappelant ainsi les expressions du chap. 39, et le droit que chacun avait d'élire un sénateur. S'il y a une interpolation, elle est plutôt du mot *legit* et de la particule *que* après *interrogatus.*

161. Ce fut, sans doute, après l'épuration du sénat qu'on répandit contre l'empereur cette foule d'écrits, où l'on se vengeait, par la malignité et la menace, d'une mesure qui avait blessé tant d'intérêts. La loi des Douze-Tables contenait des dispositions très-sévères contre les diffamations ; Sylla en avait fait un crime de lèze-majesté. Tacite nous apprend que ce qui détermina Auguste à user de sévérité, c'est que Cassius Severus déchirait, dans des écrits fort méchans, les réputations des hommes et des femmes les plus illustres de Rome. *Voyez* Dion (liv. LVI, chap. 27).

162. *La licence du langage employé dans les testamens.* C'étaient souvent de véritables libelles diffamatoires contre les empereurs : l'esclavage de la pensée cessant avec la vie, on n'avait plus de ménagemens à garder. Il ne faut donc pas adopter la correction de Sigoneus : *scommatorum* au lieu de *testamentorum.*

163. *Il votait dans les tribus.* Nous avons vu plus haut que c'était dans les tribus Fabia et Scaptia.

164. *Asprenas Nonius.* C'était peut-être le fils ou le petit-fils du proconsul Asprenas, dont il est question dans la guerre d'Afrique, chap. 80. Dans tous les cas, il y a lieu de croire que ce fut le même qui se blessa dans les jeux, ainsi qu'il a été dit au chap. 43 ; Cassius Severus, son accusateur, était célèbre comme orateur : il lui reprocha, s'il en faut croire Pline, d'avoir fait périr cent trente convives par le poison d'un seul plat.

165. *S'asseoir... sur les bancs.* Ceux où se plaçaient les patrons et les avocats de l'accusé : du reste, Auguste s'abstint même des recommandations les plus vagues et les plus étrangères à la cause. Les louanges de ce genre avaient été proscrites déjà par une loi de Pompée, rendue pendant son consulat de l'année 702 ; mais lui-même l'avait transgressée, dans le cours de la même année, en faveur de Plancus.

166. *Un certain Scutarius.* Laharpe traduit : *il ne manqua pas même à un soldat autrefois enrôlé par lui;* d'autres appliquent ce mot à une certaine classe de frippiers ou chiffoniers, en lisant *scrutario;* mais Burmann a fait voir, par des inscriptions, que Scutarius est ici nom propre. On ne sait rien sur le Castricius dont il est parlé immédiatement après, comme ayant révélé le complot de Muréna.

167. Tibère réprima par un édit cet usage des étrennes; Caligula le rétablit, enfin Claude le supprima de nouveau.

168. *Tel était l'Apollon des Sandales.* On le nommait ainsi parce qu'il avait été placé dans le quartier où demeuraient les *sandaliarii* ou fabricans de sandales.

169. *Le surnom de Père de la patrie.* On a lieu de penser que ce fut en 752, lors de son treizième consulat. Valerius Messala avait été consul en l'année précédente ; d'autres rapportent cette distinction à l'année 758.

170. *L'ayant sauvé d'une maladie dangereuse.* On rapporte l'époque de cette maladie à l'an 731.

171. *Des villes appelées Césarées.* Il y en eut en Mauritanie, en Palestine, en Galatie, en Cappadoce, en Cilicie, en Pisidie, en Arménie. *Voyez* les liv. v et vi de Pline.

172. *Pendant son premier consulat il perdit sa mère;* Dion dit qu'elle fut honorée d'une sépulture publique. Quant à sa sœur Octavie (il s'agit de la plus jeune, mariée d'abord à Marcellus, puis à M. Antoine), elle était, comme Auguste, née d'Atia, tandis que l'autre Octavie était née d'Ancharia.

173. *La fille de Servilius Isauricus.* Ce Servilius est sans doute celui qui fut consul avec César, en 706. *Voyez Cæs.*, 35.

174. *S'étant brouillé avec Fulvie.* Ce fut cette brouille qui donna lieu à la guerre de Pérouse. On cite une épigramme d'Auguste au sujet de sa querelle avec Fulvie. Voici comment Fontenelle l'a imitée, en la rendant lisible pour des yeux chastes :

> Parce qu'Antoine est charmé de Glaphyre,
> Fulvie à ses beaux yeux me veut assujétir.
> *(Se quoque uti futuam.)*
> Antoine est infidèle! Eh bien donc! est-ce à dire
> Que des fautes d'Antoine on me fera pâtir?
> Qui, moi! que je serve Fulvie,
> *(Fulviam ego ut futuam!)*
> Suffit-il qu'elle en ait envie?
> A ce compte on verrait se retirer vers moi
> Mille épouses mal satisfaites;
> Aime-moi, me dit-elle, ou combattons; mais quoi?
> *(Aut futue, aut pugnemus.)*
> Elle est bien laide. Allons, sonnez, trompettes.

175. *Scribonia.* Sœur de L. Scribonius, le beau-père de Sextus-Pompée avec lequel Octave désirait faire la paix, en 714. Casaubon pense que le premier mari de Scribonia fut P. Cornelius Scipion Nasica, le père de cette Cornélie dont Properce déplore la perte dans la onzième élégie du liv. IV. Il paraît que, dès l'année suivante, 715, Auguste divorça d'avec cette Scribonia, et qu'en 716, déjà, il s'unit à Livie.

176. *A Marcellus, fils de sa sœur Octavie.* Marcellus mourut en 731; ce fut en 733 que, par le conseil de Mécène, Julie fut donnée à Agrippa.

177. *Dans le temps où il demandait.... la fille de ce roi.* Que ce reproche fût vrai ou faux, il lui a été adressé par Antoine.

178. *A L. Paulus, fils du censeur.* Son père avait été censeur en 732, avec Munatius Plancus. Il naquit de ce mariage Emilius Lepidus, dont il sera parlé dans la Vie de Caligula, et Emilia Lepida qui fut fiancée à Claude.

179. *Germanicus, petit-fils de sa sœur.* Il était fils de Drusus

et de la plus jeune Antonia, fille d'Octavie et du triumvir Antoine. Drusus était fils de Livie.

180. *Dans sa maison par l'as et la balance.... domi per assem et libram* ou *per æs et libram*. C'est une formule solennelle. *Domi* signifie qu'ils étaient encore dans la possession de leur père Agrippa, et que par son consentement seul ils pouvaient passer en la puissance d'Auguste.

181. *Dans les mémoires journaliers de la maison.* Il paraît qu'il y avait, chez Auguste, quelque affranchi chargé de conserver le souvenir de ce qui se disait ou se faisait.

182. Ce Vinicius est-il l'aïeul de celui auquel Velleius Paterculus dédia son histoire. C'est ce que l'on ne peut décider, vu qu'il y a dans les manuscrits de Suétone beaucoup de divergence dans la manière d'écrire ce nom.

183. *L'écriture.* Le latin dit peut-être plus. *Notare* peut signifier l'art de marquer par signes et abréviations. Quelques commentateurs lisent *natare*, ce qui cadre mal avec la faiblesse physique d'Auguste. Le soin de leur faire imiter son écriture pouvait avoir pour but de se servir de leur main dans diverses occasions.

184. Caïus mourut à Limyra, en février 757. Il avait été blessé en Arménie, dans une entrevue à laquelle il avait consenti sans précaution, et, depuis, sa tête en était affaiblie autant que son corps. Lucius mourut dès le mois de septembre 755, pendant qu'il se rendait à l'armée d'Espagne.

185. Les soins extraordinaires d'Auguste ont donné lieu à des soupçons assez graves sur le genre d'attachement qu'il avait pour sa fille. La disgrâce d'Ovide paraît aussi se rattacher à l'inconduite de Julie ; surtout il paraît que ce poète avait vu des choses extraordinaires.

186. *La laissa revenir.... sur le continent.* A Rhegium, près du détroit de Sicile, où elle fut enfermée.

187. *Il fit transférer dans une île Agrippa.* A Planasia : les auteurs ne citent que cette île, et ne parlent nullement de Surrentum.

188. *Que ne suis-je....* C'est, avec un léger changement, le cinquantième vers du troisième livre de l'*Iliade*.

189. *Salvidienus Rufus et Cornelius Gallus.* Le premier l'avait servi avec beaucoup de zèle, étant son lieutenant dans la guerre civile; coupable ensuite de quelque complot, et déféré au sénat, il se donna la mort, en 714. Cornelius Gallus avait été investi du gouvernement de l'Égypte, en 742, après la mort de Cléopâtre et de ses enfans. Il mourut en 758.

190. *Et ses provinces.* Celles qui étaient administrées directement par l'empereur.

191. *S'en alla à Mytilène.* Selon les autres auteurs, Agrippa y fut exilé par Auguste. Dion prend un terme moyen. Il se serait élevé entre Agrippa et Mécène une mésintelligence, et Auguste, pour en prévenir la suite, aurait donné à Agrippa le gouvernement de la Lycie, qu'il devait diriger par l'intermédiaire de ses lieutenans.

192. *De la conjuration de Muréna.* Il en a été parlé au chapitre 69. Quant à Terentia, c'était l'une des maîtresses d'Auguste. Dion nous apprend que cette liaison fit grand bruit dans Rome; on alla jusqu'à dire que son voyage dans la Gaule n'avait d'autre motif que de continuer ses relations avec Terentia, dans un lieu où l'on en parlerait moins.

193. *Licinius, Encélade.* Casaubon fait de tout cela un seul nom; mais quelle apparence que Suétone, après en avoir annoncé une grande quantité, et s'être servi de la formule *tels que*, *ut*, n'en donne cependant qu'un seul. Les inscriptions citées par Oudendorp appuient beaucoup notre opinion.

194. *Voyez comme de son doigt cet impudent dirige la machine ronde.* J'ai cherché un équivalent, un mot qui pût produire en français, le double sens du mot *orbis* dans le latin, et j'ai rencontré, sans doute, une expression peu noble, mais juste; l'allusion porte sur le tambourin, espèce de tambour de basque, que l'on peut qualifier de machine ronde, de même que l'on se sert trivialement de cette expression pour désigner l'univers.

195. *Au marchand d'esclaves Toranius.* Il en est parlé dans Pline (liv. vii, chap. 12) et dans Macrobe (liv. ii, 4). Il paraît que la Terentilla, dont il est question dans ce chapitre, n'est autre que la femme de Mécène.

196. *Pour quelle femme tu....?* J'ai cherché, dans cette traduction, à conserver partout la couleur de l'original, et même sa licence, mais je n'ai pas osé traduire le dernier mot du paragraphe; mes lecteurs achèveront.

197. *Des douze divinités.* D'un seul mot grec, δωδεκάθεος, il désigne ordinairement les douze dieux du premier ordre qu'Ennius a rassemblés dans ce distique :

Juno, Vesta, Minerva, Ceres, Diana, Venus, Mars,
Mercurius, Jovi', Neptunus, Vulcanus, Apollo.

198. *Chorège.* On désigne ici Auguste lui-même. L'outrage va plus loin en latin : on se sert du mot *conduxit*, comme si on l'eût loué à prix d'argent : Auguste jouait le rôle de Phébus, le maître des Muses : on fait, en même temps, allusion à la fable ridicule qui le disait fils d'Apollon. Sans doute il y a, dans ces sortes d'épigrammes, une foule de choses qu'on ne peut plus entendre, faute de savoir les anecdotes du temps; mais autant qu'il est possible de l'entrevoir, *Mallia* est ici le nom de quelque femme chez laquelle s'était tenu le festin.

199. *Les bruits infâmes sur son impudicité.* On sait assez qu'*impudicité* indique ici les genres de débauches réprouvées par la nature, et que la pureté de sa conduite ou sa régularité n'empêchaient pas ses déportemens avec les femmes : la suite du chapitre le prouverait suffisamment si l'on pouvait en douter.

200. *Et joua sans en faire de mystère.... palam et simpliciter,* comme si cela était tout simple, comme s'il n'y avait à cela aucune honte. Ce mois de décembre était celui de la plus grande licence.

201. *Après avoir jeté les dés.* On se servait de quatre dés à quatre faces et de trois autres à six faces, qu'on appelait *tesseræ*. Sur les premières, on lisait *unio, senio, ternio, quaternio*; sur les autres, il y avait aussi *binio* et *quinio* : or, le coup de Vénus ou le coup royal, consistait à amener sur chaque dé un nombre différent; le coup du chien, qui était le plus mauvais, consistait à présenter sur tous les dés le même nombre.

202. *Les fêtes de Minerve.... quinquatrus.* Ces fêtes avaient lieu

pendant cinq jours, à partir du 19 mars. *Voyez* les *Fastes* d'Ovide, liv. III, v. 809.

>Et fiunt sacra Minervæ
>Nominaque a junctis quinque diebus habuit.

203. *Si je m'étais fait payer des coups de mains.* On payait les mauvais coups que l'on amenait; Auguste en faisait quelquefois remise.

204. *A pair ou non.* Jeu d'enfant qu'Horace met sur la même ligne que le galop sur un cheval de bois :

>Ludere par impar, equitare in arundine longa.
>Sat. lib. II, 3.

205. *De la place publique.* Il s'agit du *Forum Romanum*, qui est désigné plus spécialement, pour le distinguer des deux forum qu'on avait récemment construits, celui de Jules César et celui d'Auguste. J'ai rendu par *degrés des bijoutiers* les *scalæ annulariæ*; toutefois, il serait difficile de déterminer de quelle espèce d'édifice il s'agit. Selon toute apparence, il y avait là des boutiques.

206. *Dans la maison non moins modeste d'Hortensius.* Le Palatium se composait, à ce qu'il paraît, de la réunion de plusieurs maisons particulières. Outre celle d'Hortensius, il y avait celle de Catilina qui en fut séparée ensuite, comme l'indique Suétone dans Valerius Flaccus (*de illust. Gram.*, 17). Les marbres du mont Albain étaient communs à raison du voisinage.

207. *Qu'il appelait Syracuse*, probablement à cause de l'usage des Syracusains de construire des cabinets élevés de la sorte.

208. *Sous les portiques du temple d'Hercule.* La ville de Tibur était spécialement consacrée à ce dieu. Martial a dit :

>Herculei Tiburis arces.

209. *Excepté Ménas.* En 714, cet affranchi rendit d'immenses services à la cause de Sextus Pompée : il dévasta l'Italie, prit la Sardaigne et la gouverna jusqu'en 716, qu'il rendit à Octave, et l'île, et la flotte, et l'armée. Depuis lors, il changea plusieurs fois de parti jusqu'à ce qu'il fut tué par les Pannoniens. Appien l'appelle toujours Ménodore. Ce qu'on ajoute ici sur ce Ménas, savoir, que, préalablement, il avait été constitué en état de pleine liberté,

asserto in genuitatem, a beaucoup d'importance : on avait ramené Ménas à l'état d'*ingenuus*, état bien supérieur à celui d'un simple affranchi ou *libertinus*.

210. *Qui disputaient ridiculement sur des sujets de vertu : arctalogos*. C'est une phrase pour un mot dont cependant on conteste le sens, les uns voulant qu'il soit question de philosophes, qui raisonnaient avec une gravité burlesque sur des sujets solennels, les autres soutenant qu'il s'agit d'hommes qui se louaient les uns les autres avec emphase, et qui, par là, excitaient l'hilarité des convives.

211. *Et quelquefois il ne faisait qu'en plaisanter*. Ce sont précisément ces sortes de plaisanteries qui lui coûtaient beaucoup d'argent.

212. *Des suscriptions obscures ou à double sens*. C'étaient des titres, des inscriptions qui prêtaient à rire, surtout par le contraste de l'enveloppe qui les portait avec ce que renfermait cette enveloppe, ou bien à raison des personnes à qui s'adressait le cadeau. Les uns étaient les emblèmes de la virilité, les autres faisaient allusion aux parties sexuelles des femmes.

213. *Fromages faits à la main*. Burmann croit que ce sont de ceux que Columelle appelle *molles*, pour les distinguer des fromages vieux et secs.

214. *De la basilique*. Cette traduction peut paraître singulière pour *ex regia*. L'on s'est demandé s'il s'agissait de la maison de Numa, jointe au temple de Vesta, ou de l'habitation du roi des choses sacrées. Mais il y a lieu de supposer qu'Auguste s'était promené dans une basilique : Rome en renfermait beaucoup.

215. *Cornelius Nepos rapporte*. On ne sait dans quel livre. Pline, dans son *Histoire naturelle*, atteste que Cornelius Nepos mourut sous le règne d'Auguste.

216. *Il ne dépassait pas trois bouteilles*. Il y a, dans le latin, *senos sextantes*, ce qui équivaut à un *sextarius*, lequel fait cinq litres sept décilitres : aussi ai-je pris pour équivalent six bouteilles. Dire qu'il ne buvait que six coups présente un son assez ridicule. L'expression latine *quoties se invitaret* est fort remarquable.

217. *Tantôt il la faisait tondre, tantôt il la faisait raser.* Dion raconte qu'il quitta sa barbe en 715, à l'âge de vingt-quatre ans.

218. Pline donne une autre raison de cela; Auguste avait les yeux à peu près comme les ont les chevaux; il s'irritait de ce qu'on les regardât. Mais Aurelius Victor les compare aux astres les plus brillans : il dit qu'un soldat détournant un jour la vue, Auguste lui demanda pourquoi il en agissait ainsi : « C'est, répondit le soldat, que je ne puis supporter l'éclair qui s'échappe de vos yeux. »

219. *Marathus dans ses mémoires.* Ces mots ne sont pas sans difficulté. Canegieter a voulu lire : *Sed jam immemor ejus.* Ce qui produit un sens ridicule.

220. *Au moyen de bandages et de ligatures.* Quelques commentateurs lisent *arenarum*, et traduisent : il se raffermissait en appliquant du sable chaud sur la partie malade.

221. *Après avoir soumis les Cantabres.* Dion parle ici de deux maladies : l'une eut lieu en 729, Auguste étant en Espagne, l'autre en 731; ce fut à l'occasion de cette dernière, que la statue de Musa fut élevée auprès du temple d'Esculape, ainsi qu'il a été dit au ch. 59.

222. *Une chemise et un gilet de laine : et subucula et thorace lanea.* La chemise, et surtout le gilet de laine, ont paru fort étranges, et ces expressions ont choqué les savans : aussi y a-t-il des éditeurs qui lisent *et subuculæ thorace laneo,* ensorte que c'est la chemise qui est de laine sur la poitrine. D'autres veulent *subuculæ loco thorace laneo,* de façon qu'Auguste, au lieu de chemise, aurait un simple gilet. Il est assez difficile, après deux mille ans, de compléter sa toilette. Il vaudrait mieux la restreindre, car il est étrangement chargé d'étoffes.

223. *Chargés de l'éventer.* Dans l'antiquité, les riches avaient recours à ce moyen, pour obtenir de la fraîcheur pendant leur méridienne et pour écarter les insectes.

224. *Des eaux thermales d'Albula.* Pline (liv. xxv, 2 (6) cite les *Albulæ aquæ* voisines de Rome, comme salutaires pour les blessures : on peut conclure d'un passage de Strabon que ces eaux étaient froides : dans ce cas il se pourrait qu'on les eût échauffées dans certaines occasions.

225. *Sur une pièce de bois :* ligneo solio. C'est un tabouret de bains, simplement fait en bois, tandis que Pline blâme le luxe que les femmes de son temps mettaient à ce genre de meubles.

226. *Jeu de paume et le ballon.* Voy. le second volume des *Antiquités romaines d'Adam*, page 215. *Folliculus* ne peut être que le ballon ; le nom même l'indique.

227. *De mauvais augure.* Si le matin, en sortant, l'on trouvait sur son chemin un homme contrefait, cela était de mauvais présage pour l'affaire ou pour le voyage qu'on allait entreprendre. Florus parle dans le même sens de la rencontre d'un Éthiopien.

228. *Prenait assidûment des leçons d'un accompagnateur.* Laharpe traduit : « Il l'étudiait assidûment avec un maître d'euphonie. Le *phonascus* donnait le ton à la harangue, il indiquait quand il fallait élever, quand il fallait abaisser la voix. La traduction de Laharpe est un peu hasardée. Il est bien question d'un maître, mais c'est peut-être en public qu'il accompagnait Auguste : Quintilien nous dit de C. Gracchus que, pendant ses discours, un musicien se tenait derrière lui, et lui donnait le ton sur une flûte appelée τονάριον. Cet usage aujourd'hui paraît tellement extraordinaire qu'il n'est pas étonnant que les traducteurs s'écartent de ce sens. Quant à nous, nous avons conservé celui de Laharpe.

229. *Quelques mémoires sur sa vie.* Cet ouvrage est cité par Plutarque, *Vie d'Antoine*, chap. 22, et par Appien, *Guerre d'Illyrie*, 14, *Guerre civile*, liv. IV, 110.

230. *Ses amis lui demandèrent un jour.....* Macrobe attribue la question à Lucius, poète tragique. Ajax s'était précipité sur son glaive. Une éponge ayant effacé la tragédie, la réponse d'Auguste fait allusion à ce genre de mort.

231. *Élégant et tempéré.* Suétone veut dire ici qu'il était également éloigné de la négligence et de la recherche : aussi faut-il bien se garder d'adopter la leçon *concinnitate*, ce qui signifierait qu'il évitait une bonne qualité : il y a *inconcinnitate*. Beaucoup d'écrivains ont loué le style d'Auguste, entre autres, Tacite dans ses *Annales*, liv. XIII, 3 ; Aulu-Gelle, l. X, c. 24 ; saint Augustin, l. XV, v. 7.

NOTES. 341

232. *Dont il ne cesse de railler et de contrefaire les tresses parfumées.* J'ai rendu littéralement l'original : en effet, ce genre de recherche fournit une juste idée de l'afféterie et de la prétention. Auguste inventait des expressions du genre de celles dont Molière a fait usage dans les *Précieuses ridicules* : ainsi il appelle Mécène *miel brillant, de Medullia, ivoire d'Étrurie, perle du Tibre,* etc.

233. *Cimber Annius* ou *Veranius Flaccus.* Il y a beaucoup de doute sur ces deux personnages, surtout sur le second. On ne sait même s'il ne faut pas lire Veranius Verrius Flaccus. Dans ce cas, ce serait le grammairien que cite Suétone dans son livre sur les grammairiens illustres, celui que l'on croit avoir rédigé et classé les fastes de Préneste. Tout ce que l'on peut voir ici, c'est que ces grammairiens sont cités à raison de leur prédilection pour le vieux langage, et par opposition au faste et à la solennité des orateurs asiatiques que vantait Antoine.

234. *Sa petite-fille Agrippine.* Celle qui épousa Germanicus.

235. *Il faut nous contenter de ce Caton-là.* — *Contenti simus hoc Catone* ne veut pas dire *prenons Caton tel qu'il est;* au contraire, cela signifie : « Comme nous n'avons plus Caton, il faut nous contenter des hommes d'à-présent. » Cette locution a pu passer aux choses qu'il faut aussi prendre telles qu'elles sont. Le nom de Caton était devenu proverbe, ainsi que nous l'apprend Valère-Maxime, liv. II, 10, 8.

236. *Apollodore de Pergame.* Quintilien cite encore Théodore; nous avons vu, au chap. 8, qu'Auguste fit des études à Apollonie.

237. Voyez, sur le philosophe Areus, la bibliothèque grecque de Fabricius. Du reste, et il y a beaucoup de variantes sur ce passage, il paraît, d'après Dion, que cet Areus lui traduisit en grec un discours qu'il avait composé en latin pour les habitants d'Alexandrie.

238. *Les discours de Metellus sur la Propagation.* Le censeur Metellus exerça cette charge avant Q. Pompée, en 623; il voulait que tout le monde se mariât, et il avait laissé sur ce sujet les discours dont il s'agit.

239. *Et ceux de Rutilius, sur l'ordonnance des bâtimens.* Peut-être avait-il fixé un mode de construction, ou d'alignement.

240. *Une peau de veau marin.* D'après Pline, liv. 11, chap. 55, il y a lieu de penser que cette superstition était fort étendue. On croyait aussi que la foudre n'atteignait jamais l'aigle.

241. *Sur la foi du rêve d'un de ses amis.* Velleius Paterculus dit que ce fut le médecin Artorius. *Voyez* page 205 de notre édition. Valère-Maxime nous apprend que ce fut Minerve qui apparut en songe à Artorius; il y joint les plus basses adulations. Quelques commentateurs veulent substituer ici le mot *medici* à celui d'*amici*.

242. *Dans la cour des gouttières.* Le latin dit *compluvium deorum penatium*. C'était une place au milieu des édifices, tant pour recevoir le jour, que pour y réunir les eaux pluviales.

243. *Pendant que les autres matrones s'en retournaient.* On voit que je me suis décidé pour la leçon *domum irent*, au lieu de *dormirent*; et, en effet, quel sens raisonnable tirer de ces mots : *Atiam.... dum ceteræ matronæ dormirent, obdormisse?* Il est évident que, dans la pensée de l'auteur, il y a opposition entre ce que fait Atia et ce que font les autres matrones.

244. *Publius Nigidius.* Dion dit qu'il excellait tellement dans la connaissance du ciel, qu'on le soupçonnait de s'occuper de sciences illicites.

245. *Dans le bois sacré de Bacchus : in Liberi patris luco.* Voy. Macrobe, *Saturnales,* liv. xviii. Il dit qu'en Thrace on célébrait avec de grandes cérémonies Bacchus ou Sabazius, qui n'était autre que le soleil.

246. *Il ordonna le silence à des grenouilles.* Ce singulier acte de puissance fut cause, dit-on, que le cachet de Mécène représentait une grenouille, pour rappeler l'évènement.

247. *Plusieurs enfans demandant un tuteur à Jupiter.* Plutarque attribue un songe semblable à Cicéron, tandis que Suétone va lui faire rêver des choses toutes différentes.

248. *Sa tunique laticlave s'étant décousue.* C'est par une singulière faveur que le jeune Octave prenait le laticlave, c'est-à-dire la robe sénatoriale, en même temps que la toge virile. Ordinairement le laticlave n'appartenait qu'à ceux qui, après avoir géré des magistratures, entraient dans le sénat pour y siéger.

249. *Et y établirent leurs nids.* Ce qui donnait de l'importance à cet augure, c'est que les Jules passaient pour descendre de Vénus.

250. *Une médaille d'argent portant l'empreinte du capricorne.* On en possède beaucoup encore, où l'on distingue le nom d'Auguste et l'effigie du Capricorne.

251. *Tous les foies se découvrirent jusqu'à la moindre fibre.* Il y a ici une grave dispute entre les interprètes et les traducteurs : les uns veulent que les foies aient été doublés, *duplicata*, les autres se contentent de notre leçon, qui est la plus naturelle.

252. *Les armées des triumvirs ayant été réunies à Bologne.* Il s'agit de la conférence qui eut pour résultat l'établissement de ce triumvirat. Antoine et Lépide y vinrent avec des troupes; Auguste n'était pas moins décidé qu'eux à combattre, si on ne s'entendait pas. Les triumvirs prirent des précautions extraordinaires pour s'aborder.

253. *Le temple édifié sur l'emplacement de son camp.* Il ne faut pas s'étonner de cette locution, les temples ne consistaient pas uniquement en bâtimens; il y avait de vastes dépendances, des bois sacrés. *Voyez* dans les *Mélanges philologiques* de Gail une intéressante dissertation sur ce sujet.

254. *Astura.* C'est une île de la rivière du même nom, au pays des Volsques. Cicéron y possédait une maison de campagne : il paraît que, dans la suite, il s'y établit une ville.

255. *D'après une ancienne institution.* Il s'agit d'une institution grecque. Caprée avait été habitée par les Grecs.

256. *Les fruits, les mets, et les choses destinées à être envoyées.* Je ne crois pas que l'on puisse donner d'autre sens à ce passage :

il s'agit de mets que l'on envoyait ou de portions d'alimens. C'est ainsi que, dans la *Vie de Néron*, chap. 11, il est dit : *Sparsa et populo missilia omnium rerum.*

257. *Il fut obligé de se coucher à Nole.* Il avait quitté Tibère à Bénévent, il le rappela promptement. Tacite dit qu'on n'est pas d'accord sur le point de savoir si, quand Tibère arriva, Auguste existait encore. Eutrope et Eusèbe font mourir Auguste à Atella, en Campanie.

258. *Battez des mains avec plaisir.* C'est la formule usitée qui termine les comédies. Cela est un peu moins burlesque que la fin de Rabelais : *Tire le rideau, la farce est jouée.*

259. *La maladie de la fille de Drusus.* Il s'agit de Livilla que Drusus avait eue de la plus jeune des Antonia, ainsi que Germanicus et Claude.

260. *Les décurions.* C'étaient les sénateurs des colonies : les chevaliers qui les relevèrent à Boville avaient député Claudius aux consuls pour solliciter cette faveur.

261. *Par les prêtres des collèges supérieurs.* Ils étaient au nombre de quatre, savoir : les pontifes, les augures, les septemvirs des repas, les quindécemvirs. Plus tard, on y ajouta les *sodales Augustales* que nous pourrions appeler *membres de la confrérie d'Auguste.*

262. *D'abord devant le temple de César.* C'est-à-dire devant la nouvelle tribune aux harangues, qu'on distinguait de l'ancienne.

263. *Il ne manqua pas de se trouver là...* Dion dit que cet homme était Numerius Atticus, et que Livie l'avait gagné à prix d'argent, pour qu'il affirmât sur le compte d'Auguste la même chose qu'autrefois Proculus au sujet de Romulus : lorsqu'on voulut mettre ceci en corrélation avec un des présages que nous avons rapportés, on ajouta qu'un aigle s'était envolé du bûcher, et avait emporté au ciel l'âme du défunt.

264. *Sous le consulat, etc.* En 766 de Rome.

265. *L'autre de la main de ses affranchis.* Ce même testament était divisé en deux volumes, ou bien il y en avait deux exemplai-

res; car on n'est pas d'accord sur le sens. Nous avons déjà fait remarquer que les vestales étaient les gardiennes des testamens. Dion nous dit qu'Auguste demanda et obtint du sénat la faculté de léguer à Livie une quotité, sans cela les lois lui eussent interdit de la porter aussi haut. Les jurisconsultes ne savent pas bien si c'est dans la loi Voconia ou dans la loi Pappia Poppæa qu'était portée cette prohibition. Livie s'appela depuis Livia Augusta.

266. *Germanicus et ses enfans du sexe masculin.* Néron, Drusus et C. Cæsar.

267. *Jusqu'à deux millions de sesterces.* Je me suis décidé pour la leçon *ad vicies sestertium;* si j'avais suivi celle *ad vicena sestertia,* cela ne m'aurait donné qu'un sens ridicule : en effet, on veut indiquer les legs les plus élevés : or que seraient vingt grands sesterces ou vingt mille petits? cela ne ferait que trois mille neuf cent soixante-dix francs, tandis qu'en lisant *vices sestertium*, ainsi que Casaubon l'a trouvé dans plusieurs manuscrits, on arrive à 397,600.

268. *Des trois paquets cachetés.* Cette expression est préférable au mot volume, qui rendrait mal l'idée de l'auteur : outre le testament, les vestales avaient apporté, dans le sénat, trois paquets cachetés. Dion parle d'un quatrième, qui aurait renfermé, pour Tibère, des préceptes sur l'art de gouverner.

269. *L'indication de celle de ses actions, etc.* Il nous en est resté une partie dans le monument d'Ancyre. Tacite nous dit que l'autre manuscrit, celui où était exposée la situation de l'empire, contenait les ressources pécuniaires de l'état, indiquait combien de Romains, combien d'alliés étaient sous les armes, combien il y avait de flottes, de provinces, de royaumes, de tributs. Auguste avait écrit tous ces détails de sa main.

TIBERIUS.

I. Patricia gens Claudia (fuit enim et alia plebeia, nec potentia minor, nec dignitate) orta est ex Regillis, oppido Sabinorum. Inde Romam recens conditam cum magna clientium manu commigravit, auctore Tito Tatio, consorte Romuli, vel, quod magis constat, Atta Claudio, gentis principe, post reges exactos sexto fere anno, a patribus in patricias cooptata. Agrum insuper trans Anienem clientibus, locumque sibi ad sepulturam sub Capitolio publice accepit. Deinceps, procedente tempore, duodetriginta consulatus, dictaturas quinque, censuras septem, triumphos septem, duas ovationes, adepta est. Quum praenominibus cognominibusque variis distingueretur, Lucii praenomen consensu repudiavit, postquam e duobus gentilibus, praeditis eo, alter latrocinii, caedis alter convictus est. Inter cognomina autem et Neronis assumsit, quo significatur lingua Sabina fortis ac strenuus.

II. Multa multorum Claudiorum egregia merita, multa etiam secus admissa in rempublicam exstant. Sed ut praecipua commemorem, Appius Caecus societatem cum rege Pyrrho, ut parum salubrem, iniri dissuasit. Claudius

TIBÈRE.

I. La maison patricienne des Claudius[1] (il y en eut aussi une plébéienne qui ne le lui cédait ni en puissance ni en dignité) est originaire de Regille, ville des Sabins. De là, elle vint avec une grande suite de cliens s'établir à Rome nouvellement fondée; elle y fut reçue par les *pères* au nombre des familles patriciennes, soit sur la proposition de Titus Tatius, le collégue de Romulus, soit, ce qui paraît mieux établi, environ six ans après l'expulsion des rois, Atta Claudius étant alors le chef de la famille. On lui donna des terres au-delà de l'Anio pour ses cliens, et un lieu de sépulture pour elle, au pied du Capitole[2]. Dans la suite des temps, elle obtint vingt-huit fois le consulat, cinq fois la dictature, sept fois la censure, sept fois le triomphe, deux fois l'ovation. Ses membres se distinguaient entre eux par plusieurs prénoms ou surnoms; mais d'un commun consentement on repoussa celui de Lucius, deux des Claudius qui l'avaient porté ayant été convaincus, l'un de vol, l'autre de meurtre. La famille adopta aussi parmi ses surnoms celui de *Néron*, qui, dans la langue des Sabins, signifie brave et actif[3].

II. Un grand nombre de membres de cette famille s'illustrèrent par beaucoup de grandes actions et eurent aussi beaucoup de crimes à se reprocher envers la république. Pour ne rappeler que les principaux faits, Appius Cæcus[4] déconseilla l'alliance que l'on voulait con-

Caudex primus, freto classe trajecto, Pœnos Sicilia expulit. Claudius Nero advenientem ex Hispania cum ingentibus copiis Asdrubalem, priusquam Annibali fratri conjungeretur, oppressit. Contra Claudius Appius Regillanus, Decemvir legibus scribendis, virginem ingenuam per vim, libidinis gratia, in servitutem asserere conatus, causa plebi fuit secedendi rursus a Patribus. Claudius Drusus, statua sibi cum diademate ad Appii Forum posita, Italiam per clientelas occupare tentavit. Claudius Pulcher apud Siciliam, non pascentibus in auspicando pullis, ac per contemtum religionis mari demersis, quasi ut biberent, quando esse nollent, prælium navale iniit : superatusque, quum dictatorem dicere a senatu juberetur, velut iterum illudens discrimini publico, Gliciam viatorem suum dixit. Exstant et feminarum exempla, diversa æque : siquidem gentis ejusdem utraque Claudia fuit, et quæ navem cum sacris matris Deum Idææ obhærentem Tiberino vado extraxit, precata propalam, « ut ita demum se sequeretur, si sibi pudicitia constaret; » et quæ novo more judicium majestatis apud populum mulier subiit, quod in conferta multitudine ægre procedente carpento palam optaverat, « ut frater suus Pulcher revivisceret, atque iterum classem amitteret; quo minor turba Romæ foret. » Præterea notissimum est, Claudios omnes, excepto duntaxat P. Clodio, qui, ob expellendum Urbe Ciceronem, plebeio homini, atque

clure avec Pyrrhus, comme peu salutaire à l'État ; Claudius Caudex[5] fut le premier qui, traversant la mer avec une flotte, chassa les Carthaginois de la Sicile; Claudius Néron[6] battit Asdrubal, qui venait d'Espagne avec des forces considérables, avant qu'il pût opérer sa jonction avec son frère Annibal. D'un autre côté, Claudius[7] Appius Regillanus, décemvir préposé à la rédaction des lois, essaya, pour assouvir ses désirs, de s'emparer violemment d'une vierge de condition libre, comme si elle était son esclave, et fut cause ainsi que les plébéiens se séparèrent de nouveau des patriciens. Claudius Drusus[8], après s'être fait ériger une statue surmontée d'un diadême dans le forum d'Appius, voulut occuper l'Italie au moyen de ses cliens[9]; Claudius Pulcher, voguant près de la Sicile, fit, par mépris de la religion, jeter à la mer les poulets qui n'avaient pas voulu de nourriture pendant qu'on prenait les auspices; il dit que *puisqu'ils ne voulaient pas manger, ils boiraient*, et livra la bataille. Après qu'il eut été vaincu, le sénat lui ordonna de créer un dictateur; il insulta une seconde fois à l'infortune publique en désignant Glycias, son messager. Les femmes aussi donnèrent de bons et de mauvais exemples : elles étaient de la même maison, ces deux Claudia[10]; celle qui retira des bas-fonds du Tibre, où il était embourbé, le vaisseau qui portait la statue de la mère des dieux, et s'écria publiquement : « Si je suis chaste, que ce vaisseau me suive; » et celle qui subit, devant le peuple, un jugement de lèse-majesté d'un nouveau genre, parce que son char s'avançant difficilement au milieu de la multitude, elle avait souhaité que son frère Pulcher revînt à la vie, et perdît une seconde fois la flotte, afin qu'il y eût moins de foule dans Rome. C'est d'ailleurs une chose généralement connue,

etiam natu minori, in adoptionem se dedit, optimates assertoresque unicos dignitatis ac potentiæ patriciorum semper fuisse, atque adversus plebem adeo violentos et contumaces, ut ne capitis quidem quisquam reus apud populum mutare vestem, aut deprecari sustinuerit; nonnulli in altercatione et jurgio Tribunos plebis pulsaverint. Etiam virgo Vestalis fratrem, injussu populi triumphantem, ascenso simul curru, usque in Capitolium prosecuta est, ne vetare, aut intercedere fas cuiquam tribunorum esset.

III. Ex hac stirpe Tiberius Cæsar genus trahit, et quidem utrumque : paternum, a Tiberio Nerone; maternum, ab Appio Pulchro; qui ambo Appii Cæci filii fuerunt. Insertus est et Liviorum familiæ, adoptato in eam materno avo. Quæ familia, quanquam plebeia, tamen et ipsa admodum floruit, octo consulatibus, censuris duabus, triumphis tribus, dictatura etiam ac magisterio equitum honorata; clara et insignibus viris, ac maxime Salinatore, Drusisque. Salinator universas tribus in censura notavit levitatis nomine, quod, quum se post priorem consulatum multa irrogata condemnassent, consulem iterum censoremque fecissent. Drusus, hostium duce Drauso cominus trucidato, sibi posterisque suis cognomen invenit. Traditur etiam propraetore ex provincia Gallia retulisse aurum, Senonibus olim in obsidione

qu'à l'exception de P. Clodius, qui, pour expulser Cicéron de la ville, se fit adopter par un plébéien [11] et même par un plus jeune que lui, tous les Claudius furent toujours les soutiens et les défenseurs de l'aristocratie, de la dignité et de la puissance des patriciens; ils se montrèrent tellement hostiles et violens envers les plébéiens, qu'aucun ne put jamais se résoudre à paraître devant eux en habit de suppliant, ni à les implorer, pas même sous le poids d'une accusation capitale. Au milieu des troubles et des séditions, quelques-uns frappèrent les tribuns : on vit une vestale monter dans le char de son frère [12], qui triomphait sans l'ordre du peuple, et l'accompagner jusqu'au Capitole, afin qu'il ne fût pas possible aux tribuns de le lui défendre, ou de faire intervenir leur autorité.

III. C'est de cette famille que Tibère César était issu, et même des deux côtés; car son père descendait de Tiberius Néron, et sa mère d'Appius Pulcher, qui tous deux étaient fils d'Appius Cæcus. Il comptait aussi dans la famille des Livius, son aïeul maternel y étant entré par adoption [13]. Quoique plébéienne, cette famille fut très-florissante; elle fut honorée de huit consulats, de deux censures, de trois triomphes, d'une dictature et d'un commandement de la cavalerie; elle fut illustrée par des hommes distingués, et surtout par Salinator et par les Drusus. Dans sa censure, Salinator [14] flétrit pour cause de légèreté toutes les tribus qui l'avaient créé consul une seconde fois, puis encore censeur, tandis qu'après son premier consulat on l'avait condamné à une amende. Drusus, pour avoir tué, en combattant corps à corps Drausus, le chef des ennemis, acquit ce surnom pour lui et pour sa postérité. On dit encore qu'étant propréteur dans les Gaules, il rapporta de la province l'or

Capitolii datum, nec, ut fama est, extortum a Camillo. Ejus abnepos, ob eximiam adversus Gracchos operam patronus senatus dictus, filium reliquit, quem in simili dissensione multa varie molientem diversa factio per fraudem interemit.

IV. Pater Tiberii, quæstor C. Cæsaris, Alexandrino bello classi præpositus, plurimum ad victoriam contulit. Quare et pontifex in locum P. Scipionis substitutus, et ad deducendas in Galliam colonias, in quîs Narbo et Arelate erant, missus est. Tamen Cæsare occiso, cunctis turbarum metu abolitionem facti decernentibus, etiam de præmiis tyrannicidarum referendum censuit. Prætura deinde functus, quum exitu anni discordia inter Triumviros exorta esset; retentis ultra justum tempus insignibus, L. Antonium consulem, triumviri fratrem, ad Perusiam secutus, deditione a ceteris facta, solus permansit in partibus, ac primo Præneste, inde Neapolin evasit; servisque ad pileum frustra vocatis, in Siciliam profugit. Sed indigne ferens, nec statim se in conspectum Sex. Pompeii admissum, et fascium usu prohibitum, ad M. Antonium trajecit in Achaiam. Cum quo, brevi reconciliata inter omnes pace, Romam rediit, uxoremque Liviam Drusillam, et tunc gravidam, et ante jam apud se filium enixam, petenti Augusto concessit. Nec

que l'on avait donné autrefois aux Senones lors du siège du Capitole, et qui ne leur avait point été repris par Camille, comme on l'a dit. Son arrière-petit-fils [14], à cause des services qu'il rendit contre les Gracques, fut appelé le patron du sénat, et laissa un fils, que le parti contraire fit périr par ses embûches, au milieu de semblables discordes, et pendant qu'il préparait l'accomplissement de divers projets.

IV. Le père de Tibère [15], étant questeur de C. César, fut mis à la tête de la flotte, dans la guerre d'Alexandrie, et contribua beaucoup à la victoire; aussi fut-il fait pontife à la place de P. Scipion [16], et chargé de conduire des colonies dans la Gaule, entre autres à Narbonne et à Arles. Après le meurtre de César, tous les sénateurs, dans la crainte de nouveaux troubles, votaient pour qu'il y eût amnistie de ce fait; pour lui, il pensa qu'il y avait lieu de faire un rapport sur les récompenses à décerner aux tyrannicides. Sa préture allait finir quand la discorde s'éleva entre les triumvirs; il suivit à Pérouse le consul L. Antoine, frère du triumvir, et retint les marques de sa dignité [17] au delà du temps de sa charge; enfin, lorsque tous se furent rendus, il demeura seul dans son parti, et se sauva d'abord à Préneste, puis à Naples, d'où il fit vainement un appel aux esclaves en leur offrant la liberté [18], et s'enfuit en Sicile. Mais, indigné de n'avoir point été admis sur-le-champ devant Sextus Pompée, et de ce qu'on lui défendît l'usage des faisceaux, il passa en Achaïe, près de M. Antoine, avec lequel il revint à Rome, après la paix. Ce fut alors qu'il céda à Auguste, qui la lui demandait, sa femme Livia Drusilla; elle était enceinte, et lui avait déjà donné un fils. Il mourut peu

multo post diem obiit, utroque liberorum superstite, Tiberio Drusoque Neronibus.

V. Tiberium quidam Fundis natum existimaverunt, secuti levem conjecturam, quod materna ejus avia Fundana fuerit, et quod mox simulacrum Felicitatis ex senatusconsulto publicatum ibi sit. Sed, ut plures certioresque tradunt, natus est Romæ in Palatio, sextodecimo kalendas decembris, M. Æmilio Lepido iterum, L. Munatio Planco consulibus, post bellum Philippense. Sic enim in fastos actaque publica relatum est. Nec tamen desunt, qui partim antecedente anno, Hirtii ac Pansæ, partim insequente, Servilii Isaurici Antoniique consulatu, genitum eum scribant.

VI. Infantiam pueritiamque habuit laboriosam et exercitam, comes usquequaque parentum fugæ : quos quidem apud Neapolin, sub irruptionem hostis navigium clam petentes, vagitu suo pæne bis prodidit; semel, quum a nutricis ubere, iterum, quum a sinu matris raptim auferretur ab iis, qui pro necessitate temporis mulierculas levare onere tentabant. Per Siciliam quoque et per Achaiam circumductus, ac Lacedæmoniis publice, quod in tutela Claudiorum erant, demandatus, digrediens inde itinere nocturno, discrimen vitæ adiit, flamma repente e silvis undique exorta, adeoque omnem comitatum circumplexa, ut Liviæ pars vestis et capilli amburerentur.

de temps après, laissant deux enfans, Tibère et Drusus, surnommés Nérons.

V. Quelques-uns ont cru que Tibère avait vu le jour à Fondi; mais c'est sur la foi d'une conjecture assez légère, résultant de ce que son aïeule maternelle y était née, et de ce qu'en vertu d'un sénatus-consulte on y éleva une statue de la Félicité. Un grand nombre d'auteurs, et les plus dignes de foi, nous disent qu'il est né à Rome dans le Palatium, le 16 novembre, suos le second consulat de M. Émilius Lepidus et sous celui de L. Munatius Plancus, après la guerre de Philippes [19]. Telle est la mention insérée dans les fastes et dans les actes publics [20]. Il ne manque pas d'auteurs, cependant, qui disent, les uns, qu'il vint au monde l'année précédente, sous les consulats de Hirtius et de Pansa; les autres, que ce fut l'année suivante, sous celui de Servilius Isauricus et d'Antoine.

VI. Il eut une enfance et une adolescence pénibles et agitées, accompagnant partout ses parens dans leur fuite. Auprès de Naples, et pendant qu'à l'approche de l'ennemi ils se dirigeaient secrètement vers un vaisseau, il faillit deux fois les trahir pas ses cris; d'abord quand on l'ôta du sein de sa nourrice, puis quand il fut enlevé des bras de sa mère par ceux qui voulaient, à raison de l'urgence du danger, délivrer les femmes de ce fardeau. On le conduisit aussi en Sicile et en Achaïe, et il fut confié aux Lacédémoniens, parce qu'ils étaient sous la protection des Claudius [21]. La nuit, en quittant leur pays, il courut risque de la vie; des flammes s'élevèrent de tous côtés dans les bois, et entourèrent toute sa suite, si bien que Livie eut une partie de ses vêtemens et ses cheveux brûlés. Les présens qu'en Sicile il

Munera, quibus a Pompeia, Sext. Pompeii sorore, in Sicilia donatus est, chlamys et fibula, item bullæ aureæ, durant, ostendunturque adhuc Baiis. Post reditum in Urbem a M. Gallio senatore testamento adoptatus, hereditate adita, mox nomine abstinuit; quod Gallius adversarum Augusto partium fuerat. Novem natus annos defunctum patrem pro Rostris laudavit. Dehinc pubescens Actiaco triumpho currum Augusti comitatus est, sinisteriore funali equo, quum Marcellus Octaviæ filius dexteriore veheretur. Præsedit et Actiacis ludis, et Trojanis circensibus, ductor turmæ puerorum majorum.

VII. Virili toga sumta, adolescentiam omnem, spatiumque insequentis ætatis usque ad principatus initia, per hæc fere transegit. Munus gladiatorium in memoriam patris, et alterum in avi Drusi, dedit, diversis temporibus ac locis : primum in Foro, secundum in Amphitheatro; rudiariis quoque quibusdam revocatis, auctoramento centenum millium. Dedit et ludos, sed absens; cuncta magnifice, impensa matris ac vitrici. Agrippinam, M. Agrippa genitam, neptem Cæcilii Attici Equitis Romani, ad quem sunt Ciceronis epistolæ, duxit uxorem : sublatoque ex ea filio Druso, quamquam bene convenientem, rursusque gravidam, dimittere, ac Juliam, Augusti filiam, confestim coactus est ducere : non sine magno angore animi, quum et Agrippinæ consuetudine

reçut de Pompeia, sœur de Sextus Pompée, existent encore, et l'on montre à Baies une tunique, une agrafe et des bulles d'or. Après son retour à Rome, le sénateur M. Gallius [22] l'adopta par testament. Tibère prit possession de la succession; mais bientôt il s'abstint de porter ce nom, parceque Gallius avait été du parti contraire à Auguste. A neuf ans, il prononça l'éloge funèbre de son père à la tribune aux harangues. Il entrait dans l'âge de la puberté quand il accompagna le char d'Auguste lors de son triomphe d'Actium ; il montait le cheval de trait de gauche [23], tandis que Marcellus, fils d'Octavie, était sur celui de droite. Il présida aux jeux d'Actium [24]; et dans les jeux troyens du Cirque, il fut, parmi les jeunes garçons, le chef de la troupe des plus grands.

VII. Après avoir pris la toge virile, voici dans quelles occupations il passa son adolescence, et tout le temps qui la suivit, jusqu'au commencement de son règne. Il donna un combat de gladiateurs pour célébrer la mémoire de son père, et un autre en l'honneur de Drusus son aïeul; ces combats furent célébrés en divers temps, en divers lieux : le premier, dans le forum; le second, dans l'Amphithéâtre. A cette occasion, il rappela quelques gladiateurs émérites [25], moyennant un engagement de cent mille sesterces*. Il donna aussi des jeux, mais en son absence, et déploya beaucoup de magnificence, aux frais de sa mère et de son beau-père. Il épousa Agrippine, fille de M. Agrippa et petite-fille de Cécilius Atticus, chevalier romain, auquel sont adressées des lettres de Cicéron. Il en avait eu déjà son fils Drusus, lorsqu'il fut obligé de la répudier et d'épouser sur-le-champ Julie, fille d'Auguste.

* 19,480 francs.

teneretur, et Juliæ mores improbaret; ut quam sensisset sui quoque sub priore marito appetentem, quod sane etiam vulgo existimabatur. Sed Agrippinam et abegisse post divortium doluit; et semel omnino ex occursu visam adeo contentis et tumentibus oculis prosecutus est, ut custoditum sit, ne unquam in conspectum ejus posthac veniret. Cum Julia primo concorditer et amore mutuo vixit : mox dissedit, et aliquanto gravius, ut etiam perpetuo secubaret, intercepto communis filii pignore, qui Aquileiæ natus infans exstinctus est. Drusum fratrem in Germania amisit, cujus corpus, pedibus toto itinere prægrediens, Romam usque pervexit.

VIII. Civilium officiorum rudimentis regem Archelaum, Trallianos, et Thessalos, varia quosque de causa, Augusto cognoscente, defendit. Pro Laodicenis, Thyatirenis, Chiis, terræ motu afflictis, opemque implorantibus, senatum deprecatus est. Fannium Cæpionem, qui cum Varrone Murena in Augustum conspiraverat, reum majestatis apud judices fecit, et condemnavit. Interque hæc duplicem curam administravit, annonæ, quæ artior inciderat, et repurgandorum tota Italia ergastulorum, quorum domini in invidiam venerant, quasi exceptos supprimerent, non solum viatores, sed et quos sacramenti metus ad hujusmodi latebras compulisset.

Cependant il aimait Agrippine, elle était enceinte de nouveau, et il ne s'y résigna pas sans une grande douleur, tandis que les mœurs de Julie lui déplaisaient fort. Il s'était aperçu, du vivant de son premier mari [26], qu'elle avait du goût pour lui, et même ce penchant avait été le sujet d'un bruit public. Après son divorce, non-seulement il eut du regret d'avoir renvoyé Agrippine; mais l'ayant un jour rencontrée par hasard, ses yeux s'attachèrent tellement à elle, ils exprimèrent tant d'affliction [27], qu'on prit garde d'éviter dans la suite qu'elle ne se représentât à sa vue. D'abord il y eut entre lui et Julie de l'union et un amour mutuel; mais bientôt il s'en éloigna, et même d'une manière assez prononcée; le gage commun de leur attachement, leur fils, né à Aquilée, étant mort dans sa première enfance, Tibère alla jusqu'à coucher séparément. Il perdit son frère Drusus en Germanie [28], et il ramena son corps à Rome, en le précédant à pied pendant toute la route.

VIII. Ses premiers essais en fait de devoirs civils furent de défendre devant Auguste, qui jugeait leur cause, Archélaus [29], les habitans de Tralles et les Thessaliens, qui tous avaient des affaires différentes. Il supplia le sénat en faveur des habitans de Laodicée, de Thyatine et de Chio, qui avaient essuyé un tremblement de terre, et qui demandaient du secours. Il accusa devant des juges pour crime de haute trahison, et le fit condamner, Fannius Cépion, qui avait conspiré contre Auguste avec Varron Murena. Cependant il était alors occupé d'un double soin, il songeait aux provisions de grains [30], qui commençaient à manquer, et faisait la revue de tous les ateliers d'esclaves dont les maîtres avaient encouru la haine publique, parce qu'on les soupçonnait

IX. Stipendia prima expeditione Cantabrica tribunus militum fecit : dein, ducto ad Orientem exercitu, regnum Armeniæ Tigrani restituit, ac pro tribunali diadema imposuit. Recepit et signa, quæ M. Crasso ademerant Parthi. Post hæc Comatam Galliam anno fere rexit, et barbarorum incursionibus, et principum discordia inquietam. Exin Ræticum Vindelicumque bellum, inde Germanicum gessit. Rætico atque Vindelico gentes Alpinas; Pannonico Breucos et Dalmatas subegit; Germanico quadraginta millia dediticiorum trajecit in Galliam, juxtaque ripam Rheni sedibus assignatis collocavit. Quas ob res, et ovans, et curru Urbem ingressus est, primus, ut quidam putant, triumphalibus ornamentis honoratus, novo nec antea cuiquam tributo genere honoris. Magistratus et maturius inchoavit, et pæne junctim percucurrit quæsturam, præturam, consulatum : interpositoque tempore, consul iterum etiam tribunitiam potestatem in quinquennium accepit.

X. Tot prosperis confluentibus, integra ætate ac valetudine, statuit repente secedere, seque e medio quam longissime amovere : dubium, uxorisne tædio, quam ne-

de s'emparer non-seulement des voyageurs, mais encore de ceux que la crainte du serment militaire forçait à se cacher dans ce genre de retraite.

IX. Il fit ses premières armes dans l'expédition contre les Cantabres, en qualité de tribun militaire; puis il conduisit une armée en Orient, et rendit le royaume d'Arménie à Tigrane[31], auquel il imposa le diadème devant son tribunal. Il reçut aussi les enseignes que les Parthes avaient prises à M. Crassus. Après cela, il gouverna pendant un an environ la Gaule chevelue, qu'agitaient les incursions des barbares et les dissensions de ses principaux habitans. Ensuite il fit la guerre de Rétie, de Vindélicie[32], et celle de Germanie. Dans celle de Rétie et de Vindélicie, il soumit les peuples des Alpes; dans celle de Pannonie, les Breuces et les Dalmates; enfin, pendant celle de Germanie, il transplanta dans la Gaule quarante mille hommes qui s'étaient rendus à discrétion, et leur assigna des demeures le long des rives du Rhin. On lui décerna l'ovation à raison de ces exploits, et il fut, à ce qu'on croit, le premier qui, en pareil cas, entra dans Rome sur un char[33], et revêtu des ornemens triomphaux, honneur nouveau, qui jusque-là n'avait été conféré à personne. Non-seulement il obtint les magistratures avant l'âge[34], mais il parcourut presque sans interruption la questure, la préture, le consulat. Après un certain intervalle il fut consul pour la seconde fois, et reçut aussi la puissance tribunitienne pour cinq ans.

X. Au milieu de tant de circonstances favorables, dans la force de l'âge et de la santé, il prit subitement la résolution de se retirer[35], et de s'éloigner des affaires autant qu'il le pourrait. On ne sait pas bien si ce fut

que criminari aut dimittere auderet, neque ultra perferre posset; an ut, vitato assiduitatis fastidio, auctoritatem absentia tueretur, atque etiam augeret, si quando indiguisset sui respublica. Quidam existimant, adultis jam Augusti liberis, loco et quasi possessione usurpati a se diu secundi gradus sponte cessisse, exemplo M. Agrippæ, qui, M. Marcello ad munera publica admoto, Mytilenas abierit; ne aut obstare, aut obtrectare præsens videretur. Quam causam et ipse, sed postea, reddidit. Tunc autem honorum satietatem ac requiem laborum prætendens, commeatum petiit. Neque aut matri suppliciter precanti, aut vitrico, deseri se etiam in senatu conquerenti, veniam dedit. Quin et pertinacius retinentibus, cibo per quatriduum abstinuit. Facta tandem abeundi potestate, relictis Romæ uxore et filio, confestim Ostiam descendit; ne verbo quidem cuiquam prosequentium reddito, paucosque admodum in digressu exosculatus.

XI. Ab Ostia oram Campaniæ legens, imbecillitate Augusti nunciata, paulum substitit. Sed increbrescente rumore, quasi ad occasionem majoris spei commoraretur, tantum non adversis tempestatibus Rhodum enavigavit, amœnitate et salubritate insulæ jam inde captus, quum ad eam ab Armenia rediens appulisset. Hic modicis contentus ædibus, nec multo laxiore suburbano, genus

par dégoût de sa femme, qu'il n'osait ni accuser, ni répudier, et qu'il ne pouvait plus supporter ; ou bien s'il voulait éviter qu'on ne se fatiguât de le voir assidûment, et conserver son autorité par l'absence, enfin l'accroître encore pour le cas où la république aurait besoin de lui. Quelques-uns pensent que les enfans d'Auguste étant adultes, Tibère leur abandonna volontairement la possession du second rang [36] qu'il avait tenu jusqu'alors, comme en agit M. Agrippa, qui s'était retiré à Mytilène quand M. Marcellus fut employé aux charges publiques, afin qu'il ne parût ni se trouver sur son chemin, ni le censurer. Ce fut Tibère lui-même qui mit en avant cette raison, mais plus tard seulement : pour le moment, il prétexta la satiété des honneurs et le besoin de se reposer de ses travaux ; il demanda la permission de s'en aller, et ne se rendit ni aux supplications de sa mère, ni à celles de son beau-père, qui se plaignit dans le sénat d'en être abandonné. Voyant qu'on le retenait avec obstination, ils s'abstint d'alimens pendant quatre jours. Enfin, lorsqu'on lui accorda la faculté de partir, il descendit sur-le-champ à Ostie, en laissant à Rome sa femme et son fils. Ceux qui l'accompagnaient ne purent obtenir de lui une seule parole, et, en les quittant, il n'en embrassa que quelques-uns.

XI. D'Ostie, il suivit la côte de Campanie, puis quand on lui annonça le mauvais état de la santé d'Auguste, il s'arrêta quelque peu ; mais le bruit qu'il ne différait son départ que pour voir s'accomplir de plus grandes espérances, s'étant accrédité de plus en plus, il partit pour Rhodes [37], quoique le temps contrariât sa navigation. Tibère était charmé de l'agrément et de la salubrité de cette île, où il avait abordé à son

vitæ civile admodum instituit, sine lictore aut viatore gymnasia interdum obambulans, mutuaque cum Græculis officia usurpans, prope ex æquo. Forte quondam in disponendo die mane prædixerat, quicquid ægrorum in civitate esset, visitare se velle : id a proximis aliter exceptum : jussique sunt omnes ægri in publicam porticum deferri, ac per valetudinum genera disponi. Perculsus igitur inopinata re, diu quid ageret incertus, tamen singulos circuit; excusans factum etiam tenuissimo cuique, et ignoto. Unum hoc tantummodo, neque præterea quicquam notatum est, in quo exercuisse jus tribunitiæ potestatis visus sit. Quum circa scholas et auditoria professorum assiduus esset, moto inter antisophistas graviore jurgio, non defuit, qui eum intervenientem, et quasi studiosiorem partis alterius, convicio incesseret. Sensim itaque regressus domum, repente cum apparitoribus prodiit, citatumque pro tribunali voce præconis conviciatorem rapi jussit in carcerem. Comperit deinde, Juliam uxorem ob libidines atque adulteria damnatam, repudiumque ei suo nomine, ex auctoritate Augusti, remissum : et quamquam lætus nuncio, tamen officii duxit, quantum in se esset, exorare filiæ patrem frequentibus litteris, et vel utcunque meritæ, quicquid unquam dono dedisset, concedere. Transacto autem tribunitiæ potestatis tempore, confessus tandem, nihil aliud secessu devitasse se, quam æmulationis cum Caio Lucio-

retour d'Arménie. Il se contenta d'une maison modeste, et d'une habitation rurale, qui n'était guère plus vaste, et vécut en simple particulier, parcourant les gymnases sans licteur sans huissier, et se mettant avec les Grecs en relation de devoirs mutuels, et presque sur un pied d'égalité. Un matin, en réglant les occupations de la journée, il avait dit, par hasard, qu'il voulait visiter tout ce qu'il y avait de malades [38] dans la ville. Ceux qui étaient près de lui l'entendirent différemment, et l'on donna ordre de porter tous les malades sous un portique public, où on les rangea par genre de maladie. Frappé de ce spectacle inattendu, Tibère hésita long-temps pour savoir ce qu'il ferait, puis il s'approcha de chacun, en faisant à tous, et même à ceux du rang le plus bas, et aux plus inconnus, des excuses de cette méprise. On n'a retenu qu'une seule circonstance où il ait paru exercer la puissance tribunitienne. Comme il assistait fréquemment aux écoles et aux conférences des professeurs, il arriva qu'un jour il intervint dans une discussion fort chaude entre des sophistes opposés ; l'un d'eux ne manqua pas de l'invectiver comme tenant pour l'opinion contraire. Tibère s'en retourna chez lui tranquillement, puis il reparut subitement avec ses huissiers, et par la voix du héraut, citant devant son tribunal l'auteur des injures qu'il avait souffertes, il ordonna de le traîner en prison. Bientôt il apprit que sa femme Julie avait été condamnée pour ses désordres et pour ses adultères, et que, de l'autorité d'Auguste, le divorce lui avait été notifié en son nom. Quoiqu'il se réjouît de cette nouvelle, il crut de son devoir d'écrire de fréquentes lettres pour apaiser le père envers la fille, et pour obtenir qu'il lui laissât ce qu'il lui avait donné, quelle qu'eût été sa conduite. Le temps

que suspicionem, petiit, ut sibi securo jam ab hac parte, corroboratis his, et secundum locum facile tutantibus, permitteretur revisere necessitudines, quarum desiderio teneretur. Sed neque impetravit : ultroque etiam admonitus est, dimitteret omnem curam suorum, quos tam cupide reliquisset.

XII. Remansit ergo Rhodi contra voluntatem; vix per matrem consecutus, ut ad velandam ignominiam, quasi legatus ab Augusto, abesset. Enimvero tunc non privatum modo, sed etiam obnoxium et trepidum egit, mediterraneis agris abditus, vitansque præternavigantium officia, quibus frequentabatur assidue, nemine cum imperio aut magistratu tendente quoquam, quin deverteret Rhodum. Et accesserunt majoris sollicitudinis causæ. Namque privignum Caium, Orienti præpositum, quum visendi gratia trajecisset Samum, alieniorem sibi sensit ex criminationibus M. Lollii, comitis et rectoris ejus. Venit etiam in suspicionem, per quosdam beneficii sui centuriones, a commeatu castra repetentes, mandata ad complures dedisse ambigua, et quæ tentare singulorum animos ad novas res viderentur. De qua suspicione certior ab Augusto factus, non cessavit efflagitare aliquem, cujuslibet ordinis, custodem factis atque dictis suis.

XIII. Equi quoque et armorum solitas exercitationes

de sa puissance tribunitienne étant écoulé, il avoua enfin que par sa retraite il n'avait voulu éviter que le soupçon de rivalité avec Caïus et Lucius; et comme il était désormais tranquille de ce côté, comme déjà leur âge leur assurait la possession facile de la seconde place, il demanda qu'il lui fût permis de venir renouer les liaisons qu'il regrettait; mais il ne l'obtint pas. On l'exhorta même à ne s'inquiéter nullement des siens qu'il avait quittés avec tant d'empressement.

XII. Il resta donc à Rhodes contre sa volonté, et, pour cacher la honte de ce séjour forcé, il put à peine obtenir, par l'intermédiaire de sa mère, le titre de lieutenant d'Auguste. Depuis lors il se conduisit non-seulement en particulier, mais en homme suspect et craintif, se cachant dans l'intérieur de l'île, et évitant d'accueillir les hommages de ceux que leur navigation y faisait aborder, et dont il recevait jusqu'alors de fréquentes visites; car les Romains, investis d'un commandement ou d'une magistrature[39], ne manquaient pas de passer à Rhodes. Il lui survint encore de plus grands sujets d'inquiétude: étant venu à Samos pour y voir Caïus son beau-fils[40], qui commandait en Orient, il s'aperçut que les insinuations de M. Lollius, son compagnon et son gouverneur, le lui avaient aliéné. Il fut aussi soupçonné d'avoir donné des instructions très-équivoques à des centurions de sa création qui revenaient de congé pour aller à l'armée, et d'avoir tenté de sonder leurs esprits sur un changement prochain. Auguste l'ayant instruit des reproches dont il était l'objet, il ne cessa de demander qu'on donnât à ses actions et à ses paroles un surveillant, à quelque ordre de l'état qu'il appartînt.

XIII. Il abandonna aussi les exercices du cheval et

omisit : redegitque se, deposito patrio habitu, ad pallium et crepidas : atque in tali statu biennio fere permansit, contemtior in dies, et invisior : adeo, ut imagines ejus et statuas Nemausenses subverterint; ac familiari quodam convivio mentione ejus orta, exstiterit, qui Caio polliceretur, « Confestim se, si juberet, Rhodum navigaturum, caputque exsulis (sic enim appellabatur) relaturum. » Quo præcipue, non jam metu, sed discrimine, coactus est, tam suis, quam matris impensissimis precibus reditum expostulare : impetravitque, adjutus aliquantum etiam casu. Destinatum Augusto erat, nihil super ea re, nisi ex voluntate majoris filii, statuere. Is forte tunc M. Lollio offensior, facilis exorabilisque in vitricum fuit. Permittente ergo Caio, revocatus est; verum sub conditione, ne quam partem curamve Reipublicæ attingeret.

XIV. Rediit octavo post secessum anno, magna nec incerta spe futurorum, quam et ostentis et prædictionibus ab initio ætatis conceperat. Prægnans enim Livia, quum, an marem editura esset, variis captaret ominibus, ovum incubanti gallinæ subductum nunc sua, nunc ministrarum manu per vices usque eo fovit, quoad pullus insigniter cristatus exclusus est. Ac de infante Scribonius mathematicus præclara spopondit : « etiam regnaturum quandoque, sed sine regio insigni; » ignota scilicet tunc adhuc Cæsarum potestate. Et ingresso primam

des armes auxquels il avait coutume de se livrer, et renonçant aux vêtemens de sa patrie, il se contenta du manteau et des souliers [41]. Il resta dans cet état environ deux ans, tous les jours plus méprisé, tous les jours plus détesté; au point que les habitans de Nîmes [42] renversèrent ses portraits et ses statues, et que dans un repas familier, le discours étant tombé sur lui, quelqu'un proposa à Caïus de partir sur-le-champ pour Rhodes, et de lui rapporter la tête de l'exilé, car c'est ainsi qu'on l'appelait. Ce ne fut donc plus la crainte désormais, mais le danger qui le contraignit à solliciter son retour, tant par ses prières que par les plus ardentes supplications de sa mère : il l'obtint, et en cela il fut secondé aussi par le hasard. Auguste avait résolu de ne rien décider dans cette affaire que d'après la volonté de son fils aîné : celui-ci se trouvait dans ce moment fort irrité contre M. Lollius, et d'autant plus facile, d'autant plus accessible à une réconciliation avec son beau-père. Tibère fut donc rappelé du consentement de Caïus [43], mais sous la condition de ne prendre aucune part à l'administration de la république.

XIV. Il revint huit ans après son départ, ayant sur l'avenir les espérances, non moins grandes que certaines, que des prodiges et des prédictions lui avaient fait concevoir dès l'âge le plus tendre. Dans sa grossesse, Livie voulut savoir par divers présages si elle accoucherait d'un garçon; elle réchauffa tantôt de ses mains, tantôt de celles de ses femmes [44], un œuf que l'on avait enlevé à la couvée d'une poule, et il en sortit un poussin qui portait une crête superbe. Scribonius le mathématicien promit de grandes destinées à cet enfant, disant qu'il règnerait même un jour, mais sans les insignes de la royauté; car alors la puissance des Césars était encore inconnue.

expeditionem, ac per Macedoniam ducente exercitum in Syriam, accidit, ut apud Philippos sacratæ olim victricium legionum aræ sponte subitis collucerent ignibus : et mox, quum Illyricum petens juxta Patavium adisset Geryonis oraculum, sorte tracta, qua monebatur, ut de consultationibus in Aponi fontem talos aureos jaceret, evenit, ut summum numerum jactu ab eo ostenderent; hodieque sub aqua visuntur hi tali. Ante paucos vero quam revocaretur dies, aquila, nunquam antea Rhodi conspecta, in culmine domus ejus assedit : et pridie quam de reditu certior fieret, vestimenta mutanti tunica ardere visa est. Thrasyllum quoque mathematicum, quem ut sapientiæ professorem contubernio admoverat, tum maxime expertus est, affirmantem, nave provisa gaudium afferri; quum quidem illum, durius et contra prædicta cadentibus rebus, ut falsum et secretorum temere conscium, eo ipso momento, dum spatiatur una, præcipitare in mare destinasset.

XV. Romam reversus, deducto in forum filio Druso, statim e Carinis ac Pompeiana domo Esquilias in hortos Mæcenatianos transmigravit : totumque se ad quietem contulit, privata modo officia obiens, ac publicorum munerum expers. Caio et Lucio intra triennium defunctis, adoptatur ab Augusto simul cum fratre eorum M. Agrippa; coactus prius ipse, Germanicum, fratris sui filium, adop-

Au commencement de sa première expédition [45], Tibère conduisant son armée en Syrie, traversait la Macédoine ; près de Philippes, il arriva que des flammes subites firent briller les autels consacrés par les légions victorieuses. Bientôt après, en se rendant en Illyrie, il visita l'oracle de Géryon, auprès de Padoue [46] ; le sort l'avertit de jeter des dés d'or dans la fontaine d'Apone, pour obtenir une réponse à ses consultations : or il amena tout d'abord le nombre le plus élevé : on voit encore aujourd'hui ces dés au fond de l'eau. Peu de jours avant son rappel, un aigle s'assit sur le faîte de sa maison, et cependant on n'en avait jamais vu à Rhodes. La veille du jour où il en reçut la nouvelle, tandis qu'il changeait de vêtement, sa tunique lui parut enflammée. Ce fut alors qu'il connut surtout la science du mathématicien Thrasyllus [47], qu'il avait pris dans sa maison en qualité de maître de philosophie. Celui-ci, qui avait aperçu un navire, annonça qu'il apportait une nouvelle heureuse. Dans ce même moment, Tibère, qui se promenait avec lui, venait de se décider à le précipiter à la mer, parce que les évènemens contrariaient toujours ses prédictions, et qu'il se repentait de l'avoir légèrement initié à ses secrets sur la foi d'une science mensongère.

XV. De retour à Rome, il fit débuter son fils Drusus dans le forum, et sur-le-champ quitta les Carènes [48] et la maison de Pompée, pour demeurer aux Esquilies, dans les jardins de Mécène. Là, il se livra entièrement au repos, remplissant parfois les devoirs des particuliers, mais toujours étranger aux charges publiques. Caïus et Lucius étant morts dans les trois ans [49], il fut adopté par Auguste en même temps que leur frère M. Agrippa ;

tare. Nec quicquam postea pro patrefamilias egit, aut jus, quod [adoptione] amiserat, ex ulla parte retinuit. Nam neque donavit, neque manumisit : ne hereditatem quidem, aut legata percepit ulla aliter, quam ut peculio referret accepta. Nihil ex eo tempore praetermissum est ad majestatem ejus augendam, ac multo magis, postquam, Agrippa abdicato atque seposito, certum erat, uni spem successionis incumbere.

XVI. Data rursus potestas tribunicia in quinquennium : delegatus pacandae Germaniae status : Parthorum legati, mandatis Augusto Romae redditis, eum quoque adire in provincia jussi. Sed nunciata Illyrici defectione, transiit ad curam novi belli : quod gravissimum omnium externorum bellorum post Punica, per quindecim legiones, paremque auxiliorum copiam, triennio gessit, in magnis omnium rerum difficultatibus, summaque frugum inopia. Et quamquam saepius revocaretur, tamen perseveravit; metuens, ne vicinus et praevalens hostis instaret ultro cedentibus. Ac perseverantiae grande pretium tulit, toto Illyrico, quod inter Italiam regnumque Noricum et Thraciam et Macedoniam interque Danubium flumen et sinum maris Adriatici patet, perdomito et in ditionem redacto.

XVII. Cui gloriae amplior adhuc ex opportunitate cumulus accessit. Nam sub id fere tempus Quinctilius Varus cum tribus legionibus in Germania periit; nemine

après avoir été contraint toutefois d'adopter lui-même Germanicus, le fils de son frère. A dater de ce moment, on ne le vit plus agir en chef de famille [50]; il ne retint aucune partie du droit que son adoption lui avait enlevé, et ne fit plus de donation ni d'affranchissement; il ne reçut plus d'hérédité ni de legs qu'à titre de pécule. Désormais on n'omit rien pour relever sa dignité, et surtout après qu'Agrippa eut été repoussé et éloigné par Auguste; car il fut certain dès-lors que l'espérance de sa succession retombait sur lui seul.

XVI. On lui conféra de nouveau la puissance tribunitienne pour cinq ans; puis il fut chargé de pacifier la Germanie, et les ambassadeurs des Parthes ayant accompli leur mission à Rome près d'Auguste, reçurent l'ordre d'aller le trouver aussi dans sa province. Quand on annonça la défection de l'Illyrie [51], Tibère y passa et se chargea du soin de cette nouvelle guerre, qui, après celles de Carthage, fut la plus terrible de toutes les guerres extérieures. Il la fit pendant trois ans, avec quinze légions et un pareil nombre de troupes alliées, au milieu de difficultés de tout genre, et malgré la disette de grains. Quoiqu'on le rappelât souvent, il continua toujours ses opérations, dans la crainte qu'un ennemi voisin et puissant ne suivît sur sa trace l'armée qui se retirerait. Aussi fut-il récompensé de sa constance : toute l'Illyrie [52], qui est entre l'Italie, le royaume de Norique, la Thrace et la Macédoine, depuis le Danube jusqu'au golfe Adriatique, fut soumise et réduite à l'obéissance.

XVII. Ce fut surtout l'opportunité de ce succès qui mit le comble à sa gloire; car vers le même temps [53] Quinctilius Varus périt en Germanie avec trois légions, et personne ne doutait que les Germains vainqueurs ne

dubitante, quin victores Germani juncturi se Pannoniis fuerint, nisi debellatum prius Illyricum esset. Quas ob res triumphus ei decretus est, multique et magni honores. Censuerunt etiam quidam, ut Pannonicus, alii, ut Invictus, nonnulli, ut Pius cognominaretur. Sed de cognomine intercessit Augustus, eo contentum repromittens, quod se defuncto suscepturus esset. Triumphum ipse distulit, moesta civitate clade Variana. Nihilo minus Urbem prætextatus et laurea coronatus intravit; positumque in Septis tribunal, senatu adstante, conscendit, ac medius inter duos consules cum Augusto simul sedit; unde, populo consalutato, circum templa deductus est.

XVIII. Proximo anno repetita Germania, quum animadverteret, Varianam cladem temeritate et negligentia ducis accidisse, nihil non de consilii sententia egit. Semper alias sui arbitrii, contentusque se uno, tunc præter consuetudinem cum pluribus de ratione belli communicavit. Curam quoque solito exactiorem præstitit. Trajecturus Rhenum, commeatum omnem, ad certam formulam astrictum, non ante transmisit, quam consistens apud ripam explorasset vehiculorum onera, ne qua deportarentur, nisi concessa, aut necessaria. Trans Rhenum vero eum vitæ ordinem tenuit, ut sedens in cespite nudo cibum caperet; sæpe sine tentorio pernoctaret; præcepta sequentis diei omnia, et si quid subiti muneris injungendum esset, per libellos daret; addita monitione,

se fussent joints aux Pannoniens, si, avant cet évènement, l'Illyrie n'eût été domptée. Le triomphe fut décerné à Tibère, avec de nombreux et de grands honneurs. Quelques-uns même opinèrent pour qu'il fût surnommé le *Pannonique*, d'autres l'*Invincible*, d'autres encore le *Pieux*. Mais Auguste s'interposa dans cette affaire, et promit que Tibère se contenterait du surnom qu'il lui laisserait après sa mort. Quant à lui, il différa son triomphe[54], à raison de la douleur publique causée par le désastre de Varus; il n'en entra pas moins dans la ville en robe prétexte[55] et couronné de lauriers, et monta sur le tribunal qu'on lui avait élevé au Champ-de-Mars, où il s'assit avec Auguste entre les deux consuls, tandis que le sénat était debout. De là, il salua le peuple, et le cortège visita les temples.

XVIII. Étant retourné en Germanie l'année suivante, et s'étant convaincu que la défaite de Varus avait pour cause la témérité et la négligence de ce général, il ne fit rien que de l'avis de son conseil. Lui qui jusque-là en agissait selon sa volonté et ne s'en rapportait qu'à lui seul, communiqua pour la première fois ses plans à plusieurs personnes : en tout il fut beaucoup plus soigneux qu'à l'ordinaire. Au moment de passer le Rhin, il restreignit les bagages à une certaine mesure, et ne souffrit le passage qu'après s'être arrêté au bord du fleuve pour vérifier la charge des chariots, de peur qu'on n'emportât plus que le réglement ne permettait, ou que ce qui était nécessaire. Au delà du Rhin il se montra si sévère sur son genre de vie, qu'il prenait ses repas assis sur le gazon, et que souvent il se couchait sans faire usage de tente. Toujours il donnait ses ordres par écrit, soit pour le lendemain, soit quand il survenait quelque chose à faire exécuter sur-

ut, de quo quisque dubitaret, se, nec alio interprete, quacunque vel noctis hora uteretur.

XIX. Disciplinam acerrime exegit, animadversionum et ignominiarum generibus ex antiquitate repetitis, atque etiam legato legionis, quod paucos milites cum liberto suo trans ripam venatum misisset, ignominia notato. Prælia, quamvis minimum fortunæ casibusque permitteret, aliquanto constantius inibat, quoties lucubrante se, subito ac nullo propellente, decideret lumen, et exstingueretur; confidens, ut aiebat, ostento, sibi ac majoribus suis in omni ducatu expertissimo. Sed, re prospere gesta, non multum abfuit, quin a Bructero quodam occideretur : cui inter proximos versanti, et trepidatione detecto, tormentis expressa confessio est cogitati facinoris.

XX. A Germania in Urbem post biennium regressus, triumphum, quem distulerat, egit; prosequentibus etiam legatis, quibus triumphalia ornamenta impetrarat. Ac priusquam in Capitolium flecteret, descendit e curru, seque præsidenti patri ad genua summisit. Batonem, Pannonium ducem, ingentibus donatum præmiis, Ravennam transtulit; gratiam referens, quod se quondam, cum exercitu iniquitate loci circumclusum, passus esset evadere. Prandium dehinc populo mille mensis, et congiarium trecenos nummos viritim dedit. Dedicavit et Con-

le-champ, et il ajoutait ordinairement que s'il s'élevait quelque doute, on ne recourût pour l'interpréter à nul autre qu'à lui, à quelque heure de la nuit que ce fût.

XIX. Il maintint sévèrement la discipline, remettant en activité toutes les peines et toutes les flétrissures de l'antiquité. Il dégrada même ignominieusement un chef de légion [56] pour avoir envoyé quelques soldats chasser au delà du fleuve avec son affranchi. Quoiqu'il donnât peu à la fortune et aux hasards, il livrait des batailles avec une grande confiance, toutes les fois que pendant son travail nocturne la lumière tombait et s'éteignait subitement, sans que personne l'eût poussée. Il se fiait, disait-il, à ce prodige, parce qu'il avait toujours réussi dans toutes les campagnes, à lui-même et à ses aïeux. Mais un jour qu'il avait remporté un avantage, il s'en fallut de peu qu'un Bructère [57] ne le tuât. Arrêté parmi ceux qui entouraient Tibère, et trahi par son hésitation, la question lui arracha l'aveu du crime qu'il méditait.

XX. Au bout de deux ans, il revint de la Germanie à Rome, et célébra le triomphe qu'il avait différé; il était accompagné de ses lieutenans pour lesquels il avait aussi obtenu des ornemens triomphaux. Avant de se diriger vers le Capitole, il descendit de son char et se jeta aux genoux de son père, qui présidait à la cérémonie. Il établit à Ravenne, et combla de riches présens Baton, chef Pannonien [58], en récompense de ce qu'un jour il l'avait laissé sortir d'un défilé dans lequel il se trouvait enfermé avec son armée. Tibère fit servir au peuple un festin sur mille tables, et distribua trois cents sesterces* par tête. Il dédia un temple à la Concorde [59] et un autre

---

* 58 fr. 44 cent.

cordiæ ædem, item Pollucis et Castoris, suo fratrisque nomine, de manubiis.

XXI. Ac non multo post, lege per consules lata, ut provincias cum Augusto communiter administraret, simulque censum ageret, condito lustro, in Illyricum profectus est. Et statim ex itinere revocatus, jam quidem affectum, sed tamen spirantem adhuc Augustum reperit, fuitque una secreto per totum diem. Scio, vulgo persuasum, quasi, egresso post secretum sermonem Tiberio, vox Augusti per cubicularios excepta sit : « Miserum populum romanum, qui sub tam lentis maxillis erit. » Nec illud quidem ignoro, aliquos tradidisse, Augustum palam nec dissimulanter morum ejus diritatem adeo improbasse, ut nonnunquam remissiores hilarioresque sermones, superveniente eo, abrumperet : sed expugnatum precibus uxoris adoptionem non abnuisse; vel etiam ambitione tractum, ut tali successore desiderabilior ipse quandoque fieret. Adduci tamen nequeo, quin existimem, circumspectissimum et prudentissimum Principem, in tanto præsertim negotio, nihil temere fecisse; sed vitiis virtutibusque Tiberii perpensis, potiores duxisse virtutes : præsertim quum et « reipublicæ causa adoptare se eum, » pro concione juraverit, et epistolis aliquot, ut peritissimum rei militaris, utque unicum populi romani præsidium, prosequatur. Ex quibus in exemplum pauca hinc inde subjeci : « Vale, jucundissime Tiberi, et

à Pollux et à Castor, au nom de son frère et au sien, et du prix des dépouilles de l'ennemi.

XXI. Bientôt après [60], les consuls ayant porté une loi qui lui faisait partager avec Auguste l'administration des provinces, ainsi que le soin de faire le recensement du peuple, il partit pour l'Illyrie après avoir fermé le lustre. Rappelé sur-le-champ de son voyage, il trouva Auguste déjà fort malade, mais respirant encore, et il resta avec lui en conférence secrète pendant toute une journée. Je sais que l'on est généralement persuadé qu'après que Tibère fut sorti, les esclaves du service de la chambre entendirent Auguste s'écrier : « Pauvre peuple romain, qui seras dévoré sous des mâchoires aussi lentes [61]. » Je n'ignore pas non plus qu'au rapport de quelques-uns Auguste improuvait publiquement, et sans en rien dissimuler, la rudesse des mœurs de Tibère, au point que quand celui-ci survenait, il interrompait les conversations agréables ou plaisantes; on ajoute qu'Auguste ne sut pas refuser aux prières de sa femme l'adoption qu'il fit de Tibère, ou même que son ambition l'y détermina, pour qu'un tel successeur le fît un jour d'autant plus regretter. Néanmoins je ne puis croire que dans une affaire d'une telle importance, le plus réfléchi et le plus prudent des princes ait rien fait légèrement. J'admettrai plutôt qu'ayant balancé les vices et les vertus de Tibère, il crut que les vertus l'emporteraient. Cette opinion est d'autant plus plausible, qu'en pleine assemblée il jura qu'il l'adoptait dans l'intérêt de la république, et que dans ses lettres il le qualifie de très-habile au métier de la guerre, et d'unique appui du peuple romain. Je vais en citer quelques pas-

feliciter rem gere, ἐμοὶ καὶ ταῖς Μούσαις στρατηγῶν. Jucundissime, et, ita sim felix, vir fortissime, et dux νομιμώτατε, vale. » Et, « Ordinem æstivorum tuorum ! Ego vero, mi Tiberi, et inter tot rerum difficultates, καὶ τοσαύτην ῥᾳθυμίαν τῶν στρατευομένων, non potuisse quemquam prudentius gerere se, quam tu gesseris, existimo. Hi quoque, qui tecum fuerunt, omnes confitentur, versum illum in te posse dici :

Unus homo nobis vigilando restituit rem.

Sive quid incidit, de quo sit cogitandum diligentius, sive quid stomachor, valde, medius fidius, Tiberium meum desidero : succurritque versus ille Homericus :

Τούτου δ' ἑσπομένοιο, καὶ ἐκ πυρὸς αἰθομένοιο
Ἄμφω νοστήσαιμεν, ἐπεὶ πέρι οἶδε νοῆσαι.

Attenuatum te esse continuatione laborum, quum audio et lego, dii me perdant, nisi cohorrescit corpus meum : teque rogo, ut parcas tibi : ne, si te languere audierimus, et ego et mater tua exspiremus, et de summa imperii sui populus romanus periclitetur. Nihil interest, valeam ipse nec ne, si tu non valebis. Deos obsecro, ut te nobis conservent, et valere nunc et semper patiantur, si non populum romanum perosi sunt. »

sages. « Salut, mon très-cher Tibère; gouvernez vos affaires heureusement, vous commandez pour moi et pour les Muses[62]. Je le jure sur mon propre bonheur, vous êtes assurément le plus chéri des guerriers, le plus vaillant et le plus soumis aux lois, adieu. » Une autre fois : « Que j'approuve la disposition de vos camps! Quant à moi, mon cher Tibère, je pense que personne ne pouvait se conduire plus sagement que vous ne l'avez fait au milieu de circonstances aussi difficiles, et avec une pareille inertie dans ceux que vous commandez. Tous ceux qui se trouvaient avec vous confessent que ce vers vous est applicable :

« Un seul homme, en veillant, a rétabli l'état. »

Soit qu'il arrive quelque chose qui mérite d'être mûrement réfléchi, soit que j'aie quelque sujet d'affliction, je regrette mon cher Tibère[63], et tout aussitôt me reviennent ces vers d'Homère[64] :

« S'il m'accompagnait, nous pourrions tous deux revenir du sein des flammes; car il sait se gouverner. »

J'en atteste les dieux, tout mon corps frémit quand j'entends dire ou que je lis que la continuité de vos travaux affaiblit votre santé. Je vous supplie de vous ménager, de peur qu'en apprenant que vous êtes malade nous n'expirions de douleur votre mère et moi, et que le peuple romain ne soit en danger de perdre la souveraine puissance. Qu'importe que je me trouve bien ou mal, si vous n'êtes pas en bonne santé? Je supplie les dieux qu'ils vous conservent à nos vœux, et que maintenant, et toujours, ils vous laissent bien portant, si toutefois le peuple romain ne leur est point odieux. »

XXII. Excessum Augusti non prius palam fecit, quam Agrippa juvene interemto. Hunc tribunus militum custos appositus occidit, lectis codicillis, quibus, ut id faceret, jubebatur. Quos codicillos, dubium fuit, Augustusne moriens reliquisset, quo materiam tumultus post se subduceret; an nomine Augusti Livia, et ea, conscio Tiberio, an ignaro, dictasset. Tiberius renuncianti tribuno, factum esse, quod imperasset, « neque imperasse se, et redditurum eum senatui rationem, » respondit; invidiam scilicet in præsentia vitans. Nam mox silentio rem obliteravit.

XXIII. Jure autem tribuniciæ potestatis coacto senatu, inchoataque allocutione, derepente velut impa dolori congemuit; utque non solum vox, sed et spiritu deficeret, optavit, ac perlegendum librum Druso filio tradidit. Illatum deinde Augusti testamentum, non admissis signatoribus, nisi senatorii ordinis, ceteris extra Curiam signa agnoscentibus, recitavit per libertum. Testamenti initium fuit : « Quoniam sinistra Fortuna Caium et Lucium filios mihi eripuit, Tiberius Cæsar mihi ex parte dimidia et sextante heres esto. » Quo et ipso aucta suspicio est opinantium, successorem ascitum eum necessitate magis, quam judicio, quando ita præfari non abstinuerit.

XXII. Tibère ne fit connaître la mort d'Auguste que quand le jeune Agrippa eut été tué. Ce fut un tribun des soldats qui lui ôta la vie, après lui avoir donné lecture de l'ordre qu'il en avait reçu. Il demeura douteux si Auguste, en mourant, avait laissé cet ordre dans la vue d'écarter tout ce qui pourrait après lui faire naître des troubles, ou bien si Livie l'avait dicté au nom d'Auguste; et, dans ce cas, on ignore encore si ce fut d'accord avec Tibère ou à son insu[65]. Quand le tribun lui annonça que ce qu'il avait ordonné était accompli, Tibère répondit qu'il n'avait rien ordonné, et menaça de lui en faire rendre compte devant le sénat. Il ne voulait, pour le moment, que se soustraire à l'indignation publique, car bientôt il laissa tomber cette affaire dans l'oubli.

XXIII. En vertu de sa puissance tribunitienne[66], il convoqua le sénat, commença une allocution, puis tout à coup, comme s'il ne pouvait supporter sa douleur, il sanglotta, souhaita de perdre non-seulement la voix, mais encore la respiration, et donna son manuscrit à son fils Drusus pour en achever la lecture. Il fit ensuite réciter par un affranchi[67] le testament d'Auguste que l'on avait apporté : parmi les signataires, il n'admit à le reconnaître que des personnes de l'ordre des sénateurs, tandis que les autres n'en vérifièrent l'authenticité qu'en dehors de la Curie. Ce testament commençait ainsi : « La fortune contraire m'ayant enlevé mes fils Caïus et Lucius, que Tibère César soit mon héritier pour une moitié plus un sixième. » Cette rédaction donna du poids à l'opinion de ceux qui soupçonnaient qu'Auguste l'avait institué plutôt par nécessité que par choix, puisqu'il n'avait pu s'empêcher de le dire dans son préambule.

XXIV. Principatum, quamvis neque occupare confestim, neque agere dubitasset, et statione militum, hoc est, vi et specie dominationis, assumta, diu tamen recusavit impudentissimo mimo; nunc adhortantes amicos increpans, ut ignaros, quanta bellua esset imperium; nunc precantem senatum, et procumbentem sibi ad genua, ambiguis responsis et callida cunctatione suspendens : ut quidam patientiam rumperent, atque unus in tumultu proclamaret, « Aut agat, aut desistat : » alter coram exprobraret, « Ceteros, quod polliciti sint, tarde præstare : sed ipsum, quod præstet, tarde polliceri. » Tandem quasi coactus, et querens, « miseram et onerosam injungi sibi servitutem, » recepit imperium; nec tamen aliter, quam ut, depositurum se quandoque, spem faceret. Ipsius verba sunt : « Dum veniam ad id tempus, quo vobis æquum possit videri, dare vos aliquam senectuti meæ requiem. »

XXV. Cunctandi causa erat metus undique imminentium discriminum : ut sæpe, « lupum se auribus tenere, » diceret. Nam et servus Agrippæ, Clemens nomine, non contemnendam manum in ultionem domini compararat : et L. Scribonius Libo, vir nobilis, res novas clam moliebatur : et duplex seditio militum, in Illyrico et in Germania, exorta est. Flagitabant ambo exercitus multa extra ordinem : ante omnia, ut æquarentur stipendio prætorianis. Germaniciani quidem etiam Principem de-

XXIV. Quoiqu'il n'eût hésité ni à s'emparer de la puissance[68], ni à l'exercer ; quoiqu'il eût pris une garde, et par conséquent le pouvoir et l'apparence de la souveraineté, il s'y refusa long-temps par une impudente comédie[69] : tantôt répondant à ses amis, qui lui conseillaient d'accepter, qu'ils ignoraient quel monstre c'était que l'empire; tantôt retenant en suspens, par ses réponses ambiguës[70] et ses astucieuses hésitations, le sénat qui le suppliait et s'était jeté à ses genoux. Quelques personnes perdirent patience, et dans le tumulte l'une d'elles s'écria : « Qu'il accepte ou se désiste. » Une autre lui dit en face : « Qu'ordinairement ceux qui ont promis ne tenaient leur promesse que fort tard, mais que, pour lui, il était fort long à promettre ce que déjà il faisait en effet. » Enfin, comme s'il y était forcé, et tout en se plaignant qu'on lui imposât une misérable et lourde servitude, il accepta l'empire, mais il n'en voulut qu'avec l'espoir de le déposer un jour. Voici ses propres paroles : « Jusqu'à ce que j'arrive au temps où il pourra vous paraître juste d'accorder quelque repos à ma vieillesse. »

XXV. Sa raison d'hésiter était dans la crainte des dangers qui menaçaient de toutes parts; ce qui lui faisait dire souvent « qu'il tenait un loup par les oreilles[71]. » Un esclave d'Agrippa nommé Clemens[72] réunit des forces assez considérables pour venger son maître, et L. Scribonius Libon[73], de noble extraction, préparait secrètement une révolution : de plus, il y eut une double sédition parmi les soldats[74] en Illyrie et en Germanie. Les deux armées formaient beaucoup de prétentions exorbitantes; mais, avant tout, elles voulaient que leur paye fût égale à celle des prétoriens. Les soldats de l'armée

trectabant, non a se datum, summaque vi Germanicum, qui tum iis praeerat, ad capessendam rempublicam perurgebant, quamquam obfirmate resistentem. Quem maxime casum timens, partes sibi, quas senatui liberet, tuendas in republica depoposcit : quando universae sufficere solus nemo posset, nisi cum altero, vel etiam cum pluribus. Simulavit et valetudinem, quo aequiore animo Germanicus celerem successionem, vel certe societatem principatus, opperiretur. Compositis seditionibus, Clementem quoque fraude deceptum redegit in potestatem. Libonem, ne quid in novitate acerbius fieret, secundo demum anno in senatu coarguit, medio temporis spatio tantum cavere contentus. Nam et inter pontifices sacrificanti simul pro secespita plumbeum cultrum subjiciendum curavit : et secretum petenti, non nisi adhibito Druso filio, dedit : dextramque obambulantis, veluti incumbens, quoad perageretur sermo, continuit.

XXVI. Verum liberatus metu, civilem admodum inter initia, ac paulo minus quam privatum egit. Ex plurimis maximisque honoribus, praeter paucos et modicos non recepit. Natalem suum, plebeiis incurrentem Circensibus, vix unius bigae adjectione honorari passus est. Templa, Flamines, sacerdotes decerni sibi prohibuit :

de Germanie refusaient aussi de reconnaître un prince qu'ils n'avaient point donné, et, quoique Germanicus qui les commandait s'y refusât obstinément, ils le pressaient avec la plus grande véhémence de s'emparer du gouvernement de la république. Tibère, craignant surtout ce danger, demanda pour lui les fonctions qu'il plairait au sénat de lui assigner, nul ne pouvant suffire à lui seul à tout le gouvernement, ni se passer du secours d'un autre, ou même de plusieurs. Il feignit donc une maladie, afin que Germanicus attendît d'un esprit plus tranquille une succession plus prompte, ou du moins la participation à la souveraine puissance. Les séditions une fois apaisées, il sut tromper Clemens, et le réduisit en son pouvoir. Quant à Libon, craignant de troubler les commencemens de son règne par trop de sévérité, ce ne fut que dans la seconde année qu'il l'accusa dans le sénat. Jusque-là, il se contenta de se tenir sur ses gardes. Un jour que ce Libon sacrifiait avec les autres pontifes, il lui fit donner, au lieu du couteau dont on se servait en pareil cas [75], une lame de plomb. Une autre fois, Libon lui demanda un entretien secret; il ne le lui accorda qu'en présence de son fils Drusus, et, se promenant du haut en bas avec lui, il tint constamment sa main droite jusqu'à la fin de la conversation, comme s'il avait besoin de s'appuyer.

XXVI. Délivré de toute crainte, il fut très-modéré d'abord, et vécut même presqu'aussi simplement qu'un particulier. Parmi de nombreux et d'insignes honneurs, il n'en accepta que très-peu et de fort modiques. Le jour de sa naissance arrivant pendant les jeux plébéiens du Cirque, ce ne fut qu'avec peine qu'il souffrit qu'on l'honorât, en y ajoutant un seul char à deux chevaux [76].

etiam statuas atque imagines, nisi permittente se, poni : permisitque ea sola conditione, ne inter simulacra Deorum, sed inter ornamenta ædium, ponerentur. Intercessit et, quo minus in acta sua juraretur, et ne mensis september, Tiberius; october, Livius vocarentur. Prænomen quoque IMPERATORIS, cognomenque PATRIS PATRIÆ, et civicam in vestibulo coronam recusavit. Ac ne AUGUSTI quidem nomen, quamquam hereditarium, ullis, nisi ad reges ac dynastas, epistolis addidit. Nec amplius quam mox tres consulatus, unum paucis diebus, alterum tribus mensibus, tertium absens usque in idus Maias gessit.

XXVII. Adulationes adeo aversatus est, ut neminem senatorum, aut officii aut negotii causa, ad lecticam suam admiserit; consularem vero satisfacientem sibi, ac per genua orare conantem, ita suffugerit, ut caderet supinus : atque etiam, si quid in sermone, vel in continua oratione blandius de se diceretur, non dubitaret interpellare, ac reprehendere, et commutare continuo. *Dominus* appellatus a quodam, denunciavit, ne se amplius contumeliæ causa nominaret. Alium dicentem, « sacras ejus occupationes, » et rursus alium, « auctore eo senatum se adisse, » verba mutare, et pro *auctore*, *suasorem*; pro *sacris*, *laboriosas* dicere coegit.

Il défendit qu'on lui donnât des temples, des Flamines ou des prêtres. Il ne voulut pas que l'on exposât ses statues ou son image sans sa permission; encore il y mettait toujours la condition qu'elles ne seraient point placées parmi celles des dieux, et ne serviraient qu'à orner les édifices. Il s'opposa à ce que l'on jurât par ses actes [77], et ne souffrit pas que le mois de septembre fût appelé Tiberius, ni le mois de novembre Livius [78]. Il refusa aussi le prénom d'Imperator, et le surnom de Père de la patrie, ainsi que la couronne civique, qu'on voulait mettre dans le vestibule de son palais [79]. Il ne prit pas même dans ses lettres le nom d'Auguste, quoiqu'il fût héréditaire, excepté toutefois dans celles qui étaient adressées à des rois ou à des princes. Enfin il n'accepta en tout que trois consulats [80], l'un pendant très-peu de jours, l'autre pendant trois mois, et le troisième en son absence jusqu'aux ides de mai.

XXVII. Il avait une telle aversion pour les flatteries, qu'il ne permit jamais à aucun sénateur [81] de marcher à côté de sa litière, soit pour lui rendre un devoir, soit pour parler d'affaires. Un homme consulaire [82] lui demandait pardon et voulait se jeter à ses pieds, il recula si brusquement qu'il tomba en arrière. Lorsque, dans la conversation ou dans un discours soutenu, on disait de lui quelque chose de flatteur, il n'hésitait point à interrompre, à reprendre et à changer l'expression. Appelé *maître* par quelqu'un, il lui signifia qu'à l'avenir il ne l'apostrophât plus d'une manière offensante. Un autre parlant de ses *saintes occupations*, un autre encore disant qu'il était allé au sénat par son ordre, il les força de changer leurs expressions, et de substituer *conseil* à *ordre*, *laborieuses occupations*, à *saintes occupations*.

XXVIII. Sed et adversus convicia malosque rumores, et famosa de se ac suis carmina, firmus ac patiens, subinde jactabat, « in civitate libera linguam mentemque liberas esse debere. » Et quondam, senatu cognitionem de ejusmodi criminibus ac reis flagitante, « Non tantum, inquit, otii habemus, ut implicare nos pluribus negotiis debeamus. Si hanc fenestram aperueritis, nihil aliud agi sinetis : omnium inimicitiæ hoc prætextu ad nos deferentur. » Exstat et sermo ejus in senatu percivilis : « Si quidem locutus aliter fuerit, dabo operam, ut rationem factorum meorum dictorumque reddam : si perseveraverit, invicem eum odero. »

XXIX. Atque hæc eo nobiliora erant, quod ipse in appellandis venerandisque et singulis, et universis, prope excesserat humanitatis modum. Dissentiens in Curia a Q. Haterio, « Ignoscas, inquit, rogo, si quid adversus te liberius, sicut senator, dixero. » Et inde omnes alloquens : « Dixi et nunc, et sæpe alias, P. C., bonum et salutarem Principem, quem vos tanta et tam libera potestate instruxistis, senatui servire debere, et universis civibus sæpe, et plerumque etiam singulis : neque id dixisse me pœnitet, et bonos et æquos et faventes vos habui dominos, et adhuc habeo. »

XXVIII. Il se montra ferme et patient à l'égard des propos malveillans, des mauvais bruits et des vers diffamatoires qu'on répandait contre lui et contre les siens; il disait à ce sujet que, dans un état libre, la langue et la pensée doivent être libres aussi. Le sénat demandait un jour qu'on informât sur cette espèce de crime, et qu'on poursuivît les coupables : « Nous n'avons pas tant de loisir, répondit-il, qu'il faille encore nous mêler dans un plus grand nombre d'affaires. Si vous ouvrez cette *fenêtre*[83], vous ne nous laisserez plus le temps de faire autre chose ; et, sous ce prétexte, toutes les inimitiés particulières nous seront déférées. On rapporte aussi de lui un propos qui indique beaucoup de modération. Il dit au milieu du sénat : « Si quelqu'un parle mal de moi, je lui rendrai compte de mes actions et de mes paroles; s'il persiste, je le haïrai à mon tour. »

XXIX. Cette conduite était d'autant plus noble de sa part, que lui-même avait, pour ainsi dire, montré plus que de la politesse dans les titres et dans les honneurs qu'en parlant il rendait à chacun en particulier, et à tous en général. Un jour que, dans le sénat, il avait une autre opinion que Q. Haterius[84] : « Pardonnez-moi, dit-il, si je m'exprime contre vous avec quelque liberté, comme il convient à un sénateur; » puis s'adressant à tous : « J'ai dit tout-à-l'heure et en beaucoup d'autres occasions, pères conscrits, qu'un prince bon et qui gouverne pour le bien général, un prince que vous avez investi d'une puissance si grande et si peu limitée, doit être au service du sénat, souvent de tous les citoyens, et la plupart du temps de chacun en particulier. Je ne me repens pas de l'avoir dit; j'ai trouvé et je trouve encore en vous des maîtres bons et équitables. »

XXX. Quin etiam speciem libertatis quamdam induxit, conservatis senatui ac magistratibus et majestate pristina et potestate : neque tam parvum quicquam, neque tam magnum publici privatique negotii fuit, de quo non ad P. C. referretur. De vectigalibus ac monopoliis, de exstruendis reficiendisve operibus, etiam de legendo vel exauctorando milite, ac legionum et auxiliorum descriptione; denique, quibus imperium prorogari, aut extraordinaria bella mandari, quid et qua forma regum literis rescribi placeret. Præfectum alæ, de vi et rapinis reum, causam in senatu dicere coegit. Nunquam Curiam nisi solus intravit: lectica quondam introlatus æger, comites a se removit.

XXXI. Quædam adversus sententiam suam decerni, ne questus quidem est. Negante eo, destinatos magistratus abesse oportere, ut præsentes honori acquiescerent, prætor designatus liberam legationem impetravit. Iterum censente, ut Trebianis legatam in opus novi theatri pecuniam ad munitionem viæ transferre concederetur, obtinere non potuit, quin rata voluntas legatoris esset. Quum senatusconsultum per discessionem forte fieret, transeuntem eum in alteram partem, in qua pauciores erant, secutus est nemo. Cetera quoque nonnisi per magistratus, et jure ordinario agebantur; tanta consulum auctoritate, ut legati ex Africa adierint eos, querentes,

XXX. Il établit même une apparence de liberté, en conservant au sénat et aux magistrats leur ancienne majesté et leur ancienne puissance. Il n'y avait si petite ni si grande affaire, d'un intérêt public ou particulier, qu'il n'en fût référé aux pères conscrits; soit qu'il s'agît des revenus de l'état ou des monopoles[85], de la construction ou de la réparation des édifices publics, de la levée des soldats ou des congés à leur accorder, de l'organisation et du cantonnement des légions[86] et des contingens des alliés, ou bien qu'il fût question de proroger des commandemens ou d'en décerner pour des guerres extraordinaires, ou enfin de décider ce qu'on répondrait aux lettres des rois, et dans quelle forme. Il contraignit un commandant de cavalerie, accusé de violence et de rapine, à se défendre devant le sénat. Jamais il n'entra dans la Curie que seul : un jour qu'on l'y porta malade, dans sa litière[87], il renvoya ceux qui l'accompagnaient.

XXXI. Quelques affaires ayant été décidées contrairement à son avis, il ne s'en plaignit même pas. Un jour qu'il soutenait que les magistrats nommés ne devaient pas s'éloigner, afin que, présens, ils pussent s'initier à leur charge, un préteur désigné n'en obtint pas moins une mission libre[88]. Une autre fois, il avait opiné pour que l'on permît aux habitans de Trébia d'employer à réparer une route une somme qu'on leur avait léguée pour élever un nouveau théâtre; mais il ne put empêcher la volonté du testateur d'être ratifiée. A l'occasion d'un sénatus-consulte que l'on votait en passant d'un côté à l'autre[89], Tibère se mit du côté où il y avait le moins de monde, et personne ne le suivit. Il en était de même des autres affaires : elles ne se gouvernaient que par les magistrats et selon le droit ordinaire.

trahi se a Cæsare, ad quem missi forent. Nec mirum, quum palam esset, ipsum quoque eisdem et assurgere, et decedere via.

XXXII. Corripuit consulares exercitibus præpositos, quod non de rebus gestis senatui scriberent, quodque de tribuendis quibusdam militaribus donis ad se referrent : quasi non omnium tribuendorum ipsi jus haberent. Prætorem collaudavit, quod, honore inito, consuetudinem antiquam retulisset, de majoribus suis pro concione memorandi. Quorumdam illustrium exsequias usque ad rogum frequentavit. Parem moderationem minoribus quoque et personis et rebus exhibuit. Quum Rhodiorum magistratus, quod literas publicas sine subscriptione ad se dederant, evocasset, ne verbo quidem insectatus, ac tantummodo jussos subscribere, remisit. Diogenes Grammaticus, disputare sabbatis Rhodi solitus, venientem eum, ut se extra ordinem audiret, non admiserat, ac per servulum suum in septimum diem distulerat. Hunc Romæ, salutandi sui causa pro foribus adstantem, nihil amplius, quam ut post septimum annum rediret, admonuit. Præsidibus, onerandas tributo provincias suadentibus, rescripsit : « Boni pastoris esse, tondere pecus, non deglubere. »

L'autorité des consuls était tellement respectée, que des ambassadeurs d'Afrique allèrent les trouver pour se plaindre que César, vers lequel ils avaient été dépêchés, les traînât en longueur. Ce trait ne doit point étonner, car chacun savait qu'en public il se levait à leur approche, et leur cédait le haut du pavé.

XXXII. Il réprimanda des hommes consulaires mis à la tête des armées, de ce qu'ils n'écrivaient point au sénat[90] pour lui rendre compte de leurs actions, et de ce qu'ils s'adressaient à lui pour la distribution de quelques récompenses militaires, comme s'ils n'avaient pas le droit d'en disposer eux-mêmes. Il loua un préteur de ce que à son entrée en charge, il avait fait revivre l'antique usage de rappeler ses aïeux dans une harangue publique. Il suivit jusqu'au bûcher[91] les funérailles de quelques hommes d'un rang illustre. Enfin il montra une égale modération envers des personnes de moindre condition, et dans les plus petites choses. Un jour, il fit venir les magistrats de Rhodes, qui lui avaient écrit des lettres au nom de la cité sans les clore[92], ne leur adressa pas le plus léger reproche, et se contenta de les renvoyer, après leur avoir ordonné d'y apposer leur signature. Pendant son séjour à Rhodes, le grammairien Diogène, qui avait coutume de donner ses exercices le jour du sabbat[93], ne l'avait point admis à des conférences particulières, et lui avait fait dire par son esclave qu'il revînt le septième jour : Diogène, à son tour, étant venu à Rome, où il assiégeait sa porte pour lui rendre ses devoirs, Tibère se contenta de l'engager à revenir après la septième année. Les présidens des provinces lui conseillaient de les charger de tributs ; il répondit « qu'il était d'un bon pasteur de tondre le bétail et non de l'écorcher. »

XXXIII. Paulatim principem exseruit, præstititque : etsi varium diu, commodiorem tamen sæpius, et ad utilitates publicas proniorem. Ac primo eatenus interveniebat, ne quid perperam fieret. Itaque et constitutiones quasdam senatus rescidit, et magistratibus pro tribunali cognoscentibus plerumque se offerebat consiliarium, assidebatque juxtim, vel ex adverso in parte primori : et si quem reorum elabi gratia, rumor esset, subitus aderat, judicesque aut e plano, aut e quæsitoris tribunali, legum et religionis, et noxæ, de qua cognoscerent, admonebat : atque etiam, si qua in publicis moribus desidia aut mala consuetudine labarent, corrigenda suscepit.

XXXIV. Ludorum ac munerum impensas corripuit, mercedibus scenicorum recisis, paribusque gladiatorum ad certum numerum redactis. Corinthiorum vasorum pretia in immensum exarsisse, tresque mullos xxx millibus nummum venisse, graviter conquestus, adhibendum supellectili modum censuit, annonamque macelli, senatus arbitratu, quotannis temperandam; dato Ædilibus negotio popinas ganeasque usque eo inhibendi, ut ne opera quidem pistoria proponi venalia sinerent. Et ut parcimoniam publicam exemplo quoque juvaret, solemnibus ipse cœnis pridiana sæpe ac semesa obsonia apposuit, dimidiatumque aprum; affirmans, omnia ea-

XXXIII. Enfin il montra peu à peu le prince 94, et se fit connaître : quoiqu'il fût très-variable dans son caractère, il demeura cependant presque toujours facile et disposé à l'utilité générale. D'abord il ne s'interposait que pour empêcher toute espèce d'abus. C'est ainsi qu'il annula plusieurs constitutions du sénat, et que le plus souvent il s'offrait pour conseil aux magistrats, s'asseyant à côté d'eux, lorsque, sur leur tribunal, ils jugeaient des causes, ou se plaçant vis-à-vis dans un lieu supérieur. Si le bruit se répandait qu'un accusé échapperait à la peine par faveur, Tibère apparaissait subitement: et, soit de sa place, soit du tribunal de l'instructeur 95, il rappelait aux juges les lois, la religion et le délit dont ils devaient connaître. S'il apercevait que les mœurs publiques souffrissent d'une coupable négligence, ou par suite de mauvaises habitudes, il se chargeait du soin de les corriger.

XXXIV. Il restreignit les dépenses des jeux et des spectacles en réduisant les émolumens des acteurs, et en fixant le nombre des couples de gladiateurs. Il se plaignit amèrement de ce que les prix des vases de Corinthe s'étaient si fort élevés, et de ce que trois barbeaux 96 s'étaient vendus trente mille sesterces*. Il jugea convenable de prescrire une mesure au luxe des meubles, et de faire régler annuellement par le sénat les dépenses de la table, en chargeant les édiles de contenir à tel point les cabarets et les mauvais lieux, qu'ils ne permissent pas même d'y exposer en vente de la pâtisserie. Afin de favoriser l'économie publique par son exemple, il servit souvent dans ses repas de cérémonie, des mets de la veille, qui étaient déjà entamés, entre autres la moitié

* 5955 francs.

dem habere, quæ totum. Quotidiana oscula prohibuit edicto : item, strenarum commercium ne ultra kalendas januarias exerceretur. Consuerat quadruplam strenam, et de manu, reddere : sed offensus, interpellari se toto mense ab iis, qui potestatem sui die festo non habuissent, ultra non tulit.

XXXV. Matronas prostratæ pudicitiæ, quibus accusator publicus deesset, ut propinqui, more majorum, de communi sententia coercerent, auctor fuit. Equiti Romano jurisjurandi gratiam fecit, ut uxorem in stupro generi compertam dimitteret, quam se nunquam repudiaturum, ante juraverat. Feminæ famosæ, ut ad evitandas legum pœnas jure ac dignitate matronali exsolverentur, lenocinium profiteri cœperant : et ex juventute utriusque ordinis profligatissimus quisque, quo minus in opera scenæ arenæque edenda senatusconsulto tenerentur, famosi judicii notam sponte subibant. Eos easque omnes, ne quod refugium in tali fraude cuiquam esset, exsilio affecit. Senatori latum clavum ademit, quum cognovisset, sub kalendas julias demigrasse in hortos, quo vilius post diem ædes in urbe conduceret. Alium et quæstura removit, quod uxorem, pridie sortitione ductam, postridie repudiasset.

d'un sanglier. Il dit à cette occasion que toutes ses parties avaient le même goût que si on l'eût servi tout entier. Il proscrivit par un édit l'usage de s'embrasser [97] tous les jours en se saluant, et défendit de prolonger au delà des kalendes de janvier l'échange des étrennes. Tibère avait coutume de donner de sa main le quadruple de celles qu'il recevait; mais ennuyé de se voir interpellé tout le long du mois par ceux qui le jour de la fête n'avaient pu le voir, il cessa d'en agir de la sorte.

XXXV. Il voulut que les parens punissent d'un commun accord[98], et selon la coutume des anciens, les matrones qui avaient prostitué leur pudeur, dans le cas où il ne s'élèverait point d'accusateurs pour exercer contre elles une action publique. Il fit à un chevalier remise du serment[99], afin qu'il pût répudier sa femme surprise en adultère avec son gendre, malgré qu'il eût juré autrefois qu'il ne la répudierait jamais. Des femmes perdues de réputation[100], pour éviter les peines prononcées par les lois et se délivrer de la dignité et des devoirs des matrones, avaient imaginé de s'avouer courtisanes; et les plus débauchés de la jeunesse patricienne ou de l'ordre des chevaliers, afin de n'être pas empêchés par les défenses du sénat de prendre part aux exercices de la scène et de l'arène, se soumettaient volontairement à un jugement infamant. Ne voulant pas qu'on pût trouver un refuge dans de pareilles ruses, Tibère exila tous ces hommes et toutes ces femmes. Il apprit un jour que vers les kalendes de juillet un sénateur était allé demeurer dans les jardins, afin de louer une maison à meilleur compte quand le terme serait écoulé, il lui ôta son laticlave[101]; il priva un autre de sa questure, pour avoir répudié, le lendemain, une femme que la veille il avait tirée au sort[102].

XXXVI. Externas cerimonias, Ægyptios Judaicosque ritus compescuit; coactis, qui superstitione ea tenebantur, religiosas vestes cum instrumento omni comburere. Judæorum juventutem, per speciem sacramenti, in provincias gravioris cœli distribuit: reliquos gentis ejusdem, vel similia sectantes, Urbe summovit, sub pœna perpetuæ servitutis, nisi obtemperassent. Expulit et mathematicos: sed deprecantibus, ac, se artem desituros, promittentibus, veniam dedit.

XXXVII. In primis tuendæ pacis a grassaturis ac latrociniis seditionumque licentia curam habuit. Stationes militum per Italiam solito frequentiores disposuit. Romæ castra constituit, quibus Prætorianæ cohortes, vagæ ante id tempus, et per hospitia dispersæ, continerentur. Populares tumultus et ortos gravissime coercuit, et, ne orirentur, sedulo cavit. Cæde in theatro per discordiam admissa, capita factionum et histriones, propter quos dissidebatur, relegavit; nec, ut revocaret, unquam ullis populi precibus potuit evinci. Quum Pollentina plebs funus cujusdam primipilaris non prius ex Foro misisset, quam extorta pecunia per vim heredibus ad gladiatorium munus; cohortem ab Urbe, et aliam a Cottii regno, dissimulata itineris causa, detectis repente armis, concinentibusque signis, per diversas portas in oppidum immisit; ac partem majorem plebei ac decurionum in perpetua vincula conjecit. Abolevit et vim moremque

XXXVI. Il réprima les cérémonies des cultes étrangers, les rites égyptiens et judaïques [103]. Il contraignit tous ceux qui étaient adonnés à ces superstitions de jeter au feu les vêtemens et tout l'appareil de leur religion. Sous prétexte du service militaire, il répartit la jeunesse juive dans les provinces de la plus rude température. Les autres hommes de la même religion et ceux qui pratiquaient des usages semblables furent éloignés de la ville sous peine d'une éternelle servitude en cas de désobéissance. Il expulsa aussi les mathématiciens; mais il leur pardonna, parce qu'ils lui adressèrent des supplications en promettant d'abandonner leur art.

XXXVII. Il eut principalement soin de garantir le repos public contre les brigandages, les vols et la licence des séditions. Il disposa dans l'Italie des stations de soldats plus nombreuses. Il établit à Rome un camp pour les cohortes prétoriennes [104], qui, jusque-là, étaient dispersées çà et là chez les citoyens. Il réprimait sévèrement les troubles populaires quand il en éclatait, et donnait surtout ses soins à les empêcher de naître. Au théâtre, du sang ayant été répandu pour une querelle de rivalité, il exila les chefs des partis et les acteurs pour lesquels on s'était disputé; aucunes prières du peuple ne purent jamais le déterminer à les rappeler. Le peuple de Pollentia n'ayant voulu laisser partir du Forum le convoi d'un centurion primipilaire qu'en arrachant de force de l'argent à ses héritiers pour en faire célébrer des jeux de gladiateurs, Tibère y envoya une cohorte de Rome et une autre du royaume de Cottius, en cachant le motif de leur marche. Tout à coup les troupes entrèrent dans la ville par toutes les portes, au son des trompettes et le glaive nu; on se saisit de la majeure partie du peuple

asylorum, quæ usquam erant. Cyzicenis, in cives romanos violentius quædam ausis, publice libertatem ademit, quam Mithridatico bello meruerant. Hostiles motus, nulla postea expeditione suscepta, per legatos compescuit : nec per eos quidem, nisi cunctanter et necessario. Reges infestos suspectosque comminationibus magis et querelis, quam vi, repressit. Quosdam, per blanditias atque promissa extractos ad se, non remisit : ut Maroboduum Germanum, Rhascupolim Thracem, Archelaum Cappadocem, cujus etiam regnum in formam provinciæ redegit.

XXXVIII. Biennio continuo post adeptum imperium, pedem porta non extulit : sequenti tempore, præterquam in propinqua oppida, et quum longissime, Antio tenus, nusquam abfuit : idque perraro et paucos dies, quamvis, provincias quoque et exercitus revisurum se, sæpe pronunciasset, et prope quotannis profectionem præpararet, vehiculis comprehensis, commeatibus per municipia et colonias dispositis, ad extremum vota pro itu et reditu suo suscipi passus, ut vulgo jam per jocum *Callippides* vocaretur : quem cursitare, ac ne cubiti quidem mensuram progredi, proverbio græco notatum est.

et des décurions, et ils furent jetés dans les fers pour toujours. Il abolit le privilège et l'usage des asiles partout où ils étaient établis. Les habitans de Cyzique s'étant livrés à des actes de violence contre quelques citoyens romains [105], Tibère abolit par un décret public les droits qu'ils avaient obtenus, pour récompenser leurs services dans la guerre contre Mithridate. Désormais il n'entreprit plus aucune expédition militaire, et contint les mouvemens des ennemis par ses lieutenans; encore ne le fit-il qu'avec réserve et quand cela était nécessaire. Quant aux rois dont les dispositions lui étaient suspectes, il les retint plutôt par les menaces et par les reproches que par la violence. Il sut en attirer quelques-uns à Rome par des flatteries et des promesses, et ne les laissa plus repartir : c'est ce qui arriva à Maroboduus le Germain [106], à Rhascupolis le Thrace, et à Archelaüs le Cappadocien, dont il réduisit aussi le royaume en province.

XXXVIII. Pendant deux ans entiers, après avoir pris possession de l'empire, Tibère ne sortit point des portes de Rome. Dans la suite même il n'en fut jamais absent, excepté pour visiter les villes voisines. Antium fut pour lui le terme le plus éloigné. Encore ne sortait-il ainsi que rarement, et pour très-peu de jours. Néanmoins il annonça souvent qu'il visiterait les provinces et les armées, et, presque à chaque année, il faisait des préparatifs de voyage [107] : les voitures étaient requises, on disposait dans les municipalités et dans les colonies les provisions nécessaires. Il alla même jusqu'à permettre des vœux pour son départ et pour son retour; si bien que, par forme de plaisanterie, le public l'appela *Callippides* [108]; parce que, d'après un proverbe grec, ce Cal-

XXXIX. Sed orbatus utroque filio, quorum Germanicus in Syria, Drusus Romæ obierat, secessum Campaniæ petiit, constanti et opinione et sermone pæne omnium, quasi neque rediturus unquam, et cito mortem etiam obiturus : quod paulo minus utrumque evenit. Nam neque Romam amplius rediit; sed et paucos post dies juxta Terracinam in prætorio, cui Speluncæ nomen est, incœnante eo, complura et ingentia saxa fortuitu superne delapsa sunt : multisque convivarum et ministrorum elisis, præter spem evasit.

XL. Peragrata Campania, quum Capuæ Capitolium, Nolæ templum Augusti, quam causam profectionis prætenderat, dedicasset, Capreas se contulit; præcipue delectatus insula, quod uno parvoque litore adiretur, septa undique præruptis immensæ altitudis rupibus, et profundo maris. Statimque revocante assidua obtestatione populo, propter cladem, qua apud Fidenas supra xx hominum millia, gladiatorio munere, amphitheatri ruina perierant, transiit in continentem, potestatemque omnibus adeundi sui fecit : tanto magis, quod Urbe egrediens, ne quis se interpellaret, edixerat, ac toto itinere adeuntes summoverat.

XLI. Regressus in insulam, reipublicæ quidem curam usque adeo abjecit, ut postea non decurias equitum

lippides courait beaucoup sans avancer seulement l'espace d'une coudée.

XXXIX. Quand il eut perdu ses deux fils, Germanicus étant mort en Syrie, Drusus à Rome, Tibère chercha une retraite en Campanie. Presque tous alors pensaient et répétaient qu'il ne reviendrait jamais [109], et que bientôt il mourrait lui-même; et il s'en fallut de peu que l'une et l'autre chose n'arrivassent. Non-seulement il ne revint plus à Rome; mais peu de jours après son départ, dînant à Terracine dans une maison de campagne que l'on appelait la Grotte, un grand nombre de pierres très-pesantes se détacha tout à coup de la voûte : beaucoup de convives et d'esclaves furent écrasés, et il échappa contre toute espérance [110].

XL. Après avoir parcouru la Campanie, dédié à Capoue le Capitole, à Nole le temple d'Auguste, ce qui avait été le principal prétexte de son voyage, Tibère se rendit à Caprée. Il aimait surtout cette île, parce qu'on n'y pouvait aborder que d'un seul côté, et sur une plage fort étroite; le reste était entouré de rochers escarpés, d'une immense hauteur, et d'une mer profonde. Mais le peuple demanda à grands cris son retour, à cause du malheur arrivé près de Fidènes, où vingt mille personnes qui assistaient à des jeux de gladiateurs avaient péri [111] par la chute de l'amphithéâtre : Tibère repassa donc sur le continent, où il se rendit accessible à tout le monde; et d'autant plus qu'en sortant de Rome il avait défendu que personne l'abordât, et que pendant tout son voyage il avait éloigné tous ceux qui voulaient l'approcher.

XLI. De retour dans l'île il abjura tellement le soin du gouvernement, que jamais depuis il ne compléta les

unquam supplerit; non tribunos militum præfectosque, non provinciarum præsides ullos mutaverit; Hispaniam et Syriam per aliquot annos sine consularibus legatis habuerit; Armeniam a Parthis occupari, Mœsiam a Dacis Sarmatisque, Gallias a Germanis vastari neglexerit; magno dedecore imperii, nec minori discrimine.

XLII. Ceterum secreti licentiam nactus, et quasi civitatis oculis remotus, cuncta simul vitia, male diu dissimulata, tandem profudit : de quibus singillatim ab exordio referam. In castris, tiro etiam tum, propter nimiam vini aviditatem, pro Tiberio, *Biberius;* pro Claudio, *Caldius;* pro Nerone, *Mero* vocabatur. Postea princeps, in ipsa publicorum morum correctione, cum Pomponio Flacco et L. Pisone noctem continuumque biduum epulando potandoque consumsit : quorum alteri Syriam provinciam, alteri præfecturam Urbis confestim detulit : codicillis quoque « jucundissimos et omnium horarum amicos » professus. Sestio Gallo, libidinoso ac prodigo seni, olim ab Augusto ignominia notato, et a se ante paucos dies apud senatum increpito, cœnam ea lege condixit, ne quid ex consuetudine immutaret, aut demeret, utque nudis puellis ministrantibus cœnaretur. Ignotissimum quæsturæ candidatum nobilissimis anteposuit, ob epotam in convivio, propinante se, vini amphoram. Asellio Sabino sestertia ducenta donavit pro dialogo, in quo boleti, et ficedulæ, et ostreæ, et turdi certamen induxerat. No-

décuries de chevaliers, et qu'il ne fit aucune mutation, ni parmi les tribuns des soldats, ni parmi les commandans de la cavalerie [112], ni parmi les présidens des provinces. Il souffrit que l'Espagne et la Syrie demeurassent pendant plusieurs années sans lieutenans consulaires. Il laissa les Parthes occuper l'Arménie [113], et se soucia peu que la Mœsie fût ravagée par les Daces et les Sarmates, et la Gaule par les Germains : le tout à la plus grande honte et au plus grand danger de l'empire.

XLII. Mais une fois que par sa retraite il se trouva en liberté, une fois qu'il vécut en quelque sorte loin des regards de la cité, il s'abandonna à tous les vices qu'il avait long-temps mal dissimulés; je les ferai connaître tous et dès l'origine. Lorsque dans les camps il faisait encore ses premières armes, on l'appelait, à cause de sa grande passion pour le vin, *Biberius* au lieu de *Tiberius*, *Caldius* au lieu de *Claudius*, *Mero* au lieu de *Nero*. Dans la suite, étant prince déjà, et dans le temps même où il s'occupait de réformer les mœurs publiques, il passa deux jours à boire et à manger avec Pomponius Flaccus [114] et L. Pison, et sur-le-champ il donna à l'un la Syrie pour province, à l'autre la préfecture de Rome; dans ses lettres, il les appelait ses amis les plus chers et de toutes les heures. Il s'invita lui-même chez Sextus Gallus, vieillard luxurieux et prodigue, qu'Auguste avait noté d'infamie, et que lui-même, peu de jours auparavant, avait apostrophé en plein sénat, et y mit cette condition que rien, dans le repas, ne serait changé à ses habitudes, que rien n'en serait retranché, et que l'on serait servi par de jeunes filles nues. Il préféra le plus inconnu de tous les candidats de la questure aux plus nobles, parceque celui-ci, dans un festin où il l'excitait

vum denique officium instituit a voluptatibus, præposito equite romano, T. Cæsonio Prisco.

XLIII. Secessu vero Capreensi etiam sellariam excogitavit, sedem arcanarum libidinum : in quam undique conquisiti puellarum et exoletorum greges, monstrosique concubitus repertores, quos *spintrias* appellabat, triplici serie connexi, invicem incestarent se coram ipso, ut aspectu deficientes libidines excitaret. Cubicula plurifariam disposita tabellis ac sigillis lascivissimarum picturarum et figurarum adornavit, librisque Elephantidis instruxit, ne cui in opera edenda exemplar imperatæ schemæ deesset. In silvis quoque ac nemoribus passim Venereos locos commentus est, prostantesque per antra et cavas rupes, ex utriusque sexus pube, Paniscorum et Nympharum habitu : palamque jam et vulgo nomine insulæ abutentes, *Caprineum* dictitabant.

XLIV. Majore adhuc et turpiore infamia flagravit, vix ut referri audirive, nedum credi fas sit : quasi pueros primæ teneritudinis, quos *pisciculos* vocabat, institueret, ut natanti sibi inter femina versarentur, ac luderent, lingua morsuque sensim appetentes; atque etiam, quasi infantes firmiores, necdum tamen lacte depulsos, inguini, ceu papillæ, admoveret; pronior sane ad id ge-

à boire, avait vidé son amphore d'un trait. Il fit compter deux cent mille sesterces* à Asellius Sabinus pour un dialogue dans lequel des champignons, des bec-figues, des huîtres et des grives se disputaient la prééminence. Enfin il institua une nouvelle charge, l'intendance des plaisirs, et il en revêtit un chevalier romain Césonius Priscus.

XLIII. Dans sa retraite de Caprée, Tibère imagina une chambre garnie de lits de repos ; on y introduisait un troupeau de jeunes filles et de jeunes débauchés que l'on rassemblait de tous côtés ; et les *spintriæ*, c'est ainsi qu'il appelait les inventeurs de plaisirs monstrueux : entrelacés en une triple chaîne, ils se prostituaient les uns aux autres en sa présence, afin de réveiller par cette vue ses désirs languissans. Des cabinets diversement disposés furent ornés de tableaux et de reliefs représentant des sujets lascifs ; il y plaça aussi les livres d'Éléphantis[115], afin que dans l'action personne ne manquât d'exemple pour le genre de volupté[116] qu'on lui demanderait. Il établit jusque dans les bosquets et les bois des lieux consacrés aux débauches ; et dans les grottes et dans les creux des rochers la jeunesse des deux sexes se présentait en costume de Nymphes et de Faunes, si bien qu'en jouant sur le nom de l'île, on appelait communément Tibère *Caprineus*[117].

XLIV. Il s'enflamma encore pour un autre genre d'infamie, et plus grande et plus honteuse ; il est à peine permis de le rapporter ou de l'entendre, encore moins d'y croire : il instruisit des garçons de l'âge le plus tendre, qu'il appelait ses *petits poissons*, à se tenir et à se jouer entre ses cuisses pendant qu'il nageait, et à l'exciter graduellement de leur langue et de leurs morsures[118] ; puis, les traitant comme des nourrissons assez forts déjà, quoi-

---

* 38,960 fr.

nus libidinis et natura et ætate. Quare Parrhasii quoque tabulam, in qua Meleagro Atalanta ore morigeratur, legatam sibi sub conditione, ut, si argumento offenderetur, decies pro ea sestertium acciperet, non modo prætulit, sed et in cubiculo dedicavit. Fertur etiam in sacrificando quondam, captus facie ministri acerram præferentis, nequisse abstinere, quin, pæne vixdum re divina peracta, ibidem statim seductum constupraret, simulque fratrem ejus tibicinem; atque utrique mox, quod mutuo flagitium exprobrarant, crura fregisse.

XLV. Feminarum quoque, et quidem illustrium, capitibus quanto opere, solitus sit illudere, evidentissime apparuit Malloniæ cujusdam exitu, quam perductam, et quicquam amplius pati constantissime recusantem, delatoribus objecit; ac ne ream quidem interpellare desiit, « Ecquid pœniteret : » donec ea, relicto judicio, domum se abripuit, ferroque transegit, obscœnitate oris hirsuto atque olido seni clare exprobrata. Unde nota in Atellanico exodio, proximis ludis assensu maximo excepta, percrebruit : « Hircum vetulum capreis naturam ligurire. »

XLVI. Pecuniæ parcus ac tenax, comites peregrinationum expeditionumque nunquam salario, cibariis tantum, sustentavit; una modo liberalitate, ex indulgentia

que non encore sevrés, il leur donnait à téter ou ses parties ou son sein, genre de plaisir vers lequel son goût et son âge le portaient le plus. Aussi quelqu'un lui ayant légué un tableau de Parrhasius[119], dans lequel Atalante rendait à Méléagre ce honteux service, et le testament portant pour alternative que, s'il se tenait offensé du sujet, il acceptât à la place un million de sesterces*, il ne se contenta pas de choisir le tableau, il le fit encore placer dans sa chambre à coucher. On rapporte aussi qu'un jour pendant un sacrifice, frappé de la beauté de celui qui portait l'encens, il ne put attendre, pour ainsi dire, que cet acte religieux fût accompli, et que, l'entraînant à l'écart, il lui fit violence ainsi qu'à son frère, joueur de flûte. On ajoute que bientôt après il leur fit casser les jambes, parce qu'ils se reprochèrent mutuellement cette infamie.

XLV. La fin d'une certaine Mallonia fait voir avec évidence combien il se jouait des femmes, et même des plus illustres : emmenée chez lui, elle refusa avec la plus grande constance de se prêter à ses désirs[120]; alors il la livra aux délateurs; mais, pendant qu'elle était sous le poids de l'accusation, il ne cessa de l'interpeller, en lui demandant si elle n'avait pas sujet de se repentir. Enfin elle quitta l'audience, se sauva chez elle, et se perça d'un glaive, après l'avoir traité, sans ménagement, de vieillard impur et dégoûtant. Aussi reçut-on avec des applaudissemens universels cette phrase de l'épilogue d'une Atellane[121] aux jeux qui furent célébrés peu après : *Un vieux bouc lèche une chèvre.*

XLVI. En fait d'argent, il était avare et tenace. Jamais il ne donnait de salaire à ceux qui l'accompagnaient dans ses voyages et dans ses expéditions; il se bornait

---

* 198,800 fr.

vitrici, prosecutus, quum, tribus classibus factis pro dignitate cujusque, primæ sexcenta sestertia, secundæ quadringenta distribuit, ducenta tertiæ, quam non amicorum, sed gratorum appellabat.

XLVII. Princeps neque opera ulla magnifica fecit (nam et quæ sola susceperat, Augusti templum, restitutionemque Pompeiani theatri, imperfecta post tot annos reliquit), neque spectacula omnino edidit; et iis, quæ ab aliquo ederentur, rarissime interfuit, ne quid exposceretur, utique postquam comœdum Actium coactus est manumittere. Paucorum senatorum inopia sustentata, ne pluribus opem ferret, negavit, se aliis subventurum, nisi senatui justas necessitatum causas probassent. Quo pacto plerosque modestia et pudore deterruit: in quibus Hortalum, Q. Hortensii oratoris nepotem, qui, permodica re familiari, auctore Augusto, quatuor liberos tulerat.

XLVIII. Publice munificentiam bis omnino exhibuit: proposito millies sestertio gratuito in triennii tempus; et rursus, quibusdam dominis insularum, quæ in monte Cœlio deflagrarant, pretio restituto. Quorum alterum, magna difficultate nummaria populo auxilium flagitante, coactus est facere, quum per senatusconsultum sanxis-

à leur distribuer des rations. Il ne se montra libéral qu'une seule fois aux dépens de son beau-père, partageant toute sa suite en trois classes, selon le rang, et donnant à la première six cents grands sesterces*, à la seconde quatre cents, et deux cents à la troisième, composée de ceux qu'il n'appelait pas ses amis, mais qu'il traitait seulement comme lui étant agréables [122].

XLVII. Empereur, il n'exécuta point de grands travaux, et même il laissa imparfaits, après tant d'années, les seuls qu'il eût entrepris, la construction du temple d'Auguste [123], et la restauration du théâtre de Pompée; il ne donna pas non plus de spectacles, et n'assista que fort rarement à ceux que donnaient les autres; car il craignait qu'on ne lui demandât quelque chose, surtout après qu'il eut été obligé d'affranchir le comédien Actius. Étant venu au secours de la pénurie d'un petit nombre de sénateurs, et ne voulant pas en soutenir davantage, il annonça qu'il n'aiderait que ceux qui auraient justifié au sénat des causes de leur gêne. Il en arriva que la plupart gardèrent le silence par honte ou par retenue. Nous citerons Hortalus, petit-fils de l'orateur Hortensius [124], qui, n'ayant qu'une fortune très-médiocre, s'était marié par le conseil d'Auguste, et avait eu quatre enfans.

XLVIII. En tout il ne fit de largesses publiques que deux fois : lorsqu'il mit à la disposition du peuple cent millions de sesterces** pour trois ans [125] sans intérêt; puis quand il fit compter aux propriétaires des quartiers incendiés sur le mont Cœlius la valeur de leurs maisons. Il fut contraint à la première de ces libéralités dans une grande disette d'argent, où le peuple demandait du secours,

---

* 123,500 fr. — ** 19,880000 fr.

set, ut feneratores duas patrimonii partes in solo collocarent, debitores totidem æris alieni statim solverent, nec res expediretur : alterum, ad mitigandam temporum atrocitatem. Quod tamen beneficium tanti æstimavit, ut montem Cœlium, appellatione mutata, vocari Augustum jusserit. Militi post duplicata ex Augusti testamento legata nihil unquam largitus est, præterquam singula millia denariorum prætorianis, quod Sejano se non accommodassent; et quædam munera Syriacis legionibus, quod solæ nullam Sejani imaginem inter signa coluissent : atque etiam missiones veteranorum rarissimas fecit, ex senio mortem, ex morte compendium captans. Ne provincias quidem ulla liberalitate sublevavit; excepta Asia, disjectis terræ motu civitatibus.

XLIX. Procedente mox tempore etiam ad rapinas convertit animum. Satis constat, Cn. Lentulum augurem, cui census maximus fuerit, metu et angore ad fastidium vitæ ab eo actum, et ut ne quo, nisi ipso herede, moreretur : condemnatam et generosissimam feminam Lepidam, in gratiam Quirini consularis prædivitis et orbi, qui dimissam eam e matrimonio post vicesimum annum veneni olim in se comparati arguebat : præterea Galliarum et Hispaniarum, Syriæque et Græciæ principes confiscatos ob tam leve et tam impudens calumniarum ge-

surtout à raison de ce que par un sénatus-consulte il avait ordonné que les prêteurs mettraient en fonds de terre deux tiers de leur patrimoine, et que les débiteurs se libéreraient sur-le-champ d'autant, mesure dont l'exécution éprouvait des difficultés; l'autre largesse avait pour but d'adoucir les malheurs du temps. Cependant il mit si haut ce bienfait, qu'il ordonna de changer le nom du mont Cœlius, et de l'appeler mont Auguste [126]. Après avoir fait doubler les legs [127], que stipulait le testament d'Auguste en faveur des soldats, il ne leur donna plus rien, excepté mille sesterces* à chaque prétorien en récompense de ce qu'ils ne s'étaient pas prêtés aux vues de Séjan. Il fit aussi quelques présens aux légions de Syrie, parce que seules elles n'avaient point vénéré son image parmi leurs enseignes [128]. Tibère accorda rarement des congés aux vétérans, espérant que la vieillesse amènerait la mort, et que la mort lui profiterait. Il ne soulagea les provinces par aucune libéralité, excepté l'Asie, dont les villes avaient été renversées par un tremblement de terre [129].

XLIX. Dans la suite, il alla jusqu'à la rapine. On sait que Cn. Lentulus l'augure [130], qui avait une grande fortune, fut inquiété et tourmenté par lui jusqu'au dégoût de l'existence, tant il le pressa de ne point instituer d'autre héritier que lui-même; on sait aussi qu'il condamna Lepida, l'une des femmes les plus nobles [131], uniquement pour plaire à Quirinus, homme consulaire, qui était fort riche et sans enfans. Depuis vingt ans ce Quirinus avait répudié Lepida, et il l'accusait d'avoir autrefois projeté de l'empoisonner. Tibère, afin de confisquer les biens des principaux citoyens des Gaules, de

---

* 194 fr. 80 cent.

nus, ut quibusdam non aliud sit objectum, quam quod partem rei familiaris in pecunia haberent : plurimis etiam civitatibus et privatis veteres immunitates, et jus metallorum ac vectigalium ademta; sed et Vononem, regem Parthorum, qui pulsus a suis, quasi in fidem populi romani cum ingenti gaza Antiochiam se receperat, spoliatum perfidia, et occisum.

L. Odium adversus necessitudines in Druso primum fratre detexit, prodita ejus epistola, qua secum de cogendo ad restituendam libertatem Augusto agebat; deinde et in reliquis. Juliae uxori tantum abfuit, ut relegatae, quod minimum est, officii aut humanitatis aliquid impertiret, ut ex constitutione patris uno oppido clausam, domo quoque egredi, et commercio hominum frui, vetuerit : sed et peculio concesso a patre praebitisque annuis fraudavit, per speciem publici juris, quod nihil de his Augustus testamento cavisset. Matrem Liviam gravatus, velut partes sibi aequas potentiae vindicantem, et congressum ejus assiduum vitavit; et longiores secretioresque sermones, ne ejus consiliis, quibus tamen interdum et egere et uti solebat, regi videretur. Tulit etiam perindigne, actum in senatu, ut titulis suis, quasi Augusti, ita et Liviae filius, adjiceretur. Quare non *parentem patriae* appellari, non ullum insignem honorem re-

l'Espagne, de la Syrie et de la Grèce, écoutait les calomnies les plus impudentes et les plus légères, et même il est des gens auxquels on ne trouva autre chose à reprocher, sinon qu'ils possédaient en argent une partie de leur fortune [132]. D'anciennes immunités, telles que le droit d'exploiter les mines [133] et celles du péage, furent enlevées à diverses cités et aux particuliers. Il fit tuer et dépouiller avec perfidie Vonon, roi des Parthes [134], qui, chassé par les siens, s'était réfugié à Antioche avec un riche trésor, comme s'il eût voulu le confier à la foi du peuple romain.

L. Sa haine pour ses parens se manifesta d'abord par la manière dont il en agit à l'égard de Drusus [135] : il révéla une lettre dans laquelle celui-ci examinait avec lui par quel moyen on pourrait forcer Auguste à rétablir la liberté. Bientôt cette haine se manifesta aussi envers les autres. Il fut si loin d'accorder à Julie [136] sa femme le moindre égard, la moindre consolation dans son exil, que son père lui ayant donné une ville pour prison, il lui défendit de sortir de sa maison et de communiquer avec personne; il la priva même du pécule que lui avait concédé son père, et de ses revenus annuels, sous le prétexte juridique qu'Auguste, dans son testament, n'avait rien statué à cet égard. Sa mère Livie lui était à charge, comme si elle réclamait une part égale au pouvoir; il évitait de la voir souvent, et n'avait jamais avec elle d'entretiens longs et secrets, de peur qu'il ne parût se conduire par ses conseils, dont cependant il avait besoin quelquefois, et dont il usait dans l'occasion. Il trouva fort mauvais qu'il eût été question dans le sénat d'ajouter à ses titres celui de fils de Livie,

cipere publice passus est. Sed et frequenter admonuit, « majoribus nec feminæ convenientibus negotiis abstineret : » præcipue, ut animadvertit, incendio juxta ædem Vestæ et ipsam intervenisse, populumque et milites, quo enixius opem ferrent, adhortatam, sicut sub marito solita esset.

LI. Dehinc ad simultatem usque processit, hac, ut ferunt, de causa. Instanti sæpius, ut civitate donatum in decurias allegeret, negavit, alia se conditione allecturum, quam si pateretur ascribi albo, « extortum id sibi a matre. » At illa commota, veteres quosdam ad se Augusti codicillos de acerbitate et intolerantia morum ejus, e sacrario protulit atque recitavit. Hos et custoditos tamdiu, et exprobratos tam infeste, adeo graviter tulit, ut quidam putent, inter causas secessus hanc ei vel præcipuam fuisse. Toto quidem triennio, quo vivente matre abfuit, semel omnino eam, nec amplius quam uno die, ac paucissimis vidit horis : ac mox neque ægræ adesse curavit; defunctamque, et, dum adventus sui spem facit, complurium dierum mora, corrupto demum et tabido corpore funeratam prohibuit consecrari, quasi id ipsa mandasset. Testamentum quoque ejus pro irrito habuit, omnesque amicitias et familiaritates, etiam quibus ea funeris sui curam moriens demandarat, intra breve tempus afflixit; uno ex his, equestris ordinis viro, et in antliam condemnato.

comme on le nommait fils d'Auguste. Aussi ne voulut-il pas qu'elle fût appelée *mère de la patrie* [137], ni qu'elle reçût publiquement aucun honneur signalé. Souvent il l'exhorta à ne se point mêler d'affaires plus importantes qu'il ne convenait aux femmes, surtout quand il apprit qu'elle était accourue à l'incendie qui éclata près du temple de Vesta, et qu'elle avait encouragé au travail le peuple et les soldats, comme elle avait coutume de le faire du temps de son époux.

LI. Dans la suite, il alla envers elle jusqu'à l'inimitié; voici la cause qu'on en donne : elle le sollicitait d'inscrire dans les décuries quelqu'un qui avait reçu le droit de cité; mais il répondit qu'il ne le ferait qu'à condition que sur le tableau on ajouterait que cette inscription lui avait été arrachée par sa mère. Blessée de ce refus, elle tira du sanctuaire d'Auguste [138] quelques billets où il était question de la rudesse et de l'âpreté de son caractère, et les lui lut. Tibère fut tellement offensé de ce qu'on les eût conservés si long-temps, et de se les voir opposer avec tant d'aigreur, que quelques-uns pensent que ce fut une des principales causes de sa retraite. Pendant trois ans entiers [139] qu'il fut absent, du vivant de sa mère, il ne la vit qu'une seule fois; l'entrevue ne fut que d'un jour et même de très-peu d'heures. Non-seulement il n'alla pas la visiter pendant sa maladie, mais après sa mort, quoiqu'il eût fait espérer qu'il viendrait, il tarda plusieurs jours, au point que le corps se corrompit et se décomposa. Enfin il empêcha l'apothéose, sous prétexte qu'elle n'en voulait point. Il déclara aussi son testament nul, et ne tarda pas à persécuter tous ceux qui avaient vécu avec elle dans des liens d'amitié ou de familiarité, et même ceux qu'elle avait

LII. Filiorum neque naturalem Drusum, neque adoptivum Germanicum, patria caritate dilexit; alterius vitiis infensus. Nam Drusus animi fluxioris, remissiorisque vitæ erat. Itaque ne mortuo quidem perinde affectus est; sed tantum non statim a funere ad negotiorum consuetudinem rediit, justitio longiore inhibito. Quin et Iliensium legatis paulo serius consolantibus, quasi obliterata jam doloris memoria, irridens, « Se quoque, respondit, vicem eorum dolere, quod egregium civem Hectorem amisissent. » Germanico usque adeo obtrectavit, ut et præclara facta ejus pro supervacuis elevaret, et gloriosissimas victorias, ceu damnosas reipublicæ, increparet. Quod vero Alexandriam, propter immensam et repentinam famem, inconsulto se adisset, questus est in senatu. Etiam causa mortis fuisse ei per Cn. Pisonem, legatum Syriæ, creditur : quem mox hujus criminis reum, putant quidam mandata prolaturum, nisi ea secreta obstarent. Per quæ multifariam inscriptum, et per noctes celeberrime acclamatum est : « Redde Germanicum. » Quam suspicionem confirmavit ipse postea, conjuge etiam ac liberis Germanici crudelem in modum afflictis.

LIII. Nurum Agrippinam, post mariti mortem liberius quiddam questam, manu apprehendit, græcoque

en mourant chargés de ses funérailles. Il condamna au supplice des pompes [140] l'un de ces derniers qui faisait partie de l'ordre des chevaliers.

LII. Il n'eut de tendresse paternelle ni pour Drusus, son fils selon la nature, ni pour Germanicus, son fils par adoption. Drusus était voluptueux et indolent [141], aussi Tibère ne s'affligea-t-il pas beaucoup de sa mort. Peu s'en fallut que du convoi il ne s'en retournât sur-le-champ aux affaires habituelles; il ne souffrit pas que la justice fût long-temps interrompue. Les députés des Iliens le consolaient un peu trop tard; il se moqua d'eux comme si la mémoire de sa douleur était déjà effacée, et leur dit qu'il plaignait aussi beaucoup leur sort de ce qu'ils avaient perdu un aussi bon citoyen qu'Hector. Il fut le détracteur de Germanicus, au point de traiter d'inutiles ses plus belles actions, et de rabaisser ses plus glorieuses victoires, comme si elles eussent été préjudiciables à la république. Il se plaignit dans le sénat de ce que, sans le consulter, Germanicus était allé à Alexandrie [142], où une épouvantable famine s'était subitement manifestée. On croit même qu'il fut l'auteur de sa mort par l'intermédiaire de Cn. Pison, son lieutenant en Syrie. Quelques-uns pensent que celui-ci, qui fut bientôt accusé de ce crime [143], n'aurait pas manqué de faire valoir l'ordre qu'il avait reçu, si on ne le lui eût dérobé secrètement [144]. L'on trouva écrit en beaucoup d'endroits, et l'on entendit crier la nuit : *Rendez-nous Germanicus*. Tibère lui-même confirma ces soupçons en persécutant cruellement la femme et les enfans de Germanicus.

LIII. Il saisit par la main sa belle-fille Agrippine, dont les plaintes s'exhalaient avec trop de liberté, après

versu, «Si non dominaris, inquit, filiola, injuriam te accipere existimas?» nec ullo mox sermone dignatus est. Quondam vero inter coenam porrecta a se poma gustare non ausam, etiam vocare desiit, simulans, veneni se crimine arcessi; quum præstructum utrumque consulto esset, ut et ipse tantendi gratia offerret, et illa quasi certissimum exitium caveret. Novissime calumniatus, modo ad statuam Augusti, modo ad exercitus confugere velle, Pandateriam relegavit; conviciantique oculum per centurionem verberibus excussit. Rursus mori inedia destinanti, per vim ore diducto, infulciri cibum jussit. Sed et perseverantem, atque ita absumtam, criminosissime insectatus est, quum diem quoque natalem ejus inter nefastos referendum suasisset. Imputavit etiam, quod non laqueo strangulatam in Gemonias abjecerit: proque tali clementia interponi decretum passus est, quo sibi gratiæ agerentur, et Capitolino Jovi donum ex auro sacraretur.

LIV. Quum ex Germanico tres nepotes, Neronem et Drusum et Caium, ex Druso unum, Tiberium, haberet; destitutus morte liberorum, maximos natu de Germanici filiis, Neronem et Drusum, P. C. commendavit: diemque utriusque tirocinii, congiario plebi dato, celebravit. Sed ut comperit, ineunte anno, pro eorum quoque salute

la mort de son mari, et, l'apostrophant d'un vers grec, il lui dit : « *Quand vous ne dominez pas, ma fille, vous vous croyez opprimée;* » il ne daigna rien lui dire de plus. Un jour qu'à table elle n'osait manger des fruits qu'il lui présentait, il cessa de l'inviter, feignant d'être accusé par elle du crime d'empoisonnement. Mais tout avait été calculé : il ne lui avait offert ces fruits que pour l'éprouver, et on avait fait en sorte qu'elle crût se perdre en acceptant. Enfin il lui imputa tantôt d'avoir voulu se réfugier au pied de la statue d'Auguste, tantôt d'avoir le projet de s'enfuir à l'armée; il l'exila donc à Pandateria, et comme elle lui en fit des reproches, il lui fit appliquer par un centurion des coups de fouet qui lui crevèrent un œil. Plus tard, Agrippine ayant résolu de se laisser mourir de faim, il ordonna qu'on lui ouvrît de force la bouche pour y introduire des alimens; mais elle persévéra dans son projet, et elle mourut en effet : alors il n'y eut sorte de calomnies dont il ne poursuivît sa mémoire [145]; il alla jusqu'à ranger le jour de sa naissance parmi les jours néfastes. Enfin il prétendit qu'on lui sût gré de ne l'avoir point fait étrangler et jeter aux Gémonies, et souffrit que, pour honorer tant de clémence, on rendît un décret qui lui décernait des actions de grâces, et que des présens en or fussent offerts à Jupiter Capitolin.

LIV. Il avait trois petits-fils par Germanicus : Néron, Drusus et Caïus; il en avait de Drusus un seul appelé Tibère. Privé de ses fils par la mort, il recommanda au sénat les plus âgés des fils de Germanicus, Néron et Drusus, puis il célébra par des distributions au peuple leur début dans la carrière des armes; mais lorsqu'il apprit qu'au renouvellement de l'année ils avaient été

publice vota suscepta, egit cum senatu, « Non debere talia praemia tribui, nisi expertis et aetate provectis : » atque ex eo, patefacta interiore animi sui nota, omnium criminationibus obnoxios reddidit : variaque fraude inductos, ut et concitarentur ad convicia, et concitati proderentur, accusavit per literas, amarissime congestis etiam probris, et judicatos hostes fame necavit : Neronem, in insula Pontia; Drusum, in ima parte Palatii. Putant, Neronem ad voluntariam mortem coactum, quum ei carnifex, quasi ex senatus auctoritate missus, laqueos et uncos ostentaret; Druso autem adeo alimenta subducta, ut tomentum e culcita tentaverit mandere : amborum sic reliquias dispersas, ut vix quandoque colligi possent.

LV. Super veteres amicos ac familiares, viginti sibi e numero principum civitatis depoposcerat, velut consiliarios in negotiis publicis. Horum omnium vix duos aut tres incolumes praestitit : ceteros, alium alia de causa, perculit. Inter quos cum plurimorum clade Ælium Sejanum, quem ad summam potentiam non tam benevolentia provexerat, quam ut esset, cujus ministerio ac fraudibus liberos Germanici circumveniret, nepotemque suum ex Druso filio naturalem ad successionem imperii confirmaret.

honorés de vœux publics[146], il en référa au sénat, disant qu'il ne convenait de décerner de telles récompenses qu'à des hommes éprouvés et d'un âge avancé. Par là Tibère avait laissé entrevoir le fond de son âme; Néron et Drusus se virent donc exposés à toutes les calomnies. Il n'est sorte d'artifices qu'on n'employât pour leur arracher des plaintes contre lui, et pour les trahir dès qu'ils auraient parlé. Tibère les accusa dans des lettres où il accumula les reproches les plus amers; enfin il les déclara ennemis publics et les fit périr de faim, Néron, dans l'île de Pontia, et Drusus dans une partie basse du palais. On croit que Néron fut contraint à se donner la mort, le bourreau s'étant présenté comme de l'ordre du sénat, et lui ayant montré la corde et les crochets. Drusus fut si rigoureusement privé de nourriture, que, pour apaiser sa faim, il essaya de manger la laine d'un coussin. Les restes de ces malheureux furent dispersés avec tant de soin, qu'à peine on en put réunir quelque chose[147].

LV. Outre les anciens amis qui étaient admis dans son intimité, il avait demandé encore vingt des citoyens les plus considérés de la cité pour en faire ses conseillers dans les affaires de l'état. Ce fut à peine s'il en épargna deux ou trois; il frappa tous les autres, chacun sous des prétextes différens : entre autres Ælius Séjan[148], qui entraîna dans sa perte un grand nombre de personnes, et qu'il avait élevé à la souveraine puissance, moins par bienveillance que pour avoir quelqu'un dont les soins et les ruses tendissent des pièges aux fils de Germanicus; car il voulait assurer la succession de l'empire à son petit-fils selon la nature[149], à celui qui devait le jour à Drusus.

LVI. Nihilo lenior in convictores Græculos, quibus vel maxime acquiescebat. Zenonem quemdam, exquisitius sermocinantem, quum interrogasset, « quænam illa tam molesta dialectos esset, » et ille respondisset, « Doridem ; » relegavit Cinariam, existimans, exprobratum sibi veterem secessum, quod Dorice Rhodii loquantur. Item quum soleret ex lectione quotidiana quæstiones super cœnam proponere, comperissetque, Seleucum grammaticum a ministris suis perquirere, quos quoque tempore tractaret auctores, atque ita præparatum venire ; primum a contubernio removit, deinde etiam ad mortem compulit.

LVII. Sæva ac lenta natura ne in puero quidem latuit : quam Theodorus Gadareus, rhetoricæ præceptor, et perspexisse primus sagaciter, et assimulasse aptissime visus est, subinde in objurgando appellans eum πηλὸν αἵματι πεφυρμένον. Sed aliquanto magis in Principe eluxit, etiam inter initia, quum adhuc favorem hominum moderationis simulatione captaret. Scurram, qui, prætereunte funere, clare mortuo mandarat, ut nunciaret Augusto, « nondum reddi legata, quæ plebi reliquisset, » attractum ad se, recipere debitum, ducique ad supplicium imperavit, et patri suo verum referre. Nec multo post in senatu Pompeio cuidam, equiti romano, quiddam perneganti, dum vincula minatur, affirmavit fore, « ut ex Pompeio Pompeianus fieret ; » acerba cavillatione

LVI. Il ne se montra pas plus doux envers les Grecs qui vivaient avec lui, et à l'entretien desquels cependant il prenait beaucoup de plaisir. Un certain Zénon discourant d'une manière recherchée, il lui demanda quel était donc ce dialecte si désagréable, et celui-ci ayant répondu que c'était le dorien, il l'exila dans l'île de Cinaria [150]; car il crut que, par cette réponse, Zénon voulait lui reprocher son ancienne disgrace à Rhodes, où l'on parle le dorien. Tibère avait coutume de soulever à table des questions puisées dans ses lectures de la journée. Il apprit que le grammairien Seleucus se faisait informer par ses esclaves des auteurs qu'il lisait chaque jour, et que de la sorte il arrivait toujours préparé. D'abord il l'éloigna de sa maison, et bientôt après il le fit mourir.

LVII. Son caractère cruel et indifférent ne resta pas même caché pendant son enfance. Théodore de Gadarée, son maître de rhétorique, paraît s'en être aperçu le premier, et l'avoir parfaitement bien défini en l'appelant, par forme de reproche, une boue teinte de sang. Ce caractère se manifesta bien plus fortement quand il fut prince, et même dès les commencemens, et lorsqu'il voulait encore se concilier la faveur générale par une feinte modération. Au passage d'un convoi funèbre, un plaisant chargea à haute voix le mort d'aller dire à Auguste que l'on n'avait pas encore payé les legs qu'il avait laissés au peuple; Tibère se le fit amener, lui fit payer ce qui lui revenait, puis le fit conduire au supplice en lui ordonnant de rapporter la vérité à son père. Peu de temps après, il menaça des fers un chevalier romain du nom de Pompée, qui, dans le sénat, s'opposait à sa volonté, et, jouant avec une amère ironie sur le nom de

simul hominis nomen incessens, veteremque partium fortunam.

LVIII. Sub idem tempus, consulente prætore, an judicia majestatis cogi juberet, exercendas esse leges respondit, et atrocissime exercuit. Statuæ quidam Augusti caput demserat, ut alterius imponeret. Acta res in senatu, et quia ambigebatur, per tormenta quæsita est. Damnato reo, paulatim hoc genus calumniæ eo processit, ut hæc quoque capitalia essent : circa Augusti simulacrum servum cecidisse, vestimenta mutasse, nummo vel anulo effigiem impressam latrinæ aut lupanari intulisse, dictum ullum factumve ejus existimatione aliqua læsisse. Periit denique et is, qui honorem in colonia sua eodem die decerni sibi passus est, quo decreti et Augusto olim erant.

LIX. Multa præterea, specie gravitatis ac morum corrigendorum, sed et magis naturæ obtemperans, ita sæve et atrociter factitavit, ut nonnulli versiculis quoque et præsentia exprobrarent, et futura denunciarent mala :

> Asper et immitis, breviter vis omnia dicam?
> Dispeream, si te mater amare potest.
> Non es eques. Quare? non sunt tibi millia centum :
> Omnia si quæras, et Rhodos exsilium est.

cet adversaire, il lui prédit que de Pompée il deviendrait *Pompéien;* il faisait allusion au sort éprouvé autrefois par le parti que l'on désignait de la sorte[151].

LVIII. Vers le même temps, le préteur l'ayant consulté pour savoir s'il ordonnait de poursuivre les crimes de lèse-majesté[152], il répondit qu'il fallait exécuter les lois, et, en effet, il les exécuta de la manière la plus atroce. Quelqu'un avait enlevé la tête d'une statue d'Auguste[153] pour lui en substituer une autre ; la chose fut portée devant le sénat, et comme le fait était douteux, on eut recours à la question. L'accusé ayant été condamné[154], ce genre de calomnie en vint peu à peu à un tel point qu'on rangea encore parmi les accusations capitales celles d'avoir frappé un esclave dans le voisinage de la statue d'Auguste, ou d'y avoir changé de vêtemens[155], ou d'avoir emporté son effigie, gravée sur un anneau ou sur une pièce de monnaie, soit aux latrines[156], soit dans un lieu de débauche, ou enfin d'avoir mal jugé d'un mot ou d'une action quelconque de cet empereur. On alla jusqu'à faire périr un citoyen, qui, dans sa colonie, souffrit qu'on lui décernât des honneurs le jour même où autrefois on les avait décernés à Auguste.

LIX. Tibère se livra encore à beaucoup d'actes de cruauté et d'inhumanité, sous prétexte de sévérité et d'amélioration des mœurs ; mais, dans la réalité, il ne faisait en cela que suivre son goût. Aussi quelques personnes lui reprochèrent sa conduite présente par des vers qui annonçaient ce qu'on devait en attendre :

« Cruel ! insensible ! faut-il tout dire en peu de mots ? Que je meure, si ta mère elle-même peut t'aimer.

Tu n'es point chevalier. Pourquoi ? tu ne possèdes pas cent mille sesterces[157] en rassemblant tout ton avoir, et Rhodes est ton exil.

Aurea mutasti Saturni secula, Cæsar :
  Incolumi nam te ferrea semper erunt.
Fastidit vinum, quia jam sitit iste cruorem :
  Tam bibit hunc avide, quam bibit ante merum.
Aspice felicem sibi, non tibi, Romule, Sullam :
  Et Marium, si vis, aspice, sed reducem :
Nec non Antoni, civilia bella moventis,
  Nec semel infectas aspice cæde manus :
Et dic, Roma perit : regnabit sanguine multo,
  Ad regnum quisquis venit ab exsilio.

Quæ primo, quasi ab impatientibus remediorum, ac non tam ex animi sententia, quam bile et stomacho, fingerentur, volebat accipi; dicebatque identidem : « Oderint, dum probent. » Dein, vera plane certaque esse, ipse fecit fidem.

LX. In paucis diebus, quam Capreas attigit, piscatori, qui sibi secretum agenti grandem mullum inopinanter obtulerat, perfricari eodem pisce faciem jussit, territus, quod is a tergo insulæ per aspera et devia erepsisset ad se. Gratulanti autem inter pœnam, quod non et locustam, quam prægrandem ceperat, obtulisset, locusta quoque lacerari os imperavit. Militem prætorianum, ob surreptum e viridario pavonem, capite puniit. In quodam itinere, lectica, qua vehebatur, vepribus impedita, exploratorem viæ, primarum cohortium centurionem, stratum humi pæne ad necem verberavit.

César, tu as changé les siècles d'or de Saturne; tant que tu vivras, ils seront toujours de fer.

Le vin lui répugne [158], car déjà il a soif de sang; il boit le sang avec la même avidité qu'autrefois il buvait le vin.

Romain [159], vois Sylla heureux pour lui non pour toi, et si tu veux, vois Marius, mais après son retour; vois aussi les mains souillées de sang et de meurtre de cet Antoine, qui excita les guerres civiles, et dis-toi que Rome périt; car quiconque arrive de l'exil à l'empire ne règne qu'au prix de beaucoup de sang. »

D'abord Tibère voulait qu'on regardât ces traits comme partant d'hommes impatiens de ses réformes, et comme exprimant plutôt la colère et la haine qu'une véritable opinion : il répétait souvent : «Qu'ils me haïssent, pourvu qu'ils m'approuvent:» mais, dans la suite, il prit soin lui-même de montrer combien ces reproches étaient vrais et fondés.

LX. Peu de jours après son arrivée à l'île de Caprée [160], un pêcheur l'aborda inopinément dans un moment où il voulait être seul, et mit à ses pieds un barbot d'une grandeur extraordinaire. Tibère, saisi de terreur de ce que cet homme s'était glissé jusqu'à lui en gravissant les rochers qui sont derrière l'île, ordonna de lui frotter la figure avec ce poisson. Le pêcheur, pendant qu'on lui infligeait la peine, se félicita de n'avoir point offert une grande langouste qu'il avait prise également; alors l'empereur ordonna qu'on lui déchirât aussi la face avec cette langouste. Il punit de mort un soldat prétorien parce qu'il avait volé un paon dans un verger. Dans l'un de ses voyages, la litière dans laquelle on le portait fut entravée dans sa marche par des ronces. Il fit coucher à terre et battre, au point qu'il faillit en mourir, le cen-

LXI. Mox in omne genus crudelitatis erupit, nunquam deficiente materia : quum primo matris, deinde nepotum et nurus, postremo Sejani familiares atque etiam notos persequeretur. Post cujus interitum vel sævissimus exstitit; quo maxime apparuit, non tam ipsum a Sejano concitari solitum, quam Sejanum quærenti occasiones subministrasse. Etsi commentario, quem de vita sua summatim breviterque composuit, ausus est scribere, « Sejanum se punisse, quod comperisset, furere adversus liberos Germanici filii sui : » quorum ipse alterum, suspecto jam, alterum, oppresso demum Sejano, interemit. Singillatim crudeliter facta ejus exsequi, longum est : genera, velut exemplaria, sævitiæ enumerare, sat erit. Nullus a pœna hominum cessavit dies, ne religiosus quidem ac sacer. Animadversum in quosdam ineunte anno novo : accusati damnatique multi cum liberis atque etiam uxoribus suis. Interdictum, ne capite damnatos propinqui lugerent : decreta accusatoribus præcipua præmia, nonnunquam et testibus. Nemini delatorum fides abrogata. Omne crimen pro capitali receptum, etiam paucorum simpliciumque verborum. Objectum est poetæ, quod in tragœdia Agamemnonem probris lacessisset : objectum et historico, quod « Brutum Cassiumque ultimos Romanorum » dixisset : animadversum est statim in auctores, scriptaque abolita, quamvis probarentur ante ali-

turion de l'avant-garde [161] qui était chargé de reconnaître le chemin.

LXI. Bientôt il s'abandonna à toute espèce de cruauté, et, pour cela, les causes ne lui manquèrent jamais; d'abord il persécuta les amis de sa mère, puis ceux de ses petits-fils et de sa belle-fille, enfin ceux de Séjan, et alla jusqu'à s'attaquer aux personnes de leur simple connaissance. Ce fut surtout après la mort de Séjan qu'il se montra féroce, et l'on vit clairement que celui-ci l'excitait bien moins encore qu'il ne lui fournissait les occasions de faire le mal. Dans des mémoires abrégés qu'il a écrits sur sa vie, Tibère ose avancer qu'il punit Séjan, parce qu'il apprit ses desseins hostiles envers les enfans de son fils Germanicus. Néanmoins il fit périr l'un lorsque déjà il se défiait de Séjan, et l'autre après sa mort [162]. Il serait trop long de rapporter, un à un, ses actes de barbarie; il suffira de classer par genres toutes ses atrocités, et d'en fournir des exemples. Il ne se passa aucun jour sans supplice, pas même les jours que la religion a rendus sacrés : on sévit contre quelques citoyens le premier jour de la nouvelle année, et beaucoup de personnes furent accusées et condamnées avec leurs femmes et leurs enfans. Il fut défendu aux parens des condamnés de les pleurer; on décerna des récompenses aux accusateurs, et parfois même aux témoins; on ne refusa d'ajouter foi à aucun délateur, et tout crime fut regardé comme capital, lors même qu'il ne consistait qu'en quelques paroles très-simples. On reprocha à un poète d'avoir, dans sa tragédie, chargé [163] Agamemnon d'outrages, à un historien d'avoir appelé Brutus et Cassius les derniers des Romains; on punit ces auteurs; on supprima leurs écrits, quoiqu'ils eussent été approuvés plusieurs années auparavant, et

quot annos, etiam Augusto audiente, recitata. Quibusdam, custodiæ traditis, non modo studendi solatium ademtum, sed etiam sermonis et colloquii usus. Citati ad causam dicendam partim se domi vulneraverunt, certi damnationis, sed ad vexationem ignominiamque vitandam; partim in media curia venenum hauserunt, et tamen colligatis vulneribus, ac semianimes palpitantesque in carcerem rapti. Nemo punitorum non et in Gemonias abjectus, uncoque tractus; viginti uno die, [abjecti tractique sunt] inter eos feminæ et pueri. Immaturæ puellæ, quia more tradito nefas esset virgines strangulari, vitiatæ prius a carnifice, dein strangulatæ. Mori volentibus vis adhibita vivendi. Nam mortem adeo leve supplicium putabat, ut, quum audisset, unum e reis, Carnulium nomine, anticipasse eam, exclamaverit: «Carnulius me evasit.» Et in recognoscendis custodiis, precanti cuidam pœnæ maturitatem respondit : « Nondum tecum in gratiam redii. » Annalibus suis vir consularis inseruit, frequenti quondam convivio, cui et ipse affuerit, interrogatum eum subito et clare a quodam nano, adstante mensæ inter copreas, cur Paconius majestatis reus tam diu viveret, statim quidem petulantiam linguæ objurgasse, ceterum post paucos dies scripsisse senatui, ut de pœna Paconii quamprimum statueret.

LXII. Auxit intenditque sævitiam, exacerbatus indicio de morte filii sui Drusi : quem quum morbo et

récités devant Auguste. On ôta à quelques-uns des prisonniers non-seulement la consolation de l'étude, mais encore la douceur de parler et de s'entretenir. Plusieurs de ceux qui étaient cités pour se défendre se frappèrent eux-mêmes dans leurs demeures, pour s'éviter la douleur et la honte d'une condamnation, dont ils étaient sûrs à l'avance; d'autres burent le poison en plein sénat, et néanmoins les uns et les autres à demi morts et tout palpitans étaient emportés en prison dès qu'on avait fait panser leurs blessures. Il n'est aucun des condamnés qui ne fut encore traîné avec un crochet, et jeté dans les Gémonies; on en compta jusqu'à vingt en un seul jour, et parmi eux des femmes et de jeunes garçons. Quant aux vierges, comme une coutume ancienne défendait de les étrangler, le bourreau commençait par les violer, et les étranglait ensuite. Ceux qui voulaient mourir, on les forçait de vivre : Tibère regardait la mort comme un supplice si léger, qu'ayant appris qu'un des accusés appelé Carnulius l'avait prévenu en se la donnant, il s'écria : *Carnulius m'a échappé.* Un jour qu'il visitait les prisons, il répondit à quelqu'un qui le priait de hâter son supplice : « Je ne me suis pas encore réconcilié avec toi. » Un homme consulaire a écrit dans ses annales qu'à un repas nombreux auquel il assistait, un nain, qui se trouvait parmi les autres faiseurs de tours [164], demanda tout haut pourquoi Paconius, accusé de lèse-majesté, vivait si long-temps. Tibère, à la vérité, lui reprocha d'abord l'indiscrétion de sa langue; mais, peu de jours après, il écrivit au sénat pour qu'il fût statué sans délai sur la peine due à Paconius.

LXII. Irrité par ce qu'on lui apprit de la mort de Drusus son fils, il donna à sa cruauté encore plus de

intemperantia perisse existimaret, ut tandem veneno interemtum fraude Livillæ uxoris atque Sejani cognovit, neque tormentis neque supplicio cujusquam pepercit; soli huic cognitioni adeo per totos dies deditus et intentus, ut Rhodiensem hospitem, quem familiaribus literis Romam evocarat, advenisse sibi nunciatum, torqueri sine mora jusserit, quasi aliquis ex necessariis quæstioni adesset; deinde, errore detecto, et occidi, ne divulgaret injuriam. Carnificinæ ejus ostenditur locus Capreis, unde damnatos, post longa et exquisita tormenta, præcipitari coram se in mare jubebat, excipiente classiariorum manu, et contis atque remis elidente cadavera, ne cui residui spiritus quicquam inesset. Excogitaverat autem inter genera cruciatus etiam, ut larga meri potione per fallaciam oneratos, repente veretris deligatis, fidicularum simul urinæque tormento distenderet. Quod nisi eum et mors prævenisset, et Thrasyllus consulto, ut aiunt, differre quædam spe longioris vitæ compulisset; plures aliquanto necaturus, ac ne reliquis quidem nepotibus parsurus creditur; quum et Caium suspectum haberet, et Tiberium, ut ex adulterio conceptum, aspernaretur. Nec abhorret a vero : namque identidem « felicem Priamum vocabat, quod superstes omnium suorum exstitisset. »

LXIII. Quam inter hæc non modo invisus ac detes-

force et d'intensité. Il croyait que la maladie et l'intempérance avaient mis fin à ses jours ; mais quand il sut qu'il avait péri par le poison que Livilla et Séjan lui avaient administré [165], il n'est guère de torture ni de supplice dont il ne fit usage envers tous indifféremment ; occupé, absorbé pendant des journées entières par l'instruction de cette procédure, il livra aux tourmens un de ses hôtes de Rhodes que, par des lettres fort amicales, il avait engagé à venir à Rome, et dont on lui annonçait l'arrivée ; car il avait compris d'abord que celui qui était arrivé était un de ceux qu'il fallait mettre à la question [166] ; puis l'erreur ayant été découverte, il le fit tuer de peur que la chose ne fût divulguée. On montre encore à Caprée le lieu de ses exécutions, celui d'où les condamnés, après des tortures longues et recherchées, étaient, par son ordre, précipités dans la mer : des marins les y recevaient, et frappaient sur ces cadavres à coups de rame et d'aviron pour qu'il ne leur restât aucun souffle. Parmi plusieurs genres de souffrances, il avait imaginé aussi la trompeuse politesse de faire boire ses convives outre mesure, puis il leur faisait lier les parties, pour les faire souffrir à la fois de la douleur des ligatures et du besoin d'uriner. Si la mort ne l'eût prévenu, et si Thrasyllus ne l'eût, avec intention, engagé à différer plusieurs de ses projets, dans l'espérance d'une plus longue vie, il aurait fait périr beaucoup plus de monde encore, et n'aurait épargné aucun de ses autres petits-fils. Caïus lui était suspect, et il dédaignait Tibère, comme né d'un adultère. Cette supposition n'est pas contraire à la vérité ; car souvent il vantait le bonheur de Priam, qui avait survécu à tous les siens.

LXIII. Au milieu de toutes ces horreurs, beaucoup de

tabilis, sed prætrepidus quoque, atque etiam contumeliis obnoxius vixerit, multa indicia sunt. Haruspices secreto ac sine testibus consuli vetuit. Vicina vero Urbi oracula etiam disjicere conatus est : sed majestate Prænestinarum sortium territus, destitit, quum obsignatas devectasque Romam non reperisset in arca, nisi relata rursus ad templum. Unum et alterum consulares, oblatis provinciis, non ausus a se dimittere, usque eo detinuit, donec successores post aliquot annos præsentibus daret : quum interim, manente officii titulo, etiam delegaret plurima assidue, quæ illi per legatos et adjutores suos exsequenda curarent.

LXIV. Nurum ac nepotes nunquam aliter post damnationem, quam catenatos, obsutaque lectica, loco movit; prohibitis per militem obviis ac viatoribus respicere usquam, vel consistere.

LXV. Sejanum, res novas molientem, quamvis jam et natalem ejus publice celebrari, et imagines aureas coli passim videret, vix tandem, et astu magis ac dolo, quam principali auctoritate, subvertit. Nam primo, ut a se per speciem honoris dimitteret, collegam sibi assumsit in quinto consulatu, quem longo intervallo absens ob id ipsum susceperat. Deinde spe affinitatis ac tribuniciæ potestatis deceptum, inopinantem criminatus est pudenda miserandaque oratione; quum inter alia P. C. precare-

choses démontrent combien il était non-seulement haï et haïssable, mais encore combien il était craintif et accessible à l'injure. Il défendit de consulter les aruspices en secret et sans témoins. Il essaya de disperser les oracles voisins de la ville; mais il s'en abstint, épouvanté de la majesté de ceux de Préneste, que l'on avait apportés cachetés à Rome, et que l'on ne trouva dans leur coffre que quand on eut replacé ce coffre dans le temple. N'osant pas envoyer dans leurs provinces quelques consulaires à qui il les avait données, il les retint près de sa personne, si bien qu'à la fin, et après plusieurs années, il leur nomma des successeurs pendant qu'ils étaient encore présens. Néanmoins, comme ils conservaient le titre de leur charge, il leur déléguait plusieurs affaires afin qu'ils les fissent terminer par leurs lieutenans et par leurs subordonnés.

LXIV. Après la condamnation de sa bru et de ses petits-fils, il ne les faisait jamais aller d'un lieu à un autre qu'enchaînés et dans une litière fermée, et les soldats empêchaient les voyageurs et les passans d'y porter leurs regards ou de s'arrêter.

LXV. Quoiqu'il s'aperçût que l'on célébrait publiquement la naissance de Séjan, et que ses statues dorées étaient l'objet d'un culte, il vint à bout de le perdre quand celui-ci conspira; mais ce fut bien plus par la ruse et l'astuce qu'en faisant usage de l'autorité souveraine. D'abord, sous prétexte de l'honorer, et pour l'éloigner, il le prit pour collègue dans son cinquième consulat, que, pour cela même, il s'était décerné après un long intervalle et pendant qu'il était absent de Rome; puis, trompant Séjan par l'espoir [167] d'une alliance et de la puissance tribunitienne, il l'incrimina à l'improviste par

tur, « mitterent alterum e consulibus, qui se senem et solum in conspectum eorum cum aliquo militari præsidio perduceret. » Sic quoque diffidens, tumultumque metuens, Drusum nepotem, quem vinculis adhuc Romæ continebat, solvi, si res posceret, ducemque constitui præceperat. Aptatis etiam navibus, ad quascunque legiones meditabatur fugam, speculabundus ex altissima rupe identidem signa, quæ, ne nuncii morarentur, tolli procul, ut quidque factum foret, mandaverat. Verum, et oppressa conjuratione Sejani, nihilo securior aut constantior, per novem proximos menses non egressus est villa, quæ vocatur Jovis.

LXVI. Urebant insuper anxiam mentem varia undique convicia, nullo non damnatorum omne probri genus coram, vel per libellos in orchestra positos, ingerente. Quibus quidem diversissime afficiebatur : modo, ut præ pudore ignota et celata cuncta cuperet; nonnunquam eadem contemneret, et proferret ultro, atque vulgaret. Quin et Artabani, Parthorum regis, laceratus est literis, parricidia et cædes et ignaviam et luxuriam objicientis, monentisque, ut voluntaria morte maximo justissimoque civium odio quamprimum satisfaceret.

LXVII. Postremo semetipse pertæsus, tali epistolæ principio tantum non summam malorum suorum pro-

une honteuse et misérable missive [168] au sénat. Entre autres, il priait les Pères conscrits de lui envoyer l'un des consuls, afin qu'il l'accompagnât devant eux avec une escorte militaire, lui qui déjà était vieux et abandonné. Cela ne suffit pas pour le rassurer : il craignait des troubles, et il ordonna qu'en cas de danger on délivrât Drusus, son petit-fils, qu'il tenait encore dans les fers à Rome, et qu'on lui donnât le commandement. Il fit aussi préparer des vaisseaux pour fuir vers une légion quelconque, et, du haut d'un rocher escarpé, il observait des signaux qu'il avait fait élever au loin, afin de savoir promptement tout ce qui se passait, sans que les messages pussent être arrêtés. Lorsque la conjuration de Séjan fut comprimée, il n'en fut ni plus assuré ni plus ferme, et pendant les neuf mois qui suivirent, il ne sortit point de sa maison de campagne appelée *la maison de Jupiter*.

LXVI. Son âme craintive était encore agitée par les injures qu'il recevait de toutes parts : il n'est aucun des condamnés qui ne lui prodiguât tous les genres d'invectives, soit en face, soit par des billets qu'on mettait dans l'orchestre. Il en était diversement affecté en différens temps; souvent la honte lui faisait désirer que tout cela demeurât inconnu ou caché; d'autres fois il méprisait ces outrages, les répétait lui-même [169], et les rendait publics. Il fut aussi fort maltraité dans des lettres d'Artabane, roi des Parthes, qui lui reprochait ses meurtres, sa paresse, sa luxure, et qui l'engageait à apaiser le plus tôt possible, par une mort volontaire, la vigoureuse et juste haine de ses concitoyens.

LXVII. Enfin, à charge à lui-même, il fit en quelque sorte l'aveu de ses maux, en commençant ainsi l'une de

fessus est : « Quid scribam vobis, Patres Conscripti, aut quomodo scribam, aut quid omnino non scribam, hoc tempore, Dii me Deæque pejus perdant, quam quotidie perire sentio, si scio. » Existimant quidam, præscisse hæc eum peritia futurorum : ac multo ante, quanta se quandoque acerbitas et infamia maneret, prospexisse ; ideoque, ut imperium inierit, et PATRIS PATRIÆ appellationem, et, ne in acta sua juraretur, obstinatissime recusasse, ne mox majore dedecore impar tantis honoribus inveniretur. Quod sane et ex oratione ejus, quam de utraque re habuit, colligi potest : vel quum ait, «Similem se semper sui futurum, nec unquam mutaturum mores suos, quamdiu sanæ mentis fuisset : sed exempli causa cavendum esse, ne se senatus in acta cujusquam obligaret, qui aliquo casu mutari posset. » Et rursus : « Si quando autem, inquit, de moribus meis, devotoque vobis animo dubitaveritis (quod priusquam eveniat, opto, ut me supremus dies huic mutatæ vestræ de me opinioni eripiat!), nihil honoris adjiciet mihi PATRIS PATRIÆ appellatio; vobis autem exprobrabit aut temeritatem delati mihi ejus cognominis, aut inconstantiam contrarii de me judicii. »

LXVIII. Corpore fuit amplo atque robusto : statura, quæ justam excederet. Latus ab humeris et pectore : ceteris quoque membris usque ad imos pedes æqualis et

ses lettres [170] : « Que vous écrirai-je, Pères conscrits, comment vous écrirai-je, ou bien qu'est-il dans ma situation actuelle que je ne doive pas vous écrire? En vérité, si je le sais, que les dieux me fassent périr encore plus misérablement que je ne me sens périr tous les jours. » Quelques-uns pensent qu'au moyen de sa faculté de prévoir l'avenir, Tibère savait quel serait son sort ; qu'il connaissait la honte et la haine qui l'attendaient, et que c'est pour cette raison qu'en prenant possession de l'empire il avait si obstinément refusé le titre de *père de la patrie*, ne voulant pas non plus que l'on jurât ses actes. Il craignait que de si grands honneurs ne l'en fissent paraître bientôt encore plus indigne. L'on pourrait réellement trouver la confirmation de cette idée dans le discours qu'il fit sur ces deux sujets, soit lorsqu'il dit qu'il serait toujours semblable à lui-même, et que, tant qu'il serait doué de sa raison, il ne changerait point ses mœurs; mais que, pour l'exemple, il ne fallait pas que le sénat s'obligeât à l'observation des actes de qui que ce fût, chacun étant sujet à changer par l'effet du hasard; soit à cet autre endroit : « Si jamais vous veniez à douter de la pureté de mes mœurs ou de mon dévouement pour vous (et puisse, avant que cela arrive, mon jour suprême me soustraire à ce malheur!); le titre de *père de la patrie* n'ajoutera rien à mon honneur, mais il sera pour vous un reproche, ou de la légèreté avec laquelle vous m'aurez accordé ce surnom, ou de l'inconstance avec laquelle vous aurez pris de moi une opinion contraire. »

LXVIII. Son corps était gros, robuste, et d'une taille au dessus de l'ordinaire ; il avait les épaules et la poitrine larges, et, de la tête aux pieds, ses membres étaient bien faits et proportionnés. Sa main gauche était à la fois

congruens : sinistra manu agiliore ac validiore : articulis ita firmis, ut recens et integrum malum digito terebraret ; caput pueri, vel etiam adolescentis, talitro vulneraret. Colore erat candido, capillo pone occipitium summissiore, ut cervicem etiam obtegeret, quod gentile in illo videbatur : facie honesta : in qua tamen crebri et subiti tumores, cum prægrandibus oculis, et qui, quod mirum esset, noctu etiam et in tenebris viderent, sed ad breve, et quum primum a somno patuissent; deinde rursum hebescebant. Incedebat cervice rigida et obstipa : adducto fere vultu, plerumque tacitus : nullo aut rarissimo etiam cum proximis sermone, eoque tardissimo, nec sine molli quadam digitorum gesticulatione. Quæ omnia ingrata, atque arrogantiæ plena, et animadvertit Augustus in eo, et excusare tentavit sæpe apud senatum ac populum, professus, « naturæ vitia esse, non animi. » Valetudine prosperrima usus est, tempore quidem principatus pæne toto prope illæsa; quamvis a tricesimo ætatis anno arbitratu eam suo rexerit, sine adjumento consiliove medicorum.

LXIX. Circa deos ac religiones negligentior ; quippe addictus mathematicæ, plenusque persuasionis, cuncta fato agi. Tonitrua tamen præter modum expavescebat : et turbatiore cœlo nunquam non coronam lauream capite gestavit, quod fulmine afflari negetur id genus frondis.

plus forte et plus habile que la droite, et il avait les articulations tellement solides, qu'il perçait du doigt une pomme récemment cueillie, et que, d'une chiquenaude, il blessait à la tête un petit garçon ou même un adolescent. Sa peau était blanche, il portait les cheveux un peu longs derrière la tête, de manière à s'en couvrir aussi la nuque, ce qui, chez lui, était un usage de famille. Son visage était beau ; seulement il se remplissait subitement d'une multitude de boutons; ses yeux étaient fort grands, et, chose étonnante, ils voyaient aussi la nuit [171], mais seulement lorsqu'ils s'ouvraient après le sommeil et pour peu de temps, après quoi sa vue s'affaiblissait. Il marchait la tête immobile et penchée [172], et d'un air sévère, et le plus souvent en silence ; il ne s'entretenait que fort peu ou point du tout avec ceux qui l'entouraient, et parlait fort lentement en gesticulant négligemment de ses doigts. Ces habitudes peu gracieuses et arrogantes avaient été remarquées par Auguste [173], qui souvent essaya de l'excuser devant le sénat et devant le peuple, en disant que c'étaient des défauts naturels et non de cœur. Tibère jouit d'une santé excellente, qui, pendant tout le temps de son règne, demeura presque sans atteinte, quoique, depuis sa trentième année, il la gouvernât selon son caprice sans l'aide ni le conseil d'aucun médecin.

LXIX. Il négligeait beaucoup les dieux et la religion ; car il se livrait à l'étude l'astrologie, et il était plein de la persuasion que tout se gouvernait par le destin. Toutefois, le tonnerre lui inspirait une crainte extraordinaire : aussi ne manquait-il jamais, quand le ciel était orageux, de porter une couronne de laurier, parce qu'on soutient que cette espèce de feuillage n'est jamais touchée de la foudre.

LXX. Artes liberales utriusque generis studiosissime coluit. In oratione latina secutus est Corvinum Messalam, quem senem adolescens observaverat. Sed affectatione et morositate nimia obscurabat stilum : ut aliquanto ex tempore, quam a cura, præstantior haberetur. Composuit et carmen lyricum, cujus est titulus, *Conquestio de L. Cæsaris morte.* Fecit et Græca poemata, imitatus Euphorionem, et Rhianum, et Parthenium, quibus poetis admodum delectatus, scripta eorum et imagines publicis bibliothecis inter veteres et præcipuos auctores dedicavit : et ob hoc plerique eruditorum certatim ad eum multa de his ediderunt. Maxime tamen curavit notitiam historiæ fabularis, usque ad ineptias atque derisum. Nam et grammaticos, quod genus hominum præcipue, ut diximus, appetebat, ejusmodi fere quæstionibus experiebatur : « Quæ mater Hecubæ : Quod Achilli nomen inter virgines fuisset : Quid Sirenes cantare sint solitæ? » Et quo primum die, post excessum Augusti, curiam intravit; quasi pietati simul ac religioni satisfacturus, Minois exemplo, thure quidem ac vino, verum sine tibicine, supplicavit, ut ille olim in morte filii.

LXXI. Sermone græco, quamquam alias promtus et facilis, non tamen usquequaque usus est, abstinuitque maxime in senatu, adeo quidem, ut *monopolium* nominaturus, prius veniam postularit, quod sibi verbo pere-

LXX. Il cultiva avec beaucoup de soin les lettres grecques et romaines [174]. Pour le discours latin, il suivit Corvinus Messala, et il avait dans sa jeunesse étudié les exemples de ce vieillard; mais l'affectation et l'humeur obscurcissaient son style, qui souvent valait beaucoup mieux quand il improvisait que quand il avait élaboré sa pensée. Il composa un poëme lyrique dont le titre est *Complainte sur la mort de Lucius César*. Il fit aussi des poëmes grecs, dans lesquels il imita Euphorion [175], Rhianus et Parthenius; il aimait beaucoup ces poètes, et fit placer leurs ouvrages et leurs portraits dans les bibliothèques publiques, parmi ceux des plus anciens et des principaux auteurs. Aussi les savans s'empressèrent à l'envi de lui fournir des travaux sur ces poètes. Tibère s'occupa surtout de l'histoire fabuleuse, pour laquelle il poussa la prédilection jusqu'à l'ineptie et au ridicule; il avait coutume d'éprouver les grammairiens, espèce d'hommes dont il préférait la société, ainsi que nous l'avons dit, et de leur proposer des questions de ce genre : *Qui était la mère d'Hécube? Quel nom avait Achille parmi les vierges? Que chantaient ordinairement les sirènes*. Après la mort d'Auguste, dès le premier jour où il entra dans le sénat, et, pour satisfaire à la fois à la piété filiale et à la religion, il imita le sacrifice que Minos avait fait à la mort de son fils, et fit sa prière avec de l'encens et du vin, mais sans joueur de flûte.

LXXI. Quoique la langue grecque lui fût familière et qu'il la parlât aisément, il ne s'en servait pas indifféremment en tous lieux; surtout il s'en abstenait dans le sénat, à tel point qu'avant de prononcer le mot de *monopole*, il commença par s'excuser de ce qu'il avait

grino utendum esset. Atque etiam in quodam decreto
Patrum, quum ἔμβλημα recitaretur, commutandam censuit vocem, et pro peregrina nostratem requirendam,
aut, si non reperiretur, vel pluribus, et per ambitum
verborum, rem enunciandam. Militem quoque græce
testimonium interrogatum, nisi latine respondere vetuit.

LXXII. Bis omnino toto secessus tempore, Romam
redire conatus, semel triremi usque ad proximos Naumachiæ hortos subvectus est, disposita statione per ripas
Tiberis, quæ obviam prodeuntes summoveret; iterum
Appia usque ad septimum lapidem, sed prospectis modo,
nec aditis Urbis mœnibus, rediit; primo, incertum, qua
de causa; postea, ostento territus. Erat ei in oblectamen-
tis serpens draco, quem ex consuetudine manu sua ciba-
turus, quum consumtum a formicis invenisset, monitus
est, ut vim multitudinis caveret. Rediens ergo propere
Campaniam, Asturæ in languorem incidit: quo paulum
levatus Circeios pertendit. Ac ne quam suspicionem infirmitatis daret, castrensibus ludis non tantum interfuit,
sed etiam missum in arenam aprum jaculis desuper petiit : statimque latere convulso, et, ut exæstuarat, affla-
tus aura, in graviorem recidit morbum. Sustentavit
tamen aliquamdiu, quamvis Misenum usque devectus
nihil ex ordine quotidiano prætermitteret, ne convivia
quidem ac ceteras voluptates, partim intemperantia, par-

recours à un mot étranger. Un jour aussi qu'à la lecture d'un décret des *Pères* il entendit le mot ἔμβλημα [176], il jugea qu'il convenait de le changer, et de substituer à cette expression étrangère une expression qui fût à nous; ou bien que, si l'on n'en trouvait pas, il fallait énoncer la chose en plusieurs mots ou par une circonlocution. Un soldat ayant été interrogé en grec pour rendre témoignage, Tibère lui défendit de répondre autrement qu'en latin.

LXXII. Pendant tout le temps de sa retraite, il n'essaya que deux fois de revenir à Rome; la première, il vint sur une trirème jusqu'aux jardins les plus voisins de la Naumachie [177], en disposant sur les rives du Tibre des troupes pour éloigner tous ceux qui arriveraient à sa rencontre; la seconde, il vint sur la voie Appienne jusqu'au septième milliaire, vit les murs de Rome, ne s'en approcha point, et repartit. La première fois, on ne sait pourquoi il s'en alla; mais, pour la seconde, ce fut un présage qui l'effraya : il avait, pour son amusement, un grand serpent, et comme il allait, selon son habitude, lui donner à manger de sa main, il le trouva entièrement rongé par les fourmis : c'était un avertissement de se garer de la violence de la multitude. Revenu à la hâte en Campanie, il tomba malade à Astura; puis, s'étant un peu remis, il poussa jusqu'à Circeies. Là, pour ne point donner de soupçon de sa maladie, non-seulement il assista à des jeux militaires, mais il lança encore des javelots sur un sanglier qu'on avait lâché dans l'arène, et sur-le-champ il en eut un effort dans le côté; de plus, il avait fort chaud, l'air le saisit, et il retomba plus dangereusement malade. Néanmoins, il se soutint un certain temps, bien qu'il se fît conduire jusqu'à Misène, et qu'il ne retran-

tim dissimulatione. Nam Chariclem medicum, quod commeatu abfuturus, e convivio egrediens, manum sibi osculandi causa apprehendisset, existimans tentatas ab eo venas, remanere ac recumbere hortatus est, coenamque protraxit. Nec abstinuit consuetudine, quin tunc quoque instans in medio triclinio, adstante lictore, singulos valere dicentes appellaret.

LXXIII. Interim, quum in actis senatus legisset, « dimissos ac ne auditos quidem quosdam reos, » de quibus strictim, et nihil aliud, quam nominatos ab indice, scripserat; pro contemto se habitum fremens, repetere Capreas quoquo modo destinavit, non temere quicquam, nisi ex tuto ausurus. Sed et tempestatibus, et ingravescente vi morbi retentus, paullo post obiit in villa Lucullana, octavo et septuagesimo aetatis anno, tertio et vicesimo imperii, septimo decimo kalendas aprilis, Cn. Acerronio Proculo, C. Pontio Nigrino, consulibus. Sunt, qui putent, venenum ei a Caio datum lentum atque tabificum. Alii, in remissione fortuitae febris cibum desideranti negatum : nonnulli, pulvinum injectum, quum extractum sibi deficienti anulum mox resipiscens requisisset. Seneca eum scribit, intellecta defectione, exemtum anulum, quasi alicui traditurum, parumper tenuisse : dein rursus aptasse digito, et, compressa sinistra manu, jacuisse diu immobilem : subito vocatis ministris, ac ne-

chât rien de son genre de vie ordinaire, pas même les festins ni les autres plaisirs : il obéissait, en cela, tant à son intempérance qu'à sa dissimulation. Le médecin Chariclès étant prêt à s'éloigner, allait quitter le repas; il prit la main de Tibère comme pour la baiser. Celui-ci, pensant qu'il avait voulu juger de son pouls, le retint, l'engagea à s'asseoir, et prolongea le souper. Il ne manqua pas de se placer, comme à son ordinaire, debout au milieu de la salle à manger; là, ayant un licteur à côté de lui, il reçut et rendit les adieux de tous les convives.

LXXIII. Sur ces entrefaites, ayant lu dans les actes du sénat que l'on avait renvoyé, sans même les interroger, quelques accusés au sujet desquels il avait écrit simplement qu'ils étaient désignés par un dénonciateur, il frémit de penser qu'on le méprisait, et résolut de regagner Caprée à tout prix, ne voulant rien entreprendre témérairement et sans être dans un lieu sûr. Mais retenu par le gros temps et par les progrès de sa maladie, il mourut peu après dans la maison de campagne de Lucullus, en la soixante-dix-huitième année de son âge, la vingt-troisième de son règne, et le 16 mars, sous le consulat d'Acerronius Proculus et de C. Pontius Nigrinus [178]. Il y a des gens qui croient que Caïus lui avait donné un poison lent et subtil. D'autres disent qu'on lui avait refusé des alimens dans un moment où la fièvre l'avait quitté. Quelques-uns prétendent qu'on l'étouffa sous un coussin [179], parce que, revenu à lui-même, il réclamait son anneau qu'on lui avait enlevé pendant sa défaillance. Sénèque a écrit que, se sentant défaillir, il avait ôté son anneau comme pour le donner à quelqu'un, et qu'après l'avoir tenu quelque temps, il l'avait remis à son doigt; qu'enfin, la main gauche fortement serrée,

mine respondente, consurrexisse, nec procul a lectulo, deficientibus viribus, concidisse.

LXXIV. Supremo natali suo Apollinem Temenitem, et amplitudinis et artis eximiæ, advectum Syracusis, ut in bibliotheca templi novi poneretur, viderat per quietem affirmantem sibi, « Non posse se ab ipso dedicari. » Et ante paucos, quam obiret, dies turris Phari terræ motu Capreis concidit. Ac Miseni cinis e favilla et carbonibus, ad calfaciendum triclinium illatis, exstinctus et jam diu frigidus exarsit repente prima vespera, atque in multam noctem pertinaciter luxit.

LXXV. Morte ejus ita lætatus est populus, ut ad primum nuncium discurrentes, pars, « Tiberium in Tiberim, » clamitarent; pars «Terram matrem Deosque Manes orarent, ne mortuo sedem ullam, nisi inter impios, darent: » alii uncum et Gemonias cadaveri minarentur, exacerbati super memoriam pristinæ crudelitatis etiam recenti atrocitate. Nam quum senatusconsulto cautum esset, ut pœna damnatorum in decimum semper diem differretur, forte accidit, ut quorumdam supplicii dies is esset, quo nunciatum de Tiberio erat. Hos implorantes hominum fidem, quia, absente adhuc Caio, nemo exstabat, qui adiri interpellarique posset, custodes, ne quid adversus constitutum facerent, strangulaverunt, abjece-

il était demeuré long-temps couché sans mouvement; que, tout à coup, il appela ses esclaves, et que, personne n'ayant répondu, il se leva et retomba non loin de son lit, après que ses forces l'eurent abandonné.

LXXIV. Au dernier anniversaire de sa naissance, Apollon Téménite, statue fort grande et fort bien faite, qui avait été apportée de Syracuse [180], par ses ordres, pour être placée dans la bibliothèque du nouveau temple, lui apparut en songe, et lui assura qu'il ne pourrait y être consacré par lui. Peu de jours avant sa mort, la tour du phare de Caprée fut renversée par un tremblement de terre. A Misène, on avait apporté pour chauffer la salle à manger des cendres et des charbons; ces cendres éteintes et froides depuis long-temps se rallumèrent dès le commencement de la soirée, et jetèrent une flamme fort vive jusque bien avant dans la nuit.

LXXV. Le peuple se réjouit tellement de sa mort, qu'à la première nouvelle qu'on en eut on courait çà et là, les uns criant qu'il fallait jeter Tibère dans le Tibre; les autres, suppliant la terre maternelle et les dieux mânes de ne lui accorder de séjour que parmi les impies. D'autres encore menaçaient du crochet et des Gémonies le cadavre inanimé, exaspérés qu'ils étaient par l'atrocité récente qui venait se joindre à la mémoire de son ancienne cruauté. Un sénatus-consulte avait statué que la peine des condamnés ne serait jamais infligée avant le dixième jour [181]; or, il arriva que le supplice de quelques-uns devait avoir lieu le jour où l'on annonça la mort de Tibère. Caïus était absent; il n'y avait personne que l'on pût aborder ni supplier : ces malheureux imploraient le secours de tout le monde; mais leurs gardiens, de peur de contrevenir aux ordres qu'ils avaient reçus, les étran-

runtque in Gemonias. Crevit igitur invidia, quasi etiam post mortem tyranni sævitia permanente. Corpus ut moveri a Miseno cœpit, conclamantibus plerisque, « Atellam potius deferendum, et in Amphitheatro semiustulandum, » Romam per milites deportatum est, crematumque publico funere.

LXXVI. Testamentum duplex ante biennium fecerat : alterum sua, alterum liberti manu, sed eodem exemplo; obsignaveratque etiam humillimorum signis. Eo testamento heredes æquis partibus reliquit, Caium ex Germanico, et Tiberium ex Druso, nepotes; substituitque invicem. Dedit et legata plerisque : inter quos virginibus Vestalibus, sed et militibus universis, plebique romanæ viritim, atque etiam separatim vicorum magistris.

glèrent et les jetèrent aux Gémonies. La haine s'en accrut, comme si la cruauté du tyran subsistait encore après sa mort. Quand on enleva de Misène le corps inanimé, beaucoup de personnes crièrent qu'il fallait le porter à Atella [182], pour y être à demi brûlé dans l'Amphithéâtre ; mais les soldats le portèrent à Rome, où on le brûla publiquement avec les cérémonies ordinaires.

LXXVI. Deux ans auparavant, il avait fait un double testament : l'un des exemplaires était de sa main, l'autre de celle de son affranchi ; mais ils étaient du même contexte, et l'un et l'autre étaient signés et scellés par les gens de la plus basse condition. Il instituait ses héritiers par égales portions : Caïus, son petit-fils par Germanicus, et Drusus, qui l'était par Tibère ; de plus, il les instituait mutuellement héritiers l'un de l'autre. Il laissait aussi des legs à beaucoup de personnes, entre autres aux Vestales, à tous les soldats, au peuple, à raison de tant par tête, et séparément encore aux surveillans des quartiers.

NOTES

SUR TIBÈRE.

1. *La maison patricienne des Claudius*. Il importe, pour tout ce qui concerne cette maison ou *gens*, de se reporter à l'*Histoire romaine* de M. Niebuhr, où l'on dit, entre autres, que la tribu Claudia fut la vingt-unième, et que, dans un temps où Rome se trouvait réduite, par la guerre de Porsenna, aux deux tiers de son territoire, elle avait perdu dix tribus; mais il ne faut pas confondre la tribu Claudia avec la maison ou *gens Claudia*. Quant à la famille plébéienne, « elle contenait les Marcellus, qui ne le cédaient en rien « aux Appius par l'éclat des charges, et qui étaient infiniment « plus utiles à la république. Il est évident que ces sortes de fa- « milles plébéiennes sont issues de mésalliances dans un temps où « l'on n'avait pas encore établi le droit du *connubium*. » (*Voyez* pages 24 et 25, tome 1 de ma traduction de l'*Histoire romaine* de Niebuhr.)

2. *Un lieu de sépulture au pied du Capitole*. Kirchmann, dans son *Traité sur les funérailles des Romains*, établit que l'on tenait à grand honneur les sépultures dans l'intérieur de la ville, et qu'on ne les accordait guère qu'aux vestales et aux plus illustres citoyens.

3. *Néron, qui, dans la langue des Sabins, signifie brave et actif*. Aulu-Gelle disserte sur cette étymologie, qu'il trouve moyen de rattacher au grec, par le mot νεῦρα, les nerfs, en sorte que *Nerio* signifierait vigoureux, nerveux, martial (l. XIII, c. 22).

4. *Appius Cécus*. Il était depuis long-temps retenu loin des affaires publiques par le mauvais état de ses yeux. Lorsque Pyrrhus demanda à entrer dans Rome pour traiter de la paix, Appius Claudius vint au sénat, et fit si bien par ses discours, que la permission sollicitée par le roi lui fut refusée.

NOTES.

5. *Caudex.* Ce surnom lui vint de ce que, le premier des Romains, il conseilla l'établissement de la marine; car le mot *caudex* s'applique à la réunion de plusieurs planches adaptées les unes aux autres. Les lois affichées sur des tables publiques, furent, par ce même motif, appelées *Codices*, parce que la collection de plusieurs de ces tables faisait un corps de droit.

6. *Claudius Néron.* Sa victoire a été célébrée par Horace :

> Quid debeas, o Roma, Neronibus!
> Testis Metaurum flumen, et Asdrubal
>   Devictus.

7. *Claudius Appius Regillanus.* Il fit intenter son action par M. Claudius, son client. M. Niebuhr dit (t. II, p. 25 de ma traduction) : « La famille Claudia renfermait aussi un grand nombre de personnes qui participaient à son nom sans qu'on leur accordât beaucoup de considération; tel fut ce M. Claudius, qui contesta la liberté de Virginie, etc. »

8. *Claudius Drusus.* Quel est ce Claudius ? Cela est fort obscur : on se borne à conjecturer, sur la foi du surnom de Drusus, que l'adoption l'avait fait passer dans la *gens Livia*.

9. *Celle qui retira,* etc. Tite-Live et Cicéron la nomment Claudia Quinta. (*Voyez* liv. xxix, ch. 14, et *de Harusp. Respons.*, ch. 3. *Voyez* aussi les *Fastes d'Ovide*, iv, vers 305.)

10. *Se fit adopter par un plébéien.* Par P. Fonteius. Cicéron lui dit, dans son discours *pro Domo* : « Tu es devenu, contrairement au bon droit, le fils de celui dont tu pourrais être le père selon la nature. »

11. *Dans le char de son frère.* Valère Maxime rapporte le même trait, mais il dit que Claudia monta dans le char de son père. Déjà les tribuns allaient l'en arracher, lorsqu'avec une incroyable célérité, s'interposant entre le triomphateur et les tribuns, elle parvint à assurer la marche du char. Cicéron dit aussi que ce fut pour son père : il pourrait y avoir erreur de copiste dans notre texte.

12. *Son aïeul maternel y étant entré par adoption.* C'était Livius Drusus Claudianus, père de Julia Augusta, c'est-à-dire de Livie.

13. *Salinator.* Ce surnom lui vint de ce qu'il avait imaginé un nouveau revenu au moyen du sel. Il fut consul en 534 et en 546,

dictateur en 547, et censeur en 549. Il faut excepter de la flétrissure qu'il prononça la tribu Mécia, qui ne l'avait ni condamné ni honoré de charges après sa condamnation. Tous les citoyens des trente-quatre autres tribus furent rangés parmi les *ærarii*. Toutefois cette sentence ne put avoir d'effet pour long-temps, la balance des pouvoirs et des votes selon les différentes classes en eût été entièrement dérangée.

14. *Son arrière-petit-fils.* Il fut consul en 641, et le fils qu'il laissa est M. Livius Drusus, oncle de Caton, ennemi acharné de Q. Cœpion. Il fut tué par Q. Varius d'un coup de poignard à l'entrée de sa maison, et mourut en s'écriant : *O mes parens, ô mes amis, la république retrouvera-t-elle un citoyen qui me ressemble!* (*Voyez* page 87 de notre édition de Velleius Paterculus.)

15. *Le père de Tibère.* Tiberius Néron. Il avait vivement recherché la main de Tullie, fille de Cicéron; mais ce fut Dolabella qui l'obtint.

16. *A la place de P. Scipion.* Ce P. Scipion avait péri dans la guerre d'Afrique.

17. *Et retint les marques de sa dignité.* Il s'agit des faisceaux : les préteurs en avaient deux dans Rome, six dans les provinces.

18. *En leur offrant la liberté.... ad pileum vocatis.* Tite-Live se sert de la même expression. Ce genre de coiffure était regardé comme le symbole de la liberté.

19. *Après la guerre de Philippes.* J'adopte la leçon *post* au lieu de *per*. Le consulat d'Æmilius Lepidus et de Munatius Plancus est de l'année 712.

20. *Dans les fastes et dans les actes publics.* S'agit-il ici de déclaration de naissance, comme le veut Burmann? Mais alors quel sujet Suétone avait-il de douter? Il y a lieu de croire que cette insertion dans les actes publics n'est pas de ce genre, et qu'elle eut lieu plus tard, à une époque où l'adulation pouvait y déterminer ses auteurs.

21. *Parce qu'ils étaient sous la protection des Claudius.* Nous avons vu dans la *Vie d'Auguste*, chap. 17, les habitants de Bologne sous la clientelle d'Antoine; ici les Lacédémoniens apparaissent

NOTES.   459

rangés sous celle des Claudius, et il ne s'agit pas de simples particuliers, c'est de la cité entière qu'il est question.

22. *Le sénateur M. Gallius.* (Voy. les *Lettres de Cicéron*, n°s 381 et 435 de notre édition) : il y est parlé d'un Gallius ; est-ce le nôtre ?

23. *Le cheval de trait de gauche.... funali equo.* Les deux chevaux du centre s'appelaient *jugales*, ceux de droite et de gauche *funales*, à raison de la manière dont ils étaient attelés.

24. *Il présida aux jeux d'Actium.* Ceux que fit célébrer Auguste en 726. Les jeunes garçons étaient divisés en deux troupes pour les jeux Troyens ; les plus jeunes étaient ceux qui n'avaient pas encore quatorze ans, les plus âgés étaient entre leur quatorzième et leur dix-huitième année. Tibère quitta son siège de président pour aller se mettre à la tête de ces derniers.

25. *Quelques gladiateurs émérites.... rudiariis.* On donnait aux gladiateurs qui avaient accompli leur service ou qui s'étaient extraordinairement distingués, une baguette, signe de leur liberté. Il y avait aussi des gladiateurs libres (*auctorati*) ; ils se louaient à prix d'argent. Quand ces derniers étaient *donati rude*, gratifiés de la baguette, ils reprenaient leur liberté. Quant aux autres, cette faveur ne produisait d'autre effet que de les exempter du combat. Ceux qu'on appelait *lanistæ* étaient des instructeurs qui ne se battaient plus, et donnaient simplement des leçons d'escrime. L'*auctoramentum* était l'acte par lequel on contractait l'obligation de servir pour un prix déterminé.

26. *Du vivant de son premier mari.* C'était Agrippa. Quant à la femme répudiée par Tibère, elle épousa Asinius Gallus, le fils d'Asinius Pollion.

27. *Ils exprimèrent tant d'affliction.* Le latin dit *tumentibus oculis*, les yeux gonflés, comme s'il eût été prêt à répandre des larmes.

28. *Il perdit son frère Drusus en Germanie.* A la première nouvelle de la maladie de Drusus, Tibère quitta l'Italie, et, traversant avec une incroyable rapidité les Alpes et le Rhin, il alla le joindre, n'ayant d'autre compagnon dans ces pays barbares que le seul Antabagius.

29. *Archélaus.* Roi de Cappadoce, dont il réduisit ensuite les états en province. Il ne faut pas appliquer ce passage au Juif Archélaus.

30. *Aux provisions de grains.* C'était sous le règne d'Auguste, en 732.

31. *Rendit le royaume d'Arménie à Tigrane.* Velleius, au lieu de Tigrane, nomme *Artavasdes,* ce qui ne peut provenir que d'une faute dans les manuscrits. Tacite est d'accord avec Suétone.

32. *La guerre de Rétie, de Vindélicie.* Cette guerre se reporte à l'an 739; elle fut conduite par Drusus et par Tibère à travers mille difficultés résultant de la nature des lieux et de la valeur des habitans.

33. *Le premier qui, en pareil cas, entra dans Rome sur un char.* Quoique l'on n'eût accordé à Tibère que l'ovation, il jouit de tous les honneurs qui accompagnaient les triomphateurs : au lieu d'un cheval, il eut un char ; on ordonna des supplications aux dieux, il fut salué du titre d'empereur, etc.

34. *Non-seulement il obtint les magistratures avant l'âge.* Il fut questeur en 730, préteur en 738, consul pour la première fois en 741, avec Quintilius Varus.

35. *Il prit subitement la résolution de se retirer.* Tibère était alors âgé de trente-six ans, c'était en 748.

36. *Tibère leur abandonna volontairement la possession du second rang.* (*Voyez,* sur tout ceci, Dion, liv. lv, ch. 9, et Velleius, liv. ii, 99.)

37. *Il partit pour Rhodes.* C'est à la beauté et à la salubrité de cette île qu'il faut attribuer les fréquens voyages qu'y faisaient les Romains quand ils étaient mécontens de la marche des affaires publiques. *Il faut quitter l'Italie, il faut aller à Rhodes,* disait D. Brutus dans une lettre à M. Brutus et à Cassius (685ᵉ de notre recueil). *Si mes vœux sont accomplis,* dit C. Matius (dans la 716ᵉ), *je finirai tranquillement mes jours à Rhodes.*

38. *Tout ce qu'il y avait de malades.* Il faut signaler ici une assez plaisante correction de Burmann, qui, au lieu d'*ægrorum,* met *equorum.* On se demande à qui donc, dans ce cas, Tibère aurait

fait des excuses? On se serait apparemment trompé sur le mot: Tibère prononçant *equi,* on aurait compris *ægri* : au lieu d'amener des chevaux, on aurait opéré un déménagement de malades.

39. *Investis d'un commandement ou d'une magistrature.* Le latin dit : *cum imperio aut magistratu.* La première expression désigne ceux que l'empereur envoyait dans les provinces avec un commandement militaire; la seconde, les proconsuls et les autres envoyés du sénat ou du peuple. Les uns et les autres venaient abaisser leurs faisceaux devant Tibère, et regardaient son inaction et sa retraite comme supérieures de beaucoup à leurs dignités.

40. *Étant venu à Samos pour y voir Caïus, son beau-fils.* Dion parle aussi de cette entrevue, mais il la place à Chio. Velleius, guidé par cet esprit d'adulation qui gâte son livre, imagine de faire venir Caïus à Rhodes pour y rendre ses devoirs à Tibère, comme à son supérieur. Velleius maltraite beaucoup ce M. Lollius, qui est ici l'instigateur de Caïus.

41. *Du manteau et des souliers.* En renonçant ainsi aux vêtemens de sa patrie pour ceux des Grecs, Tibère éloignait toute idée de participation au gouvernement des affaires. Dans Tite-Tive (liv. xxix, ch. 19), on reproche à Scipion d'être ainsi vêtu, et de s'occuper de livres, de palestre, etc.

42. *Au point que les habitans de Nîmes.* Nous lisons *Nemausenses*, et non pas *Resainenses*, comme le fait Gronove, leçon qui transporterait ce récit en Mésopotamie. Tibère pouvait bien y avoir des statues, à raison de son expédition d'Arménie; mais il est bien plus naturel que ces statues aient été érigées dans la Gaule, qu'il gouverna pendant un an.

43. *Du consentement de Caïus.* Tibère revint au mois de juillet 755. Lucius mourut environ un mois après, et Caïus en février 757.

44. *Tantôt de ses mains, tantôt de celles de ses femmes.* Pline dit que ce fut dans son sein qu'elle réchauffa l'œuf, et que de temps à autre, elle le passait à ses femmes.

45. *Au commencement de sa première expédition.* Il s'agit de la première de celles où il commanda; car, dans l'expédition contre les Cantabres, il n'avait figuré que comme tribun des soldats. Dion

(liv. LIV, ch. 9) rapporte le même prodige. Virgile (eclog. VIII, v. 105) :

> Aspice : corripuit tremulis altaria flammis
> Sponte sua, dum ferre moror, cinis ipse. Bonum sit.

Et Servius raconte qu'après avoir accompli un sacrifice, la femme de Cicéron se préparait à une libation, quand elle vit une flamme dans les cendres, présage certain que son mari serait consul dans l'année.

46. *L'oracle de Géryon, auprès de Padoue.* Il n'en est fait mention nulle part ailleurs. Les *sortes* étaient de petites tablettes de bois, sur lesquelles étaient tracés des caractères. Les sources d'Aponi ont été chantées par Claudien. On veut que ce nom vienne du grec, Ἄπονος, qui signifie que l'eau de cette source soulageait les douleurs.

47. *La science du mathématicien Thrasyllus.* Il en a été question dans la *Vie d'Auguste*, ch. 98. (*Voyez* aussi TACITE, *Annal.*, liv. VI, 20, 21.) Quant à l'astrologie, Tibère se piquait de s'y connaître. Dion dit que Thrasyllus était le plus habile des hommes en ce genre, et que Tibère, qui en avait fait le dépositaire de ses secrets, résolut de le précipiter du haut d'une muraille; mais ce dernier pénétra son dessein. Il se présenta un jour d'un air sombre et rêveur; Tibère l'interrogea sur la cause de son chagrin. *C'est,* répondit-il, *que je suis menacé d'un grand péril.* Tant de science désarma Tibère, qui n'exécuta point son projet.

48. *Les Carènes.* C'était un lieu situé entre le mont Cœlius et le mont Aquilin, dans la quatrième région. Pompée avait sa maison aux *Carènes.* Lors de l'entrevue de César et d'Antoine avec Sextus Pompée, l'un et l'autre étant à table dans son vaisseau, Sextus leur dit plaisamment qu'il leur donnait à souper dans ses *carènes.*

49. *Étant morts dans les trois ans.* A partir du retour de Tibère; mais, à la manière des Romains, on compte et l'année 755 et l'année 757, époque de la mort du dernier.

50. *On ne le vit plus agir en chef de famille.* Parce que l'adoption étant une *capitis deminutio*, et le plaçant en la puissance d'Auguste, devenu son père, il ne recevait plus rien qu'à titre de pécule. Or, le pécule se composait de tout ce que les enfans ou les esclaves

avaient acquis du consentement de leur père ou de leur maître. Ceux qui étaient sous la puissance d'autrui, étaient eux-mêmes des choses et non des personnes, et ne pouvaient acquérir que pour le maître, excepté ce dont il leur abandonnait la possession.

51. *La défection de l'Illyrie.* Le commandement de l'insurrection se partageait entre deux chefs qui portaient l'un et l'autre le nom de *Baton* : l'un conduisait les Dalmates, l'autre les Pannoniens. Il y avait plus de huit cent mille insurgés. Une partie devait se jeter sur l'Italie...., une autre s'était déjà précipitée dans la Macédoine.

52. *Toute l'Illyrie.... fut soumise,* etc. On fit en 761 la paix avec les Pannoniens; ils s'insurgèrent et furent de nouveau soumis en 763.

53. *Vers le même temps.* Ce fut dans les cinq jours de la soumission entière de la Dalmatie et de la Pannonie, en 763, qu'on reçut à Rome la funeste nouvelle de la défaite de Varus.

54. *Quant à lui, il différa son triomphe.* Jusqu'en l'année 765, à son retour de la Germanie.

55. *En robe prétexte.* C'est-à-dire en costume consulaire, et non en costume triomphal. La robe prétexte et la chaise curule distinguaient les magistrats, et dans les triomphes on portait une tunique brodée de palmes, une toge couleur de pourpre et une couronne de laurier.

56. *Un chef de légion...... legatus legionis.* Les délégués ou lieutenans prétoriens étaient à la tête des légions, ceux du consul à la tête des armées. Depuis le temps de Jules-César, il en est souvent question dans les auteurs.

57. *Il s'en fallut de peu qu'un Bructère.* On lit souvent ici un *Rutène*. Les Rutènes sont Gaulois. On ne voit pas bien pourquoi cette tentative aurait été faite, tandis qu'elle est toute simple de la part d'un Bructère, après une victoire remportée sur les Germains.

58. *Baton, chef Pannonien.* Il y avait deux Batons; l'autre commandait les Breuces, et fut tué par celui-ci en 761, après être tombé en son pouvoir.

59. *Il dédia un temple à la Concorde (Voyez* Dion, LV, 8), et ce fut en 747 et en 764.

60. *Bientôt après.* C'est-à-dire peu de temps après la dédicace du temple de la Concorde et l'embellissement de celui de Castor et Pollux. Il paraît que le décret qui conférait à Tibère la puissance proconsulaire est de l'année 764, ou du commencement de l'année 765; car Velleius rapporte ce fait immédiatement avant son triomphe : « Le sénat et le peuple romain, se conformant au « désir d'Auguste, déclarèrent que Tibère jouirait, dans toutes les « provinces et dans les armées, d'un pouvoir égal à celui d'Au- « guste lui-même.... Quand il fut de retour à Rome, il triompha « des Pannoniens et des Dalmates. » (Page 309 de notre édition.)

61. *Dévoré sous des mâchoires aussi lentes.* Cette comparaison rappelle ces animaux dont la férocité tourmente leur proie avant de la dévorer. Tacite dit qu'Auguste connaissait parfaitement le caractère de Tibère, et qu'en lui confiant l'empire, il n'avait voulu que créer un contraste à son avantage.

62. *Vous commandez pour moi et pour les Muses.* Au premier abord, on ne sait ce que font ici les Muses; aussi les interprètes se sont-ils donné la torture en produisant chacun sa conjecture sur le mot qu'il convient de substituer au grec καὶ ταῖς Μούσαις. Il serait beaucoup trop long de les indiquer ici. Laharpe adopte celle qui substitue à ces Muses καὶ τοῖς σοῖς, et il fait dire à Auguste : *Souvenez-vous que vous êtes notre général à tous.* Mais pourquoi bannir ces Muses qui étonnent si fort? Ne se pourrait-il pas que ce fût quelque locution proverbiale perdue? Et si Auguste a voulu dire qu'au milieu du tumulte des camps, Tibère cultivait les arts et les sciences....... On citerait convenablement une strophe d'Horace (ode 4, liv. III), qui présente aussi l'union de ces occupations si diverses.

63. *Je regrette mon cher Tibère.* Je n'ai pas traduit le *medius fidius*, dicton latin dont on se servait pour engager sa foi à la vérité d'une chose. C'est comme si on avait dit *per deum fidium*, par le dieu qui préside à la bonne foi. (*Voyez* les Fastes d'Ovide, liv. VI, vers 213.) Il y avait encore une autre formule de ce genre : *Ita sim felix.*

64. *Ces vers d'Homère.* Ce sont les 246e et 247e du livre x de l'*Iliade*. On est fort surpris de voir toutes ces exagérations d'atta-

chement et d'estime de la part d'Auguste envers un homme dont il connaissait la perversité.

65. *Si ce fut d'accord avec Tibère ou à son insu.* Tacite n'hésite pas à charger Tibère de l'odieux de ce forfait. « Le premier crime de ce nouveau règne, dit-il, fut le meurtre d'Agrippa... » Tibère feignit des ordres de son père, qui avait prescrit la mort du jeune Agrippa. Mais est-il supposable qu'Auguste eût fait assassiner son petit-fils dans l'intérêt de son beau-fils ? Il est plus probable que ce forfait fut l'ouvrage d'une belle-mère et d'un ambitieux dissimulé. Du reste, Suétone veut que l'exécution ait été faite par un tribun des soldats; Tacite l'attribue à un centurion, et Tibère lui aurait répondu qu'il en rendrait compte devant le sénat.

66. *En vertu de sa puissance tribunitienne.* Ce fut en l'an de Rome 300, sous le consulat de M. Valerius et de Sex. Virginius, que les tribuns du peuple s'arrogèrent le droit de convoquer le sénat, et ce fut M. Icilius qui dirigea cette entreprise. Dion accumule les exemples de l'exercice de cette prérogative. En général, la puissance tribunitienne n'avait plus sous les empereurs que le nom de l'ancienne magistrature ; elle avait totalement changé de nature, et s'était élevée si haut, que le pouvoir suprême lui-même eût été inefficace sans elle. Aussi la voit-on constamment entre les mains des empereurs.

67. *Par un affranchi.* Si l'on en croit Dion, Polybe était le nom de cet affranchi qui avait écrit de sa main une grande partie de ce testament.

68. *Quoiqu'il n'eût hésité ni à s'emparer de la puissance,* etc. Dès la mort d'Auguste, il avait disposé des cohortes prétoriennes, il avait écrit aux armées, et ses hésitations ne paraissaient que dans le sénat.

69. *Par une impudente comédie.* La vulgate portait *impudentissimo animo;* j'ai traduit, d'après la correction de Gronove, *impudentissimo mimo.*

70. *Par ses réponses ambiguës.* Il y avait toujours quelque chose d'obscur et d'incomplet dans la manière dont s'énonçait Tibère ; mais, dans cette circonstance, il s'appliqua à n'être point compris, et embarrassa beaucoup le sénat. Dion donne sur tout

cela des détails beaucoup plus étendus. Tibère avait alors cinquante-six ans.

71. *Qu'il tenait un loup par les oreilles.* Cette locution est très-fréquente chez les anciens : Térence l'indique dans son *Phormion*, III, 2, 22 :

> Quod aiunt *auribus teneo lupum.*

On ne sait, en pareil cas, ni comment le lâcher ni comment le retenir sans s'exposer au danger d'en être dévoré. Le proverbe grec était plus complet, car il énonçait la cause de l'embarras.

72. *Voyez*, pour ce qui concerne Clemens, Tacite, liv. II, ch. 39, et Dion, liv. LVII, ch. 16. Il prit le nom d'Agrippa, et se fit beaucoup de partisans à cause de sa ressemblance avec lui; puis il alla dans la Gaule, où il augmenta considérablement son parti, qui s'accrut encore en Italie, tandis qu'il marchait sur Rome, pour y reconquérir, disait-il, la souveraineté de son grand-père. Tibère le fit arrêter par des hommes qui feignirent de se ranger de son parti. La question ne put lui arracher aucun aveu sur ses intelligences dans Rome. Tibère finit par lui demander : *Comment donc es-tu devenu Agrippa?* — *Comme toi César*, répondit-il.

73. *Libon.* Ses entreprises, comme celles de Clemens, se rapportaient à l'année 769.

74. *Une double sédition parmi les soldats.* En Pannonie, trois légions se révoltèrent, et huit en Germanie. Tacite (liv. I, ch. 17) rapporte toutes leurs prétentions.

75. *Au lieu du couteau dont on se servait en pareil cas.* Ce couteau s'appelait *secespita*. Il était oblong, à manche rond et d'ivoire, garni d'or et d'argent.

76. *Un seul char à deux chevaux.* Selon Dion, il n'aurait pas même accepté cet honneur. Il faut distinguer les jeux Plébéiens du cirque des grands jeux ou jeux Romains. Ils étaient célébrés vers le milieu de novembre par les édiles plébéiens.

77. *Que l'on jurât par ses actes.* Dion dit par sa fortune, τὴν αυτοῦ τύχην, ce qui ne serait que proverbial ou de pure forme, tandis que *in acta jurare*, c'est créer le lien du serment pour les actes de son pouvoir, de même que les lois étaient jurées sous la république.

78. *Que le mois de septembre fût appelé Tiberius, ni le mois de novembre Livius.* Dion dit que le sénat voulait donner son nom au mois de novembre, parce que c'était celui de sa naissance. Casaubon a voulu en conséquence substituer *november* à *september*, et donner septembre à Livie; mais Suétone suit ici une autre opinion que Dion. Il eût été naturel de nommer *Tiberius* le mois qui suivait celui d'*Auguste*, car celui-ci n'était pas non plus né dans le mois d'août, et n'avait donné son nom à *Sextilis* qu'à raison de ce mois qui succédait à *Julius*.

79. *Ainsi que la couronne civique qu'on voulait mettre dans le vestibule de son palais.* C'était une couronne de chêne, en reconnaissance de ce qu'il avait sauvé les citoyens.

80. *Il n'accepta en tout que trois consulats.* Il ne s'agit pas ici des deux qu'il avait remplis déjà en 741 et en 747, avant de prendre les rênes de l'empire.

81. *Qu'il ne permit jamais à aucun sénateur.* Grande contestation pour savoir si le mot *nisi* doit être introduit dans le texte, quoiqu'il manque dans la plupart des manuscrits. Le sens serait alors que Tibère ne permit à aucun sénateur de marcher à côté de sa litière, à moins que ce ne fût pour lui rendre des devoirs ou pour parler d'affaires; mais alors où est l'aversion pour la flatterie? Il est manifeste que l'introduction de ce *nisi* serait un contre-sens; je l'ai donc rejeté.

82. *Un homme consulaire.* C'était Q. Haterius. Tacite dit qu'il faillit être tué par les gardes, parce que, soit hasard, soit maladresse de la part du suppliant, l'empereur était tombé. Haterius ne put obtenir grâce que par l'intercession d'Augusta.

83. *Si vous ouvrez cette fenêtre.* C'est l'expression proverbiale latine. Térence dit : *Quantam fenestram ad nequitiem patefeceris.* En français, nous n'ouvrons que des *portes* à ces sortes d'abus. L'expression antique m'a paru préférable.

84. *Haterius.* C'est celui dont nous venons de parler. Tacite dit qu'il était remarquable par son éloquence.

85. *Soit qu'il s'agît des revenus de l'état ou des monopoles,* etc. Il arrivait de province de fréquentes réclamations sur les monopoles, qui faisaient aussi l'objet de nombreux sénatus-consultes. Il faut consulter le *Code Justinien* (IV, tit. 59, leg. 1).

86. *De l'organisation et du cantonnement des légions.* L'une et l'autre attribution sont renfermées dans l'expression *descriptio.*

87. *Dans sa litière.* (*Voyez*, sur l'usage des litières, JUSTE-LIPSE, I, 9, et SCHEFFER, *de re vehicul.*, II, 5.)

88. *Liberam legationem, — une mission libre.* C'est plus qu'un congé, c'est un titre honorifique pour visiter telle ou telle province, en y recevant les honneurs dus au rang de celui qui voyageait.

89. *En passant d'un côté à l'autre.* Il y avait dans le sénat trois manières de voter, *de la voix*, *de la main* ou *des pieds* (*pedibus*). On appelait ce dernier mode *assensus per discessionem.* C'est à peu près ainsi qu'à notre chambre des députés on vote par *assis et levé.*

90. *De ce qu'ils n'écrivaient point au sénat pour lui rendre compte*, etc. Dion nous apprend qu'Agrippa fut le premier qui négligea cet usage, non par mépris de l'autorité du sénat, mais par modestie. Quant aux honneurs militaires, Tacite nous fournit un exemple des reproches faits par Tibère à ceux qui, en ayant le pouvoir, ne les décernaient pas eux-mêmes. En 773, Apronius avait donné une lance et un collier à un soldat qui avait sauvé un citoyen; Tibère y ajouta la couronne civique, et se plaignit qu'Apronius n'eût pas usé du droit des proconsuls.

91. *Il suivit jusqu'au bûcher.* Il paraît que les empereurs et beaucoup d'autres personnes se bornaient à assister à la harangue prononcée dans la place publique, mais n'accompagnaient pas le corps quand on l'emportait ensuite pour le brûler hors de la ville.

92. *Sans les clore.* Les lettres finissaient ordinairement par des vœux pour le salut de l'empereur. Le sens de ce passage est parfaitement éclairci dans Dion (liv. LVII, ch. 11). Les vœux faisaient partie de la souscription, et par conséquent de la signature.

93. *Le jour du sabbat.* Il paraît que l'usage d'appeler ainsi le septième jour avait passé de la Judée à Rhodes et à Rome. Il ne peut y avoir de doute sur le nombre, car le renvoi que Tibère fait de Diogène à la septième année l'indique fort clairement.

94. *Enfin il montra peu à peu le prince.* Le latin dit : *Principem exseruit præstititque.* Il y a beaucoup de force dans cette expression : Tibère tira en quelque sorte le prince de sa personne, de son intérieur, dans lequel il était resté caché sous une

apparence de modestie. Jusque-là il avait laissé à chaque magistrature ses attributions, n'avait point fait d'actes arbitraires; dans la suite, il cassa quelques actes du sénat, il se mêla d'influencer, de dicter les jugemens, d'abord dans la vue du bien, mais bientôt selon son caprice et l'instinct de sa méchanceté.

95. *Tribunal de l'instructeur.* Laharpe a évité la traduction du mot *quæsitor*; je l'ai rendu par *instructeur* : il désigne celui qui dirige les débats de l'affaire, qui, pendant qu'elle se plaide, occupe la place la plus éminente. Chez nous, ce mot s'appliquerait convenablement à un président d'assises. Ce n'est pas un simple juge d'instruction.

96. *De ce que trois barbeaux.* Les Romains aimaient passionnément cette espèce de poisson. Pline cite plusieurs exemples d'une pareille cherté. Toutefois les interprètes, remarquant qu'on vient de parler des vases de Corinthe, ont imaginé diverses corrections : les uns lisent *trullas* ou *trulleos*, afin de suivre le sens précédent. Les *Annales* de Tacite nous montrent que sous Tibère le sénat s'occupa de réprimer l'un et l'autre genre de luxe.

97. *Il proscrivit par un édit l'usage de s'embrasser tous les jours en se saluant.* Le latin porte : *Quotidiana oscula prohibuit edicto.* Ce fut probablement pour arrêter les débauches que pouvait entraîner cet usage.

98. *Que les parens punissent d'un commun accord.* C'était une espèce de conseil de famille dont les pouvoirs étaient illimités. Pline cite des maris et des parens qui ont fait périr des matrones pour les punir de s'être enivrées. (*Voyez* HEINEC, *Ant. Rom.*, 1, ch. 10, § 6.)

99. *Il fit à un chevalier romain remise du serment.* Les empereurs jouissaient de ce droit, ainsi que l'enseigne Cujas dans ses remarques sur la Novelle 51.

100. *Des femmes perdues de réputation.* L'adultère était sévèrement puni par la loi. Celle qui s'en rendait coupable perdait la moitié de sa dot, le tiers de ses biens, et, de plus, elle était exilée dans une île. C'était donc afin de se soustraire à ces peines, afin de sortir du droit commun, que quelques femmes allaient se déclarer courtisanes aux édiles chargés de la surveillance des mauvais lieux. Les choses furent poussées au point, qu'en 772 le sénat défen-

dit à toutes les femmes dont le père, l'aïeul ou le mari était chevalier, de se faire inscrire parmi les courtisanes. Tibère fit punir indifféremment et les unes et les autres, et la peine de l'exil continua de leur être infligée.

101. *Il lui ôta son laticlave.* C'est-à-dire qu'il le retrancha du nombre des sénateurs. Le terme des locations à Rome était le 1er juillet.

102. *Que la veille il avait tirée au sort.* La leçon *pridie sortititione ductam* est celle que nous avons cru devoir suivre; toutefois on ne peut se dissimuler qu'il y a de fortes raisons pour la leçon *pridie sortitionem.* On pourrait donner deux sens à cette dernière : « Ayant de grandes espérances de richesses, fondées sur l'administration de sa province, il répudia une femme désormais trop pauvre pour lui; » ou bien, ce qui vaut mieux encore, on suivrait ce sens, « que ce Romain se serait marié par ambition, et aurait répudié sa femme aussitôt après avoir atteint son but. » Notre version exprime la légèreté avec laquelle on traitait alors les choses les plus sacrées.

103. *Les rites égyptiens et judaïques.* Les Romains les confondaient les uns avec les autres, et surtout ceux des juifs avec ceux des chrétiens. Le sénat fit déporter en Sardaigne quatre mille affranchis infectés de ces superstitions. Mais alors il ne pouvait guères être question de chrétiens, car il s'agit de l'an 19 de notre ère.

104. *Il établit à Rome un camp pour les cohortes prétoriennes.* Il paraît que ce fut en 772.

105. *Contre quelques citoyens*, etc. On mêlait à ces accusations contre les habitans de Cyzique le reproche assez ridicule de négliger les cérémonies du culte d'Auguste.

106. *Maroboduus*, roi des Marcomans. En 770, il fut vaincu par Arminius; et, deux ans après, abandonné des siens, il courut se réfugier près de l'empereur. Pendant dix-huit ans entiers, il fut retenu à Ravenne. *Rhascupolis* fut arrêté et conduit à Rome après avoir tué son frère Cotys; de là il fut conduit à Alexandrie, où il fut mis à mort. Pour Archélaüs, Tibère l'avait défendu dans sa jeunesse; mais il lui en voulait maintenant de ce que ce prince ne lui avait rendu aucune espèce de devoir pendant son séjour à

Rhodes. Livie le fit venir à Rome en 770 : il fut accusé devant le sénat, puis absous; mais il mourut bientôt après.

107. *Il faisait des préparatifs de voyage.* Tacite (*Ann.*, 1, 4) nous en cite un exemple. Il avait désigné ses compagnons, requis ses voitures, équipé ses vaisseaux...., si bien que les plus sensés furent trompés, et les provinces aussi très-long-temps.

108. *Callipides.* C'est sans doute celui que nomment Xénophon (*Sympos.*, III, 2) et Plutarque (*Agesil.* 21 et *Apophthegm. Lacon.*). Il possédait à tel point le talent d'imiter, il y avait dans ses membres une telle agilité, qu'on l'appelait aussi le *singe.* On donnait son nom à ceux qui se remuaient beaucoup sans jamais avancer.

109. *Qu'il ne reviendrait jamais.* Tacite nous dit que les astrologues avaient trouvé que Tibère était sorti sous des constellations telles, que le retour ne lui serait plus permis.

110. *Il échappa contre toute espérance.* Ce fut Séjan qui lui sauva la vie dans cette occasion.

111. *Vingt mille personnes qui assistaient à des feux de gladiateurs avaient péri.* Tel est aussi le nombre indiqué par Orose. Tacite parle de cinquante mille, mais il y comprend les blessés : *Quinquaginta hominum millia eo casu, debilitata vel obtrita sunt.*

112. *Ni parmi les commandans de la cavalerie.* C'est là le véritable sens; non-seulement il s'agit en général de l'armée, mais il vient d'être parlé des tribuns des soldats. Après le mot *præfectos*, il faut donc sous-entendre *alarum*. Tibère s'abstint aussi de changer les présidens des provinces. Tacite dit qu'il était dans son caractère d'en agir ainsi, et de laisser aux mêmes hommes les mêmes pays à gouverner, les mêmes troupes à commander.

113. *Les Parthes occuper l'Arménie...* Ce fut en 788.

114. *Pomponius Flaccus.* Ce fut lui qui, gouverneur de la Mésie en 772, s'empara de la personne de Rhascupolis. Il mourut propréteur de Syrie en 786. L. Pison était souverain pontife quand il termina ses jours en 785. Sénèque parle de ses orgies nocturnes.

115. *Livres d'Éléphantis.* C'était une femme poète dans le genre lascif. Elle est citée par Martial et par l'auteur de la *Priapée.*

116. *Pour le genre de volupté.* Le latin dit *imperatæ schemæ,*

et quelques éditeurs veulent lire *scenæ*; mais cette correction est inutile. Le mot *schemæ* est justifié par des exemples de Plaute et de Perse.

117. *Tibère Caprineus*. Le nom de Caprée se rapproche beaucoup du mot qui signifie *bouc*.

118. *L'exciter... de leurs morsures*. Domitien se livrait à des voluptés du même genre. Il nageait au milieu de femmes publiques.

119. *Parrhasius*. Pline (liv. xxxv, ch. 10) nous parle de ce peintre comme se livrant principalement à ce genre voluptueux; il cite aussi un tableau que le père Hardouin croit être le même que celui dont parle Suétone. Cependant Pline indique un autre sujet.

120. *De se prêter à ses désirs*. Les interprètes croient que Mallonia ne s'était refusée qu'aux débauches contre nature. Elle ne voulait, disent-ils, rien souffrir *præter coitum*; mais cette explication est tout-à-fait absurde.

121. *D'une Atellane*. On les représentait après les tragédies, pour réveiller la gaîté. Ces sortes de pièces étaient originaires d'Atella dans le pays des Osques.

122. *Comme lui étant agréables*. J'ai suivi la leçon *gratorum*, car celle qui porte *græcorum* m'a paru par trop absurde, à moins qu'on ne veuille entendre par-là que les philosophes et les grammairiens grecs de sa suite étaient ceux qui composaient cette classe.

123. *Construction du temple d'Auguste*. Dion dit qu'il acheva beaucoup d'édifices sans y faire mettre son nom. Tacite est d'accord avec Suétone. Quant à Velleius, on reconnaît ici ses adulations ordinaires.

124. *Hortalus, petit-fils de l'orateur Hortensius*. Tacite dit qu'Auguste lui fit compter un million de sesterces (ou 198,800 fr.), afin qu'il se mariât, et qu'une aussi illustre famille ne s'éteignît pas.

125. *Cent millions de sesterces pour trois ans*. C'était un prêt sans intérêt; Tibère mettait cet argent à la disposition du public, dans une circonstance où il y avait rareté de numéraire; mais il fallait que le débiteur engageât des terres pour une valeur double.

126. *De l'appeler mont Auguste*. On veut que, dans cet incendie

du mont Cœlius, la statue de Tibère ait seule été respectée par les flammes qui consumèrent la maison du sénateur Junius, où elle se trouvait. Cette anecdote se trouve répétée dans beaucoup de circonstances et on en a fait honneur à un grand nombre d'images de vierges et de saints. Tibère vint deux fois au secours des incendiés : d'abord en 780, il indemnisa les habitans du mont Cœlius; puis, en 789, quand le cirque et l'Aventin furent ravagés par un incendie, il vint encore au secours des propriétaires.

127. *Après avoir fait doubler les legs.* Tel est le véritable sens, et non après avoir fait acquitter les legs. (TACITE, *Ann.*, liv. xxx) : *Legata quæ petiverant exsolvi, dupplicarique.* Si Tibère n'eût fait que payer ce qu'Auguste avait légué, il n'y aurait pas eu lieu à citer ce bruit comme une libéralité personnelle.

128. *Vénéré l'image de Séjan parmi leurs enseignes.* On lui élevait des statues devant lesquelles on faisait des sacrifices.

129. *Dont les villes avaient été renversées par un tremblement de terre.* Il eut lieu la nuit, en 770. Douze villes alors furent détruites. (*Voyez* PLINE, *Hist. nat.*, 11, 84; STRABON, XII, 7, 18.)

130. *Cn. Lentulus l'augure.* Il était, dit Sénèque, l'un des plus riches, mais aussi l'un des plus pusillanimes de son temps. Il faut le distinguer de Cn. Lentulus Getulicius dont parle Tacite.

131. *Lepida, l'une des femmes les plus nobles.* Elle comptait parmi ses aïeux L. Sylla et Cn. Pompée. Tacite dit qu'elle fut accusée d'avoir supposé qu'un enfant mis au monde par elle était de P. Quirinus, et qu'on y ajouta les imputations de poison et d'adultère, etc. Elle fut défendue par Manius Lepidus, son frère. On lui interdit l'eau et le feu. P. Sulpicius Quirinus avait été consul en l'an 742 avec M. Valerius Messala.

132. *Qu'ils possédaient en argent une partie de leur fortune.* On rapporte ceci à la loi portée par le dictateur César, laquelle était intitulée *De modo credendi possidendique intra Italiam.* Selon Dion, cette loi défendait à tout particulier d'avoir en numéraire au delà de quinze mille drachmes (un peu plus de 13,500 fr.). Toutefois, c'était plutôt une loi de circonstance, à raison de la rareté du numéraire; elle ne concernait d'ailleurs que l'Italie, et

n'empêchait pas que les principaux habitans des provinces ne pussent avoir de grands trésors.

133. *Le droit d'exploiter les mines.* C'est ainsi que Tibère s'empara des mines d'or de Sex. Marius, le plus riche des Espagnols, qui fut précipité du roc Tarpéien.

134. *Il fit dépouiller.... Vonon, roi des Parthes.* Chassé de son royaume en 769, il vint en Arménie, et de là à Pompeiopolis, ville maritime de Cilicie. Il tenta de s'enfuir de cette ville, et fut tué en chemin, sans qu'il parût y avoir de la faute de Tibère.

135. *A l'égard de Drusus.* Drusus ne dissimula jamais le projet qu'il avait conçu de remettre, dès qu'il le pourrait, la république sur l'ancien pied. L'opinion générale des Romains était qu'il le ferait.

136. *Il fut si loin d'accorder à Julie.* Tacite lui impute même la mort de Julie, arrivée en l'année 767. Depuis le meurtre d'Agrippa, elle n'avait plus d'appui, et Tibère espérait qu'à raison de la longueur de son exil, on ne parlerait même pas de sa fin.

137. *Mère de la patrie.* Les uns voulaient que Livie fût appelée *Parens patriæ*, les autres qu'on la nommât *Mater patriæ*. Tibère se montra fort jaloux de ces honneurs; il dit qu'il n'en fallait pas trop accorder aux femmes, et ne souffrit pas même que Livie eût un licteur.

138. *Elle tira du sanctuaire d'Auguste.* C'était sans doute quelque lieu de la maison où Livie gardait son image et ce qu'il avait laissé de plus précieux.

139. *Pendant trois ans entiers.* Tibère partit pour Caprée en 780, Livie mourut en 782. Selon l'usage que nous avons déjà sigalé, on compte le point de départ et la dernière année, ce qui n'empêche pas que, par idiotisme, on ait pu dire *toto triennio*.

140. *Au supplice des pompes.* Les tyrans infligeaient cette peine, comme ils condamnaient au supplice des mines ceux qui leur avaient déplu.

141. *Drusus était voluptueux et indolent.* Tacite nous dit qu'il prenait trop de plaisir à voir répandre le sang des gladiateurs.

142. *De ce que Germanicus fût allé à Alexandrie.* Tacite dit qu'il y alla pour s'y livrer à l'étude de l'antiquité, et que les affaires publiques ne furent que le prétexte de ce voyage.

143. *Accusé de ce crime.* Pison fut trouvé mort dans son appartement : à côté de lui était le glaive sanglant dont il avait eu le cou traversé ; mais on ne put savoir s'il avait lui-même attenté à ses jours, ou s'il avait été tué.

144. *Si on ne les lui eût dérobés secrètement.* Le latin dit : *Nisi ea secreta obstarent*, ce qui a beaucoup exercé les commentateurs. La phrase, il est vrai, est embarrassée : on peut entendre que Pison aurait produit ces ordres s'ils ne lui eussent été donnés en secret, c'est-à-dire si Tibère ne s'y fût pris avec tant de précaution, que Pison n'eut absolument aucun moyen de prouver qu'ils lui avaient été donné par Tibère lui-même. Tacite parle néanmoins de l'existence matérielle de ces ordres, que les amis de Pison auraient vus entre ses mains, et qu'il voulait produire devant le sénat : Séjan l'en empêcha par de vaines promesses.

145. *Sorte de calomnie dont il ne poursuivît sa mémoire.* Il prétendit, entre autres, qu'elle vivait avec Asinius Gallus, et que son désespoir ne venait que de la mort de cet amant.

146. *Avaient été honorés des vœux publics.* Ce fut en 777, sous le consulat de Cornelius Cethegus et de Visellius Varron. Les embûches qu'on leur dressa étaient l'ouvrage principalement de Séjan, qui peuplait leurs maisons d'espions.

147. *Qu'à peine on put en réunir quelque chose.* Caligula fit ériger un monument pour renfermer les cendres de sa mère Agrippine et de son frère Néron.

148. *Séjan.* Il périt en 784.

149. *A son petit-fils selon la nature.* A Tibère, que, dans la suite, Caligula fit tuer.

150. *Il l'exila dans l'île de Cinaria.* C'est une des îles Sporades. Grævius, Vossius, Heinsius et Oudendorp veulent y substituer *Ænaria*.

151. *Le parti qu'on désignait de la sorte.* Sous les triumvirs, les *pompéiens* avaient été mis à mort, et leurs biens confisqués.

152. *Les crimes de lèze-majesté.* Chez les Romains, il existait une loi qui punissait quiconque avait trahi l'armée ou compromis le peuple par des mouvemens séditieux : on ne punissait que les actions, les simples paroles n'étaient jamais incriminées. La licence de Cassius Severus, qui diffamait dans ses écrits les hommes et les femmes les plus austères, engagea Auguste à étendre les dispositions de la loi à ce genre de délit.

153. *Enlevé la tête d'une statue d'Auguste.* C'était un usage assez fréquent : quand d'une statue on voulait faire une statue différente, on substituait une tête à celle qui y était précédemment.

154. *L'accusé ayant été condamné.* Il y a lieu de croire que c'était Gracchus Marcellus, préteur de Bithynie, qui fut poursuivi par le questeur Cæpion Crispinus *pour avoir mal parlé de Tibère.* On ajouta que la statue de Marcellus était placée plus haut que celles des Césars, et que la tête de Tibère avait été mise sur une statue d'Auguste. Selon Tacite, Marcellus fut acquitté; selon Suétone, il fut condamné : il se pourrait donc qu'il fût question d'une autre affaire. On veut concilier l'un et l'autre auteurs en disant que Marcellus, acquitté du crime de lèse-majesté, fut condamné pour concussion.

155. *Ou d'y avoir changé de vêtemens.* Il n'était pas permis d'être nu, ni par conséquent de se déshabiller dans un lieu consacré.

156. *Soit aux latrines.* Paulus, qui avait été préteur, se trouvant à un souper, portait à son doigt l'image de Tibère sur une pierre précieuse; il eut un besoin à satisfaire, et prit un pot de chambre. Le délateur Maron se préparait à le dénoncer; mais l'esclave de Paulus lui ôta furtivement son anneau, et quand Maron voulut attester les convives de ce sacrilège, cet esclave soutint qu'avant de satisfaire ce besoin, son maître lui avait donné l'image de Tibère à garder.

157. *Tu n'as pas cent mille sesterces.* C'est-à-dire tu n'as pas le quart du cens des chevaliers. Il n'est donc pas nécessaire de corriger avec Juste-Lipse *quater et non sunt tibi*, etc. Laharpe, par une méprise assez singulière, en traduisant tous ces vers, n'en fait qu'une phrase; cependant ce sont des épigrammes isolées et

NOTES.

indépendantes les unes des autres, que Suétone n'a rassemblées que parce qu'elles roulent toutes sur le même sujet.

158. *Le vin lui répugne.* Plaute dit que Tibère fut, dans sa vieillesse, très-sobre de vin, tandis qu'il l'aimait beaucoup dans sa jeunesse.

159. *Romain.* C'est ainsi que je traduis l'allocution *Romule*, qui ne signifie pas *Romulus*, mais qui est une transformation du mot *Romanus* (Voyez l'*Histoire romaine* de Niebuhr, page 100 de ma traduction.)

160. *Peu de jours après son arrivée à l'île de Caprée.* Laharpe traduit *dans un voyage de peu de jours qu'il fit à Caprée.*

161. *Le centurion de l'avant-garde.* D'autres ont traduit par *officier des gardes*. On a voulu introduire dans le texte *prætoriarum* au lieu de *primarum*, afin que ce fût un centurion des gardes prétoriennes. Il me semble que tout cela est inutile, et qu'il s'agit des cohortes qui marchaient les premières. Le latin dit *verberavit*, comme si *Tibère* eût fouetté lui-même le centurion; mais ces locutions directes sont familières à Suétone. On voit bien qu'il s'agit d'une exécution froidement ordonnée, et non d'un acte de fureur de l'empereur.

162. *Et l'autre après sa mort.* Nous avons vu que Séjan mourut en 784. Néron avait été tué l'année précédente. Drusus ne fut privé d'alimens que deux ans après, en 786. Le prétexte de Tibère pour se défaire de Séjan était donc mauvais.

163. *Chargé Agamemnon d'outrages.* On prétendit que cette pièce ne renfermait que des allusions à Tibère. Quant au reproche fait à l'historien, il se rapporte à l'année 778. Il s'appelait Cremutius Cordus. En sortant du sénat, il se laissa mourir de faim. Condamnés à être brûlés de la main des édiles, ses livres n'en furent pas moins lus et recopiés.

164. *Parmi les autres faiseurs de tours. Inter copreas.* Quelques traducteurs ont lu *Capreæ*, et traduit dans l'île de *Caprée.* Les *copreæ* sont des bouffons et des bateleurs.

165. *Lui avaient administré.* On ne le sut que huit ans après. Livilla était fille de Drusus, frère de Tibère. Mariée à Drusus son fils, elle entretenait avec Séjan un commerce adultère.

166. *Un de ceux qu'il fallait mettre à la question.* D'autres entendent *un parent des accusés :* ce qui arriva justifie le sens pour lequel je me suis déclaré.

167. *Par l'espoir d'une alliance.* Non-seulement il avait fiancé la fille de Séjan à Drusus, fils de Claude, il voulait encore donner à Séjan lui-même sa petite-fille Julie.

168. *Par une honteuse et misérable missive au sénat.* Le latin porte : *pudenda miserandaque oratione.* Dion donne l'analyse de cette plainte, qui est rapportée aussi par Juvénal. Quant aux consuls, ce ne pouvaient être que des consuls substitués, *suffecti;* car Tibère avait commencé l'année par prendre possession du consulat avec Séjan.

169. *Les répétait lui-même.* Fulcinius Trico l'accabla d'injures dans son testament : les héritiers cachaient cette pièce; Tibère en ordonna la lecture avec une certaine ostentation, affectant de paraître ainsi respecter la liberté.

170. *En commençant ainsi l'une de ses lettres.* On croit qu'elle fut écrite en 785. Tacite en parle aussi; il donne tout le discours autrefois prononcé par Tibère, pour refuser le titre de *père de la patrie.*

171. *Ils voyaient aussi la nuit.* Pline rapporte la même singularité : en se réveillant, Tibère apercevait tout, comme en plein jour; peu à peu tout s'obcurcissait autour de lui, et se replongeait dans les ténèbres.

172. *Immobile et penchée.* M. Mongez (*Iconogr. rom.*) a fait voir que tel était le véritable sens de ce passage, ordinairement traduit : *la tête haute et renversée.* Laharpe a dit : *le cou roide et un peu renversé.*

173. *Ces habitudes peu gracieuses et arrogantes avaient été remarquées par Auguste.* Le latin *animadvertit* exprime en même temps l'idée de réprobation. Tacite dit qu'en demandant que la puissance tribunitienne lui fût de nouveau conférée, Auguste parla des manières de Tibère, comme pour les lui reprocher, mais les excusant en effet.

174. *Il cultiva avec beaucoup de soin les lettres grecques et romaines.* On pourrait appliquer aussi à l'éloquence et à la poésie la phrase de Suétone : *Artes liberales utriusque generis;* mais on sait

que Suétone, dans ses courts chapitres, commence toujours par mettre en avant une proposition générale, et qu'ensuite il développe les différens membres de cette proposition. Or, dans ce chapitre, il s'agit des lettres latines; dans le suivant, il sera parlé des lettres grecques : c'est une raison d'adopter le sens que j'ai préféré.

175. *Euphorion* de Chalcis vivait au temps de Ptolémée Evergète. Ce tragique était fort obscur, ainsi que le dit Cicéron, *de Div.*, II, 64. Rhianus était Crétois et contemporain d'Euphorion : Stobée en a recueilli des fragmens. Nous avons encore un ouvrage de Parthenius, écrivain du siècle d'Auguste : il est intitulé περὶ ἐρωτικῶν παθημάτων, *Des Souffrances amoureuses.* Tibère fit placer leurs images et leurs livres parmi ceux des plus anciens auteurs, c'est-à-dire parmi ceux qui étaient antérieurs à Alexandre-le-Grand et aux Ptolémées. Sous les empereurs, on appelait anciens Romains ceux qui avaient vécu du temps de la république.

176. Ἔμσβημα, *emblema*, désigne les parties d'or incrustées dans les vases d'argent. Tibère faisait le puriste fort mal à propos; ce mot, employé par Cicéron lui-même, avait passé dans l'usage du discours.

177. *Jusqu'aux jardins.... voisins de la Naumachie.* Ce sont les jardins de César dont il a été parlé au § 83. La Naumachie est celle qu'Auguste avait construite.

178. *Sous le consulat, etc.* Ce fut en 790. Tacite est d'accord avec Suétone; mais Dion fixe la mort de Tibère au 26 mars. Orose et Aurelius Victor confirment aussi le soupçon d'empoisonnement.

179. *Qu'on l'étouffa sous un coussin.* Tacite dit : *Macro intrepidus opprimi senem injectu multæ vestis jubet.*

180. *Apportée de Syracuse.* Cicéron parle d'une belle statue d'Apollon Téménite qui était dans la quatrième des villes qui composaient Syracuse dans Néapolis; Tibère la fit placer dans la bibliothèque du temple construit par Auguste.

181. *Avant le dixième jour.* On étendit ensuite jusqu'à trente jours le délai accordé aux condamnés. Quant à ceux dont il s'agit ici, Dion les sauve, excepté Arruntius qui s'était ouvert les veines. *Voyez* aussi Tacite, *Ann.*, l. VI, ch. 48.

182. *Atella,* ville municipale entre Capoue et Naples. Casaubon croit qu'il y avait, dans le conseil de l'y porter, une maligne allusion à son genre de vie. Loin de là, je serais disposé à croire que ceux qui donnaient cet avis voulaient se hâter de lui rendre les derniers devoirs, dans la crainte que l'indignation publique ne le privât de la sépulture. C'est dans ce sens que j'entends le *semiustulandum* qui, sans cela, n'aurait pas de signification raisonnable. C'était déjà une ignominie lorsqu'on ne rendait ce devoir que dans une petite ville, loin de la capitale; c'en était une plus grande encore de n'être brûlé qu'à demi. On porta Tibère à Rome, où on lui rendit publiquement les honneurs de la sépulture.

FIN DU PREMIER VOLUME.

www.ingramcontent.com/pod-product-compliance
Lightning Source LLC
Chambersburg PA
CBHW060237230426
43664CB00011B/1680